AF536040

Miko Peled

Der Sohn des Generals

edition 8

Über das Buch:
Miko Peled ist ein Friedensaktivist, der es wagt, Wahrheiten öffentlich auszusprechen. Er wurde 1961 in Jerusalem geboren und entstammt einer bekannten Familie jüdisch zionistischer Aktivisten. Sein Grossvater, Dr. Avraham Katsnelson, war ein Führer der zionistischen Bewegung und einer der Unterzeichner der israelischen Unabhängigkeitserklärung von 1948.
Miko Peled ist der Sohn des israelischen Generals Matti Peled, der 1967 durch seine Rücktrittsdrohung den folgenschweren Krieg Israels gegen seine Nachbarstaaten Ägypten, Jordanien und Syrien erzwang. Es war dieser Krieg, der zur Besetzung grosser arabischer Territorien und damit zu der verfahrenen Situation von heute führte. Peleds Vater Matti trat in den letzten Jahrzehnten seines Lebens energisch für eine Versöhnung zwischen Israelis und Palästinensern und einen gerechten Frieden auf der Basis der Gleichberechtigung ein.
Sein Sohn Miko war mehr an seiner beruflichen Laufbahn als Kampfsportlehrer interessiert. Er lebte in Kalifornien, als ihn 1997 ein schockartiges Ereignis aus seiner relativen politischen Lethargie riss: Seine dreizehnjährige Nichte war durch einen palästinensischen Terroranschlag getötet worden.
Statt aus diesem traumatischen Ereignis die Konsequenz zu ziehen, die Araber und Palästinenser zu hassen, schlug Miko Peled den entgegengesetzten Weg ein und widmete sich konsequent der Frage: Wie konnte es zu diesem furchtbaren Ereignis kommen? Wer sind die Menschen, aus deren Mitte dieses Attentat hervorging? Was haben wir, die Israelis, getan, um sie zu solchen Aktionen zu treiben?
Und noch wichtiger: Wie können wir, Israelis wie Palästinenser, eine Situation schaffen, in der zwischen uns Frieden herrscht statt eine sinnlose, zerstörerische Feindschaft, auf deren Altar täglich Menschenleben geopfert werden?
Von dieser Reise, zu der vor allem Forschungsexpeditionen ins ›Feindesland‹ der ›anderen Seite‹ gehören, berichtet Miko Peleds Buch. Es ist geprägt von tiefer Menschlichkeit und vermittelt neue Einsichten, jenseits gängiger politischer Schablonen und Klischees.

Miko Peled

Der Sohn des Generals

Reise eines Israelis in Palästina

Mit einem Vorwort von
Alice Walker

Aus dem Englischen übersetzt von
Michael Schiffmann

Das Original erschien erstmals 2012 unter dem Titel ›The General's Son‹ bei Just World Books, Charlottesville/USA. Der Text folgt der zweiten Ausgabe von 2016.

Wir danken einer Frau aus Zürich, die anonym bleiben will, für die finanzielle Unterstützung dieses Buches.

Dieses Buch ist meiner Mutter, Zika Katznelson-Peled, gewidmet.

Besuchen Sie uns im Internet: Informationen zu unseren Büchern und AutorInnen sowie Rezensionen und Veranstaltungshinweise finden Sie unter www.edition8.ch

Januar 2025, 3. Auflage, © by Just World Books (www.justworldbooks.com), © dieser Ausgabe bei edition 8, © der Fotos bei Miko Peled. Alle Rechte, einschliesslich der Rechte der öffentlichen Lesung, vorbehalten.
Lektorat & Korrektorat: Geri Balsiger †; Typografie, Umschlag: Heinz Scheidegger; Druck und Bindung: StückleDruck, Stückle-Strasse 1, 77955 Ettenheim, technik@stueckle-druck.de

Verlagsadresse: edition 8, Quellenstrasse 25, CH-8005 Zürich, Telefon +41/(0)44 271 80 22, Fax +41/(0)44 273 03 02, info@edition8.ch
Auslieferungen, Schweiz: AVA Verlagsauslieferung AG, Industrie Nord 9, CH-5654 Mehrenschwand, avainfo@ava.ch; Deutschland & Österreich: Prolit Verlagsauslieferung, Siemenstrasse 16, D-35463 Fernwald, service@prolit.de

ISBN 978-3-85990-290-9

Inhaltsverzeichnis

Teil 4: Hoffnung auf Frieden

Die Vernunft der Freundschaft

Vorwort von Alice Walker

Es gibt nur wenige Bücher über das Thema Israel/Palästina, die mir so hoffnungsvoll scheinen wie dieses. Miko Peled ist ein ehemals zionistischer Israeli, der sein Volk schätzt, sein Heimatland hochhält, seine Eltern, Verwandten und Freunde achtet und liebt und obendrein der Sohn eines berühmten Generals ist, dessen Aktivitäten während Israels Kriegen gegen das palästinensische Volk viel zu dessen Vertreibung und Leid beigetragen haben. Lange nachdem der Autor, der selbst Mitglied der Sondereinsatzkräfte der israelischen Armee wurde, diese verlassen hat und nach Südkalifornien gezogen ist, um dort Karate zu unterrichten, wird seine geliebte Nichte Smadar, Tochter seiner Schwester und junge Bürgerin Jerusalems, bei einem Selbstmordanschlag von Palästinensern getötet. Sofort denken wir: Grosser Gott. Wie soll er mit dieser Geschichte jemals irgendwie zu einer vernünftigen Haltung finden? Genau das jedoch geschieht.

Ich weiss nicht mehr, wann ich Miko Peled über den Israel/Palästina-›Konflikt‹ sprechen hörte, aber ich war bewegt von der Geschichte, die er (wahrscheinlich auf youtube) über seine Mutter erzählte. Ich habe ein Gespür für Mütter, die so viel zur Gesellschaft und zur Welt beitragen, aber nie genügend Anerkennung dafür bekommen, und so war ich begierig zu hören, was der israelische Friedensaktivist, Karatemeister und Autor zu dem Thema zu sagen hatte. In dem Video erzählte er die Geschichte der *Nakba* aus der Perspektive seiner Mutter. *Nakba* ist das arabische Wort für die ›‹Katastrophe‹, die über die Palästinenser hereinbrach, als die israelische Armee 1947-48 mit tödlicher Gewalt in ihre Gemeinden einfiel und Hunderttausende von ihnen aus ihren

Häusern vertrieb. Die Häuser wurden von ihnen oft geplündert oder gesprengt, aber wenn sie schön und/oder gut gelegen waren, nahmen die Invasoren sie für sich selbst. Wenn sie die Häuser betraten stand der Kaffee manchmal noch heiss auf dem Tisch, nachdem die Bewohner sich schon auf der Flucht befanden. Eines dieser beschlagnahmten Häuser wurde seiner Mutter Zika angeboten. Sie wies es zurück. Der Gedanke, im Haus einer anderen Frau zu sitzen und Kaffee zu trinken, während diese mit ihrer verängstigten oder verwundeten Familie hungrig und elend in einem Flüchtlingslager sass, war für sie unerträglich.

Miko Peleds Vater, General Matti Peled, reift in der Erzählung seines Sohnes ebenfalls zu mitfühlender Würde, wenn auch später und nach einem inneren Kampf, der erheblich stärker ist als bei seiner Frau. Schliesslich war er unerschütterlicher Zionist, und ausserdem ein General der israelischen Armee, der vielfach für seinen Scharfsinn und Mut im Kampf gepriesen worden war – nicht nur in Israels ›Unabhängigkeitskrieg‹ von 1947–48 (der ›Katastrophe‹ der Palästinenser), sondern auch im Krieg von 1967, in dem Israel einen Präventivangriff auf seinen Nachbarn Ägypten unternahm und sich danach illegal grosse Teile von dem nahm, was bis dahin Palästina gewesen war.

Obwohl die Generäle wussten, dass die ägyptische Armee damals zu schwach für eine militärische Bedrohung Israels war, verwirklichten Peled und die anderen Offiziere ihren Plan, Ägypten anzugreifen und als militärische Macht zu zerstören. Aber Peled hatte schon davor begonnen, seine Ansichten zu ändern. Ein Massaker der israelischen Armee an palästinensischen Zivilisten[1] hinterliess einen tiefen Eindruck bei ihm und brachte ihn zu der Auffassung, dass eine Besatzungsarmee, die unbegrenzt im Land blieb, am Ende zu grausamer Gewalt und zur Demoralisierung nicht nur der palästinensischen Unterdrückten, sondern auch der israelischen Unterdrücker führen würde.

Nach langjährigem Dienst an seinem Land verliess General Peled die Armee, um an den Universitäten Tel Aviv und

Haifa Professor für Arabische Literatur zu werden. Er lernte Arabisch und sprach es fliessend. Und ausserdem wurde er Friedensaktivist. Er arbeitete mit palästinensischen Friedensaktivisten und Führern und schloss, genau wie sein Sohn Miko Peled Jahrzehnte später, Freundschaft mit ihnen. Einer dieser Freunde war der umstrittene Führer der Palästinensischen Befreiungsorganisation, Yassir Arafat.

Was fühle ich nach der Lektüre dieses bewegenden Buchs, was angesichts der scheinbaren Entschlossenheit unserer testosterongesteuerten Welt, ständig und endlos Krieg zu führen und uns alle in einem dieser Kriege in die Luft zu sprengen, und das vielleicht bald? Ich fühle gewaltige Erleichterung und Dankbarkeit.

Wenigstens einige von uns müssen die Verantwortung übernehmen, in unserem menschlichen Universum die Rolle der Erwachsenen zu spielen. Es muss einfach überall viele Menschen geben, die beschliessen: *Genug ist genug, hier gibt es Kinder.* Selbst dann, wenn ihr mir in eurer Umnachtung und eurem Schmerz oder eurer Gier und eurer Habsucht schlimmes Leid antut und womöglich gar meinem Kind das Leben nehmt, entscheide ich mich dafür, euch und euer Volk als Menschen zu sehen. Vielleicht bis zur Unkenntlichkeit deformiert, entstellt und pervertiert, aber als Menschen. Egal wie viel Angst ich auch habe – ich werde den Versuch nicht aufgeben, mit euch zu reden. Und wann immer das möglich ist, werde ich mich nicht weigern, Freundschaften zu schliessen.

Miko Peled, der zunächst grosse Angst hatte, auf die Palästinenser zuzugehen, weil ihm während seiner ganzen Kindheit ein falsches Bild von ihnen präsentiert worden war, erkennt den Wahnsinn der Feindschaft zu einem Volk, das er nie wirklich kennenlernen konnte. Was er dabei entdeckt, gibt ihm Kraft und Mut. Er beginnt, die Gefahr zu verstehen, die in der Unwissenheit über den so genannten ›Anderen‹ liegt, und fängt an zu begreifen, dass er jemand ganz anderes geworden wäre, weniger offen und mit weniger Liebe, wenn er sich nicht trotz aller Angst auf diesem Weg befreit hätte. Seine Freiheit, sich mit genau jenen Menschen wohlzufühlen, die zu hassen man ihn gelehrt hatte, ist eine gute Basis für seine Kinder und für die nächste Generation von Israelis und Palästinensern.

Die extreme Instabilität des Nahen Ostens ist eine Gefahr für uns alle – und Israels lange Liste von Menschenrechtsverletzungen und seine Missachtung der internationalen Meinung und des Völkerrechts stehen im Zentrum der allgemein verbreiteten Angst. Es wäre völliger Unsinn zu glauben, irgendjemand auf dem Planeten könne das ignorieren

Miko Peled ist eine Ehre für seine beiden Eltern. In seinem Versuch, Geld für Einkauf und Verschiffung von 1280 Rollstühle für die Menschen zu sammeln, die in Palästina und Israel verstümmelt und zu Invaliden gemacht wurden, erkenne ich das Mitgefühl seiner Mutter für andere, die das verloren haben, was sie immer noch hat; in seinem unermüdlichen Kampfkunst-Unterricht für Kinder, besonders die in Palästina, sehe ich seinen Vater – den General, der seinen Soldaten den Glauben geben kann, dass in der Minderzahl und schlechter bewaffnet zu sein kein Grund ist, nicht zu siegen.

Der Lohn der Freundschaft könnte ein gemeinsames Heimatland sein, in dem jeder Mensch sich frei fühlt, er oder sie selbst zu sein – der Traum einer immer grösseren Zahl von Israelis und Palästinensern. Die Entscheidung, Freundschaft statt Feindschaft zu wählen, ist die einzige Art, wie ›Siegen‹ Sinn macht in einer Welt, die so nah am Abgrund steht. Eine Welt, in der der Weg, die jeweils anderen als Feinde zu behandeln und zum Verschwinden bringen zu wollen, schon so viel Zerstörung, Hässlichkeit, Zynismus und Angst hinterlassen hat. Ganz zu schweigen von einem ruinierten Planeten, Krankheit, Leid und Tod.

Wir werden die Erde entweder teilen, ihr und einander Freunde sein und zusammen für sie sorgen, oder wir werden sie verlieren. Überall in diesem Buch finden sich Beispiele von ›Feinden‹, die zu Freunden werden. Sie sind ein grosser Ansporn, der uns hilft, unseren Weg sorgfältig zu wählen.

Das folgende Gedicht wurde inspiriert durch die Zerstörung und Beschlagnahmung von Häusern durch israelische Siedler in Palästina, die ich auf Video sah. Es war schockierend, Zeugin des Jubels der ›Eroberer‹ zu werden, die die israelische Flagge auf dem Dach eines Hauses befestigten, während die gerade vertriebenen Bewohner sich darunter auf der Strasse zusammenkauerten.

Ich widme es der jungen Israelin Smadar und den beiden unbekannten palästinensischen Selbstmordattentätern, die mit ihr starben und die vielleicht ebenso wie sie Teenager waren. Ich wünsche mir von ganzem Herzen, sie hätten Freunde sein können, die miteinander spielen, statt miteinander zu sterben, zur Trauer von uns allen, denen die Jugend am Herzen liegt.

Hoffnung

von Alice Walker

Hoffe, nie
zu begehren
deines Nachbarn Haus
mit dem wohlriechenden
Garten,
aus dem eine Familie
von deinen Soldaten
vertrieben worden ist;
Mutter, Vater,
Grosseltern,
der Säugling und
der Hund
jetzt obdachlos:
zusammengekauert, sich aneinander
festhaltend,
fassungslos
und ohne Freunde
unter dir
auf der Strasse:

auf den
Pflastersteinen sitzend,
als seien es die Sofas
drinnen,
die du beschlossen hast
zu säubern, neu zu beziehen und zu
behalten.

Hoffe, nie
ja zu sagen
zu ihrem Unglück.

Hoffe, nie hinunter
in ihre Gesichter zu blicken
von dem Ort aus,
der einmal ihr Dach war.
Hoffe, nie zu glauben
dass dieser Raub
dich zu einem besseren
Bürger deines neuen
Landes
machen wird,
während du dessen heutige
Flagge
entfaltest und schwenkst,
die dir gegeben wurde,
um dich dieser Unmöglichkeit
zu versichern.

Einladung zu einer Éducation sentimentale

Warum noch ein Israelbuch, und warum noch ein Vorwort zu einem Buch, das schon eines hat, noch dazu von einer berühmten und sachkundigen Autorin wie Alice Walker? Beides hat mit einer Art produktiver Spaltung des vorliegenden Werks zu tun.

Miko Peleds *Der Sohn des Generals* ist der interessante Fall des Buchs eines ›Bekehrten‹, der seine Herkunft weder verleugnet noch denunziert.

Bevor Miko Peled mit der *Reise in Palästina* begann, die zu diesem Buch führte, hatte er wenig Grund, mit sich und der Welt unzufrieden zu sein. Gewiss, sein Vater, General Mattityahu Peled, hatte sich aufgrund der brutalen Unterdrückung der Palästinenser durch Israel mit dem Establishment dieses Staates überworfen und sogar ›gemeinsame Sache‹ mit dem palästinensischen Feind gemacht, etwas, was nicht nur in Israel einer Todsünde gleichkommt.

Aber Mikos Vater blieb ungeachtet seines Einsatzes für die Rechte der Palästinenser zeitlebens Zionist und Anhänger der israelischen Idee. Miko selbst befleissigte sich trotz moderat negativer Erfahrungen in der israelischen Armee eines eher vagen Linksliberalismus, bis zwei junge palästinensische Selbstmordattentäter seine Nichte Smadar – die Tochter seiner Schwester Nurit – ermordeten und den israelisch-palästinensischen Konflikt damit über die Hausschwelle der Familie Peled trugen.

Teil der Faszination dieses Buches liegt in dem Kontrast zwischen dem scheinbar betulichen Anfang, in dem Miko Peled von der Bewunderung für seinen Vater – »mein Vater«, »mein Vater« ist der ständige Refrain, selbst dort, wo er dem Vater zusammen mit den Geschwistern begegnet – richtiggehend geblendet scheint und ausführlich seinen Werdegang als Karatelehrer und die Asienreisen mit seiner Frau beschreibt, und den dramatischen Ereignissen, die dann den weitaus grösseren Teil des Buches ausmachen.

Denn die Betulichkeit des Anfangs täuscht. Sie ist die notwendige Folie für den Hammerschlag, der im Kapitel über den Tod seiner Nichte beschrieben wird und Peled in einen Strudel des Aktivismus reisst, den er – und das ist gut für uns – bis heute noch nicht hinter sich gelassen hat. Als Sohn einer Familie, in der keineswegs nur sein Vater eine bedeutende Rolle in der Geschichte Israels gespielt hat, entschliesst sich Miko Peled angesichts des mörderischen Attentats auf seine Nichte, eine besondere Verantwortung zu übernehmen: die Verantwortung für den Frieden.

Die Reisen in Palästina – in den Augen vieler Israelis die Reisen zum ›Feind‹ –, die er dann in diesem Buch beschreibt, sind geeignet, auch uns, den Leserinnen und Lesern, die Augen zu öffnen. Kapitel um Kapitel macht nun die Brutalität der israelischen Besatzung deutlich, und jedes tut es aus einem anderen Blickwinkel, bis der Autor am Schluss seine eigene Lösung des Problems – einen einheitlichen Staat für Juden und Palästinenser – vorschlägt.

Doch dieser Lösungsvorschlag ist kaum das Wichtigste an diesem Buch. Das Wichtigste sind die drei Achsen, die es zusammenfügt: das unklare, aber wachsende Bewusstsein, dass, obwohl man es vielleicht selbst recht gut hat, etwas nicht stimmt, die Wahrnehmung und Beschreibung nicht nur ungeheuren Unrechts, sondern auch des Widerstandes dagegen – und der Weg von hier nach dort. Wir hoffen, dass viele Leserinnen und Leser diesen Weg ebenfalls gehen werden.

Übersetzer und Verlag

Einführung

An einem ruhigen Tag im Jahr 1997 sass ich in meiner Wohnung in Südkalifornien und sah Nachrichten, als der Sender live nach Jerusalem schaltete: Palästinensische Selbstmordattentäter hatten wieder einmal mitten in der Stadt zugeschlagen. Ich erhaschte einen Blick auf die Leiche einer jungen Frau auf einer Trage, aber noch bevor ich Zeit hatte, meine Familie in Jerusalem anzurufen, um mich zu vergewissern, dass alles in Ordnung war, klingelte mein Telefon. Es war meine Mutter, die aus Israel anrief. »Miko«, sagte sie mit angespannter Stimme, »es gab einen Bombenanschlag in der Ben-Yehuda-Strasse.« Meine dreizehnjährige Nichte Smadar wurde vermisst.

Smadars Mutter, meine Schwester Nurit, ist zwölf Jahre älter als ich; meine Familie witzelte immer, ich sei ihr Bar-Mitzwa-Geschenk. Als Kind war ich der Meinung, sie sei die schönste Frau, die ich je gesehen hatte, mit schönem, kastanienbraunem Haar, der Gewohnheit, grosse, glänzende Silberohrringe zu tragen, einer ständigen Bräune und einem Lächeln, das den Raum zum Aufleuchten brachte. Sie ist Mutter von drei Jungen und einem Mädchen. Sie ist ehrlich, mutig, offen und lustig. Der Gedanke, dass sie vielleicht ihre einzige Tochter verloren hatte, war viel zu viel, um ihn an einem friedlichen Tage im Süden Kaliforniens verarbeiten zu können.

Ich hatte damals mit meiner Frau und meinen zwei Kindern (meine Tochter Tali war noch nicht geboren) schon fast zehn Jahre in Coronado gelebt, betrachtete aber Jerusalem, wo ich geboren und aufgewachsen war, immer noch als Heimat. Dabei könnten die beiden Städte unterschiedlicher nicht sein. Coronado ist eine pittoreske kalifornische Strandgemeinde – makellos, gepflegt und auf unterschwellige Art auch ein wenig glamourös. Es ist ein Ort voller Optimismus und voller Möglichkeiten, ein wunderbarer, sicherer Ort, um

Kinder gross zu ziehen. Meine Familie und ich lebten ein friedliches Leben in unserer neu gekauften Eigentumswohnung, in unmittelbarer Nähe von herrlichen Stränden und nur zwei Meilen von San Diego entfernt, das auf der anderen Seite der schimmernden Brücke über die Coronado-Bucht liegt. Ich hatte in der Stadt ein erfolgreiches Karatestudio aufgebaut, und die Arbeit beanspruchte mich und machte mich in vieler Hinsicht glücklich.

Aber wir waren weit von meiner Heimat in einer der ältesten Städte der Welt entfernt. Als ehemaliger Bürger Jerusalems – eines Schmelztiegels verschiedener ethnischer Hintergründe und Religionen, einer Stadt, in der jeder Kiosk Zeitungen in fünf verschiedenen Sprachen anbietet und in der die Menschen leidenschaftlich über Politik und die Tagesnachrichten diskutieren – fand ich immer, dass Coronado politisch und kulturell zurückgeblieben war und es ihm an Vielfalt fehlte.

Ich bin im Jerusalemer Viertel Rehavia geboren, verbrachte aber den grössten Teil meiner Kindheit und Jugend in Motza Ellit, wo meine Eltern, als ich vier war, ein Haus bauten. Motza ist eine ruhige, bescheidene Gemeinde in den judäischen Bergen am Westrand der Stadt. Sie liegt inmitten blühender Natur, ist aber zugleich nicht fern von dem Konflikt und der Gewalt, die für die Stadt typisch geworden sind. Etwa fünf Meilen entfernt befindet sich die von Mauern eingesäumte Altstadt, die Juden, Christen und Muslimen heilig ist. Jerusalem ist eine heftig geliebte und genauso heftig umstrittene Stadt – sie ist im Lauf der Geschichte erobert und zerstört, wiederaufgebaut und wieder erobert und zerstört worden. Ich bin ein Produkt dieses unruhigen, schmerzlich schönen Orts. Die alte wie die neue Geschichte dieses Orts und die Kultur des jüdischen Volkes sind untrennbarer Bestandteil meines Wesens.

Die Tatsache, dass ich in Coronado lebte, änderte an alldem nichts. Ich verbrachte jede Woche Stunden mit Telefonaten mit meiner Familie, und ich hielt mich über die politischen und kulturellen Entwicklungen zu Hause auf dem

Laufenden; ich hatte sogar israelische Zeitungen abonniert. Ich suchte die Fernsehsender beständig nach Nachrichten über meine Heimat ab. Und ich legte Wert darauf, immer die neuesten hebräischen Romane und überhaupt alles Neue zu lesen, was über Politik und Geschichte der Region bis zurück zu König Herodes und Jesus von Nazareth veröffentlicht wurde.

Etliche Stunden nach dem Anruf meiner Mutter, als es in Jerusalem schon fast Mitternacht war, meldete sich die Polizei bei Smadars Eltern. Es war fast so, als hätte sie Nurit und ihrem Mann Rami die Zeit geben wollen, selbst den unvermeidlichen Schluss zu ziehen, bevor sie sie zum Leichenschauhaus begleiteten. Nachdem sie von dort zurückgekehrt waren, rief mich meine andere Schwester, Ossi, umgehend an.

»Miko…« Mehr musste ich gar nicht hören. Ihre Stimme sagte mir bereits alles. Es war Zeit, heimzufliegen. Mir wurde nun klar, dass die junge Frau, die ich während der Nachrichten auf der Trage gesehen hatte, tatsächlich meine Nichte Smadar gewesen war. Sie war tot, getötet, während sie in den Strassen der Stadt, die sie als ihre Heimat betrachtete, unterwegs war, um Schulbücher zu kaufen.

Diese qualvolle Tragödie ist der Ausgangspunkt meiner persönlichen Reise, einer Reise, die mich im Innersten verwandelt und mich in ein Leben eingeführt hat, das durch Aktivismus und, wie manche meinen, Gefahr gekennzeichnet ist.

Beim Begräbnis der Enkelin von Matti Peled waren Vertreter des gesamten politischen Spektrums Israels zugegen. Mein Vater Matti Peled war zwei Jahre zuvor gestorben. Er hatte in Israels Unabhängigkeitskrieg erbittert gekämpft und die Eroberung eines Grossteils des Landes geleitet, das Israel jetzt besetzt hält, aber dann begonnen, seine Rolle als Oberherr über die Palästinenser in Frage zu stellen: Er war ein General, der sich in einen Friedensstifter verwandelt hatte.

Mich erfasste das dringliche Bedürfnis, Smadars Tod einen Sinn abzugewinnen. In Israel waren Krieg und die Opfer des

Krieges Teil des Lebens. Als Kind war ich auf zahllosen Begräbnissen junger Leute gewesen, die in Kriegen oder bei ›militärischen Operationen‹ getötet worden waren, und ich wusste von Menschen, die bei Terroranschlägen verletzt oder verkrüppelt wurden. Aber Smadar war die Tochter meiner Schwester. Ich war schon seit vielen Jahren über den israelisch-palästinensischen Konflikt frustriert, und die fehlenden Fortschritte zu einer friedlichen Lösung beunruhigten mich zutiefst. Aber dennoch war der Konflikt für mich nichts Persönliches, bis meine Nichte ermordet wurde. Plötzlich hatte ich den Drang, zu verstehen, was diese beiden jungen Palästinenser dazu gebracht hatte, sich in die Luft zu sprengen und ihr das Leben zu nehmen, das doch gerade erst aufzublühen begann. Ihr Tod zwang mich zu einer schonungslosen Untersuchung meiner zionistischen Überzeugungen, der Geschichte meines Landes und der politischen Situation, die die Selbstmordattentäter, die sie getötet hatten, motiviert hatte.

Ich bin das Kind einer sehr bekannten zionistischen Familie, in der nicht nur mein Vater berühmt war, sondern zu der auch Kabinettssekretäre, Richter und sogar ein Präsident des Staates Israel gehörten. Mein Grossvater mütterlicherseits – und Namensvetter – Dr. Avraham Katznelson war ein führender zionistischer Politiker. Er war einer der Unterzeichner der Unabhängigkeitserklärung Israels und später Israels erster Botschafter in Skandinavien. Mein Vater war 16, als er sich freiwillig zum Dienst in der Palmach meldete, der Kampftruppe, die für Israels Unabhängigkeit focht. Als junger Offizier kommandierte er im Krieg von 1948 eine Infanteriekompanie und 1967 hatte er es zum General und Mitglied des Oberkommandos der israelischen Armee gebracht. Später wurde er auch in das Parlament Israels, die Knesset, gewählt.

Als ich klein war, strömten militärische Legenden und Vertreter sämtlicher politischer Überzeugungen durch unser Haus. Doch nach Smadars Tod wollte ich die Menschen ›der anderen Seite‹ treffen, Menschen, die man als meine Feinde betrachtete.

Ich sah mich nach jüdisch-palästinensischen Dialoggruppen in Kalifornien um und schmiedete Pläne, mich dort zu beteiligen. Meine Frau Gila, die in einem israelischen *kibbuz*[2] aufgewachsen war, war besorgt; keiner von uns war je bei einem Palästinenser zu Hause gewesen, und Gila fürchtete um mein Leben. »Was ist, wenn sie dir etwas tun? Was ist, wenn du nicht zurückkommst?«, fragte sie mich, als ich mich bereitmachte, zu meinem ersten Treffen mit Palästinensern zu gehen. Obwohl ich 39 Jahre alt war und im vereinten Jerusalem aufgewachsen war, hatte ich nie arabische Freunde gehabt. Jetzt begegnete ich zum ersten Mal in meinem Leben Palästinensern als Gleichen, und zu meiner Erleichterung und Verblüffung fand ich eine gemeinsame Basis mit ihnen. Als Exilanten teilten wir sowohl gute als auch schlechte Erinnerungen an unser Heimatland.

Allerdings hatten die Palästinenser eine ganz andere Version unserer Geschichte als die, die mir in meiner Kindheit in Jerusalem beigebracht worden war. Die Geschichte, die ich kannte, porträtierte Israel als wehrlosen David, der sich gegen einen arabischen Goliath zur Wehr setzte – eine Geschichte, die mich als jungen Patrioten dazu gebracht hatte, mich freiwillig zu einem Elitekommando der Israelischen Verteidigungsstreitkräfte (IDF für ›Israeli Defense Forces‹) zu melden. Während ich nun in Kalifornien Palästinensern gegenübersass, erfuhr ich von Massenvertreibungen, Massakern und gravierendem Unrecht. Wir bezeichneten den arabisch-israelischen Krieg von 1948 stolz als Unabhängigkeitskrieg. Die Palästinenser bezeichneten ihn als *Nakba*, die Katastrophe. Das war für mich schwer zu akzeptieren.

Jedes Mal, wenn andere Juden und Israelis aus den Dialogtreffen hinausstürmten, entschied ich mich, zu bleiben und zuzuhören, selbst wenn es mich unsagbar schmerzte, akzeptieren zu müssen, dass ich nicht im alleinigen Besitz der Wahrheit war. Da ich aus einer Familie von politischen Insidern kam, bildete ich mir ein, besser Bescheid zu wissen als alle anderen.

Ich begann, in den besetzten palästinensischen Gebieten

umherzureisen. Ich brach die akzeptierten Regeln meiner Gesellschaft und traf mich in Gegenden, die die meisten Israelis als gefährlich ansehen, ganz allein mit palästinensischen Friedensaktivisten. Meine Schwester Ossi war ausser sich: »Du darfst nicht gehen«, sagte sie. »Es ist gefährlich, und du bist ein Vater und trägst Verantwortung für deine Familie und deine Kinder.« Meine Mutter, die ebenfalls krank vor Sorge war, meinte: »Es braucht nur einen einzigen Wahnsinnigen …«

Während einer meiner Reisen im Westjordanland begegnete ich dem, was mir inzwischen als das grösste Hindernis für den Frieden erscheint: der Furcht vor dem ›Anderen‹, einer Furcht, von der ich nie gewusst hatte, dass ich sie hatte. Es war im Dezember 2005, und ich fuhr zum ersten Mal allein von Jerusalem ins Westjordanland. Ich fuhr einen Mietwagen mit israelischen Nummernschildern. Nachdem ich den letzten israelischen Kontrollpunkt passiert und die breite, asphaltierte Landstrasse verlassen hatte, kam ich auf die holperigen Strassen und die engen, gewundenen Pfade, auf denen sich der Verkehr in den besetzten Gebieten abspielt. Ich war nun im ›Feindesland‹, und in meinem Kopf liefen die Dämonen Amok. Ich sah mich umringt von feindseligen Arabern, die im Hinterhalt nur darauf lauerten, mich zu töten. Ich erinnerte mich, wie mein Vater, als ich klein war, immer zusah, dass wir nie durch das Westjordanland fuhren, ohne dass er ein Gewehr, eine AK-47 Kalaschnikow, im Wagen hatte. *Hatten mich die Leute nicht genau vor dem gewarnt, was ich jetzt tat?*

Als ich ankam, wurde ich von Aktivisten – Freiheitskämpfern, die Gewalt ablehnten und den Konflikt friedlich lösen wollten – begrüsst. Ich erlebte während des ganzen Tages, den ich an meinem Zielort verbrachte, keinerlei Feindseligkeit und kehrte wohlbehalten nach Jerusalem zurück. Ich fühlte mich erleichtert und hoffnungsvoll, und entmutigt. Mir war nun eines klar: Wenn es jemals Frieden geben sollte, musste die Furcht, die auch mich selbst wie ein Virus erfasst hatte, besiegt werden. Durch Jahrhunderte der Erfahrung und Konditionierung war Furcht zu einem fast untrennbaren Teil meiner Kultur geworden. Sie musste überwunden und durch Vertrauen ersetzt werden.

Meine Geschichte ist die eines israelischen Jungen, eines Zionisten, der erkannt hat, dass seine Seite der Geschichte nicht die einzige war und der sich entschieden hat, in einer Lage, die die meisten als aussichtslos bezeichnen, für Hoffnung zu streiten. Ich glaube, dass meine Reisen und die politischen Einsichten, die ich an der Seite meines Vaters gewonnen habe, ein Modell der Versöhnung nicht nur im Nahen Osten bieten, sondern überall, wo Menschen mit dem ›Anderen‹ konfrontiert sind und dabei Furcht statt die gemeinsame Menschlichkeit erleben.

Teil 1
Die frühen Jahre

1
Wurzeln

Als ich klein war, sass ich oft mit meiner Grossmutter zusammen in ihrer kalten Wohnung in der Rashba Street 18 im Jerusalemer Viertel Rehavia. Die Wohnung befand sich in der ersten Etage eines einfachen zweistöckigen Hauses. Hinter dem Haus gab es einen kleinen Hof, in dessen Mitte ein Grapefruitbaum stand. Das Viertel war schlicht und ruhig, aber wohlangesehen. Dort wohnten viele Professoren der nahegelegenen Hebräischen Universität mit ihren Familien.

Savta Sima[3] zeigte mir alte Fotos und sprach über ihr Leben als Frau eines Botschafters.

»Avrami« sagte sie dann zu mir. Ich war nach meinem Grossvater benannt, aber sie war die Einzige, die mich je mit diesem Namen ansprach. »Das hier ist dein Grossvater Avram mit König Gustav dem Sechsten, dem König von Schweden, und hier ist er zusammen mit Kaiser Haile Selassie von Äthiopien.«

Dr. Avraham Katznelson oder Saba Abba, wie er liebevoll genannt wurde, starb, bevor ich geboren wurde, aber meine Mutter und meine Grossmutter sprachen immerzu über ihn und sein bewegtes Leben. Er war in den frühen 1920er Jahren einer der Sprecher der zionistischen Bewegung und besuchte die jüdischen Gemeinden überall auf der Welt, um sie aufzufordern, in ihre historische Heimat in Palästina zurückzukehren; später gehörte er zu den Unterzeichnern der israelischen Unabhängigkeitserklärung und war Israels erster Botschafter in Skandinavien.

Meine Grossmutter war stolz auf die diplomatische Arbeit ihres Mannes: »Dein Grossvater war sowohl charmant als auch ein hervorragender Diplomat, und er wusste, wie man gute Beziehungen zu Leuten pflegte.« Besonders stolz war sie auf die Verbindung, die er zum Botschafter Chinas entwickelt hatte. Das war eine ganz besondere Leistung, da Israel, das sich mit dem Westen verbündet hatte, damals keine diplomatischen Beziehungen zu China unterhielt.

Eines Nachmittags sassen wir zusammen auf ihrem alten blauen Sofa, und meine Grossmutter zeigte mir einen verblassten Zeitungsausschnitt. Savta Simas Wohnzimmer war immer kalt und muffig, weil sie nur selten die Heizung anstellte oder die Fenster aufmachte. Die Zeitung war schon vergilbt und muss mehr als zwanzig Jahre alt gewesen sein. Darauf war ein Foto meines Grossvaters im langen Rock und mit Zylinder, wie er neben einer Pferdekutsche einherlief. Ich konnte an dem Foto sehen, dass es wohl eine kalte und neblige Stadt in Europa war.

Meine Grossmutter erzählte mir von Grossvaters Dienstantritt als Israels erster Botschafter am Hof König Gustavs in Stockholm. »Die Zeremonie fand an einem Samstag statt«, erklärte sie, das heisst, am jüdischen Sabbat, an dem Juden weder selbst ein Fahrzeug fahren noch darin gefahren werden dürfen. »Er war der Vertreter des jüdischen Staates – und in Wirklichkeit des gesamten jüdischen Volkes – und betrachtete es als angemessen, zu laufen, statt in der königlichen Kutsche zu fahren.«

»Er lief den gesamten Weg. Er war gross und stattlich, mit einem Rücken gerade wie ein Stock, und die königliche Kutsche rollte neben ihm her.« Ich sah meine Grossmutter an und konnte spüren, wie sehr er ihr fehlte.

Der Glanz dieses Lebens erinnerte sie an die Jahre, in denen sie in der georgischen Stadt Batumi aufgewachsen war. Obwohl sie den grössten Teil ihres Lebens in Jerusalem verbracht hatte, vermisste sie Batum (wie sie das an der Küste des Schwarzen Meers gelegene Batumi nannte) noch immer. Jeden Freitagnachmittag besuchte sie uns in Motza Ellit und sprach mit mir stundenlang darüber, wie grossartig ihre Familie einst gelebt hatte. Sie hatte Diener und Kutschen und konnte die Schönheit der Stadt wahrhaft geniessen. Ich stellte mir Batumi als eine Art Paradies vor.

Doch zu der Zeit, in der ich sie kannte, war Savta Sima extrem sparsam. Ihr Haus war im Winter immer kalt, weil sie die Heizung nur zwischen 6 und 8 Uhr abends anmachte, ganz gleich wie die Temperatur draussen war, die im Jerusalemer Winter häufig unter Null fällt. Ich erinnere mich noch an einen Tag im Winter, als ich sie nach der Schule besuchen kam. Es schneite; ich rief meine Mutter von der Wohnung meiner Grossmutter aus an und flüsterte in den Hörer: »Mama, ich friere.« Savta Sima hörte mich und sagte sofort: »Frieren, frieren! Na, wir frieren alle.« Aber die Heizung blieb dennoch aus. Wenn sie abends fernsah, machte sie alle Lichter in der Wohnung aus, und sie trug dann ein langes, dunkelblaues Gewand und eine dunkle Sonnenbrille, um ihre Augen vor dem Leuchten des Fernsehers zu schützen. »Ich weiss, dass du denkst, ich sei geizig. Ich bin nicht geizig, ich bin sparsam.«

Manchmal holte ich sie nach der Schule in der Klinik ab, in der sie als Hautärztin arbeitete, und ging dann mit ihr nach Hause. Sie war damals schon Mitte siebzig und arbeitete nur noch Teilzeit, so dass sie mittags fertig war. Ich war nicht älter als neun oder zehn, und sie hielt mich, während wir gingen, untergehakt und sagte: »Avrami, du bist mein Kavalier.« Die Klinik war eine, vielleicht auch zwei Meilen Luftlinie von ihrer Wohnung entfernt. Sie ging immer zwanzig Schritte am Stück und hielt dann an, um sich auszuruhen. Sie lehnte es strikt ab, mit dem Bus zu fahren oder, Gott bewahre, etwa Geld auszugeben und ein Taxi zu nehmen. »Ein Taxi? Was für eine Verschwendung!«, sagte sie, sowie der Gedanke auch nur aufgebracht wurde.

Damals gab es noch nicht viel Verkehr, während wir an den kleinen Läden, Cafés und Bäckereien vorbeigingen. Wir kamen an den Gebäuden des Ratisbon-Klosters und an der Yeshurun-Synagoge vorbei, zwei direkt nebeneinander stehenden Wahrzeichen Jerusalems, das eine christlich, das andere jüdisch. Beide waren in etwa so alt wie meine Grossmutter, und diese fesselte meine Aufmerksamkeit mit Geschichten über die Menschen, die sie gegründet und darin gelebt hatten oder dort ein und aus gegangen waren. »Ratisbon selber war ein französischer Jude, der konvertierte und katholischer Priester wurde«, sagte sie mit offenkundiger Missbilligung. »Als Yitzhak Ben-Tzvi Präsident war, kam er immer genau hierher, um in der Yeshurun-Synagoge zu beten.« Von dort aus kamen wir dann in die kleineren und ruhigeren Strassen Rehavias. Das war in den 1970er Jahren, und zumindest mir schien Jerusalem voller Hoffnung und Optimismus.

Ich war zutiefst von dem Wissen geprägt, dass meine Verwandten viel zur Gestaltung der Geschichte meines Landes beigetragen hatten. Es gab mir ein Gefühl der Besonderheit, zu wissen, dass mein Namensvetter die Unabhängigkeitserklärung mit unterschrieben hatte und dass er sich unter Königen und Premierministern bewegt und unser Land gegenüber den anderen Ländern der Welt vertreten hatte. Ein stolzer Israeli zu sein war etwas, was man mir nicht beizubringen brauchte; es wurde mir durch die Männer und Frauen in meiner Familie regelrecht eingeträufelt.

Selbst die erste Begegnung der Eltern meiner Mutter ist ein kleines Stück israelischer Geschichte. Mein Grossvater, Avraham, wurde 1888 in Babruysk geboren, einer Stadt in Weissrussland, die zu etwa 60 Prozent jüdisch war. Als Junge erhielt er eine Erziehung in einem *Heder*, einer orthodoxen jüdischen Vorschule, und dann in einer *Yeshiva*, wo er jüdische religiöse Texte studierte, bevor er ein öffentliches, weltliches Gymnasium besuchte.

Meine Grossmutter prahlte, er habe das Gymnasium »mit herausragenden Noten« bestanden. »Und so kam es, dass er an der medizinischen Fakultät in St. Petersburg in Russland angenommen wurde. Er war gross und gutaussehend und immer tadellos gekleidet.« Letzteres bewies sie mir, indem sie mir alte Fotos zeigte. »Er war Ballettliebhaber, und als Student hungerte er tagelang, damit er sich eine Eintrittskar-

Mein Grossvater, Dr. Avraham Katznelson, oder Saba Abba, wie er liebevoll genannt wurde.

te zum Ballett und einen Blumenstrauss leisten konnte, um ihn der Ballerina nach der Vorstellung zu überreichen.«

Ich hörte mein ganzes Leben lang Geschichten über meinen Grossvater, und oft wurden sie mir in keiner bestimmten Reihenfolge erzählt. »Er diente als Arzt in der russischen Armee, und der russische Zar selbst verlieh ihm eine Goldmedaille für seine Tapferkeit«, erzählte mir meine Mutter eines Tages, während wir in der Küche sassen. »Ich erinnere mich sogar, wie ich als Kind damit herumhantierte und dachte, sie sei ein Spielzeug.« Ich war damals schon im Gymnasium und alt genug, den Wert einer Medaille wie dieser zu begreifen, und war fassungslos. »Mein Grossvater bekam eine Medaille vom Zaren und sie liessen dich damit spielen?«

»Meine Eltern legten keinerlei Wert darauf und die Medaille ging später verloren.«

»Oh Gott, ich kann nicht glauben, dass ihr sie verschlampt habt!«

»Zum Glück haben wir ein Foto von ihm als fescher junger Offizier in Uniform, auf dem er sie trägt.«

»An der medizinischen Fakultät traf dein Grossvater Yossef Trumpeldor, und die beiden wurden gute Freunde«, erzählte meine Mutter mit offensichtlichem Stolz weiter. Trumpeldor war ein jüdischer Held von mythischen Dimensionen. Als junger Mann diente auch er als Arzt in der russischen Armee. Er war wie mein Grossvater Zionist und gründete die Jüdische Brigade der Britischen Armee, in die viele Jahre später auch meine Mutter eintreten sollte. Trumpeldor war stellvertretender Kommandeur der Brigade. Er wurde 1920 in der Schlacht von Tel Chain in Nordpalästina getötet, und alle israelischen Kinder lernen in der Schule, Trumpeldors letzte Worte seien gewesen: »Macht nichts, es ist gut, für unser Land zu sterben.«

Trumpeldor bat meinen Grossvater, bei Ze'ev Kaplan, einem reichen jüdischen Kaufmann in Batumi, vorzusprechen, um dessen Bereitschaft zu erkunden, einen finanziellen Beitrag zur zionistischen Sache zu leisten. »Dein Grossvater ging nach Batumi und erhielt tatsächlich eine grosszügige Spende«, fuhr meine Mutter mit einem Lächeln fort, »aber das war nicht das Einzige, was er bekam. Ze'ev Kaplans Tochter, Sima, wurde seine Frau und später dann deine Grossmutter.«

Nach mehreren Jahren der Brautwerbung heirateten Sima und Avraham, und 1923 gelang es Avraham, Sima zu überreden, mit ihm nach Palästina auszuwandern, um am Aufbau eines jüdischen Staates mitzuwirken. Avraham stieg rasch in den Reihen der zionistischen Bewegung auf und wurde Mitglied des Vorstands des Jüdischen Nationalrats *Hava'ad Ha-Leumi* – der jüdischen *de facto* Regierung vor der Schaffung des Staates Israel, die von einer von der jüdischen Gemeinschaft in Palästina gewählten Nationalversammlung bestimmt wurde. Er schuf das jüdische Gesundheitsministerium und fungierte in den Jahren vor der Staatsgründung faktisch als Gesundheitsminister. Seine Bedeutung lässt sich wohl am besten daran messen, dass er Teil der auserwählten Gruppe jüdischer Führer war, die die israelische Unabhängigkeitserklärung unterzeichneten.

Nach der Gründung des Staates war mein Grossvater zunächst dazu ausersehen, zum ersten Gesundheitsminister Israels zu werden. Allerdings bekam er den Posten nie, weil er in Israels erster grosser politischer Schlacht – der zwischen Chaim Weizmann und David Ben-Gurion um die Frage, wer von beiden der Ministerpräsidentschaftskandidat der israelischen Arbeiterpartei bei den ersten Wahlen des jüdischen Staates sein sollte – auf den Verlierer gesetzt hatte. Weizmann, der ebenfalls aus Weissrussland stammte, hatte einen

Führungsstil, der durch Charme, Vernunft und Diplomatie gekennzeichnet war, wurde aber von Ben-Gurion beiseite gedrängt, der sich einer militanten und kompromisslosen Führungsweise befleissigte.

Als Kind hörte ich oft, wie sehr mein Grossvater Ben-Gurion geringschätzte. Meine Grossmutter genoss es immer, zu schildern, wie Ben-Gurion nach den Wahlen meinen Grossvater anging.

»Ben-Gurion war klein und glatzköpfig und kam zu Avraham gelaufen, der gross und attraktiv war. Er sah zu ihm hoch und schrie mit geballter Faust: ›*Ata Veitsmannist!*‹ ›Du bist ein Weizmann-Anhänger‹.«

Und das stimmte. Er glaubte an Weizmann und unterstützte ihn, und es war offensichtlich, dass er Ben-Gurions aggressiven Stil nicht leiden mochte. Doch da Ben-Gurion gewonnen hatte, konnte mein Grossvater nun nicht mehr Mitglied der ersten unabhängigen jüdischen Regierung seit mehr als 2000 Jahren werden. Aber ein guter Freund und Verbündeter meines Grossvaters, Moshe Sharett, wurde zum ersten Aussenminister Israels bestimmt, und er bat meinen Grossvater, Leiter der israelischen Delegation bei den Vereinten Nationen zu werden. Später ernannte er ihn zu Israels Botschafter in Skandinavien. Mein Grossvater starb 1956 im Alter von 68 Jahren in Stockholm an Krebs.

Nachdem sie Witwe geworden war, lebte Savta Sima über zwanzig Jahre lang allein. Als ich sie kennenlernte, war sie schon schmal; sie hatte tiefe Falten und kurzes silbernes Haar und verbreitete eine Aura der Bedeutung um sich. Sie hatte schöne Augen, und es war allgemein bekannt, dass sie in ihrer Jugend eine schöne Frau gewesen war. Oder um mit meiner Mutter zu reden: »Sie war so schön, dass alle nach ihr den Kopf umdrehten, wenn sie durch die Strassen Jerusalems ging.« Sie war stolz auf ihre Herkunft als älteste Tochter der Kaplan-Familie und auf ihre verwandtschaftliche Beziehung zu den Katznelsons, und auf ihrem Türschild stand ›Dr. Sima Kaplan-Katznelson-Nima‹.

»Wir sind Katznelsons«, sagte sie immer.

Das Zusammensein mit Sima war nicht immer lustig, aber oft interessant. Sie bestand darauf, dass ich einmal in der Woche zu ihr zum Mittagessen kam, obwohl sie weder kochen noch backen konnte. Sie verbrachte mehr als fünfzig Jahre in Jerusalem, die meisten davon in dem Haus, das sie und Saba Avram in der Rashba Street gebaut hatten und in dem ich viele Jahre später geboren wurde. Wir sassen dann in ihrer kleinen, spartanischen und ungeheizten Küche, und manchmal holte sie ein Paar Essstäbchen aus Elfenbein heraus, um sie mir zu zeigen. »Die waren ein Geschenk des chinesischen Botschafters«, sagte sie jedes Mal, wenn sie sie hervorholte, und dann zeigte sie mir, wie man diese merkwürdigen Stäbchen benutzte, um den faden Reis mit Huhn aufzupicken, den sie zu Mittag gekocht hatte.

Ganz ungeachtet dessen, wie ich sie als Kind wahrgenommen haben mochte, war Sima eine erfolgreiche Frau. Sie war Absolventin der medizinischen Fakultät in Krakow, und das zu einer Zeit, als Juden und Frauen nur selten und nur, wenn sie die besten Noten hatten, überhaupt aufgenommen wurden. Sie wurde Hautärztin und eine der ersten jüdischen Doktorinnen der Medizin in Palästina. Im Verlauf ihrer Arbeit in den Anfangsjahren des Hadassah-Krankenhauses in Jerusalem und für Kupat Holim, Israels staatliches Gesundheitssystem, leistete sie wichtige Beiträge zur Entwicklung der Dermatologie erst in Palästina und dann in Israel.

Zalman Shahar, der 1963 zum dritten Präsidenten Israels wurde, wurde durch Heirat zu meinem Grossonkel. Er war der Mann der Schwester meines Grossvaters Avraham, Rachel Katznelson. Rachel war Schriftstellerin und zionistische Gewerkschaftsführerin, und sie gründete Gewerkschaften für Frauen, die für ihre Rechte eintraten. Shahar selbst hatte mehrere bedeutende politische Posten, bevor er für das Amt des dritten Staatspräsidenten Israels, eine weitgehend zeremonielle Position, ausgewählt wurde. Auch er war Schriftsteller und Dichter, und in seiner Jugend hielt er endlose Reden, mit denen er sein Publikum über Stunden hinweg fesselte. Sima stand beiden sehr nahe, und sie leistete Zalman und

Meine Grossmutter Sima, meine Mutter Zika und mein Grossvater Avram.

Rachel jeden Samstag bei einer mittäglichen Runde in der Residenz des Präsidenten Gesellschaft. Manchmal bat sie mich, mich ihr anzuschliessen, und dann gingen wir zusammen zum Sitz des Präsidenten, der einige Strassenzüge weit von ihrem Haus entfernt lag. Damals war das einfach ein schönes und ansehnliches Haus in einer ruhigen Ecke Rehavias, das jedoch für den Wohnsitz eines Präsidenten ziemlich bescheiden war. Ich war noch sehr klein, aber ich erinnere mich lebhaft an diese Besuche. Sie waren damals alle drei schon sehr alt und über siebzig, und das Essen war nie sonderlich gut. Wir nannten den Präsidenten Dod Zalman, oder Onkel Zalman, und seine Frau Soda Rachel. An Dod Zalmans Geburtstag, der wie meiner in die Zeit des achttätigen Lichterfestes Hanukah fiel, lud er die gesamte Familie zu sich ins Haus ein. Das waren dann Hunderte von Leuten: Richter, Kabinettsminister, berühmte Ärzte, Künstler, und alles Mitglieder meines erweiterten Familienkreises. Heute ist das Porträt Dod Zalmans auf dem 200-Shekel-Schein zu sehen. Als meine Kinder noch klein waren, zeigte ich ihnen den Schein mit Dod Zalman darauf, und sie waren völlig perplex: »Wir haben einen Grossonkel auf einem Geldschein!«

Als Sima 80 wurde, bekam sie einen Brief vom Generaldirektor des Kupat Holim, in dem er ihr mitteilte, wie sehr man dort ihre vielen Jahre des Dienstes geschätzt habe. Nun aber sei es an der Zeit, Platz für jüngere Ärzte – hauptsächlich neue Einwanderer, die aus der Sowjetunion eingetroffen

Zalman Shazar, der 1963 Israels dritter Präsident wurde, war durch seine Ehe mit der Schwester meines Grossvaters Avram mein Grossonkel. Hier schüttle ich ihm während der Hanukkah-Feier in der Residenz des Präsidenten in Jerusalem die Hand. Links neben mir sieht man Savta Sima.

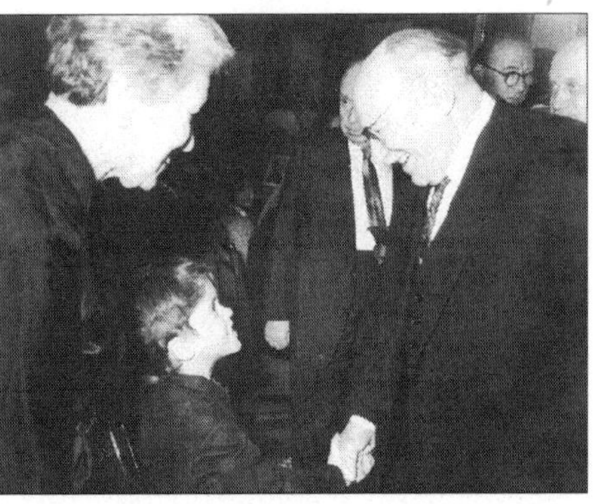

waren und eine Stelle brauchten – zu machen. Sie versuchte, es gütlich aufzunehmen, aber in Wirklichkeit traf es sie wie ein vernichtender Schlag. Um sie beschäftigt zu halten, dröselte meine Mutter alte Pullover auf und gab ihr das Garn, aus dem sie dann wundervolle Bettdecken strickte, von denen ich immer noch eine habe. Sima starb während meiner Schuljahre im Gymnasium nach einem langen Kampf gegen die Leukämie.

Mir scheint heute klar, dass die härteren Aspekte der Persönlichkeit Simas darauf zurückgingen, dass sie in einer Zeit gelebt hatte, in der es nicht üblich war, dass Frauen eine eigene Karriere hatten, und in der Gefühle gewaltsam unterdrückt wurden. Sie hatte es mit Sicherheit nicht leicht gehabt. Im Gegensatz dazu ist Simas Tochter, meine Mutter Zika, eine warmherzige und liebevolle Frau von kleiner, aber kräftiger Statur mit einem lauten und markanten Lachen. In ihren Jugendjahren meldete sie sich freiwillig zum Dienst in der Jüdischen Brigade der Britischen Armee. Sie erzählte mir, das Beste an ihrem Dienst sei gewesen, dass sie Kairo, Beirut und Damaskus sehen konnte, drei Städte im Nahen Osten, die für ihre grosse Schönheit bekannt sind. Sie heiratete meinen Vater, als sie neunzehn war.

Wenn meine Eltern, als wir noch klein waren, Freunde zu Besuch hatten, brachten diese meine Mutter gern zum Lachen, nur um dieses ansteckende Geräusch zu hören. Ihre Kinder, Enkel und Urenkel könnten sich keine bessere Anwältin und Unterstützerin wünschen. Sie ist eine wunderbare Köchin, und sie sagt, sie habe das von ihrer Schwiegermutter gelernt. Ausserdem hat sie einen unfehlbaren Geschmack für Kleidung und Einrichtung. Ihr Haus ist immer schön hergerichtet, und ihr Garten steht immer in Blüte.

Von ihr habe ich auch eine Menge über meine Familie erfahren. Sie lehrte mich, ein Zionist zu sein, aber nicht auf dogmatische Art. Sie tat es, indem sie mir ihre Liebe für all jene – ob Familienmitglieder oder nicht – vermittelte, die eine wichtige Rolle bei der Wiederbelebung der jüdischen nationalen Heimstätte spielten. Sie vermittelte mir auch ihre Liebe zur hebräischen Sprache und Kultur, indem sie mich lehrte, die moderne hebräische Dichtung und Prosa zu schätzen. Die beiden bedeutendsten Männer in ihrem Leben, ihr Vater und ihr Mann, widmeten ihr gesamtes Leben der Sache des Zionismus, und sie erzählte mir mein ganzes Leben lang Geschichten über sie. Sie war nie politisch aktiv – sie lehnte es immer ab, interviewt zu werden oder sonstwie in der Öffentlichkeit zu stehen –, aber sie unterstützte erst ihren Vater und dann ihren Mann in ihrem kompromisslosen Engagement für ihre jeweiligen Anliegen.

Ich kannte die Mutter meines Vaters, Savta Sara, als eine kleine und ein wenig rundliche Frau mit Augen, die blinzelten, wenn sie lachte. Als Kind zog ich sie der Mutter meiner Mutter, Sima, ganz klar vor. Sara kochte einen grossartigen Eintopf, dessen Sosse ich mit frischem Weissbrot austunkte, das ich dann verschlang. Sie buk köstliche Kuchen und Pasteten, die wundervoll rochen, und sie erzählte lustige Geschichten. Wenn ich an kalten Jerusalemer Wintertagen nach der Schule zu ihr in ihre warme Wohnung kam, wurde ich immer mit einem Paar warmer Pantoffeln, einem Wollpullover und dem Geruch ihres köstlichen, herzhaften Essens empfangen. Sie hatte langes, dünnes Haar, das in einem Knoten zurückgebunden war, und mit ihren hohen Wangenknochen und blinzelnden Augen ähnelten ihre Gesichtszüge denen einer alten Mongolenfrau. Wenn ich als Kind krank war und nicht

Die Mutter meines Vaters, Savta Sara.

zur Schule konnte, war das Allerbeste, wenn Savta Sara kam und mir Geschichten erzählte. »Wenn du eine Geschichte hören willst, musst du deine Medizin nehmen«, sagte sie dann, und der süsse Genuss ihrer Anwesenheit machte den bitteren Geschmack der Medizin mehr als wett.

Anders als Sima war Savta Sara nur drei oder vier Jahre zur Schule gegangen, aber sie konnte Jiddisch, Hebräisch und Russisch sowohl sprechen als auch lesen. Sie las alles, was sie in die Finger bekommen konnte, einschliesslich aller jiddischer Klassiker und erzählte uns die Geschichten, besonders die des jüdischen Autors Sholem Alechem, auswendig nach. Sie las alles, was auf Hebräisch publiziert wurde, von Zeitungsartikeln bis zur Hochliteratur. Zu ihren Freunden und Bekannten gehörten grosse Namen der Literatur wie der Dichter Haim Nahman Bialik, der Schriftsteller Haim Hazaz und Israels geliebte Liederkomponistin Naomi Shemer, mit deren Mutter Sara ein ganzes Leben lang befreundet war.

Falls Sara irgendwelche Fehler hatte, fiel mir das als Kind nicht auf. Später im Leben wurde mir klar, dass in ihren Augen nie jemand so gut oder so klug oder derart im Recht sein konnte wie ihr Bruder, ihre Söhne und ihre Enkel. Ausserdem hatte sie ein fast unstillbares Bedürfnis, sich in die Angelegenheiten anderer, meist ihrer Freunde und Familienangehörigen, einzumischen, und das geschah dann oft zum Preis von Beziehungen, die in Scherben gingen. Aber sämtliche Waffengefährten meines Vater in oder um Jerusalem herum wussten, dass sie immer darauf zählen konnten, von ihr ein Bett oder eine warme Mahlzeit zu bekommen, und dass sie nicht einmal vorher Bescheid sagen mussten. Anders als meine Grossmutter Sima, die eine sehr unabhängige Frau war, brauchte Sara Leute um sich.

Sie kam in einem *Shtetl* (der jiddische Ausdruck für ›Städtchen‹) namens Lippowitz in der Ukraine zu Welt, das in einer so genannten ›Erlaubten Region‹ lag, einem von der russischen Regierung bestimmten Gebiet, in dem auch Juden wohnen durften. Sie wusste über ihr Geburtsdatum lediglich, dass es im Jahr 1901 lag, und so beschloss meine Mutter, dass wir ihren Geburtstag immer am fünfzehnten Tag des Monats Shvat oder *Tu B'Shvat*, wie er im Hebräischen genannt wird, feiern würden. Das ist der jüdische Feiertag, mit dem Bäume und die Natur geehrt werden. An diesem Tag versammelte sich die ganze Familie in ihrem Haus, um getrocknete Früchte, Nüsse und ihre wundervollen selbstgemachten Pasteten zu essen. Sie kam aus einer armen Familie, die in einem Haus wohnen musste, das grösstenteils aus Lehm bestand. »Wenn man den Finger in die Wand steckte«, sagte sie immer, indem sie mit dem Finger auf eine imaginäre Mauer zeigte, »gab das ein Loch, das gross genug war, dass man nach draussen gucken konnte.« Dann brach sie in ihr herzhaftes Lachen aus.

In den Jahren direkt nach der bolschewistischen Revolution war Sara Teenagerin und beschloss, eine *Komsomolka* – eine ›Jungkommunistin‹ – zu werden. Einmal wollte sie am heiligsten aller jüdischen Feiertage, Yom Kippur, zu einer Versammlung von Jungkommunisten fahren. Aber als sie dann im Zug sass, überlegte sie es sich anders. Sie wusste, dass die Nachricht, sie sei am Yom Kippur mit dem Zug gereist, ihren Vater – falls sie ihn je erreichen sollte – umbringen würde, und so stieg sie aus und kehrte nach Hause zurück. »Sie war nicht zur Revolutionärin gemacht«, war der Kommentar meiner Mutter. »Ihr älterer Bruder, Eliezer, war der Meinung, junge Juden hätten in Russland keine Zukunft und es könne für sie gefährlich sein, dort zu bleiben. Also verliessen Sara und Eliezer zusammen ihre Heimat und Familie und begannen ihre Reise nach *Eretz Yisrael*, das Land Israel.«

Unterwegs blieben sie ein Jahr lang in einem befristeten zionistischen Lager in der Türkei namens *Mesila Hadasha*, wo Juden arbeiten konnten, während sie auf die Einreiseerlaubnis der britischen Behörden nach Palästina warteten. Von diesem Lager aus fuhren sie per Schiff nach Eretz Yisrael – oder *Palästina*, wie die jüdischen Einwanderer das Land damals noch nannten. Auf dem Schiff von Konstantinopel nach Palästina trafen Sara und Eliezer Baruch Ifland, einen jungen Juden, der eigentlich vorgehabt hatte, sich in England ein neues Leben aufzubauen. Eliezer überredete Baruch, mit ihnen nach Palästina zu kommen – und als sie dort ankamen, heiratete Baruch Sara. Nun arbeiteten sie alle gemeinsam an der Verwirklichung der Vision der zionistischen Gewerkschaftsbewegung – der Vision, dass Juden aller Gesellschaftsschichten nach Eretz Yisrael strömten, um am Wiederaufbau des jüdischen Heimatlands beizutragen.

Sara und Baruch hatten zwei Kinder: meinen Vater Matti und seinen jüngeren Bruder Dov, der immer liebevoll Dubik genannt wurde. Dubik wurde Farmer. Er hatte sechs Kinder und er war für uns alle ein geliebter Onkel. Leider starb er schon mit 42 an einem Herzinfarkt.

Eliezer war einer der Gründer der Akademie für Hebräische Sprache in Jerusalem, einer Institution, die das Hebräische, das fast 2000 Jahre lang vor sich hin geschlummert hatte, in eine moderne gesprochene Sprache verwandelte. Er starb an Krebs, als ich drei war; Baruch starb schon während des Passafestes 1962 im Schlaf, als ich noch keine sechs Monate alt war.

Ich war vier, als meine Familie nach Motza umzog und als Sara in die Wohnung im ersten Stock des Hauses in der Rashba Street 18, nur eine Treppe über der Wohnung von Savta Sima, einzog, aus der wir gerade ausgezogen waren.

Die Beziehung zwischen den beiden Grossmüttern würde grossartigen Stoff für eine BBC-Sitcom abgeben. »Sie spricht gar kein echtes Russisch. Sie spricht die Art Russisch, das unsere Bediensteten gesprochen haben«, sagte Sima geringschätzig, um auf Saras umgangssprachliche Ausdrucksweise

Mein Vater und sein jüngerer Bruder Dov, der liebevoll Dubik genannt wurde.

hinzuweisen. Sara konterte darauf, »Selbst wenn ihr Leben auf dem Spiel stünde, wäre sie nicht imstande, ein Ei zu kochen«, und auch sie war damit im Recht. Sie waren beide gestandene Frauen, die jeweils auf ihre eigene Weise geholfen hatten, in Israel für ihr Volk ein Heimatland zu schaffen. Sie repräsentieren zwei verschiedene Aspekte der zionistischen Pionierbewegung: Die eine eine gebildete jüdische Frau mit starkem Sinn für gesellschaftliche Hierarchie, die schon im Europa Anfang des Zwanzigsten Jahrhunderts erfolgreich gewesen war und dann ihre Begabung und Bildung dem Projekt des Zionismus zur Verfügung gestellt hatte. Die andere eine Frau aus der Arbeiterklasse, deren Welt, die Welt des jüdischen Shtetl, schon zu Ende gegangen war und die dann als Arbeiterin und Mutter am zionistischen Unternehmen mitgewirkt hatte, was ihr in jenen Tagen, als der Sozialismus noch im Zenit stand, die uneingeschränkte Achtung aller eintrug. Beide Frauen und ihre Lebensgeschichten haben mir unmissverständlich die Wichtigkeit und die Bedeutung des Schutzes der Rechte von Arbeitern, Frauen und anderen benachteiligten Gruppen vermittelt.

Als Kind mochte ich Savta Sara lieber. Als Erwachsener lernte ich auch Savta Sima zu schätzen, und zugleich fand ich es eigenartig, dass meine Mutter, die eine so freundliche Frau ist, eine harte Mutter hatte, während die Mutter meines Vaters, der immer ernst und oft streng war, sehr warmherzig und liebevoll war.

2
Mein Vater war Matti Peled

Ich bin das vierte Kind meiner Eltern, und als ich im Dezember 1961 geboren wurde, war mein Vater 38 Jahre alt. Er war etwa 1,80 gross, hatte breite Schultern, einen ernsten Blick und – seit ich ihn kannte – silbernes Haar, das von einer breiten Stirn zurückgekämmt war.

Mein Vater hatte sich einen Namen in der israelischen Geschichte gemacht – erst als junger Offizier, der sich in den Kämpfen im israelischen Unabhängigkeitskrieg als furchtloser, engagierter und besonnener Führer seiner Männer erwies, dann als Karriereoffizier, der sich dem Aufbau einer gut organisierten Kampftruppe für den jungen Staat Israel widmete, aber wahrscheinlich am bemerkenswertesten als einer der Generäle des Sechstagekriegs von 1967, in dem die israelische Armee das Westjordanland, den Gazastreifen, die Golanhöhen und die Sinaihalbinsel einnahm.

Später wurde mein Vater Professor für arabische Sprache und Literatur, ein wichtiger Abgeordneter im israelischen Parlament und ein Friedensaktivist, der seiner Zeit um Jahrzehnte voraus war. Aber ganz gleich, welche Rolle Matti Peled gerade ausfüllte – General, Wissenschaftler, Vater –, er tat es auf gelassene und vernünftige Art.

Ich war gerade 14 oder 15, als er mich einmal beim Rauchen erwischte. Ich stand draussen bei unserem Auto und zündete mir eine Zigarette an, sicher, dass keiner mich sehen würde, als ich ihn plötzlich bemerkte, wie er den Hügel hochgelaufen kam. Er war wie immer tief in Gedanken versunken, und sein Blick war auf den Boden gerichtet. Ich hatte keine Ahnung, wie er reagieren würde, aber ich ging davon aus, dass ich jetzt ein Problem hatte. Er war schon ganz nah, bevor er aufschaute und mich erkannte. Der unverkennbare Geruch von Zigarettenrauch war überall und die Zigarette war in meiner Hand.

»Du rauchst?«, fragte er mit mildem Erstaunen. »Ist es nicht ein Unsinn für einen Sportler wie dich, deine Lungen zu ruinieren?«

Worauf ich antwortete: »Ich rauche gar nicht richtig, und ich habe auch nicht vor zu rauchen.« Angesichts der Umstände war das eine dumme Antwort, aber sie stimmte: Es war mein erster oder zweiter Versuch, und es gefiel mir gar nicht. Während er wegging, fügte ich hinzu: »Bitte sag Mama nichts.«

Ich stand eine Weile lang da und wartete darauf, dass meine Beklemmung nachliess. Ich war geschockt – nicht nur davon, dass ich erwischt worden war, sondern auch durch seine direkte und leidenschaftslose Reaktion. Natürlich wollte mein Vater nicht, dass ich rauchte, aber er zeigte keinerlei Ärger. Letzten Endes überliess er es mir: Es war mein Körper, mein Leben und meine Entscheidung.

Mein Vater wurde als Mattityahu Ifland, kurz Matti, in der Hafenstadt Haifa im damaligen Nord-Palästina geboren. Das war am 20. Juli 1923 und laut dem jüdischen Kalender war das *Tisha B'Av*, der neunte Tag des Monats Av – der Tag, an dem die Juden die Zerstörung des jüdischen Tempels in Jerusalem durch die römischen Legionen im Jahre 70 beklagen.

Seine Familie lebte in einem Kibbuz, aber sie blieb nicht lange dort. Zur damaligen Zeit waren die Mitglieder der Kibbuzim der Ansicht, Kinder sollten nicht bei ihren Müttern aufwachsen. Kleinkinder lebten und schliefen in der Kinderkrippe und wurden von den Betreuerinnen und Betreuern aufgezogen und versorgt, während die Eltern arbeiteten. Die Eltern sahen ihre Kinder jeden Tag nur ein paar Stunden lang am Nachmittag. Mattis Mutter Sarah konnte die Trennung von ihrem Sohn nicht ertragen, und als mein Vater ein Jahr alt war, zog die Familie nach Jerusalem, wo mein Grossvater eine Schreinerei aufmachte, die er dann viele Jahre lang betrieb.

»Dein Grossvater war von Herzen Sozialist«, erzählte meine Grossmutter mir gern, »und er sah immer zu, dass er nicht mehr verdiente als sein Arbeiter.«

Matti wuchs als zutiefst überzeugter Zionist auf; er glaubte bis zu seinem Tod fest an die Notwendigkeit der Schaffung eines jüdischen Heimatlands in Palästina und handelte nach diesem Glauben. Er gehörte zur ersten Generation moderner Juden, für die Hebräisch, eine Sprache, die erst kurz zuvor wiederbelebt worden war, die Muttersprache war. Von früh an sorgte er dafür, dass sein Hebräisch perfekt war und dass er es korrekt aussprach. Schon während seiner Zeit als Gymnasiast bereiste er das gesamte Land – er kannte es wirklich gut und liebte es sehr. Als mein Vater sich viele Jahre später gezwungen sah, Israel zu kritisieren, übte er diese Kritik immer noch im Namen dessen, was er als das Beste für die Zukunft Israels betrachtete. Trotz seiner wachsenden Besorgnis glaubte er weiter an die Sicherung der Zukunft des jüdischen Volkes in seinem Heimatland. Und als seine Loyalität der zionistischen Sache gegenüber in Frage gestellt wurde, verlangte er vom Obersten Gerichtshof Israels die Anerkennung, dass er tatsächlich ein Patriot und Zionist sei – und er bekam sie.

Mit 16 meldete er sich freiwillig zum Dienst bei der Palmach, der Einsatztruppe der Haganah; letztere war in den Jahren, die zur Gründung Israels führten, die grösste jüdische Miliz. Er trat der Palmach ohne Wissen und Erlaubnis seiner Eltern bei und schwänzte dann oft die Schule, um an der Militärausbildung teilzunehmen. Er machte seinen Dienst in der Jerusalemer Kompanie gemeinsam mit Yitzhak Rabin, mit dem er sein Leben lang in enger Beziehung stand.

Das war auch die Zeit, in der mein Vater seinen Namen änderte. Die Mitglieder der Palmach waren verpflichtet, ihre Namen zu ›hebräisieren‹ – sich Namen zuzulegen, die hebräischer klangen als die europäischen Namen, wie sie für die Juden im Exil typisch waren. Das war Teil der nationalen zionistischen Mission, eine neue hebräische Identität zu schaffen. Mein Vater, Matti Ifland, wählte den Namen ›Peled‹, weil das auf Hebräisch ›Eisen‹ bedeutet. Später änderten andere Offiziere ihre Namen ebenfalls in Peled um.

Der Kampf gegen die Briten, die Palästina damals besetzt

hielten, und die Forderung nach jüdischer Unabhängigkeit waren die Gründe, aus denen die Palmach gegründet worden war. Aber Mitte der 1940er Jahre hatte sich bei meinem Vater Enttäuschung über die Palmach breitgemacht. Er war der Meinung, sie unternehme nicht genug zur Bekämpfung der Briten, und wenn sie nicht kämpfen wollte, sah er keinen Grund, zu bleiben. So tat er etwas für ihn ganz Typisches, was man aber damals als undenkbar betrachtete: Er trat aus der Palmach aus und fing an zu studieren.

1946 heirateten er und meine Mutter, Zika Katznelson. In der damals noch kleinen jüdischen Gemeinde Jerusalems war diese Hochzeit keine unbedeutende Sache. Eine Tochter der Katznelson-Familie heiratete einen Mann aus einer Familie, die weder wichtig war noch irgendwelche Posten bekleidete. »Einige Freunde meines Vaters versuchten, mich davon abzubringen, aber ich liebte ihn«, erzählte meine Mutter mir während eines der Gespräche in ihrer Küche. Ich war damals schon erwachsen und dabei, Informationen für ein zukünftiges Buch zu sammeln.

Die Familie hatte es irgendwie geschafft, genug Geld aufzutreiben, um meinem Vater ein Jurastudium in London zu finanzieren. Da das frisch gebackene Ehepaar aber trotzdem noch sehr arm war, ging er allein, direkt nachdem sie geheiratet hatten. In seinem von der Regierung Seiner Majestät ausgestellten Pass stand unter der Rubrik ›Land‹: Palästina – und unter ›Staatsangehörigkeit‹: palästinensisch. Neun Monate später kam mein älterer Bruder Yoav zur Welt und mein Vater kehrte nach Hause zurück. Er war noch dort,

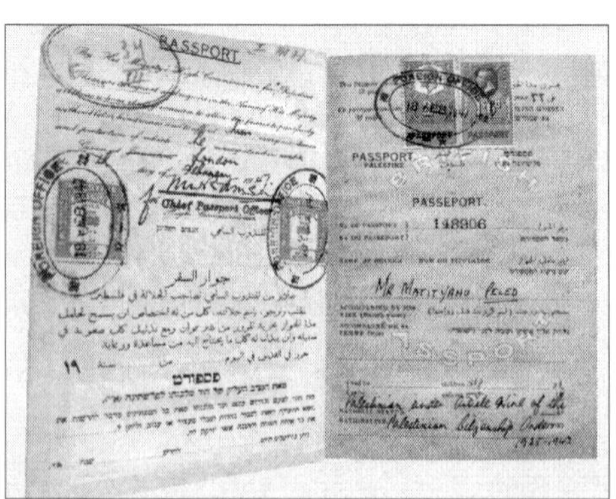

Der im Februar 1947 ausgestellte Pass meines Vaters – Staatsbürgerschaft: palästinensisch.

als im Herbst 1947 Feindseligkeiten ausbrachen – der Krieg, der später als Israels Unabhängigkeitskrieg bezeichnet werden würde, hatte begonnen. Mein Vater blieb, um zu kämpfen, und kehrte nie an die juristische Fakultät zurück.

Er diente als Hauptmann im 51. Regiment der Givati-Brigade und kommandierte die zweite Infanteriekompanie, auch bekannt als Kompanie B. Die bedeutende Rolle der Kompanie B wurde später zum Stoff von Legenden.

In einem Tagebuch, das er damals führte, beschreibt mein Vater, wie er die Kompanie wieder aufbaute, nachdem sie schreckliche Verluste erlitten hatte und ihr voriger Kommandeur abgesetzt worden war. Er schreibt, wie er seinen Soldaten, einem Mischmasch aus neuen, unerfahrenen Einwanderern und abgehärteten Veteranen des Zweiten Weltkriegs, die sich allesamt freiwillig zum Kampf für die jüdische Sache gemeldet hatten, Kampfmoral und Disziplin beibrachte. Besonders interessant fand ich, was er über Soldaten schrieb, die auf dem Schlachtfeld verwundet worden waren:

> Ein Feldwebel und ein Schwadronskommandeur waren verwundet, aber rückten weiter mit vor, ohne zu klagen. Ein anderer Soldat, der verwundet war, begann zu schreien. Ich rannte zu ihm und brüllte ihn an, er solle den Mund halten. [...] Es gibt nichts Schlimmeres für die Moral, als schreiende verwundete Soldaten. [...] Ein Soldat, der in den Kampf zieht, weiss doch, dass er verwundet werden kann, warum also schreien?

Ich erinnere mich noch, wie ich dieses Tagebuch fand, als ich einige Tage nach seinem Tod den Inhalt seines Schreibtischs sichtete. Das Tagebuch war faszinierend zu lesen, aber diese spezielle Passage beschäftigte mich mehr als alles andere. Verstand er wirklich nicht, warum ein verwundeter junger Mann, der Angst um sein Leben hatte und furchtbare Schmerzen litt, all das herausschrie? Ich glaube, er ging davon aus, jeder müsse dasselbe Mass an Gleichmut und Engagement haben, das er von sich selbst erwartete. Ihm war nicht klar, dass das eine völlig unrealistische Erwartung war.

Seine kühle und klare Denkweise wurde für die Menschen, die ihn kannten, zu einer Art Erkennungszeichen. Im Oktober 1948 nahm seine Kompanie im Rahmen der Operation Yoav – die zufälligerweise denselben Namen trug wie mein Bruder –, mit der die Negevwüste im Süden des Landes erobert werden sollte, an einer wichtigen Schlacht teil. Sie erlitt erhebliche Verluste, ihre Kommunikationslinien waren abgeschnitten, und zwei Offiziere waren im Kampf getötet worden. Mein Vater wurde während der Schlacht zweimal schwer verwundet. Sowie die Verbindung zum Stab wiederhergestellt war, wurde er angewiesen, den Rückzug anzutreten, aber er bestand darauf, dass die Kompanie weiter angriff – dabei war ein Drittel der Soldaten verwundet, und niemand konnte sich um die Verletzten kümmern. Seiner Meinung nach konnten sie dennoch ausharren und ihre Mission zu Ende führen.

Offenbar intervenierte der Kommandeur der Südregion, Yigal Allon, an diesem Punkt. Doch der junge Kompaniekommandeur überzeugte Allon, es sei möglich, noch eine weitere Nacht zu überstehen. Wie sich herausstellte, zogen sich die ägyptischen Streitkräfte am Morgen zurück, und das Ergebnis war ein wichtiger, wenn auch kostspieliger Sieg.

Mein Vater verlor beinahe beide Augen, weil eine Granate nur Zentimeter von seinem Kopf entfernt explodierte, und für den Rest seines Lebens hatte er nun ein Stück Schrapnell im Hinterkopf. Meine Mutter bewahrt immer noch den Helm auf, der ihm damals das Leben rettete und der sich jetzt in seinem alten Arbeitszimmer befindet.

Ich erinnere mich, wie ich im Geschichtsunterricht in der sechsten Klasse von dieser besonderen Schlacht erfuhr. Damals war mein Vater schon Professor und lehrte an der Universität Tel Aviv arabische Literatur. Ich sass da und hörte mit einer Mischung aus Bewunderung und Unbehagen zu, während man uns erzählte, er habe die legendäre Kompanie B kommandiert, die sich, wie der Dichter Abba Kovner schrieb, »vor allen anderen auszeichnete und […] Schwäche in Mut verwandelte« – sie drängte die ägyptische Arme zurück und öffnete einen entscheidenden Durchgangspunkt,

Mein Vater als junger Offizier.

der den zentralen und den südlichen Teil des Territoriums, das dann zum Staat Israel werden sollte, miteinander verband.

Die Ehrfurcht, die ich da fühlte, rührte zum Teil daher, dass ich diese Geschichte noch nie in einem grösseren Kontext gehört hatte. Ich hatte von meinem Vater mal dies, mal jenes über diese Schlacht erfahren, wenn wir in den Süden fuhren und an den Orten vorbeikamen, wo sie stattgefunden hatte. Am Unabhängigkeitstag machten wir oft mit Freunden, von denen viele Kriegsveteranen waren, Ausflüge, und beim Mittagessen sassen wir dann alle zusammen und die Väter erzählten Geschichten aus dem Krieg. Es wurde dann immer verlangt, mein Vater solle die Geschichte dieser Schlacht erzählen, und er stimmte immer zu. Aber ich war schon in diesem gewissen Alter: Auch wenn mein Vater ein Held war, war er immer noch mein Vater, und ich wurde verlegen, wenn er solche Geschichten in Gegenwart meiner Alterskameraden erzählte.

Während des Krieges lebten meine Mutter und mein älterer Bruder Yoav mit den Eltern meiner Mutter in Jerusalem. Als Gattin eines Offiziers wurde meiner Mutter damals ein Haus in Katamon angeboten, einem palästinensischen Viertel, dessen Bewohner durch den Krieg zur Flucht gezwungen waren. Diese hübschen und geräumigen Häuser der Palästinenser wurden alle von der israelischen Armee beschlagnahmt und an israelische Familien verteilt. Meine Mutter erinnert sich noch, wie die zurückgelassenen Sachen in diesen Häusern, die wohlhabenden Familien gehört hatten, von Plünderern gestohlen wurden.

»Ich kannte die palästinensischen Familien seit meiner Kindheit in Jerusalem«, sagte sie. »Samstags spazierte ich immer durch das Viertel und sah die Familien auf ihren Balkons sitzen. Meist hatten sie einen Zitronenbaum vor dem Haus, und dahinter gab es einen Garten mit Obstbäumen.«

Sie weigerte sich, das Haus einer anderen Familie anzunehmen. »Ich sollte in das Haus einer Familie einziehen, die vielleicht in einem Flüchtlingslager lebte? Die Wohnung einer anderen Mutter? Kannst du dir vorstellen, wie sehr sie ihr Zuhause vermissen müssen?« Als ich klein war, erzählte sie mir diese Geschichte viele Male und bestand darauf, dass ich verstand, was sie bedeutete. »Ich lehnte ab, und wir lebten weiter bei Savta Sima, was für uns alle nicht leicht war. Aber als ich die Israelis sah, wie sie mit dem geplündertem Gut, mit den schönen Teppichen und Möbeln wegfuhren, schämte ich mich für sie; ich begreife nicht, wie sie das tun konnten.«

Indem sie sich weigerte, das Haus in Katamon anzunehmen, schlug sie die Gelegenheit aus, ein schönes, geräumiges Heim für ihre Familie in einem gehobenen Viertel Jerusalems zu bekommen, und das auch noch kostenlos. Erst viele Jahre später ermöglichte das Offiziersgehalt meines Vaters meinen Eltern das Leben in einem komfortablen Haus, und auch das wurde nur durch einige Opfer und die Hilfe meiner Grossmutter Sima möglich. Ich wünschte, ich könnte mich an das erste Mal erinnern, an dem meine Mutter mir diese Geschichte erzählt hat, aber ich weiss es nicht mehr. Ich weiss nur, dass ich sie schon immer gekannt habe, soweit meine Erinnerung zurückreicht.

Nach Ende des Krieges bat man meinen Vater, als Offizier in der Armee zu bleiben. Er wurde zurück nach England geschickt, aber diesmal an die Königlich-Militärische Akademie in Sandhurst. Damals war meine Schwester Nurit schon geboren, und die vierköpfige Familie verbrachte nun ein Jahr in England. Als mein Vater aus England zurückkam, wurde er einem Offiziersteam zugeteilt, das aus Absolventen

Mein Vater besuchte 1952 die Generalstabsakademie in Camberly.

Mein Vater in Camberly (ganz rechts in der ersten Reihe).

Mein Vater nahm an der ersten israelischen Militärdelegation teil, die die Vereinigten Staaten besuchte. Hier sieht man ihn mit Haim Hertzog, Yitzhak Rabin und Moshe Dayan.

der Königlich-Militärischen Akademie bestand und das später das Kolleg für Führungskräfte der israelischen Armee gründete. 1954 gehörte er zur ersten israelischen Militärdelegation, die die Vereinigten Staaten besuchte.

Politische Rivalitäten und Turbulenzen in Israel im Lauf der 1950er Jahre spielten eine grosse Rolle in den Beziehungen zwischen der gewählten Regierung und der Armee – und sie hatten auch einen Einfluss auf die Karriere meines Vaters. Innerhalb der damals an der politischen Macht befindlichen Arbeiterpartei gab es grob gesagt zwei Hauptansätze zum Thema der israelisch-arabischen Beziehungen. Zum einen war die gemässigte, diplomatische Haltung, die vor allem von Moshe Sharett, Israels erstem Aussenminister und späterem zweiten Ministerpräsidenten vertreten wurde. Sharett war der Meinung, Israel solle es vermeiden, Krieg zu führen, und stattdessen Verhandlungen und ein Friedensabkommen mit seinen arabischen Nachbarn anstreben. Aber es gab auch die aggressive Haltung, die Israel als oberste militärische Macht der Region etablieren wollte, damit es am Ende nie ein Friedensabkommen aushandeln müsste. Führender Vertreter letzterer Haltung war Israels erster Ministerpräsident David Ben-Gurion, der darin vom Oberkommando der Armee unterstützt wurde. 1953 beschloss Ben-Gurion, von seinem Posten zurückzutreten, ganz aus der Politik auszusteigen und sich an einen abgelegenen Ort in der Wüste im Süden des Landes zurückzuziehen, wodurch Moshe Sharett Ministerpräsident werden konnte.

Dann kehrte Ben-Gurion nach einer fehlgeschlagenen Geheimoperation des Militärs in Ägypten und dem darauf folgenden Rücktritt des Verteidigungsministers Pinhas Lavon 1955 in die Politik zurück und übernahm dessen Amt. Sofort nach seiner Rückkehr begannen er und der Stabschef der Armee General Moshe Dayan, einen Plan für einen israelischen Angriff auf Ägypten zu propagieren. Der Ministerpräsident Moshe Sharett war gegen diesen Plan, brachte eine Koalition dagegen zustande und konnte ihn schliesslich verhindern, worüber Ben-Gurion höchst verärgert war. Als im Juli 1955 Wahlen stattfanden, betrieb Ben-Gurion einen aggressiven Wahlkampf und wurde erneut Ministerpräsident. In einem in der israelischen Politik nur zu üblichen politischen Spiel war Sharett jetzt auf einmal wieder Aussenminister. Aber Sharett war für Ben-Gurion ein Problem. Er stand weiter unerschütterlich zu seiner Opposition gegen Ben-Gurions Plan, Ägypten anzugreifen, ein Plan, von dem er glaubte, er werde zu einem unnötigen grossen Krieg in der Region führen, weshalb er mehrere der Versuche Ben-Gurions zum Beginn militärischer Operationen vereitelte. Am Ende warf Ben-Gurion Sharett aus dem Kabinett. Die moderaten und liberalen Elemente in der israelischen Gesellschaft, die Sharett als »die letzte Bastion der Mässigung« ansahen, waren ausser sich, aber Ben-Gurions Entscheidung war unwiderruflich.

Nachdem er Sharett erfolgreich losgeworden war, unterzeichnete Ben-Gurion 1956 mit Frankreich und Grossbritannien einen Geheimpakt zum Angriff auf Ägypten. In einer Operation, die als die Sinai-Kampagne oder *Mivtza Kadesh* bezeichnet wurde, eroberte Israel den Gazastreifen und die Halbinsel Sinai. Der Krieg dauerte nur vom 29. Oktober bis zum 5. November. Israel zählte 171 Gefallene, während Ägypten zwischen zwei und dreitausend Männer verlor. Israel nahm 6000 ägyptische Soldaten in Kriegsgefangenschaft, während Ägypten vier Israelis gefangen nahm. Es war, genau wie Ben-Gurion und Moshe Dayan es vorhergesagt hatten, ein vernichtender Schlag für die ägyptische Armee.

Das war das erste Mal, dass Israel den Gazastreifen eroberte – ein in geografischer Hinsicht künstliches Gebilde an der südöstlichen Mittelmeerküste im Umfeld der antiken Stadt, in dem nun ein Grossteil der 1948 ins Exil getriebenen Palästinenser zusammengedrängt war. Nach der Sinai-Kampagne wurde mein Vater, der zu diesem Zeitpunkt schon Oberst war, zum Militärgouverneur des Gazastreifens ernannt. Das war für ihn eine äusserst wichtige Rolle, die sein gesamtes weiteres Leben beeinflusste.

Mein Vater führte selten Gespräche mit mir oder meinen

Geschwistern. Wenn er uns etwas zu sagen hatte, hielt er uns einen Vortrag und stand dann, wenn er fertig war, auf und ging. Während einiger Jahre meiner Gymnasialzeit unterrichtete er bis spätabends an der Universität und kam erst kurz vor Mitternacht nach Hause. Bevor sie schlafen ging, kochte meine Mutter oft eine Suppe für ihn, damit er etwas Gutes, Heisses zu essen hatte, wenn er heimkam. Ich blieb oft auf und wartete auf ihn, und dann assen wir einen Teller Suppe und redeten.

Während eines dieser spätabendlichen Gespräche erzählte er mir, was er über seine damalige Zeit im Gazastreifen dachte. »Als ich die Bestimmungen bekam, die meine Rolle als Militärgouverneur beschrieben, war ich entsetzt. Es waren dieselben wie die des britischen Hochkommissars, das heisst, des Gouverneurs von Palästina. Ich vertrat nicht nur den ausländischen Besatzer, ich war der Gouverneur. Ich musste mich unwillkürlich an meine Entschlossenheit als junger Mann erinnern, die Briten, die Palästina regierten und die ich als ausländische Besatzer betrachtete, zu bekämpfen. Man weiss wirklich nie, wie sich die Dinge in dieser Welt entwickeln.«

Als ich zum ersten Mal zum Armeearchiv in Tel Aviv ging, um nach Informationen über meinen Vater zu suchen, sagte mir ein Angestellter, der mir behilflich war, sofort, ich solle mir den Gaza-Bericht ansehen. »Das ist eines der für Ihren Vater typischsten Dokumente«, sagte er. In diesem Bericht erklärt er, wie entsetzt er war, als er in den Gazastreifen kam, um dort das Kommando zu übernehmen. Ich erkenne Sprache und Ton des Dokuments als die Stimme meines Vaters: Er äussert sich klar, nüchtern und analytisch, ist aber kompromisslos kritisch gegenüber seinen Vorgesetzen und dem militärischen Establishment insgesamt.

Er wurde schon einige Tage nach der Einnahme des Gazastreifens dorthin geschickt. Überall herrschte Chaos: »Die israelischen Soldaten und Grenzpolizisten dort hatten keine klaren Befehle und kein klares Kommandozentrum, was dazu führte, dass Unordnung und Plünderungen um sich griffen.«

Mein Vater setzte rasch seinen Oberbefehl durch, nahm die Plünderer fest, sammelte die Waffen der Ortsansässigen ein und stellte die Ordnung wieder her. Er erliess Richtlinien für die Wiederherstellung grundlegender Dienstleistungen wie Gesundheitsversorgung und Bildung. Er organisierte eine Volkszählung, die für jede Familie feststellte, ob es sich bei ihr um Flüchtlinge handelte und wenn ja, aus welcher Stadt oder welchem Dorf sie vertrieben worden waren. Der Bericht enthielt Informationen über Bildungsniveau, Eigentum, Besitz an Vieh und viele andere den Ort und die Menschen betreffende Daten.

Als Militärgouverneur von Hunderttausenden von Palästinensern erkannte mein Vater, dass er praktisch nichts über ihre Sprache, Kultur und Lebensweise wusste. Er ärgerte sich, dass er Übersetzer brauchte, um sich mit den Menschen, über die er herrschte, verständigen zu können, und daher traf er die persönliche Entscheidung, Arabisch zu studieren und erwarb später an der Hebräischen Universität in Jerusalem einen Bachelorgrad in Arabisch. »In meinen Gesprächen mit den Ortsansässigen war ich verblüfft zu sehen, dass sie nicht nach Rache für das Elend suchten, in das wir sie gestürzt hatten, und dass sie nicht einmal versuchten, uns loszuwerden. Sie waren realistisch und pragmatisch und wollten frei sein.«

Unter enormem Druck der Eisenhower-Administration war Israel im März/April 1957 gezwungen, die eroberten Territorien wieder aufzugeben. Obwohl Israel damals noch kein Geld von der US-Regierung erhielt, blieben meinem Vater, nachdem der US-Präsident sein Machtwort gesprochen hatte, nur zwei Wochen zum Rückzug. Tatsächlich brauchte er nur zwei Tage, aber er war zutiefst beunruhigt. Meine Mutter und meine Schwester Nuri erzählten mir später viele Male, wie dieses Thema ihn monatelang quälte. »Er konnte nachts nicht schlafen und er redete von nichts anderem«, berichtete Nuri. Meine Mutter erzählte mir ähnliche Geschichten.

Ich war damals noch nicht geboren, aber ich kann mir seine Frustration vorstellen, als er erfuhr, dass er sein Wort brechen musste. Ich hörte ihn viele Jahre später darüber sprechen, und er sagte: »Meine Vorgesetzten versicherten mir, ich könne der Bevölkerung im Gazastreifen sagen, dass das Gebiet nicht an Ägypten zurückgegeben würde, wenn sie mit uns zusammenarbeiteten. Die örtliche Führung glaubte mir und kooperierte, und als wir dann Gaza verliessen, bezahlte sie einen hohen Preis dafür.«

In einem Artikel, den er schrieb, nachdem er schon aus dem Militär ausgeschieden war, brachte er dieses Thema erneut auf:

> Als einer derjenigen, deren Schicksal es war, den Führern der Städte und Dörfer des Gazastreifens an jenem kalten Tag im April 1957 mitteilen zu müssen, dass die israelische Regierung beschlossen hatte, sie im Stich zu lassen, kann ich den Ausdruck auf den Gesichtern dieser Menschen bezeugen, die zuerst nicht glauben wollten, was sie da hörten und dann erkannten, welches Unheil sie über sich gebracht hatten, indem sie der israelischen Regierung geglaubt hatten.[4]

Die nächste wichtige Position meines Vaters war die des Kommandeurs der Jerusalemer Brigade, die die unsichere Grenze Westjerusalems zum jordanisch kontrollierten Ostteil der Stadt sicherte und schützte. Jerusalem war nicht einfach irgendeine Region. Sowohl die Juden als auch die Christen und Muslime fühlten sich der Stadt tief verbunden, was bedeutete, dass mein Vater Verhandlungen mit Diplomaten und religiöse Führern aus der ganzen Welt führte. Es war ein hochgradig sensibler diplomatischer Posten, der auch in militärischer Hinsicht schwierig war.

Anfang der 1960er Jahre diente er dem damaligen Verteidigungsminister Shimon Peres als Sonderberater für Rüstungsgüter. Zu dieser Zeit begann Israel unter Aufsicht von Peres mit der Entwicklung seines Nuklearwaffenprogramms. Mein Vater sprach niemals über seine Rolle dabei, und ich konnte darüber auch später, vermutlich wegen des hochgeheimen Charakters des Programms, keinerlei Informationen finden.

1964, als ich drei Jahre alt war, wurde mein Vater Logistik-

Mein Vater bei einer Militärinspektion zusammen mit Israels zweitem Präsidenten, Yitzhak Ben-Zvi.

Kommandeur der Jerusalem-Brigade, mit Israels Ministerpräsidenten David Ben Gurion.

verantwortlicher der israelischen Armee und zugleich zum Generalmajor (auf Hebräisch *aluf*) befördert. Das ist mit Ausnahme des Stabschefs der höchste Rang in der israelischen Armee überhaupt. Zu seinen Zuständigkeiten gehörten Rüstungsgüter, Technologie, Logistik, das Medizin-Corps, Waffen- und sonstige Einkäufe sowie die Oberaufsicht über ein enormes Budget. Der Posten, den er eigentlich angestrebt hatte, war der des Leiters des militärischen Geheimdienstes, und da er damals der einzige General war, der Arabisch sprach, wäre er die logische Wahl dafür gewesen. Aber auch das Amt des Logistikchefs war eine wichtige Position, die grosse Verantwortung mit sich brachte, und der Zustand der Logistik in der Armee war stark reformbedürftig. Also nominierte der Stabschef der Armee, Yitzhak Rabin, ihn für den Posten, den er dann vier Jahre lang behielt.

Er war der Meinung, dass ein Krieg unmittelbar bevorstand und dass die Logistik der Armee modernisiert werden musste. Daher leitete er während seiner ersten hundert Tage als Kommandeur eine komplette Überarbeitung des Systems in die Wege. Ein Buch über das Logistikkommando der IDF, das einige Jahre später publiziert wurde, beschrieb seine Reform folgendermassen:

> Ganz untypischerweise für die Armee waren die von ihm geführten Diskussionen kurz und effizient, und innerhalb von sechs Monaten nach seiner Übernahme des Kommandos wurden seine Reformen von Stabschef Rabin genehmigt. Innerhalb der folgenden drei Monate wurden die Reformen umgesetzt.

Die Beschreibung endet mit der Feststellung:

> Nur ein Offizier mit einer breiten Vision, einem Verständnis der Bedürfnisse des Militärs und einer ausserordentlichen Entschlossenheit zur Umsetzung der Massnahmen (wie sie General Matti Peled besass) ist fähig, eine solche Generalüberholung durchzuführen.[5]

Freitags kam mein Vater immer früh von der Arbeit nach Hause, und nach dem Abendessen sass er im Wohnzimmer und stellte unser schönes, grosses Holzradio an. Ich war damals nicht älter als vier oder fünf, aber ich erinnere mich noch daran, als wäre es gestern gewesen. Er sass dann da, immer noch in Uniform, und hörte auf Arabisch gehaltene Reden des ägyptischen Präsidenten Gamal Abdel Nasser und anderer arabischer Führer jener Zeit an. Mein Vater sprach damals schon fliessend Arabisch. Ich erinnere mich noch, wie ich den gewaltigen Applaus hörte, den die Sprecher bekamen, und wie ich dachte, dass sie sich anhörten wie ein Haufen Schachfiguren, die in ihrer Schachtel umhergeschüttelt werden. Obwohl ich kein einziges Wort verstand, leistete ich ihm schweigend

Mein Vater diente als Logistikchef der israelischen Armee. Sein Rang war der eines Generalmajors, der höchste Rang in der israelischen Armee mit Ausnahme der Position des Stabschefs der Armee.

Israelische Generäle bei der Vorbereitung auf den Kampf. Die Generäle Rabin, Bar-Lev und Peled.

Gesellschaft, während er stundenlang diesen Reden zuhörte. Er war vollkommen versunken in sein Tun und nahm weder von mir noch von irgendjemandem sonst, der vielleicht noch da war, Notiz. Dennoch fühlte ich mich so, als sei ich Zeuge sehr bedeutender Vorgänge.

Bald stand tatsächlich schon wieder ein Krieg vor der Haustür. Zu Ende des Frühjahrs 1967 wies Ägyptens Präsident Nasser die Friedenstruppen der Vereinten Nationen aus der Halbinsel Sinai aus, wo sie den Waffenstillstand zwischen Israel und Ägypten überwacht hatten. Er schickte ägyptische Truppen über den Suezkanal und in die entmilitarisierte Sinai-Halbinsel und drohte mit der Blockade der Strasse von Tiran, was bedeutete, dass keine israelischen Schiffe mehr zu der israelischen Hafenstadt Eilat durchgelassen würden. Mit all dem verletzte er offen die Bestimmungen des Waffenstillstandsabkommens zwischen Ägypten und Israel. Die Armee bezeichnete das als plausiblen *casus belli* – als Rechtfertigung für einen Krieg.

Laut den Dokumenten, die ich in den IDF-Archiven gefunden habe, und auch anderen Quellen zufolge belieferte die sowjetische Regierung die Ägypter mit Fehlinformationen, die besagten, Israel plane einen Überraschungsangriff auf Syrien. Die Sowjets behaupteten, Israel habe Truppen an seiner Grenze zu Syrien massiert. Syrien und Ägypten hatten einen gegenseitigen Sicherheitspakt, und Präsident Nasser war verpflichtet, zur Verteidigung seiner syrischen Verbündeten zu handeln. Während das israelische Kabinett seine Handlungsoptionen erwog, schickte der russische Premierminister dem israelischen Ministerpräsidenten Levi

Eshkol durch den sowjetischen Botschafter in Tel Aviv am 26. Juni 1967 einen Brief, der zu einer friedlichen Lösung des Konflikts aufrief. Als der sowjetische Botschafter Eshkol den Brief überreichte, lud dieser ihn ein, sich mit eigenen Augen davon zu überzeugen, dass die Behauptung haltlos war und dass Israel keine Truppen an der Grenze zu Syrien zusammengezogen hatte.

Die Armee empfahl einen Präventivschlag Israels gegen Ägypten. Das Kabinett jedoch zögerte und wollte noch Zeit, um andere Optionen zu prüfen, bevor es sich auf einen echten Krieg festlegte. Auf einer stürmischen gemeinsamen Konferenz des Generalstabs der IDF und des israelischen Kabinetts, die am 2. Juni 1967 stattfand, spitzten sich die Dinge zu.[6] Nach einigen einleitenden Bemerkungen erklärte mein Vater dem Kabinett klipp und klar, die Ägypter würden eineinhalb bis zwei Jahre brauchen, um für einen grossen Krieg bereit zu sein. Die anderen Generäle waren sich einig, dass die israelische Armee vorbereitet sei und dass dies die richtige Zeit sei, dem Gegner einen weiteren vernichtenden Schlag zu versetzen.

Während dieses Treffens sagte mein Vater dem Ministerpräsidenten: »Nasser rückt mit einer schlecht vorbereiteten Armee vor, weil er darauf zählt, dass unser Kabinett zögern wird. Er ist überzeugt, dass wir nicht zuschlagen werden. Wenn Sie zögern, wirkt sich das zu seinem Vorteil aus.« In seiner Antwort an meinen Vater meinte der Ministerpräsident: »Das Kabinett muss auch an die Mütter denken, die wahrscheinlich viele ihrer Liebsten verlieren werden.« Die Generäle wurden immer ärgerlicher und die Anspannung war mit Händen zu greifen. Von Rabin, der ein starker Raucher war, hiess es, er habe eine Nikotinvergiftung und einen Nervenzusammenbruch erlitten. Sie alle wussten, was auch mein Vater wusste, nämlich, dass ein Sieg in greifbarer Reichweite lag. In seiner Rolle als Chef der Logistik warnte mein Vater auch, eine fortgesetzte Mobilisierung der Reservisten, die zu diesem Zeitpunkt schon einberufen worden waren und einen erheblichen Anteil der Beschäftigten in Israel darstellten, werde die Wirtschaft des Landes sehr stark schädigen und vielleicht sogar zu ihrem Zusammenbruch führen, wenn das Kabinett nicht entschieden handelte. »Die Moral der Armee ist hoch, und wir werden siegen, egal, ob wir heute zuschlagen oder in drei Wochen. Aber die israelische Wirtschaft kann der Lage nicht lange standhalten. Wir sind nicht darauf vorbereitet, eine lange Wartezeit durchzuhalten, und sollten das daher gar nicht erst versuchen«, waren die Worte meines Vaters. Sein lebenslanger Freund, General Ezer Weizmann, drohte mit seinem Rücktritt vom Posten des stellvertretenden Stabschefs. Auch General Ariel Sharon, der viele Jahre später Ministerpräsident werden sollte, sagte, Israel müsse einen Präventivschlag gegen die ägyptische Arme unternehmen »und sie unverzüglich zerstören«.

Laut allen Berichten, die ich im Lauf der Jahre von Leuten gehört habe, die bei dieser Konferenz anwesend waren, waren die Worte meines Vaters gegenüber dem Ministerpräsidenten besonders scharf. Er verlangte eine Erklärung: »Warum muss diese Armee, die noch nie im Kampf verloren hat, sich vom Kabinett eine solche Beleidigung bieten lassen?« Der Schlagabtausch zwischen den beiden Machtzentren des Landes wurde unter dem Namen ›Coup der Generäle‹ bekannt.

Als dieses Thema viele Jahre später Gegenstand öffentlicher Debatten wurde, fragte ich meinen Vater: »Was sagst du zu der Behauptung, dass das ein Putsch war?«

»Unsinn!«, entgegnete er auf seine übliche wegwerfende Art. Er mochte es nicht, wenn seine Loyalität gegenüber dem Staat Israel in Frage gestellt wurde, und wenn das doch geschah, machte er sein Missfallen sehr deutlich. Aber er glaubte auch fest an die Überlegenheit einer Zivilregierung und an den Rechtsstaat. Und er verteidigte sein Handeln in etlichen Reden und Artikeln. Insbesondere sagte er dazu: »Die Armeeführung hatte die Pflicht, das Kabinett zu beraten und ihre Auffassungen darzulegen. Genau wie die anderen staatlichen Organe die Pflicht hatten, in politischen oder wirtschaftlichen Fragen Rat zu geben, waren wir als militärische Experten verpflichtet, unser Gutachten vorzulegen.«

In einem Artikel in der Zeitung *Ma'ariv* vom 15. Juni 1973 kam er erneut darauf zurück: »Ich kann bezeugen, dass es in der Armee nicht einen einzigen höheren Offizier gab, der die unbestreitbare Autorität der Regierung, zu entscheiden, oder die Pflicht der Armee, zu gehorchen, in Frage gestellt hätte.«

Und doch ist, wenn man die Protokolle dieser Konferenz liest, offensichtlich, dass mein Vater den Ministerpräsidenten in einem schärferen Ton anging, als es in anderen Demokratien als angemessen betrachtet würde.

Ich erfuhr von der Geschichte dieses Treffens von Ezer Weizmann, den wir liebevoll Eyzer nannten und der sie uns mehr als einmal erzählte, wenn er uns besuchte: »Ihr hättet euren Vater sehen sollen«, erinnerte er sich voller Begeisterung. »Er wusste, wie man auf den Tisch haut und eine Sache erledigt.« Die Erzählung bereitete Eyzer offensichtlich enormes Vergnügen.

Aber die Generäle erreichten ihr Ziel nicht, und die Kabinettsmitglieder beschlossen abzuwarten. Sie wollten die Probleme lieber mit diplomatischen Mitteln lösen, und es folgte ein Tauziehen von unvorstellbaren Dimensionen. Dabei handelte es sich um mehr als nur um Meinungsverschiedenheiten, wie man die Krise lösen sollte. Es ging auch um einen Generationsunterschied. Die Generäle der israelischen Armee waren meist Anfang bis Mitte vierzig und hatten sich in der Mehrzahl in ihrer Jugend freiwillig zum Dienst bei der Palmach gemeldet. Alle bis auf fünf waren in Israel geboren, und sie waren ganz entschieden der Meinung, Israel müsse immer entschlossen und energisch vorgehen. Die Kabinettsmitglieder dagegen waren grösstenteils schon zwischen sechzig und siebzig. Die meisten stammten aus der Generation meines Grossvaters, waren aus Osteuropa nach Israel eingewandert und hatten noch frisch in Erinnerung, wie die Juden dort verfolgt und getötet worden waren. Und die Ereignisse, von denen hier die Rede ist, spielten sich nur etwa fünfundzwanzig Jahre nach dem Holocaust ab.

Da beschloss die Armee, zu verkünden, dass »die Verzögerung unseres Angriffs diplomatischen Erwägungen geschuldet ist, die existenzielle Bedrohung aber weiter besteht«. Die Bürger Israels wurden zu dem Glauben verleitet, die arabischen Armeen stünden auf dem Sprung, sie zu vergewaltigen und zu ermorden, genau wie es die Nazis vor weniger als dreissig Jahren mit den Juden gemacht hatten.

Die Regierung stand nun unter dem Druck nicht nur der Öffentlichkeit, sondern auch der Generäle, endlich entschieden zu handeln. Eshkol, der neben seinem Amt als Ministerpräsident auch das des Verteidigungsministers bekleidete (was in Israel gar nicht so ungewöhnlich ist), wurde nun unter Druck gesetzt, als Verteidigungsminister zurückzutreten. Das war eine persönliche Kränkung und ein politischer Rückschlag. Er berief den allgemein bewunderten ehemaligen Stabschef der Armee und Schützling Ben-Gurions, General Moshe Dayan auf den Posten des Verteidigungsministers. Danach lud Eshkol die Oppositionsparteien zur Beteiligung an einer Regierung der nationalen Einheit ein, die dann prompt einem Präventivschlag gegen Ägypten zustimmte. Wieder einmal hatte die militante Herangehensweise die Oberhand behalten.

Ich war damals fünf Jahre alt, aber ich erinnere mich an die nun folgende Nervosität und die Vorbereitungen auf den Krieg: Die Erwachsenen, unfähig, ihre Sorgen zu verbergen, die Radionachrichten, die häufiger kamen als sonst, und die Schlagzeilen der Zeitungen, die selbst meinen erst fünfjährigen Augen plötzlich intensiver erschienen. Mein Vater verbrachte Tag und Nacht im Hauptquartier der Armee. Mein älterer Bruder Yoav, der damals Leutnant und Zugführer im Panzercorps war, war im aktiven Dienst, und wir bekamen ihn weder zu Gesicht noch hörten wir von ihm.

Ich machte mir ganz besondere Sorgen, weil man uns mitteilte, Motza Ellis, wo wir lebten, sei in grosser Gefahr. Kaum eine Meile von unserem Haus entfernt stand eine alte Kreuzfahrerburg, die alle *Das Kastell* nannten. 1948 wurde dort in einer blutigen Schlacht zwischen den Truppen der Hagana und den palästinensischen Kämpfern der palästinensische Kommandeur und Nationalheld Abdel Kader el-Husseini getötet, und sein Tod war für die arabischen Streitkräfte ein schwerer Schlag. Jetzt hiess es, die Araber planten, *Das Kastell* einzunehmen und den Tod el-Husseinis zu rächen. Was bedeutete das? Würden sie jetzt kommen und uns alle umbringen? Ich behielt meine Sorgen für mich und war erleichtert, als ich sah, wie die Armee im nahe gelegenen Tal eine Artilleriebatterie stationierte.

Unser Haus hatte keinen Luftschutzraum und war damit vielleicht das einzige im gesamten Land, das keinen hatte. »Luftschutzbunker sind nutzlos und unnötig«, sagte mein Vater immer, und keinerlei Überredungsversuch konnte ihn überzeugen, einen zu bauen. Wenn er zu etwas seine Entscheidung getroffen hatte, hielt er sich selten mit einer Erklärung auf. Er hatte nichts übrig für Leute, die sein Wissen oder seine fachliche Autorität in Frage stellten.

Daher gab es, obwohl unser Haus erst vor kurzem gebaut worden war, dort keinen Ort, an dem wir uns verbergen konnten, wenn die Sirenen losgingen. Es gab einen einzigen Platz im Haus, der ein wenig geschützt war. Die kleine untere Toilette, die im Erdgeschoss war und direkt unter dem Bad im ersten Stock lag, war der sicherste Ort im Haus. Also rannten meine Mutter, meine Schwestern und ich, die einzigen Bewohner des Hauses während des Krieges, dorthin und kauerten uns zusammen, wann immer wir die Sirenen hörten. Um dem Ort ein wenig Würde zu verleihen, stellte meine Mutter eine Vase mit Blumen dort auf und hängte ein handsigniertes Foto von Ben-Gurion an die Wand. Die Toilette war kaum gross genug, um zwei Personen zur gleichen Zeit zu beherbergen.

Unser Haus war auch in anderer Hinsicht keine sehr sichere Zuflucht. Weil mein Vater wollte, dass wir alle von der Küche und vom Wohnzimmer aus den Blick auf die judäischen Berge geniessen konnten, wurden im Erdgeschoss riesige Glastüren eingebaut. Das bedeutete, dass bei einem

Angriff Glas herumfliegen würde. Also half ich Ossie und Nurit, Stoffstreifen auf die Fenster zu kleistern.

Tagsüber kam mir alles wie ein lange dauerndes Fest vor, weil keine Schule war und meine Schwestern und ich zusammen zu Hause waren. Aber nachts war ich voller Angst. Von meinem Schlafzimmerfenster aus sah ich den endlosen Strom von Hubschraubern, die verwundete Soldaten ins Hadassah-Krankenhaus brachten, das auf einem Hügel direkt gegenüber unseres Hauses liegt. Ich stand oft auf und ging den Flur hinunter zum Schlafzimmer meiner Mutter, nur um meine Schwestern ebenfalls dort vorzufinden. Wir versuchten, unsere Angst zu bewältigen, indem wir uns im Bett meiner Mutter zusammendrängten.

Ich war ein Kind; ich hatte keine Ahnung, was Krieg bedeutete, und wusste nur, dass wir Israelis Helden waren und bestimmt gewinnen würden. Genau wie anderen israelischen Kindern wurde mir beigebracht, wir seien die Nachfahren der Makkabäer, die das gesamte griechische Reich geschlagen hatten, und König Davids, der noch ein Kind war, als er den Philister Goliath tötete. Ich wusste, dass wir, obwohl wir nur wenige und die anderen viele waren, seit der Gründung Israels jeden Krieg gewonnen hatten. Ich hörte von meiner Mutter Geschichten über die mutigen Kämpfer der Hagana, die gegen die überlegenen Waffen der Briten und Araber gekämpft hatten. Wir überlisteten und schlugen sie jedes Mal.

Wie sich herausstellte, dauerte die ganze Sache nicht lange. Unser Überraschungsangriff führte zur völligen Vernichtung der ägyptischen Luftwaffe, der Dezimierung der ägyptischen Armee sowie zur Wiedereroberung des Gazastreifens und der Sinai-Halbinsel in nur ein paar Tagen. Die israelische Armeeaufklärung bestätigte, dass die syrische und jordanische Armee den IDF in keiner Weise gewachsen waren. Nachdem die Kampagne gegen Ägypten reibungslos lief, beschlossen die Feldkommandeure zusammen mit Moshe Dayan, das Westjordanland und die Golanhöhen zu erobern, zwei Gebiete, auf die Israel schon viele Jahre lang ein Auge geworfen hatte. In beiden befanden sich strategische Wasserreserven und Berge, die das israelische Territorium überblickten. Im Westjordanland befand sich das Kerngebiet des biblischen Israel, darunter auch das ›Kronjuwel‹, die Altstadt von Jerusalem.

Die Tatsache, dass das Westjordanland und die Altstadt Jerusalems 1948 in arabischer Hand verblieben waren, war für viele der höheren Offiziere ein Stachel im Fleisch. Und als sich nun wieder die Gelegenheit ergab, handelten sie rasch und entschieden. Sie bezeichneten das als »die Sache endlich zu erledigen«.

1953, als mein Vater noch ein Oberstleutnant war, hatte Moshe Sharett ihn eingeladen, vor einer Delegation amerikanischer Juden eine Ansprache zu halten. Sowohl Sharett als auch Ben-Gurion waren anwesend und beide zeigten sich danach über Eloquenz und Inhalt des Vortrags begeistert. In seinen Memoiren schreibt Sharett, mein Vater habe unmissverständlich zu verstehen gegeben, dass die Armee sich auf einen Krieg vorbereite, »um die Eroberung des Landes Israel abzuschliessen und die Ostgrenze Israels an ihren natürlichen Ort an den Ufern des Jordanflusses zu verschieben«.

Als sich die Gelegenheit dazu ergab, tat die Armee genau das, ohne auf Befehle der zivilen Institutionen zu warten.

Nach nur sechs Tagen war alles vorbei. Die arabischen Opfer wurden auf mehr als 15’000 geschätzt. Israel verzeichnete 700 Gefallene, und das von Israel beherrschte Territorium hatte sich flächenmässig beinahe verdreifacht. Israel besass jetzt nicht nur Land und Ressourcen, die es schon lange gewollt hatte, sondern auch das grösste Lager an russischen Waffen ausserhalb der Sowjetunion. Israel hatte sich ein weiteres Mal Geltung als bedeutende Regionalmacht verschafft.

Ich erinnere mich noch an den Jubel. Das Radio spielte Siegeslieder, und das von Naomi Shemer geschriebene *Yerushalaim Shel Zahav*, Goldenes Jerusalem, wurde zum internationalen Hit. Mein Vater kam endlich nach Hause, und es kam auch die Nachricht, mit meinem Bruder Yoav sei alles in Ordnung. Durch reinen Zufall trafen er und mein Vater sich nach der Einnahme der Sinai-Wüste im Feld. Meine Mutter hat ein von einem Freund gemachtes Foto, das einen sehr jungen und müden Yoav voller Wüstenstaub und meinen Vater zeigt, wie sie einander gegenüberstehen und sich unterhalten. Dann gab es die ganzen Feiern. Ich erinnere mich, wie wir zum Hauptquartier der Armee in Tel Aviv gingen, wo die siegreichen Generäle ihre Siegesabzeichen verliehen bekamen. Auf einem Foto, das ich immer noch habe und hoch schätze, sieht man Israels Präsidenten Zalman Shazar, Dod Zalman, umringt vom gesamten Generalstab der israelischen Armee und unten ist das Foto von jedem dieser Generäle handsigniert. Ich war damals so stolz, dass ich das Gefühl hatte, fliegen zu können.

Ich hatte keine Ahnung, dass mein Vater sich grosse Sorgen um die unbeabsichtigten negativen Konsequenzen machte, die dieser Sieg für den jüdischen Staat haben könnte.

Der verstorbene Journalist und prominenteste Militäranalytiker Israels Ze'ev Schiff sollte später sagen, als Chef der Logistik habe mein Vater einen beispiellosen Beitrag zum Erfolg des Krieges geleistet, der gar nicht hoch genug eingeschätzt werden könne. Er und seine Gefährten, die als junge Offiziere den Sieg von 1948 möglich gemacht hatten, waren nun die Generäle, die den Sieg von 1967 errungen und nach 2000 Jahren die vollständige Rückkehr des historischen Eretz Yisrael in jüdische Hand ermöglicht hatten. Und all das geschah weniger als dreissig Jahre nachdem das von den Nazis beherrschte Europa systematisch Juden ermordet hatte.

Aber mein Vater war von dieser massiven Eroberung von Land beunruhigt. Als er auf diesen Krieg gedrängt hatte, hatte er gedacht, es werde sich dabei um einen begrenzten Krieg mit Ägypten handeln, um die Ägypter für ihren Bruch des Waffenstillstandsabkommens zu bestrafen und die Legitimität und militärische Macht Israels zu demonstrieren. Die Einnahme des Westjordanlandes, des Gazastreifen und der Golanhöhen war niemals Teil eines offiziellen Plans gewesen. In einem Artikel in der Tageszeitung *Ma'ariv* beschreibt der Journalist Haim Hanegbi lebendig die erste der wöchent-

Israels Präsident Zalman Shazar, umringt vom siegreichen Generalstab der israelischen Armee nach dem Krieg von 1967.

lichen Generalstabssitzungen nach dem Sechstagekrieg.[7] Er beschreibt, wie Stabschef Yitzhak Rabin und die anderen Generäle sich stolz im Glanz des Sieges sonnten, aber dann gegen Ende des Treffens mein Vater das Wort ergriff.

Wie immer nicht bereit, sich auf seinen Lorbeeren auszuruhen, räusperte er sich und sprach auf seine unverwechselbar trockene, analytische Art über die einzigartige Chance, die dieser Sieg Israel zur endgültigen Lösung des palästinensischen Problems biete. »Zum ersten Mal in der Geschichte Israels stehen wir den Palästinensern von Angesicht zu Angesicht gegenüber, ohne dass andere arabische Länder uns trennen. Jetzt haben wir die Möglichkeit, den Palästinensern einen eigenen Staat anzubieten.« Später erklärte er auch klipp und klar, das Festhalten am Westjordanland einschliesslich der Menschen, die dort lebten, stehe in Widerspruch zu Israels langfristiger Strategie, eine gefestigte jüdische Demokratie mit einer stabilen jüdischen Mehrheit aufzubauen. Wenn wir diese Gebiete behielten, würde sich unvermeidlich ein Widerstand der Bevölkerung gegen die

Besatzung entwickeln, und Israels Armee würde eingesetzt werden, um diesen Widerstand zu unterdrücken, was wiederum verheerende und demoralisierende Konsequenzen haben würde. Er schloss mit der Warnung, dies werde den jüdischen Staat in eine immer brutalere Besatzungsmacht und am Ende in einen binationalen Staat verwandeln.

All das sagte er, während die Gewehrläufe noch heiss waren und bevor Israel mit seinem Siedlungsprojekt im Westjordanland und im Gazastreifen begann. Die anderen Generäle hörten zu, wollten aber nicht über dieses Thema diskutieren. Sie behaupteten, die Palästinenser würden sich niemals mit dem Westjordanland und Gaza zufriedengeben und stattdessen mehr Land verlangen. Also legte mein Vater Geheimdienstberichte vor, die ganz klar zeigten, dass die überwältigende Mehrheit der Palästinenser genauso dachte wie er. Schliesslich nahm Yitzhak Rabin ihn beiseite und erklärte ihm, es herrsche nicht das richtige politische Klima, um diese Fragen zu diskutieren.

Obwohl ich erst sechs Jahre alt war, als mein Vater seinen Abschied von den IDF nahm, stand mein ganzes Leben unter dem Einfluss seiner militärischen Karriere. Selbst nach israelischen Massstäben – nach denen die Armee über allem anderen steht und die Angehörigen der Generation von 1948 oder die ›Palmach-Generation‹ praktisch zu Göttern stilisiert worden sind – war das keine gewöhnliche Karriere.

In diesen frühen Jahren wurde ich mit Patriotismus und dem Glauben an die zionistische Sache imprägniert. Als Jude, der zu dieser besonderen Zeit der Geschichte geboren war, wollte ich nun nichts mehr, als meine Bestimmung zu erfüllen und in der Armee zu dienen, sobald ich an der Reihe war. Damals sehnte ich mich danach, ein Held und ein grosser General wie mein Vater zu werden.

3
Gegen den Strom: Studium und Aktivismus

Mein Vater wollte eigentlich unmittelbar nach dem Krieg von 1967 aus der Armee ausscheiden, wurde aber vom neuen Stabschef der Armee, Haim Bar-Lev, gebeten, ein weiteres Jahr zu bleiben. Nach dem Krieg war eine grundlegende Reorganisation der Bewaffnung und Logistik nötig, und so willigte er ein zu bleiben, um dies zu erledigen. Aber mein Vater hatte kein Interesse daran, eine besetzte Nation zu regieren, und er war begierig, sein Leben zu verändern. So beschloss er 1968, seinen Abschied von der Armee zu nehmen und eine akademische Laufbahn anzutreten, wie er es sich schon lang ersehnt hatte. Er vermachte seine grosse militärische Bibliothek den IDF und füllte sein Arbeitszimmer stattdessen mit Büchern über arabische Literatur.

Der Übergang von der Intensität des Lebens im Militär zum Leben eines Zivilisten ist nicht einfach, und es war nicht überraschend, dass mein Vater eine Weile brauchte, um sich daran zu gewöhnen. Die ersten paar Jahre nach seinem Rückzug aus dem Militär ging er nie ans Telefon – das war verständlich, denn er war gewohnt, dafür einen Sekretär zu haben. Wenn ich ans Telefon ging, musste ich herausfinden, wer am anderen Ende der Leitung war, und sobald ich meinem Vater gesagt hatte, wer am Apparat war, fragte er barsch: »Und, was will er?« Darauf hatte ich natürlich keine Antwort. Irgendwann entschloss er sich dann, selbst ans Telefon zu gehen, allerdings immer in einem Ton, der nahelegte, dass er gerade bei etwas sehr Wichtigem gestört wurde

Und genau so war es auch. Matti Peled war immer mit etwas Wichtigem beschäftigt. Seine grösste Freude war die Arbeit, und er nahm sich und seine Arbeit ausserordentlich ernst. Unterbrechungen waren nie willkommen.

Nach seinem Rückzug aus der Armee hatte mein Vater

lukrative Karrieremöglichkeiten. Als Logistikchef der IDF hatte er an der Spitze einer Organisation mit gewaltigen logistischen, administrativen und finanziellen Kapazitäten gestanden, und er hatte diese Arbeit mit beispiellosem Erfolg erledigt. Er war erst 45 Jahre alt und wurde bereits als grosser Held betrachtet. Er hätte zu dieser Zeit so ziemlich alles tun können, was er sich wünschte. Er bekam Angebote zur Leitung einiger der grössten und erfolgreichsten Konzerne Israels. Daneben gab es für ihn noch mehrere attraktive Optionen in Regierung und Politik, aber er fand keine davon verlockend.

Er war nicht der Ansicht, man solle sich seine Arbeit wegen des Geldes oder der Position aussuchen. »Die Arbeit, die man tut«, pflegte er zu sagen, »sollte von Prinzipien bestimmt werden, von der Möglichkeit, etwas beizutragen, oder von den Interessen, die man im Leben hat.«

Für ihn war der Aufbau einer Armee für den jüdischen Staat eine Sache des Prinzips. Als er Gelehrter für arabische Literatur wurde, folgte er damit seinen Interessen. Seine Beteiligung an politischen Aktivitäten und sein Einsatz als Anwalt der Rechte der Palästinenser waren sein Beitrag zur moralischen Gesundheit des Staates, für dessen Errichtung zum Wohl des jüdischen Volkes er gekämpft hatte. Als ich alt genug war, um die Annehmlichkeiten des Geldes zu schätzen, fragte ich ihn, warum er diese einträglichen Angebote ausschlug. »Was meinst du mit warum? Findest du ich sollte mein Leben mit der Herstellung von Reissverschlüssen verbringen?« Mit »Reissverschlüssen« meinte er all jene Dinge, die seiner Meinung nach von geringer Bedeutung für die Welt waren.

So zog unsere Familie unmittelbar nach dem Rückzug meines Vaters aus der Armee für drei Jahre nach Los Angeles, damit er dort seine zweite Karriere als Professor für arabische Literatur verfolgen konnte. Während dieser Zeit machte er an der University of California in Los Angeles (UCLA) sein Doktorstudium.

Ich war sechs Jahre alt und begeistert, dass wir nach Amerika zogen. Ich gab vor meinen Freunden mit meinem grossen Wissen über Amerika an: »In Amerika haben sie Autos mit automatischer Gangschaltung und Telefone, bei denen man den anderen Teilnehmer durch den Apparat sehen kann.« Ich stellte mir tatsächlich vor, dass sich der Ganghebel von alleine bewegte, und war sehr enttäuscht, als ich erfuhr, dass eine Automatik ganz anders funktioniert. »Ausserdem fliegen wir mit dem Flugzeug, um dorthin zu kommen.«

Während ich selbst Amerika liebte, stellten sich diese drei Jahre für den Rest der Familie als sehr schwierig heraus. Mein Vater bekam ein Stipendium, aber es war nicht gerade sehr grosszügig, und so lebten wir in einem kleinen Apartment in einer Einrichtung, die sich UCLA Wohnheim für verheiratete Studenten nannte. Es gab dort mehrere fast mittellose verheiratete Studenten, von denen einige Kinder hatten. Ausserdem wohnten dort auch einige sehr achtbare internationale Flüchtlinge, von denen die meisten aus ihren Ländern geflohen waren, weil es dort einen Putsch gegeben hatte. Und dann gab es dort ein israelisches Paar, das zwei Katzen hatte, und bei ihnen verbrachte ich sehr viel Zeit. Meine besten Freunde waren Vita aus Tansania, Berno aus Ecuador und Piyush aus Indien. Vita wohnte auf der einen Seite unseres Hauses, auf der anderen befand sich die Familie der Babikians, Armenier aus dem Libanon. Ich erinnere mich, dass die Mutter, Margot, und meine Mutter gute Freundinnen wurden. Sie hatten auch einen Sohn, Ariel, der jünger war als ich und mit dem ich oft spielte.

Die damaligen Armeepensionen waren bescheiden, und so hatten wir sehr wenig Geld. Obwohl es mir nie an irgendetwas mangelte, sehe ich heute, wie hart und aufreibend diese Zeit für meinen Vater und meine Mutter gewesen sein muss. Ich war immer ein fröhlicher kleiner Junge und meine Mutter, meine Schwester Nurit und die Freunde der Familie gaben sich alle Mühe, damit ich eine schöne Zeit hatte – und die hatte ich. Wir gingen viel in das Schwimmbad auf dem Campus und machten bei den studentischen Sommerlagern mit.

Mein Bruder Yoav verliess uns nach einem Jahr und kehrte nach Israel zurück. Kurz nach ihm ging auch Nurit, um an der Sorbonne in Paris zu studieren. Meine Schwester Ossi, die mir dem Alter nach am nächsten stand, und ich blieben die gesamten drei Jahre. Da meine Mutter erkannte, unter welchen Druck sich mein Vater selbst gesetzt hatte und wie sich seine Laune auf den Rest der Familie auswirkte, tat sie ihr Bestes, um heiter zu bleiben und uns unser Leben leichter zu machen.

Als wir in Los Angeles ankamen, wohnten wir zuerst in einem sehr hübschen Apartmentblock nicht weit von der UCLA. Die Wohnung war geräumig und die Flure, die zu ihr führten, waren wie in einem Luxushotel mit Teppich ausgekleidet. Es gab einen Swimming Pool und da die meisten Bewohner älter waren, hatten meine Schwestern und ich ihn praktisch für uns allein. Aber dann stellte sich heraus, dass das Stipendium meines Vaters nicht ausreichte, um uns diese Wohnung leisten zu können, und schliesslich mussten wir in eine kleinere Wohnung am Sawtelle Boulevard ziehen, wo wir unter Familien lebten, die jünger waren und weit weniger wohlhabend. Als wir ankamen, konnte ich kein Englisch, aber da ich sechs Jahre alt war und einen Fernseher hatte, lernte ich es rasch. Ich ging dann in der Clover Avenue School in Los Angeles in die zweite, dritte und vierte Klasse.

Ich liebte das Leben in den Vereinigten Staaten, und diese Erfahrung gab mir einen Vorteil, der gar nicht zu überschätzen ist. Ich konnte bald fliessend Englisch sprechen und so war ich schon in jungem Alter zweisprachig. Ich machte mit der amerikanischen Kultur Bekanntschaft, und mehr noch, mit dem speziellen Charakter von Los Angeles – besonders des UCLA-Campus – während der späten 1960er und frühen 1970er Jahre. Ich erinnere mich, wie ich mit meinem Vater ins Autokino fuhr, um den berühmten Kampf zwischen Joe Frazier und Muhammad Ali zu sehen, in dem Frazier Ali k.o. schlug. Als wir zurückkamen, sah ich, dass das gesamte Viertel, besonders die dort lebenden Afroamerikaner, in Aufruhr war. Das hier war mehr als ein Boxkampf; es war ein gewaltiger sozialer und politischer Kampf, obwohl sowohl Frazier als auch Ali Afroamerikaner waren. Ali stand für die gegen Krieg und Establishment gerichtete afroamerikanische Rebellion der damaligen Zeit. Seine Niederlage wurde als unfair und als Verlust für den Kampf der Afroamerikaner empfunden.

Wir waren auch während der Präsidentschaftswahlen dort, in denen Richard Nixon Hubert Humphrey besiegte. Auch wenn es heute schwer zu glauben ist, mein Vater unterstützte Nixon, nicht Humphrey. Und er unterstützte das US-Bombardement in Kambodscha und Vietnam, weil er absolut und durch und durch antikommunistisch und proamerikanisch war. Der Watergate-Skandal kam erst während unserer letzten Tage in den Vereinigten Staaten allmählich ans Licht.

Auch nach unserer Rückkehr nach Israel hielt ich mich über die amerikanische Politik und Kultur auf dem Laufenden, viel mehr jedenfalls als die meisten anderen israelischen Kinder meines Alters. Und ich blieb gewissen popkulturellen Assoziationen der damaligen Zeit verbunden: den Peanuts, dem jungen Michael Jackson und all den Fernsehserien und -shows, die für diese Periode typisch waren und ikonisch für die amerikanische Kultur geblieben sind. Als ich dann als Erwachsener wieder nach Südkalifornien zog, war es in gewisser Weise, als kehrte ich nach Hause zurück.

Mein Vater hatte in einem der grossen UCLA-Gebäude auf dem Campus ein Büro im zehnten Stock und verbrachte dort den grössten Teil seiner Zeit. Am Abend sah er sich nach dem Abendessen die Nachrichten an und dann gesellte ich mich zu ihm aufs Sofa, um eine Folge von *Bonanza* oder *The Wild, Wild West* oder einen Krimi zu sehen, bevor ich ins Bett ging.

Während ich die Zeit in Amerika genoss, war ich doch auch froh, schliesslich wieder nach Jerusalem zurückzukehren. Aber in Israel liefen die Dinge nicht so glatt für mich. Meine Kenntnisse im Hebräischen waren auf Erstklässler-

Niveau, und man schickte mich in die fünfte Klasse, ohne mir dabei zu helfen, die Lücke aufzuholen. Ausserdem war das, was in den USA cool war, nicht unbedingt cool in Israel. Hier kümmerte es niemanden, ob die UCLA die USC im Basketball schlug; ich wusste nichts über den Sport in Israel, und die amerikanischen Eigenheiten, die ich mir angewöhnt hatte, machten mich von Anfang an zum Aussenseiter.

Am ersten Schultag lieferte meine Mutter mich am Haus in der Rashba Street Nr. 18 – dem alten Gebäude, in dem jetzt meine Grossmütter lebten – ab und sagte: »Geh einfach all den andern Kindern nach, sie gehen alle zur selben Schule.« Ich kannte den Weg nicht und war daher in heller Panik, aber ich tat, was sie sagte. Als ich bei der Schule ankam, wusste ich wieder nicht, wohin ich gehen sollte. Dort waren Hunderte von Kindern, die offenbar wussten, was sie zu tun und wo sie hinzugehen hatten, und ich schämte mich, mir eingestehen zu müssen, dass ich völlig ratlos war. Schliesslich fand ich meine Klasse, und der Lehrer gab mir Namenskarten, die ich an die anderen Schüler austeilen sollte, wobei ihm leider nicht klar war, dass meine hebräischen Schriftkenntnisse nicht gut genug waren, um die Namen zu lesen.

In den ersten paar Jahren nach unserer Rückkehr nach Israel war meine grösste Angst, dass man mich auffordern würde, laut vorzulesen, und dass die Leute dann merken würden, dass ich nicht sonderlich gut lesen konnte. Ich fiel in allen Fächern zurück, und das sorgte zusammen mit den unpopulären Ansichten meines Vaters dafür, dass ich einige für einen Zehnjährigen schlimme Dinge durchmachen musste. Weil mein Vater als General im Ruhestand zum Kompromiss aufrief und den Staat kritisierte, nannte man ihn einen ›Araber-Liebhaber‹ und dasselbe geschah dann auch mir – obwohl ich noch gar keine klaren politischen Meinungen hatte. Man kann wohl davon ausgehen, dass die anderen Kinder in der Schule nur wiederholten, was sie zu Hause gehört hatten, und dass es daher ziemlich egal war, ob ich dieselben Ansichten hatte wie mein Vater oder nicht. Ich brauchte drei Jahre, um schulisch und bei meinen Mitschülern Anschluss zu finden. In der achten Klasse fühlte ich mich dann ziemlich gut und hatte einige Freunde. Was die Schule selbst betraf, war mein Selbstvertrauen immer gering und meine Leistungen waren schlecht, ausser in Englisch, das ich ja sehr gut sprach. So waren die drei Jahre in den USA zwar eine einmalige Gelegenheit, aber die Rückkehr nach Hause war schwierig, weil niemand daran dachte, mir beim Übergang zu helfen.

Unterdessen hatte mein Vater an der Gründung der Abteilung für Arabische Literatur an der Universität Tel Aviv mitgewirkt. Er gewann einen Ruf als ernsthafter und innovativer Wissenschaftler und war später der erste israelische Professor für Arabische Literatur, der das Studium palästinensischer Prosa und Poesie in das akademische Curriculum einbezog. Er lehrte an den Universitäten Tel Aviv und Haifa, bis er 1990 ein zweites Mal in den Ruhestand ging.

Noch während unserer Zeit in den Vereinigten Staaten begann mein Vater eine wöchentliche Kolumne in Ma'ariv zu schreiben, einer in Israel publizierten Tageszeitung mit hoher Auflage. Aufgrund seines Lebenslaufes erwartete jedermann von ihm, sich mit der Geschichtsversion der israelischen Regierung zu solidarisieren, in der behauptet wurde, Israel sei 1967 Opfer des wütenden Angriffs dreier arabischer Armeen gewesen und habe sich heldenhaft verteidigen können, weil es klüger vorgegangen und, wichtiger noch, moralisch im Recht gewesen sei. Diese Version behauptete auch, das israelische Anrecht auf das Land Israel sei wenn schon nicht aus religiösen oder historischen, so doch aus militärischen und Sicherheitsgründen absolut.

Aber mein Vater sah das anders. Er bezog klar Stellung und erklärte öffentlich, der Krieg von 1967 sei kein Krieg um die Existenz Israels, sondern ein frei gewählter Krieg gewesen:

> Ich war überrascht, dass Nasser beschloss, seine Truppen so nah an unsere Grenze zu verlegen. Er muss gewusst haben, in welche Gefahr er seine Streitkräfte damit brachte. Dass wir die ägyptische Armee in solcher Nähe hatten, erlaubte

uns, wann immer wir wollten, zuzuschlagen und sie zu vernichten, und es gab niemanden, der irgendeine Ahnung hatte und das nicht gewusst hätte. Vom militärischen Standpunkt aus waren es nicht die IDF, die in Gefahr waren, als die ägyptische Armee Truppen an der israelischen Grenze zusammenzog, sondern die ägyptische Armee.[8]

Er übte heftige Kritik am Bau einer teuren Verteidigungslinie in der Sinai-Wüste durch die Armee, die entlang der Ufer des Suezkanals verlief. Er war der Meinung, die Armee solle mobil und flexibel sein, und dass Verteidigungslinien sich im Lauf der Geschichte immer als kostspielig und ineffektiv erwiesen hätten. Diese neue Linie wurde später nach dem Stabschef der Armee Haim Bar-Lev *Kav Bar-Lev* oder die Bar-Lev-Linie genannt. Während des arabisch-israelischen Krieges von 1973[9] stürmte die ägyptische Armee durch die Bar-Lev-Linie, die sich damit als Desaster ohne irgendeine Verteidigungswirkung erwies. Nach dem Krieg gab es einen sehr beliebten Witz:

Frage: »Was ist nach dem Krieg von der Bar-Lev-Linie geblieben?«

Antwort: »Die Villen der Bauunternehmer, die sie gebaut haben.«

Als Antwort auf einen Kommentar Israel Galilis, der unter Ministerpräsidentin Golda Meir Kabinettsmitglied und eine wichtige politische Figur war, schrieb mein Vater einen weiteren Artikel, in dem er forderte, den Palästinensern im Westjordanland und im Gazastreifen die Abhaltung demokratischer Wahlen zu gestatten.[10] Galilis Behauptung, die seitdem oft wiederholt worden ist, besagte, dass Israel, wenn es denn demokratisch gewählte palästinensische Vertreter gegeben hätte, vielleicht Verhandlungen in Betracht gezogen hätte, aber in Abwesenheit solcher Vertreter keine andere Wahl gehabt hätte als die Aufrechterhaltung des Status quo. Mein Vater hielt diese Aussage Galilis für unaufrichtig – schliesslich war es ja Galilis israelische Regierung, die die Palästinenser daran hinderte, im Westjordanland und im Gazastreifen Wahlen zu organisieren.

In einem anderen Artikel seiner Kolumne, den mein Vater zum dritten Jahrestag des Sechstagekrieges schrieb, verglich er die Untätigkeit der Regierung und ihren fehlenden Mut, für den Frieden zu handeln – einen Frieden, von dem er sagte, er sei durch den gewaltigen Sieg der Armee im Sechstagekrieg möglich geworden –, mit dem Mangel an Mut und der Untätigkeit derselben Regierung in den Wochen vor dem Krieg von 1973. Er schrieb über das grosse Opfer, das es für ihn selbst und alle anderen Israelis darstellen würde, Teile des Landes Israel im Austausch für Frieden zurückgeben zu müssen. »Ich wäre einfach nicht ehrlich, wenn ich bestreiten würde, dass auch mir diese Gebiete, die um des Friedens willen ausserhalb der Grenzen unseres Staates bleiben müssen, zutiefst am Herzen liegen.« Und er sprach mit tiefem Gefühl über die Erfahrungen seiner Jugend: »Als ich in meiner Jugend kreuz und quer durch dieses Land fuhr, tat ich das nicht aus Pflichtgefühl, sondern aus Liebe zu ihm.«[11]

1973 hielt Ministerpräsidentin Golda Meir in der südisraelischen Stadt Eilat eine Rede vor einem Auditorium von Gymnasiasten. Dies war die Rede, in der sie behauptete, sie habe vor 1967 noch nie von einem palästinensischen Volk gehört, und die Palästinenser seien letztlich eine Erfindung und hätten keine echte nationale Identität – und könnten daher auch keinerlei nationale Ansprüche auf das Land Palästina haben. In seiner Kolumne schrieb mein Vater sofort eine bissige Antwort auf Goldas Rede, in der er fragte:

> Wie bezeichnen Leute im Rest der Welt die Bevölkerung, die im Westjordanland lebt? Was waren die Flüchtlinge von 1948 vor ihrem Exil? Hat sie wirklich vor 1967 noch nie etwas vom palästinensischen Volk gehört? Wie hat sie diese Menschen in den Diskussionen, die sie im Lauf der Jahre als Botschafterin und dann als Aussenministerin geführt haben muss, bezeichnet? Und doch sagt sie, sie habe vor 1967 noch nie etwas vom palästinensischen Volk gehört? Wirklich erstaunlich![12]

Dennoch war es ein Schock, als mein Vater die israelische Regierung Mitte der 1970er Jahre aufforderte, mit der Palästinensischen Befreiungsorganisation, der PLO zu verhandeln. Er argumentierte, die PLO sei die legitime Vertreterin des palästinensischen Volkes und müsse als solche Israels Partner am Verhandlungstisch sein. Er vertrat die Auffassung, Israel müsse mit jedweder Kraft reden, die das palästinensische Volk vertrat, das Volk, mit dem wir unser Land teilten. Er wollte alle Welt immerzu daran erinnern, dass nur Frieden mit den Palästinensern unsere weitere Existenz als Staat, der sowohl jüdisch als auch demokratisch ist, sicherstellen könne.

In jenen Jahren begleitete ich meinen Vater gelegentlich auf seinen Vortragsreisen im ganzen Land. Er wurde oft als Experte eingeladen, um über die grundlegenden politischen und militärischen Fragen der Zeit zu sprechen. Es war grossartig, Orte zu Gesicht zu bekommen, an denen ich noch nie gewesen war, und Zeit mit ihm zu verbringen. Ich erinnere mich, wie wir einmal den Kibbuz Bar'am im Norden Galiläas besuchten. Bar'am befindet sich auf dem Gebiet des ehemaligen palästinensischen Dorfes Bir'am. Am Abend hielt mein Vater im Kibbuz seinen Vortrag und am nächsten Tag zogen wir los, um uns die Ruinen des Dorfes anzusehen. Damals wusste ich noch kaum Bescheid über die Rolle des Staates bei der Vertreibung der Palästinenser.

Manchmal kam auch meine Mutter zu diesen Reisen mit. Die Vorträge fanden normalerweise freitagabends statt und so fuhren wir freitagnachmittags los, assen im Kibbuz zu Abend und verbrachten auch die Nacht dort. Am Samstag sahen wir uns dann an, was immer es in der Region an Sehenswürdigkeiten gab.

Bei den Vorträgen ging es meist ziemlich hoch her, und die Reaktion der Zuhörer war oft alles andere als höflich, wenn sie sich die Ansichten meines Vaters anhörten. Ich werde nie die Wut und die Gehässigkeit vergessen, die sich auf ihn richteten, wenn er über *Ashaf* (die hebräische Abkürzung für PLO) sprach. »Wie können Sie mit Terroristen sprechen, die uns vernichten wollen?«, fragten dann einige. »Sie wollen Jaffa und Haifa und Ramle, und sie wollen uns alle abschlachten.«

»Terrorismus«, antwortete er, »ist eine schreckliche Sache. Aber es bleibt die Tatsache, dass, wann immer eine kleine Nation von einer stärkeren Macht regiert wird, Terror das einzige Mittel ist, das sie noch hat. Das war schon immer so, und ich fürchte, so wird es auch immer sein. Wenn wir dem Terrorismus ein Ende machen wollen, müssen wir mit der Besatzung aufhören und Frieden schliessen.« Er behauptete sogar beharrlich, die Palästinenser könnten zu unseren natürlichen Verbündeten und zu unserer Brücke zum gesamten Nahen Osten werden, wo wir Israelis beschlossen hatten, unsere Heimat aufzubauen.

Hier schlug ein Militär und General vor, wir sollten verhandeln statt zu kämpfen; das war für Israelis schwer zu schlucken. Ich glaube, es machte die Leute wütend, dass er sich nicht dem etablierten Denken anschloss, das Israel immer auf der richtigen und die Araber immer auf der falschen Seite sah. Ausserdem schlug er auch noch vor, wir sollten uns von zwei Maximen abwenden, die zu grundlegenden zionistischen Prinzipien geworden waren: nie Land abzugeben und nie irgendwelche Behauptungen der Araber über Israel und die Palästinenser zu akzeptieren.

Er trat dafür ein, mit genau den Leuten zu reden, die man uns am meisten zu hassen gelehrt hatte. Im Unterschied zu den Ägyptern, Syrern oder Libanesen, die ihre eigenen Staaten hatten, wollten »diese so genannten Palästinenser« laut den Leuten, die meinem Vater und auch mir, wenn ich mich mit meinem Grossmaul in die Diskussion einmischte, antworteten, ja *»unsere* Häuser und unser Land«. Wie die meisten Israelis lernte ich die Ausdrücke *fedayin*[13], *Infiltratoren* und *Terroristen*, lange bevor ich wusste, dass man diese Menschen in Wirklichkeit als Palästinenser bezeichnete. Die Menschen artikulierten ihre Ängste in Formen, die aggressiv oder sogar streitsüchtig waren. »Sie wollen mit diesen Terroristen Frieden schliessen, die ganz offen sagen, dass sie sich die Städte Jaffa und Ramle und Lod zurückholen und uns alle ins Meer werfen wollen.« Die Leute dachten, General Peled habe den Verstand oder zumindest die geistige Orientierung verloren.

Ich werde oft gefragt, wie es kam, dass er so klare und weitsichtige Meinungen zu diesem Thema entwickelte, und die einzige Antwort, die mir darauf einfällt, ist, dass er eben ein durch und durch prinzipienfester Mensch war. Er war unfähig, die Doppelmoral zu akzeptieren, laut der wir, die Angehörigen des jüdischen Volkes, es verdienen, auf demselben Land wie die Palästinenser zu leben, ihnen aber gleichzeitig ihre Rechte vorenthalten dürfen. Ausserdem war er sehr besorgt über den Zustand der jüdischen Demokratie, und er wusste, dass die Besetzung eines anderen Volkes die moralische Gesundheit der Gesellschaft und der IDF zerstören würde. Er wollte verhindern, dass sich die IDF in eine brutale Streitmacht verwandelten, deren Aufgabe es war, eine Nation zu unterdrücken, von der klar war, dass sie sich zum Widerstand gegen die Besatzung erheben würde. Es gab einige andere Zionisten wie den ehrwürdigen Professor Yesha'yahu Leibovitch und den Journalisten Uri Avnery, die ebenso dachten und sprachen wie er. Aber wenn er solche Dinge sagte, war es für die Leute besonders beunruhigend, weil er ein Militär und General der Palmach-Generation war.

Es dauerte nicht lange, und viele Freunde hörten auf, ihn und meine Mutter zu gesellschaftlichen Ereignissen einzuladen. Er wurde zum politischen und sozialen Paria. Für meinen Vater hiess das, dass er mehr Zeit zum Arbeiten hatte, und so kümmerte ihn das nicht. Aber ich erinnere mich an viele Gelegenheiten während dieser Zeit, bei denen meine Mutter mir traurig von alten Freunden erzählte, die sich nun ohne sie trafen: »Sie haben alle eingeladen ausser uns.« Meine Mutter stimmte mit den politischen Ansichten meines Vaters überein, aber sie bestand auch darauf, dass die barsche und ungeduldige Art, wie er sie zum Ausdruck brachte, kontraproduktiv sei, weil sie ihn und auch sie isoliere. »Die Leute hören deine Botschaft nicht, wenn du so hart bist. Das schlägt nur auf dich selbst zurück«, sagte sie dann immer.

Auf irgendwelchen Wegen kamen ich, meine Schwester Nurit und mein Bruder Yoav zu denselben politischen Schlussfolgerungen wie mein Vater. Seine Begründungen waren immer klar und überzeugend. Es gab eine Zeit für Krieg, und jetzt war es Zeit für Frieden. Seine Generation hatte gekämpft, damit unsere in einer Demokratie leben konnte, und die Besetzung und Unterdrückung der Palästinenser widersprach diesem Ziel. Ossi war nie politisch engagiert wie wir anderen drei und ist es auch heute nicht. Und während wir, wenn auch nicht im direkten Gespräch mit ihm, meinen Vater häufig kritisierten und anderer Meinung waren, stimmten wir in dieser Frage alle vollkommen mit ihm überein – auch wenn der Preis für diese Haltung manchmal hoch war.

Der jüngste Sohn einer öffentlichen Figur mit derart unpopulären Ansichten zu sein war schwierig. Ich war so patriotisch, wie man nur sein konnte, und ich wusste, dass auch mein Vater ein Patriot war. Und so verstand ich nicht, warum die Leute an ihm zweifelten. Während ich sehr wohl merkte, wie ich aus dem ›Mainstream‹ gedrängt wurde, war mir zunächst gar nicht klar, warum. Im Lauf der Jahre gerieten die Auffassungen meines Vaters mehr und mehr in Widerspruch zum israelischen Mainstream, obwohl rein rhetorisch jeder behauptete, die von ihm gepredigten Prinzipien zu vertreten: Demokratie, Meinungsfreiheit und vor allem Frieden. Mit der Zeit entwickelte auch ich feste Ansichten, die den seinen weitgehend entsprachen, und so fand ich mich ebenfalls im Widerspruch zu meiner Umgebung. Aber zu meiner Überraschung wollte niemand die Gründe hinter unseren Ansichten erfahren. Gelegentlich äusserte ich meine Meinungen auch in der Schule, stürzte mich Hals über Kopf in die Debatte und stritt mit den Lehrern und den anderen Schülern. Diese Streitgespräche schärften meine Fähigkeiten zur Debatte, führten aber grösstenteils dazu, dass ich als Araber-Liebhaber beschimpft wurde. Ich erinnere mich noch an einen Vorfall in der fünften Klasse, bei dem der Vater eines Klassenkameraden, der ein bekannter Journalist war, zu uns kam, um zu uns zu sprechen. Das erste, was er sagte, war: »Wie ich höre, ist einer von euch der Sohn Matti Peleds. Wer von euch ist das?« Ich fühlte, wie mein Gesicht brannte, während sich alle zu mir umdrehten, und ich hob die Hand und gab mich zu erkennen. Ich musste ständig meinen Patriotismus und meine Liebe und Bewunderung für mein Land und seine Armee mit der Tatsache in Übereinklang bringen, dass ich, ebenso wie mein Vater, mit der Meinung der Mehrheit nicht einverstanden war.

Anfang der 1970er Jahre hielt Israel immer noch seine Militärparaden am Unabhängigkeitstag ab. Mein Vater glaubte vorbehaltlos, sie sollten Teil der Festlichkeiten des Unabhängigkeitstages sein – ja, dass es ohne die IDF gar nie einen Unabhängigkeitstag gegeben hätte. Die Parade war immer eine grosse Sache und ich liebte sie: Es gab Panzer und Raketenwerfer und Infanteriebrigaden mit ihren militärischen Farben. Sie kamen ins Stadion der Hebräischen Universität in Jerusalem, wo eine Bühne für die VIPs aufgebaut war. Das Stadion war vollgepackt mit Menschen, die in den Himmel schauten, um den Flugkünsten der IDF-Luftwaffe mit in den USA hergestellten F-5 Phantoms und französischen Mirage-Kampffliegern zuzusehen. Auch wir sassen dann in der VIP-Abteilung und für mich war das das Beste auf der ganzen Welt. Damals erschienen die Generäle im Ruhestand zur Parade am Unabhängigkeitstag oft in Uniform, aber mein Vater lehnte es ab, dieser Tradition zu folgen.

»Ach komm, Papa, warum denn nicht?« Ich sehnte mich so sehr danach, ihn wieder in seiner Uniform zu sehen.

»Das hier ist kein Maskenball und die Uniform ist kein Kostüm«, sagte er scharf. Ich sah mir immer voller Bewunderung die eine saubere und gebügelte Uniform in seinem Kleiderschrank an und fragte mich, wann er sie je wieder tragen würde, und ob überhaupt. Tatsächlich war die Antwort negativ. Ich spielte mit seinen älteren Uniformen und trug den Hut und die Medaillen und tat so, als wäre ich selbst ein General, aber mein Vater ermutigte das nie. Er sah im Militär nichts, worauf man besonders stolz sein sollte; er sah es als ein Werkzeug an und nicht als seine Identität.

Nach dem arabisch-israelischen Krieg von 1973, den wir den Yom-Kippur-Krieg nannten, weil er an diesem höchsten aller jüdischen Feiertage begann, wandte sich mein Vater noch weiter vom Mainstream ab und verbündete sich mit der zionistischen sozialistischen Linken Israels. Sein neuer Kontakt mit Uri Avnery, einem langjährigen Journalisten, der sein ganzes Leben lang ein linker politischer Aktivist gewesen war, der gegen das Establishment kämpfte, war ein grosser Schritt für ihn. Es war eine Beziehung, die viele Jahre überdauerte.

Und dann gründete er zusammen mit Avnery, Yaakov Arnon und einigen anderen abtrünnigen Mitgliedern des zionistischen Establishments den Israelischen Rat für Israelisch-Palästinensischen Frieden.

Der Rat strebte die Förderung privater und nicht-offizieller Gespräche zwischen Israelis und Palästinensern an, von denen er sich erhoffte, sie würden zu offiziellen Verhandlungen zwischen Israel und der PLO führen. Die Charta des Rates forderte den Rückzug Israels aus den 1967 besetzten Gebieten und die Errichtung eines unabhängigen palästinensischen Staates im Westjordanland und im Gazastreifen mit dem arabischen Ost-Jerusalem als Hauptstadt. Zur damaligen Zeit war dieser Gedanke unvorstellbar radikal. Ich erinnere mich, wie ich und alle anderen überrascht über das Ausmass an Aufmerksamkeit waren, das der Rat bekam, besonders von der ausländischen Presse. Schon bald sickerte durch geheime Kanäle und Vermittler die Nachricht durch, hohe Mitglieder der PLO, also die Leute Arafats, wollten sich mit dem Rat treffen. Es war ein grosser Schritt für beide Seiten. Bis zu diesem Punkt hatte die PLO eine Politik, nur mit nicht-zionistischen Israelis zu sprechen, die offen für den Gedanken einer ›weltlichen Demokratie‹ im gesamten Israel/Palästina waren, in der Juden und Araber in einem einheitlichen Staat leben würden. Diese Idee war für meinen Vater völlig inakzeptabel: Er war ein Zionist – er glaubte an einen Staat für das jüdische Volk im Lande Israel. Für ihn konnte jede andere Lösung nur zu endlosem Blutvergiessen führen. Dennoch frage ich mich, ob seine Treue zum Zionismus ihm vielleicht vergangen wäre, wenn er heute noch leben würde.

Es wurden grosse Vorsichtsmassnahmen getroffen und grosses Misstrauen musste überwunden werden, bevor das erste Treffen stattfand. Das geschah in Paris, und dort wurde mein Vater zum ersten Mal Dr. Issam Sartawi vorgestellt,[14] einem engen Vertrauten Yasser Arafats und PLO-Vertreter in Paris. Und das war, um einen Ausdruck aus dem Filmklassiker *Casablanca* zu entlehnen, »der Beginn einer grossen Freundschaft«, da Dr. Issam und mein Vater zu Partnern in einem Projekt des Friedens wurden.

In einem 1977 veröffentlichten Artikel beschrieb mein Vater in vielen Einzelheiten sowohl dieses erste Treffen[15] mit Sartawi als auch seine eigenen Gedanken vor und während dieses Treffens. (Zur Zeit der Veröffentlichung war Sartawis Identität noch nicht publik gemacht worden, also erwähnte er diesen nie namentlich.) »Wie fühlt man sich, wenn man gleich den Feind treffen wird?«, fragte mein Vater rhetorisch.

Er fuhr fort:

> Ich erinnere mich, wie ich in einem bequemen Sessel sass und erfolglos versuchte, einen Artikel in *Le Monde* zu lesen, als es an der Tür klingelte und zwei Männer eintraten. Das waren die beiden Männer, wegen derer ich die Reise nach Paris gemacht hatte.
> Meine Rolle war relativ einfach. Die Geschichte meines Volkes seit Beginn der Rückkehr in unser Heimatland ist in mein Gedächtnis eingebrannt…

Nach Auffassung meines Vaters war die Hauptfrage die folgende: »Werden wir die Möglichkeit bekommen, unser Leben in Frieden und Sicherheit zu leben […] und die Herren unseres Schicksals zu sein? Jeder, der uns erlaubt, das zu tun, ist ein Freund. Ist der Mann, mit dem ich spreche, willens, unser Freund zu sein?« Und er fragte weiter: »Kann die Wirklichkeit verändert werden?« Seine Antwort war: »Jeder, der das für unmöglich hält, beraubt sich der grossen Möglichkeiten, mit denen die Natur die Menschheit ausgestattet hat.« Im Lauf der Jahre traf sich mein Vater an vielen Orten überall in Europa und Nordafrika mit Sartawi – unter anderem in Palma de Mallorca vor der spanischen Küste, in Marokko

Issam Sartawi, ein enger Freund meines Vaters, war ein Vertrauter Yasser Arafats und Vertreter der PLO in Paris.

und in Tunesien. Der verstorbene österreichische Kanzler Bruno Kreisky, der Jude war, half viele dieser Treffen organisieren, ebenso wie Landrum Bolling, ein Quäker und ehemaliger Präsident des Earlham College in Indiana in den USA, der ebenfalls ein guter Freund meines Vaters wurde. Landrum, der sein Leben lang ein engagierter Friedensaktivist war, berichtete mir einmal von einer Gelegenheit, bei der er und Kanzler Kreisky sich mit meinem Vater und Issam in Mallorca trafen. Er und Kreisky blieben zurück und liessen die beiden anderen, tief in ihr Gespräch versunken, durch den abgeschiedenen Badeort spazieren, der ihnen als Treffpunkt diente. »Wenn es von diesen beiden Männern abhinge«, sagte Landrum dem österreichischen Kanzler, »würde dieser Konflikt sofort gelöst werden.« Kreisky war derselben Meinung.

Vor seiner Abreise zu diesen Treffen sagte mein Vater immer, »Ich werde ein paar Tage weg sein; ich kann nicht darüber sprechen, aber macht euch keine Sorgen.« Meine Mutter war dann dennoch krank vor Unruhe, bis er wieder sicher zu Hause war. Eines Abends, als wir noch spät zusammensassen, erzählte mein Vater mir von einem Treffen in einem abgelegenen Badeort in Nordafrika. »Es war luxuriöser, als sich irgendjemand vorstellen kann«, sagte er, »und meilenweit vom Rest der Welt entfernt. Issam wollte mir klar machen, dass wir sicher waren, und er sagte, es könne unmöglich jemand wissen, dass wir hier waren.« Er machte eine Pause, bevor er auf den wichtigsten Punkt seiner Geschichte zu sprechen kam. »Ich sah mich um und deutete auf die attraktive junge Empfangsdame. ›Bist du dir ganz sicher, dass sie nicht für den Mossad arbeitet?‹, fragte ich ihn.« Mein Vater nahm nie etwas als gegeben hin und er wusste natürlich, wie weit der Arm der israelischen Nachrichtendienste reichen konnte.

Die Kontakte zwischen den Mitgliedern des Rats und der PLO wurden weitgehend geheim gehalten, da nur wenige Israelis den Gedanken von Gesprächen mit der *Ashaf* verstehen konnten und viele Palästinenser ganz entschieden gegen einen Dialog mit zionistischen Israelis waren. Im Lauf der Jahre entwickelten Issam und seine Frau, Dr. Widad Sartawi, eine persönliche Freundschaft zu meinem Vater und meiner Mutter. Viele Jahre später, als mein ältester Sohn Eitan zehn Jahre alt war, verbrachten er und ich – zusammen mit meiner Mutter, meiner Schwester Nurit und anderen Mitgliedern der Familie – mit Widad und ihrer Familie eine denkwürdige Zeit in ihrer Wohnung in Paris.

1977 organisierte das israelische Fernsehen anlässlich des zehnten Jahrestags des Krieges eine Diskussionsrunde, an der der gesamte Generalstab von 1967 teilnahm. Die Runde wurde auf einem Nachrichtensender namens *Moked* gesendet und war später Teil der 2007 herausgekommenen Dokumentarserie *Sechs Tage im Juni* von Ilan Ziv.

Irgendwann während der Diskussion erwähnte mein Vater, er erinnere sich nicht daran, je eine Direktive des Kabinetts zur Einnahme des Westjordanlandes gesehen oder von ihr gehört zu haben. Es war das erste Mal, dass ich ihn die Entscheidung der IDF-Kommandeure zur Einnahme des Westjordanlandes ohne die vorherige Genehmigung des Kabinetts kritisieren hörte. »Es war immer als wichtige strategische Maxime betrachtet worden, die Eroberung dicht besiedelter Gebiete zu vermeiden«, sagte er. »Die Einnahme des Westjordanlandes mit seiner arabischen Bevölkerung war eine klare Umkehr dieses Prinzips, und ich erinnere mich nicht, je eine solche Direktive der israelischen Regierung gesehen oder von ihr gehört zu haben.«

Während er das sagte, zoomte die Kamera zurück, um die Gesichter der anderen rund um den Tisch versammelten

Diskussionsteilnehmer zu zeigen. Ihr Unbehagen über diese Worte war ganz offensichtlich. Mein Vater erinnerte sie hier nicht nur daran, dass das Westjordanland und die Golanhöhen ohne die Zustimmung des Kabinetts eingenommen worden waren, ein Vorgehen, das er in der Vergangenheit verteidigt hatte, sondern wies nun auch noch auf die Tatsache hin, dass die Generäle eigenmächtig eine wichtige strategische Maxime revidiert hatten.

Aufgrund seiner linksgerichteten Politik erhielt mein Vater gelegentlich Todesdrohungen und wurde öfters auch von Mitgliedern extremistischer jüdischer Gruppen, von denen die meisten keinen einzigen Tag im Militär gedient hatten, des Verrats bezichtigt. Er berichtete diese Vorfälle der Polizei, und obwohl er offenbar nicht weiter beunruhigt war, schlief er immer mit einer geladenen Pistole neben dem Bett. Einmal gelangte eine Todesdrohung an die Öffentlichkeit, und sofort riefen ihn Journalisten an, um ihn für das israelische Radio zu interviewen. »Haben Sie Angst um Ihr Leben, Herr Peled?«, fragte der Reporter.

Seine Antwort war so ruhig und rational wie immer. »Der Vorfall wurde der Polizei gemeldet und ich vertraue vollständig darauf, dass sie angemessen darauf reagieren wird.«

»Ich verstehe, aber General Peled, meine Frage ist, haben Sie Angst um Ihr Leben?«

»Die Polizei hat einen Bericht aufgenommen und ich bin

Israelische Generäle zehn Jahre nach dem Krieg.

sicher, dass sie wissen wird, was zu tun ist.« »Ja doch, mir ist klar, dass Sie Vertrauen zu unserer Polizei haben, aber haben Sie Angst?«

»Ich habe dem nichts weiter hinzuzufügen.«

Er lehnte es ab, mehr zu sagen, und beendete das Interview – in gewisser Weise war das nicht unähnlich zu seiner Haltung gegenüber dem Bau eines Luftschutzraumes für unser Haus. Wenn ihm etwas wichtig und sinnvoll erschien, liess er es nicht zu, dass Angst an die Stelle vernünftiger Überlegungen trat, und das war dann das Ende des Gesprächs.

Im Rückblick bin ich der Meinung, dass er Recht hatte, so zu antworten, wie er es tat, da er nicht dem verbreiteten Mythos nachgeben wollte, es gebe irgendeine fürchterliche, alles durchdringende Bedrohung und wir alle müssten ständig in Angst leben. Nein, es gab einen rationalen, vernünftigen Weg, diese Probleme zu lösen, und mein Vater hatte Vertrauen in das Potenzial der Menschen und in den Staat Israel. Er hätte sich manchmal besser ausdrücken können und etwas mehr Rücksicht darauf nehmen können, dass wir anderen Angst hatten und statt Anordnungen und einsame Beschlüsse eher etwas Bestärkung gebraucht hätten. Aber schliesslich war er nicht umsonst ein General gewesen.

Wann immer Dr. Sartawi von Paris aus bei uns zu Hause anrief, war sein Codename ›der Freund‹. »Hallo, ist Matti zu Hause? Hier spricht der Freund.« Wenn ich das hörte, war ich immer sehr aufgeregt und von einem Gefühl der Wichtigkeit erfüllt, und ich beeilte mich, meinen Vater zu holen. Danach verliess ich sofort den Raum.

Eine ihrer Diskussionen drehte sich um die Schaffung eines palästinensischen Staates im Westjordanland und im Gazastreifen, was später als ›die Zweistaatenlösung‹ bezeichnet wurde. Für Yasser Arafat war es ein enormes Zugeständnis, noch vor dem Beginn offizieller Verhandlungen mit Ausnahme des Westjordanlandes und Gazas – zwei Landstreifen, die zusammen nur 22 Prozent von Palästina ausmachten – den gesamten Rest Palästinas aufzugeben. Die offizielle Linie der Fatah – einer der grossen palästinensischen Befreiungsparteien und einer der Hauptfraktionen innerhalb der PLO – bestand in der Forderung nach einem einheitlichen säkularen demokratischen Staat, in dem Araber und Juden gemeinsam leben würden und der die Rückkehr der palästinensischen Flüchtlinge erlauben würde. Arafat hatte ernsthafte Leute um sich geschart, die die Zweistaatenlösung als eine Möglichkeit betrachteten, die sowohl pragmatisch als auch durchführbar war. Andere innerhalb der Fatah wiedersprachen dem vehement und machten geltend, sie könnten die Millionen von Flüchtlingen, die in ihre Heimat und zu ihrem Land in dem, was jetzt Israel war, zurückkehren wollten, nicht im Stich lassen. Arafat musste vorsichtig zwischen diesen beiden Lagern lavieren. Er stimmte der Zweistaatenlösung erst 1988 offiziell zu, aber der Gedanke selbst wurde in diesen frühen Jahren geboren, als er seinen Beratern erlaubte, mit prominenten Zionisten zu sprechen.

Nach seiner Rückkehr von diesen Reisen traf sich mein Vater oft mit Yitzhak Rabin, der damals seine erste Amtszeit als Ministerpräsident hatte. Er wollte Rabin über seine Gespräche mit den Palästinensern auf dem Laufenden halten und ihn davon überzeugen, dass die Zeit reif dafür sei, dass die israelische Regierung offizielle Gespräche mit der PLO aufnahm. Alle Welt hielt grosse Stücke auf Rabin als Person und seine Fähigkeiten als Offizier und Führer. Wenn ich meinen Vater einen Satz sagen hörte, der mit »Yitzhak sagte« begann, wusste ich, dass er wichtig sein würde. Aber das war nie blinde Bewunderung; es gab viele Gelegenheiten, bei denen mein Vater Rabin scharf kritisierte.

Ich erinnere mich an ein Mal, als Rabin wieder zu uns nach Hause kam, um informiert zu werden. Er war schon zuvor anlässlich von gesellschaftlichen Zusammenkünften, Hochzeiten und anderen Familienfeierlichkeiten bei uns zu Hause gewesen, und aufgrund der vielen Jahre, die die beiden Männer als Soldaten zusammengearbeitet hatten, kannten unsere Familien einander gut. Selbst in den frühen Tagen war es immer eine grosse Sache gewesen, wenn Rabin zu Besuch kam, weil er von allen so bewundert wurde. »Wird

Yitzhak da sein? Wird er kommen?«, fragten die Leute dann meine Mutter. »Ja, Yitzhak wird kommen.«

Wenn ein Ministerpräsident zu einem nach Hause kommt, ist das etwas Besonderes. Mitglieder eines Teams von Geheimdienstagenten bezogen an jedem der vielen Eingänge zu unserem Haus Position. Militärjeeps wurden an den wichtigsten Kreuzungen auf dem Weg zu unserem Haus in Stellung gebracht und ein Hubschrauber schwebte über der ganzen Szenerie. Dann tauchte die Autokolonne des Ministerpräsidenten auf, und wir gingen nach draussen, um ihn zu begrüssen.

Die beiden Männer nahmen in unserem geräumigen Wohnzimmer Platz, und mein Vater bat, sie nun allein zu lassen. Ich war damals 12 oder 13 Jahre alt und ging nach draussen und redete mit den Leuten vom Geheimdienst.

Ich wuchs in dem Glauben auf, dass der Frieden mit Sicherheit kommen würde, auch wenn der Weg dahin schwierig sein mochte. Dieser Glaube wurde im November 1977 bestärkt, als verkündet wurde, der ägyptische Präsident Anwar Sadat werde nach Jerusalem kommen. Und er würde kommen, ohne dass es eine Garantie für irgendwelche greifbaren Resultate gab.

Es war undenkbar, unglaublich – ein beispielloser und wahrhaft mutiger Akt guten Willens. Eine ganze Nation sass gebannt vor dem Fernseher, als die ägyptische Präsidentenmaschine in Tel Aviv landete. Viele Leute konnten einfach nicht glauben, dass es wirklich geschehen würde, bis sie die eindrückliche Figur Präsident Sadats aus dem Flugzeug steigen sahen.

Die israelische Ehrengarde spielte eine Marschmelodie, während er dir Treppe herunterkam und feierlich die Truppen inspizierte. Die Schnellstrasse Nr. 1, die wichtigste Strasse von Tel Aviv nach Jerusalem, war für diese Gelegenheit abgesperrt worden. Wir lebten nur einige Minuten von der Strasse entfernt, und so rannte ich mit einigen Dutzend Freunden dorthin, um den Autokonvoi zu sehen und arabische Schilder zu schwenken, auf denen stand *Ahlan wa Sahlan Rais El Sadat!* Willkommen, Präsident Sadat!

An der Stadtgrenze Jerusalems wurde Sadat von den Ober-Rabbis auf traditionelle Art mit Brot und Salz empfangen. Er ging zum Gebet in die Al-Aqsa-Moschee in der Altstadt Jerusalems und sprach dann auf Arabisch vor vollem Haus und einer vollgepackten Zuschauergalerie in der Knesset. Es war ein Tag frenetischen, fast hysterischen Jubels. Der Friede mit einem arabischen Land lag in greifbarer Nähe.

Ich ging damals aufs Gymnasium und mein Vater war auf Studienurlaub in Harvard. Er hatte gute Beziehungen mit dem ägyptischen Botschafter in den Vereinigten Staaten, und das führte neben dem durch Sadats Besuch erzeugten Wohlwollen dazu, dass er und meine Mutter eine Einladung erhielten, nach Ägypten zu kommen. Ihre beiden Pässe müssen die ersten israelischen Ausweise gewesen sein, in die ein ägyptisches Visum gestempelt wurde.

Sie sahen sich in Ägypten um und trafen auch den berühmten ägyptischen Schriftsteller Nagib Mahfouz, der später den Nobelpreis für Literatur bekam, in dessen Wohnung in Kairo. Mein Vater hatte seine Doktorarbeit über Mahfouz geschrieben, aber da er Israeli und zudem ein ehemaliger General war, hatte er bis dahin noch keinen persönlichen Kontakt mit ihm. Im Lauf der Jahre kehrte mein Vater mehrere Male zurück, um Mahfouz zu besuchen. Er liebte die Normalität, die darin lag, einfach einen Bus von Tel Aviv nach Kairo zu nehmen, in das Café zu gehen, von dem bekannt war, das Mahfouz oft da war, und dort etliche Stunden mit dem grossen Autor zusammenzusitzen. Er liebte die arabische Welt – das grosse Umfeld, in dem Israel gegründet wurde, und nicht nur das Stück Land, auf dem es seinen Staat aufgebaut hatte.

Auf der Welle des Erfolgs des 1979 abgeschlossenen Friedensvertrags mit Ägypten wurde Menachem Begin bei den Parlamentswahlen 1982 für eine zweite Amtszeit zum Ministerpräsidenten gewählt. Diese Amtszeit war jedoch überschattet von der Invasion des Libanon, einem verheerenden

Mein Vater zu Besuch in Kairo, mit dem ägyptischen Autor und Literaturnobelpreisträger Nagib Mahfouz.

Krieg, der später als das Vietnam Israels bekannt wurde. Wie er es immer tat, reizte mein Vater Anfang 1983 erneut die Grenzen aus und machte sich, kurz nachdem Arafat durch die israelische Invasion aus dem Libanon vertrieben worden war, in geheimer Mission nach Tunesien auf, um den Vorsitzenden der PLO selbst zu treffen. Mit von der Partie waren Uri Avnery und Dr. Yaakov Arnon, ein Ökonom, ehemaliger Generaldirektor des israelischen Schatzministeriums und enger Freund meines Vaters. Auf palästinensischer Seite waren ausser dem Vorsitzenden Arafat noch Mahmoud Abbas und Dr. Issam Sartawi dabei. Das Treffen wurde später publik gemacht und das Foto, das sie alle zeigte, erschien weltweit in der Presse.

Nicht lange nach dieser historischen Zusammenkunft wurde Dr. Sartawi ermordet. Es geschah am 10. April 1983 während eines Treffens der Konferenz der Sozialistischen Internationale in Portugal. Verantwortlich für den Mord war vermutlich die damals vom Irak aus operierende Terrorbande Abu Nidals, deren eigentliche Loyalitäten bis zum heutigen Tag mysteriös geblieben sind.

Sartawis Tod war ein schwarzer Tag für meine Familie. Ich sah zufälligerweise gerade fern, als es passierte. Dr. Issam lag am helllichten Tag in der Empfangshalle eines Hotels in einer Lache seines Blutes auf dem Boden. Ich brauchte ein paar Sekunden, bis ich die Worte herausbrachte: »Papa, komm schnell, sie haben Issam Sartawi erschossen!« Mitten unter Parlamentsabgeordneten und Staatsoberhäuptern, da-

Treffen des Israelischen Rats für Israelisch-Palästinensischen Frieden mit Yasser Arafat in Tunis.

runter auch Shimon Peres, der in seiner Funktion als Führer der israelischen Arbeiterpartei dort war, war Issam Sartawi einfach niedergeknallt worden.

Mein Vater war in seinem Arbeitszimmer, als ich ihn rief. Als ihm klar wurde, was passiert war, war er reglos und wie vom Donner gerührt. Obwohl er kein Wort sagte, konnte ich sehen, dass dies nach dem Tod seines geliebten Bruders Dubik der traurigste Tag seines Lebens war. Später gab er eine Erklärung ab, in der er sagte: »Sartawi wurde getötet, weil er den Zionisten die Hand hingestreckt hat. Er hat im wörtlichen Sinn für den Frieden sein Leben gegeben.« Daran erinnerte mein Vater die Leute jedes Mal, wenn die Aufrichtigkeit des palästinensischen Wunsches nach Frieden in Zweifel gezogen wurde.

Im Jahr darauf gehörte mein Vater zu den Gründungsmitgliedern einer gemeinsamen jüdisch-arabischen Partei, der Progressiven Friedens-Liste (PFL). Die palästinensisch-israelischen Partner[16] der jüdischen Mitglieder wurden von Mohammed Mi'yari, einem langjährigen Aktivisten und Menschenrechtsanwalt, und Bischof Riah Abuel-Assal, dem Vikar der Anglikanischen Kirche in Nazareth, der später anglikanischer Bischof von Jerusalem wurde, angeführt. Mein Vater hatte seinen Namen und seinen Ruf im Lauf der Jahre mehreren politischen Parteien zur Verfügung gestellt, aber war nicht wirklich daran interessiert, Politiker zu werden. Doch im Fall der PFL stimmte er zu, als Nr. 2 auf ihrer Liste für die Wahlen von 1984 zu kandidieren.

Rechte nationalistische Parteien unternahmen mehrere Versuche, die PFL verbieten zu lassen und sie daran zu hindern, bei Wahlen zu kandidieren. Sie verglichen sie mit der von dem in den USA geborenen Rabbi Meir Kahane geführten rassistischen Kach-Partei und sagten, die Eliminierung beider sei nur fair und ausgewogen. Die Kach war eine offen rassistische jüdische Partei, deren Programm die Vertreibung aller Palästinenser aus Israel forderte. Die eine Partei rief zu Frieden und Versöhnung, die andere zur ethnischen Säuberung des Landes auf, aber dennoch wurde nun behauptet, sie seien beide gleichermassen extremistisch. Der Oberste Gerichtshof Israels betrachtete die Bezeichnung einer von Matti Peled mitgegründeten Partei als »Gefahr für die staatliche Sicherheit« als völlig lächerlich und verfügte die Zulassung beider Parteien. Die Progressive Friedens-Liste gewann bei den folgenden Wahlen zwei Knesset-Sitze, und mein Vater war danach vier Jahre lang Parlamentsabgeordneter.

Seine Jahre als Abgeordneter gefielen ihm, und wie bei allem, was er tat, investierte er alles, was ihm an Herz, Seele und Verstand zur Verfügung stand, in diese Arbeit. Seine Amtsperiode traf zusammen mit der angespannten Atmosphäre vor und nach dem Ausbruch des ersten palästinensischen Aufstands, der *Intifada*, aber er beschränkte sich keineswegs darauf, sich zum israelisch-palästinensischen Konflikt zu äussern. Er nahm grossen Anteil an einer ganzen Reihe von Themen und fand dabei in einigen Fällen einen gemeinsamen Nenner mit stramm rechten Abgeordneten.

Er gewann rasch den Ruf eines der gewissenhaftesten und fleissigsten Mitglieder in der Geschichte der Knesset. Er investierte manchmal eine Woche Lektüre in die Vorbereitung einer zehnminütige Rede, und man sagte von seinen Reden, sie ähnelten akademischen Vorlesungen. Es geschah nicht selten, dass seine Gegner von der radikalen Rechten, von denen viele nie in der Armee gedient hatten, versuchten, ihn als ›Verräter‹ niederzuschreien. Er war angewidert von der unter Knesset-Mitgliedern so verbreiteten Jagd nach Medienaufmerksamkeit und lehnte es ab, seine Reden mit provokativen Formulierungen zu garnieren, die zu Schlagzeilen in den Medien führen würden. In seinen vier Jahren versäumte er keine einzige Sitzung, was in der Knesset, deren Sitzungssaal meist weitgehend leer ist, höchst ungewöhnlich war.

Er zog die arabische Literatur auch weiterhin der Politik vor, und als seine vierjährige Amtszeit im Parlament 1988 vorbei war, war er froh, wieder zum akademischen Leben zurückkehren zu können. Sofort danach gingen er und meine Mutter für einen weiteren einjährigen Studienurlaub nach Harvard, wo sie eine fantastische Zeit zusammen hatten.

Gila und ich waren damals schon verheiratet. Ende 1987, kurz vor dem Ende der Zeit meines Vaters als Abgeordneter, verliessen wir Japan – wo wir fast zwei Jahre gelebt hatten – und verbrachten einige Wochen in Israel. Und wir gingen auch in die Knesset, um meinen Vater zu treffen. Er führte uns herum und stellte uns seinen Kollegen vor, und wir waren bei einer der Sitzungen als Zuschauer anwesend. Dann zogen Gila und ich im Herbst des Jahres in die USA. Eigentlich wollten wir dort nicht mehr als zwei Jahre verbringen und dann nach Jerusalem zurückkehren. Als meine Eltern in Harvard ankamen, kam meine Mutter uns in Kalifornien besuchen, und danach flogen Gila und ich nach Massachusetts und verbrachten mit meinen Eltern in ihrer Wohnung in Cambridge eine sehr angenehme Woche.

Damals hatte der palästinensische Aufstand schon begonnen. Es gingen Bilder um die ganze Welt, auf denen israelische Soldaten palästinensische Kinder, die lediglich mit Steinen bewaffnet waren, schlugen und erschossen. Es war eine authentische Revolution von unten, die sämtliche Beobachter völlig unvorbereitet traf. Während Israel nach Wegen zur Zerschlagung dieser Volksrevolte suchte, kam vom Verteidigungsminister die inoffizielle, aber allseits bekannte Order, »den Palästinensern die Knochen zu brechen und sie physisch unschädlich zu machen«, und so wurde tatsächlich häufig auf Zivilisten geschossen. Die Verteidiger Israels verwiesen dabei darauf, Israel verwende nur Gummikugeln, da der Zweck nicht sei, die Palästinenser zu töten oder zu verletzen, sondern nur, ihnen Angst einzujagen und sie von der Strasse zu verscheuchen.

Mein Vater hatte immer eine solche ›Gummikugel‹ in der Manteltasche, die er bei all seinen Vorträgen in den USA über den Konflikt in der israelischen Heimat herausnahm. Er kratzte dann den Gummi von der Kugel, um zu zeigen, dass die Kugeln in Wirklichkeit aus Stahl und nur dünn mit Gummi überzogen waren.

Vorträge in den USA waren für meinen Vater nichts Neues. Er hatte die USA zuerst als israelische ›VIP‹ besucht, als General, der für seine Regierung sprach. Genau wie seine Meinungen veränderten sich natürlich auch seine Reden. Er wurde von vielen Friedensgruppen eingeladen und war manchmal mehrere Wochen lang auf Vortragsreise. Als ehemaliges Knesset-Mitglied und militärischer Experte für Logistik und Bewaffnung war er in der Lage, sowohl von einem politischen als auch von einem militärischen Standpunkt aus zu argumentieren, es sei für Israel wesentlich besser, Frieden zu schliessen, als weiter aufzurüsten und die Besatzung des 1967 besetzten Landes aufrechtzuerhalten.

Ein Punkt, auf den er häufig zurückkam, war seine These, das Beste, was die USA für Israel tun könnten, sei ein Stopp aller Waffenverkäufe und vorbehaltlosen Finanzhilfen. »Bis 1974«, erklärte er dem Publikum der Synagoge Temple Emanu-El in San Francisco bei einem seiner Vorträge, »bekam Israel keinerlei Auslandshilfe und wir kamen gut zurecht.« Dann sah er die Leute im Publikum an und fuhr fort: »Umsonst Geld zu bekommen, Geld, das man sich nicht verdient hat und für das man nichts tun muss, ist schlicht und einfach korrumpierend.« Er argumentierte, die Waffen, die die Vereinigten Staaten an Israel verkauften, korrumpierten das Land und würden nur zur Besetzung und Unterdrückung der Palästinenser verwendet.

»Es ist schlecht für Israel, es ist moralisch falsch und es ist gesetzwidrig«, sagte er dann immer. Ende 1992 wurde Yitzhak Rabin zum zweiten Mal zum Ministerpräsident gewählt und gelobte, Frieden zu schliessen. In der zweiten Jahreshälfte 1993 schien er zum gleichen Schluss gekommen zu sein wie mein Vater, was dazu führte, dass er die als Oslo-Abkommen bekannte Friedensvereinbarung unterzeichnete und die Hand Yasser Arafats schüttelte. Beides begab sich vor den Augen der ganzen Welt auf dem Rasen des Weissen Hauses, und ich glaubte damals, dies sei endlich das Ende des Konflikts und die Einleitung eines Prozesses, der auf der harten Arbeit meines Vaters, Dr. Sartawis und anderer Gleichgesinnter aufbaute. Die Zweistaatenlösung, die zuvor unvorstellbar radikal gewesen war, war nun Teil des politischen Mainstreams. Ich war sicher, dass der Frieden jetzt nur noch eine Frage der Zeit war.

Das alles hatte lange gedauert, aber jetzt schien es sehr schnell zur Versöhnung zu kommen. Die israelische Armee zog sich aus den wichtigsten palästinensischen Städten zurück, während viele Palästinenser aus dem Exil zurückkehrten, um mit dem Aufbau dessen zu beginnen, was sie als ihren eigenen hoffentlich bald unabhängigen Staat betrachteten. Israelis besuchten palästinensische Städte als Touristen und Gäste statt als Soldaten. Alles passierte sehr schnell und es herrschte eine euphorische Stimmung.

Mein Vater war zunächst ein entschiedener Unterstützer des Oslo-Abkommens und er schrieb, Rabin habe damit »den Rubikon überschritten«. (Damit bezog er sich natürlich auf Julius Cäsar und seine Armee, die bei Cäsars Rückkehr nach Italien den Fluss Rubikon überschritten: Es handelte sich hier um einen irreversiblen Akt von grosser Bedeutung.) Das Abkommen wurde im selben Jahr unterzeichnet, in dem mein Vater, Uri Avnery und andere Gush Shalom gründeten, den parteiunabhängigen israelischen Friedensblock.

Aber je mehr Zeit verging, desto mehr verlor mein Vater die Geduld. »Der Ausbau der Siedlungen im Westjordanland ging weiter, und fest abgemachte Fristen verstrichen, weil Israel untätig blieb«, so seine Kritik. Er wusste, dass ein schleppendes Tempo des Friedensprozesses und eine weitergehende Expansion der Siedlungen den Extremisten auf beiden Seiten reichlich Munition liefern würden, erneut die Gewalt anzuheizen. Er beschrieb und kritisierte, was er sah: »Rabin schindet Zeit und missachtet Aspekte des Abkommens, die die palästinensische Staatlichkeit stärken würden, wie zum Beispiel die Beendigung der totalen wirtschaftlichen Abhängigkeit der Palästinenser von Israel.« Ferner geisselte er, dass »Arafat, der alles für den Frieden aufs Spiel gesetzt hat, mit Verachtung behandelt wurde«. Im Gegensatz zu Sadat, der Jerusalem unter grossem Jubel und Trara besucht und die Gelegenheit bekommen hatte, in der Al-Aqsa-Moschee zu beten, wurde Arafat nie auch nur erlaubt, die Stadt zu betreten.

Wie es seinem Wesen entsprach, las mein Vater auch das ›Kleingedruckte‹ im Oslo-Abkommen und fand so heraus, dass dieses äusserst ernste Mängel hatte. Anlässlich seines siebzigsten Geburtstags gab er der Zeitung Ma ariv ein Interview, das als Titelgeschichte der Wochenendausgabe gebracht wurde. Die Schlagzeile lautete: »Rabin will keinen Frieden«.[17]

Dieser Satz beendete die Beziehung zwischen Rabin und meinem Vater für immer, zwei introvertierten Männern aus Stahl, die dreissig Jahre lang Seite an Seite gekämpft, gemeinsam am Aufbau der israelischen Armee gearbeitet hatten und Israel 1967 zur Eroberung des gesamten ›Gelobten Landes‹ geführt hatten.

In einem weiteren Interview von Ende 1994 mit der Tageszeitung *Yedioth Ahronot* sagte mein Vater: »Die Palästinenser glaubten, das Oslo-Abkommen würde zu einem palästinensischen Staat führen, aber Rabin hatte nicht die Absicht, es dazu kommen zu lassen.« In dem für ihn typischen trockenen, analytischen Stil erklärte er, man werde den Palästinensern »vielleicht erlauben, eine eigene Müllabfuhr zu haben und ihre eigenen Pässe zu drucken, aber dieser Mini-Staat würde letztendlich unter der Kontrolle Israels stehen«. Unterdessen beschlossen wir anderen, der Stimme unseres Herzens zu folgen und darauf zu vertrauen, dass die israelische Führung schon für den Frieden sorgen würde, auf den wir alle hofften. Aber am Ende behielt mein Vater, was das Oslo-Abkommen anging, Recht.

Ende 1994, einige Monate nach der Geburt meines ersten Sohnes Eitan in San Diego, kündigten stechende Schmerzen im Kreuz meines Vaters die spätere Diagnose an: unheilbarer Bauchspeicheldrüsenkrebs. Wir hatten von diesen Schmerzen schon eine Weile lang gewusst, aber gehofft, es handle sich um eine orthopädische Angelegenheit, die in Ordnung gebracht werden konnte. Aber dann bekamen wir den Anruf, durch den wir erfuhren, dass es Krebs war.

Trotz starker Schmerzen und der raschen Verschlechterung seines Gesundheitszustands blieb mein Vater bis in seine letzten Tage aktiv und widmete sich seinen Forschungen zur arabischen Literatur, der Förderung eines von gegenseitiger Achtung getragenen Dialogs zwischen Israelis und Palästinensern, der Erleichterung des Loses von Soldaten, die für ihre Weigerung, in den besetzten Gebieten Dienst zu leisten, ins Gefängnis kamen, und seinen politischen Schriften.

Sein letztes akademisches Werk war die Übersetzung eines Buches namens ›Die Weisen der Dunkelheit‹ des syrisch-kurdischen Schriftstellers Salim Barakat aus dem Arabischen ins Hebräische. Das war ein grosses Projekt, und er tauschte sich intensiv mit dem Autor aus, was er sehr genoss. Er verwendete ein Modem, um über Internet mit Barakat in Kontakt zu bleiben. Für dieses letzte Werk bekam er den Preis des Israelischen Übersetzerverbands. Er schenkte mir ein handsigniertes Exemplar, das ich natürlich in hohen Ehren halte.

Der letzte politische Artikel meines Vaters trug den Titel ›Ein Requiem für Oslo‹ und erschien in einer vom Israelischen Rat für Palästinensisch-Israelischen Frieden publizierten Zeitschrift.[18] Dort sagte er ein katastrophales Scheitern des Friedensprozesses voraus. Er argumentierte, der Prozess habe bereits eine Sackgasse erreicht, aus der es kein Entkommen mehr gebe. »Das Scheitern«, schrieb er, »war ganz klar auf Rabins Weigerung zurückzuführen, die Streitkräfte im

Westjordanland abzuziehen und allgemeine Wahlen in den besetzten Gebieten zuzulassen.« Weiter schrieb er:

> Der tatsächliche Grund für die Position Israels ist, dass die Ergebnisse allgemeiner Wahlen, die Arafat als den unangefochtenen Führer des palästinensischen Volkes bestätigen würden, die palästinensische Seite so nah wie nie zuvor an den Status der Staatlichkeit heranbringen würden.

All das sagte er in den Jahren, in denen Rabin den Friedensnobelpreis erhielt und in denen die ganze Welt ihn als *den* Mann des Friedens betrachtete. Wieder einmal sagte mein Vater, was andere nicht einmal denken konnten.

Als wir von der Krankheit meines Vaters erfuhren, beschlossen Gila und ich, keine Zeit zu verlieren und Eitan so rasch wie möglich mit seinem Grossvater zusammenzubringen. Wir fuhren zweimal nach Israel, um mit meinem Vater zusammen zu sein, einmal im Oktober 1994 und eine weiteres Mal im Dezember desselben Jahres.

Es war sehr bewegend, meinen Vater so gebrechlich, aber immer noch völlig bei Verstand und lächelnd vorzufinden. Wir machten mehrere Bilder von ihm mit Eitan auf dem Arm. Ausserdem hatten wir ein wunderbares Familientreffen mit allen vier Geschwistern, Yoav, Nurit, Ossi und mir sowie unseren Partnern und Kindern. Mein Vater erzählte Geschichten, und wir alle hörten gespannt zu, da wir davon

Wenn mein Vater für einen Standpunkt argumentierte, wurde er oft mit den Propheten verglichen, die das Volk Israels für seine Sünden schalten.

ausgehen mussten, dies könnte das letzte Mal sein, dass es ihm noch gut genug ging, um sprechen zu können. Jetzt wünsche ich mir, ich hätte diese Augenblicke aufgenommen, denn so sehr ich es auch versuche, ich kann mich nicht daran erinnern, welche Geschichten er uns an jenem Abend erzählt hat. In den Tagen und Wochen, während derer ich mit ihm zusammen war, bat ich meinen Vater immer wieder, über sich und sein Leben zu schreiben, aber er weigerte sich. »Ich finde es langweilig, über mich zu schreiben«, beharrte er, und er erlaubte mir auch nicht, ihn auf Band aufzunehmen. Er war sehr optimistisch im Hinblick auf seine Wiedergenesung und meist recht entspannter Stimmung.

Auch Smadar besuchte ihn. Naomi Shemer, die beliebteste Liederkomponistin Israels und eine alte Freundin unserer Familie, schrieb zu seinen Ehren ein Gedicht. Es beginnt mit den Worten »Der Verrat des Körpers, die Loyalität des Geistes«, womit es darauf anspielt, wie scharf der Verstand meines Vaters blieb, während sein Körper vom Krebs zerfressen wurde.

Ich flog dann alle paar Monate allein nach Israel, um ihn zu besuchen. Da sein Zustand sich immer weiter verschlechterte, hatte es keinen Sinn, Gila und Eitan mitzunehmen. Bei meinem dritten Besuch hatte mein Vater gerade mit der Chemotherapie begonnen, und ich fuhr vom Flughafen direkt ins Krankenhaus. »Wie geht es dir?«, fragte ich. Er sah furchtbar aus.

»Miserabel«, antwortete er und fügte dann hinzu, »Du solltest heimgehen und dich ausruhen, du musst von dem langen Flug erschöpft sein.« Er war nie ein einfacher Mensch, aber als Grossvater war er etwas zwangloser und entspannter, als er es als Vater gewesen war. Die Krankheit machte ihn noch launischer als früher, und so konnte er, wenn es ihm gut ging, sehr herzlich sein, aber wenn er grosse Schmerzen litt oder unter dem Einfluss der Chemo stand, war er oft sehr abweisend.

Ich blieb ungefähr zehn Tage. Meine Mutter beschloss, sich zu Hause um ihn zu kümmern, statt ihn in ein Hospiz zu geben. Bei meinem vierten Besuch blieb ich bis zum Ende. Er klammerte sich am Leben fest, so lange er konnte, und glaubte bis zum Schluss, er könne durch Medikamente geheilt werden. Schliesslich erlag er in den frühen Morgenstunden des 10. März 1995 seiner Krankheit. Meine Mutter und wir Geschwister hatten einander am Krankenbett abgelöst. Ich war bei ihm, als er um 4 Uhr morgens seinen letzten Atemzug tat. Er starb im Bett in seinem Haus, das er so geliebt hatte.

Wir entschieden uns gegen ein Grab auf dem Militärfriedhof auf dem Jerusalemer Herzlberg. Sein Vermächtnis umfasste so viel mehr als seinen Dienst im Militär, und wenn er auf dem Militärfriedhof begraben worden wäre, hätte auf seinem Grabstein neben seinem Geburts- und Todesdatum nur gestanden, dass er ein General war. Aber in mehr als der Hälfte seines Lebens war es um ganz andere Dinge gegangen – arabische Literatur, politischen Aktivismus und Frieden. So kaufte meine Mutter ein Grab auf einem hübsch an einem Hang gelegenen Friedhof im Kibbuz Nachston ganz in der Nähe Jerusalems. Wir fanden es passender, ihn in einem schönen Wald nicht weit entfernt von seinem geliebten Heim in Jerusalem zur Ruhe zu legen, wo wir auf den Grabstein schreiben konnten, was wir wollten.

Das Begräbnis selbst dagegen ähnelte einer Militärparade. Als der Jeep, auf dem der Sarg aufgebahrt war, auf dem Weg zum Friedhof vor unserem Haus auftauchte, traten wir hinaus, um den Sarg zu sehen und uns zu verabschieden. Später würden sechs Generäle den Sarg meines Vaters zu seinem Grab tragen, und jetzt sassen sie plaudernd um den Sarg herum. Als wir uns dem Jeep näherten, stiessen sie einander schnell an, um würdig auszusehen. Meine Mutter liess den Kopf auf den Sarg sinken und weinte.

Die Generation meines Vaters, die strahlenden jungen Offiziere, die den Krieg von 1948 für uns gewonnen hatten und dann zu den Generälen des Krieges von 1967 wurden, waren Ikonen, und die Rolle meines Vaters bei der Vorbereitung des Sechstagekriegs hatte fast mythische Proportionen ange-

Eyzer Weizman, ehemaliger Kommandeur der israelischen Luftwaffe und Stellvertretender Stabschef. Er war einer der lebenslangen Freunde meines Vaters. Hier hat er bereits seinen letzten offiziellen Posten, den des Präsidenten des Staates Israel inne.

nommen. Schon das allein hätte die Beerdigung zu einem wichtigen Ereignis gemacht. Sie brachte ausserdem eine beispiellose Mischung von israelischen Generälen, Staatsoberhäuptern, radikalen Friedensaktivisten und Führern der Palästinenser zusammen. Es wurden Kondolenzbotschaften sowohl der Regierung Israels als auch Yasser Arafats verlesen. Da Arafat selbst nicht nach Jerusalem kommen durfte, war Dr. Ahmed Tibi da, um ihn zu vertreten und in seinem Namen einen Kranz aufs Grab zu legen. Dieser wurde dann direkt neben den Kranz des israelischen Präsidenten gelegt. Während ich mich daran erinnere, kann ich es immer noch kaum glauben: Der erste Präsident der Palästinenser schickte einen Kranz und eine Beileidsbotschaft zum Grab eines israelischen Generals. Dieser Aspekt blieb auch bei der Presse nicht unbemerkt, und das Foto der beiden Seite an Seite liegenden Kränze erschien später in zahlreichen Zeitungen.

Von Uri Avnery auf der Linken bis Ariel Sharon auf der Rechten kamen alle, um Matti Peled die letzte Ehre zu erweisen. Der oberste Rabbi der Armee, der die Feier leitete, bat mich, den *Kaddisch*, das ›Gebet der Hinterbliebenen‹ zu sprechen, und er fügte hinzu: »Es ist für den Vater.« Ich sprach dann tatsächlich den *Kaddisch* der Trauernden, aber ich dachte, dass der Rabbi, wenn er irgendeine Ahnung von meinem Vater gehabt hätte, nie auf die Idee gekommen wäre, so einen Unsinn zu reden. Vater hatte weder für Religion noch für religiöse Zeremonien etwas übrig.

Der Tod meines Vaters wurde in zahllosen Zeitungsartikeln in Israel und auf der ganzen Welt behandelt, und viele davon versuchten, seine Karriere und seine Persönlichkeit zu analysieren. Ich fand in dieser Hinsicht zwei Artikel, einer von einem weltweit bekannten palästinensischen Professor, Walid Khalidi,[19] und der andere von dem langjährigen israelischen Journalisten und lebenslangen Friedensaktivisten Uri Avnery,[20] besonders gelungen. Die enge Beziehung meines Vaters zu diesen beiden Männern und die gütigen Worte, die sie nach seinem Hinscheiden schrieben, zeigen den gewaltigen Sprung an, den er in den Jahren seit Ende seines Dienstes im Militär durchgemacht hatte. Dr. Khalidi schrieb dabei unter anderem: »Matti war kein Diplomat. Seiner Zeit weit voraus und gegen enorme Widerstände hatte er den Knoten des hundert Jahre alten arabisch-zionistischen Konflikts durchschlagen und tiefempfundene Überzeugungen zu seiner Lösung entwickelt.«

Avnery fasste seinen schriftlichen Nachruf mit den Worten aus Shakespeares Hamlet zusammen: »Er war ein Mann, nehmt alles nur in allem! Ich werde nimmer seinesgleichen sehn.«

Es stimmt, dass Matti Peled schwierig sein konnte, aber zugleich war er der Gegenstand grosser Bewunderung und Achtung. Typisch für ihn war sein bedingungsloses Engagement, erst als Militärexperte und dann als Aktivist und Kämpfer für den Frieden. Es stimmt, dass er wenig Raum für Diskussion liess, doch seine Vorträge an Esstisch und Abendtafel waren immer erhellend, und ich entwickelte einen Grossteil des Vertrauens, das ich in meine Identität als israelischer Jude habe, durch sein Vorbild.

Yitzhak Rabin, der damals Ministerpräsident war, war beim Begräbnis meines Vaters ebenfalls zugegen, da das Protokoll es so vorsah. Doch er rief nie an, um meinem sterbenden Vater Lebewohl zu sagen, wie es all seine anderen Waffengefährten getan hatten, und auch während der *Shiv'a*, den traditionellen sieben Trauertagen, kam er nicht, um uns sein Beileid auszusprechen. Tragischerweise war auch Rabin selbst nur acht Monate später tot – ermordet von einem jungen Juden, der in einer toxischen Mischung von orthodoxem Judaismus und radikalem Zionismus aufgewachsen war. Es war das Ende einer Ära und der Beginn grosser Ungewissheit.

Teil 2
Weit weg von zu Hause

4
Das rote Barett

Es war 1974, und als ich von der Grundschule zur Highschool überwechselte, wurde klar, dass ich nicht nur weiterhin schulisch zurückhing, sondern dass ich auch ein anderes Problem hatte, eines, das bis dahin noch nicht aufgefallen war und vielleicht auch genetisch bedingt war: eine grosse Klappe. Es gab Themen, zu denen ich nicht schweigen wollte und nicht schwieg, ganz gleich, mit wem ich es zu tun hatte. Später wurde mir klar, dass es dabei eine Ausnahme gab, eine Person, vor der ich sehr wohl schwieg – meinen Vater.

Während des ersten Gesprächs, das meine Klasse mit dem stellvertretenden Schuldirektor zum Thema Disziplin auf dem Schulgelände hatte, warf ich ihm vor, seine Vorstellung von Disziplin sei veraltet und unfair. Mein Klassenlehrer, der uns in Mathematik und Physik unterrichtete, Fächern, in denen ich sowieso Probleme hatte, war erst vor kurzem aus Osteuropa eingewandert. Er war streng, rücksichtslos und unsicher. Er lächelte nie und er glaubte nicht daran, jemandem eine zweite Chance zu geben. Ich hatte die ganze Zeit Angst in seinem Unterricht und brachte bei ihm nichts zustande.

Am Ende meines ersten Jahres in der Highschool hatte ich sogar den Sportlehrer gegen mich aufgebracht, obwohl ich in Sport gut war und eigentlich sowohl den Lehrer als auch den Unterricht mochte. Er war ein altmodischer Feldwebeltyp und machte den Schülern, die nicht so sportlich waren, das Leben zu Hölle. Eines Tages beleidigte der Lehrer einen Schüler, der übergewichtig war, und ermunterte die gesamte Klasse, sich über ihn lustig zu machen, während er durch die Turnhalle stolperte. Ich wartete bis zum Ende der Stunde, als alle Schüler gegangen waren, um den Lehrer anzusprechen: »Sie sollten sich etwas schämen! War es wirklich nötig, ihn so zu demütigen und die Klasse auch noch dabei mitmachen zu lassen?«

Überflüssig zu sagen, dass er es nicht gewohnt war, von einem Neuntklässler getadelt zu werden, und ich fand mich rasch im Büro des Direktors und in ernsten Schwierigkeiten wieder: »Wie kommst du auf den Gedanken, du wüsstest es besser als ich?«

Als das Jahr schliesslich zu Ende ging, war klar, dass diese Highschool nichts für mich war. In der zehnten Klasse wechselte ich an eine Schule näher bei uns zu Hause in Motza über und verbrachte dann dort ein fantastisches Jahr. Ich hatte einen charismatischen Klassenlehrer, der Geschichte und Gemeinschaftskunde unterrichtete, meine grosse Klappe mochte und sehr von der Tatsache eingenommen war, dass Matti Peled mein Vater war. Wir kamen hervorragend miteinander zurecht, ich war in all meinen Fächern gut und war sehr glücklich.

In jenem Jahr begann ich auf den Vorschlag einiger Freunde hin mit Karateübungen und verliebte mich in den Sport. Am Ende wurde Karate für mich zu einer Lebensbeschäftigung. Trotzdem wurde mir nach der elften Klasse klar, dass das traditionelle Schulmilieu für mich zu restriktiv war und dass dort nichts aus mir werden könnte. So beschloss ich, in meinem letzten Jahr an eine so genannte ›externe Schule‹ zu gehen, eine Highschool, die die Studenten lediglich auf die Immatrikulationsprüfungen vorbereitet. Dabei geht man jeden Morgen für drei oder vier Stunden zur Schule und danach hat man frei. Diese externen Schulen trugen auch eine Art Stigma – sie waren nicht gerade die Art von Schule, die von ›guten Kindern‹ besucht wurden, aber das war mir ziemlich egal. Ich wusste, dass ich nicht gut sein würde, wenn ich auf einer traditionellen Schule blieb, und dass ich dort die Examensprüfungen niemals schaffen würde. Mein Vater war damals auf Studienurlaub in Harvard und hatte keine besondere Meinung zu diesem Thema, so hing die Sache von der

Zustimmung meiner Mutter ab. Es war eine schwere Entscheidung, sie mochte die Idee nicht sehr, aber nachdem sie den Schulleiter getroffen hatte, der ein wunderbarer Mensch und ein grossartiger Erzieher war, willigte sie ein.

Die Befürchtungen meiner Mutter erwiesen sich als unbegründet. Ich traf sympathische Mitschüler an der Schule und es war ein gutes Jahr für mich. Da ich hochmotiviert war, waren meine Prüfungsergebnisse am Ende sehr gut, was in Israel äusserst wichtig ist.

Während meine Schulzeit zu Ende ging und ich ins wehrpflichtige Alter kam, entwickelte ich allmählich gemischte Gefühle im Hinblick auf meinen bevorstehenden Militärdienst. Mein Vater hatte mich davon überzeugt, dass die israelische Besatzung des Westjordanlandes und des Gazastreifens falsch war. Aber als entschiedener Zionist war ich dennoch sicher, dass Israel eine Armee haben musste – und nicht nur eine Armee, sondern die bestmögliche militärische Streitkraft. Ich glaubte, wenn mehr Leute wie ich selbst den IDF beiträten, würde sie eine gute, moralisch saubere Armee sein. So befand ich mich in einem Konflikt: Ich wollte in der Armee dienen und ein Beispiel setzen, aber gleichzeitig wollte ich auch gegen das Unrecht protestieren, das diese Armee beging.

Ich hatte damals schon zwei Jahre lang Karate praktiziert und auch das beeinflusste mein Denken und meine Motive. Karate lehrt Disziplin und Gewaltlosigkeit. Ich empfand das Karatetraining sowohl geistig als auch physisch als herausfordernder als alles, was ich bis dahin kennengelernt hatte. Mir gefiel diese Strenge und ich war begierig, mich auch weiterhin in solchen Formen herauszufordern – und die Armee bot mir dazu die Möglichkeit.

Als junger Israeli, der gesund genug war, um Kampfsoldat zu sein, hatte ich zwei Alternativen: Ich konnte mich freiwillig zum Dienst in einer bestimmten Einheit melden und hoffen, dass ich aufgenommen würde, oder ich konnte es der Armee überlassen, wohin sie mich schicken würde. Mein Vater hielt sehr wenig von den Einheiten der Sondereinsatzkräfte, die seiner Meinung nach viel zu hoch gelobt wurden, und er war darüber besorgt, dass ständig neue solche Einheiten geschaffen wurden. »Die Panzerbrigaden sind die wichtigste Kraft auf dem Schlachtfeld«, sagte er, um meine Entscheidung zu beeinflussen. »Ein Panzer ist eine hochkomplexe Maschine, und das Verständnis, wie man einen Panzer mit all seinen computergesteuerten Bestandteilen bedient, wird dir bei deiner Rückkehr in die Zivilgesellschaft noch von Nutzen sein.« Aber Panzer bringen keinen Ruhm, nur anstrengende, schmutzige Arbeit, bei der man in Öl getaucht ist.

Am Ende tat ich dasselbe, was so viele brave israelische Jungen machen. Als ich im Februar 1980 eingezogen wurde, meldete ich mich freiwillig zu einer der vielen Einheiten der Sondereinsatzkommandos. Was mich anzog, waren die körperlichen und geistigen Herausforderungen der Ausbildung, von der ich wusste, dass sie hart sein würde, obwohl ich damals noch keine Ahnung hatte, wie hart sie dann wirklich sein würde, und komplett vom Bild des israelischen Helden verblendet war. Ich wünschte mir die zugehörigen Statussymbole: das rote Barett, die halbautomatischen Spezialwaffen, die braunen Schuhe und die Abzeichen, die einen als Mitglied der ›Besten‹ Israels‹ ausweisen. Wie viel davon Eitelkeit und wie viel Patriotismus war, ist schwer zu sagen; sicher spielte beides in meiner Entscheidung eine Rolle.

Zur Grundausbildung wurde ich in das berühmte Ausbildungslager für Fallschirmjäger in Saburi im Westjordanland, nahe der Stadt Jenin, geschickt. Am Eingang zum Stützpunkt hing ein Schild, auf dem es hiess: »Wenn wir uns nicht aufeinander verlassen können, werden wir bald irgendwo nebeneinander hängen.« Das funktioniert im Hebräischen, weil das Wort für ›sich verlassen können‹ und ›hängen‹ dasselbe ist, nämlich ›taluy‹. Der Spruch sollte klarmachen, dass wir ein Team waren und aufeinander zählen können mussten; wenn wir das nicht konnten würden wir am Ende alle tot sein. Auf einem andere Plakat hiess es: »Fallschirmjäger – der lange Arm der IDF«.

Sanur lag in einer grünen, ländlichen Gegend im Norden des Westjordanlands. Der Stützpunkt befand sich in der Nähe eines hohen, bedrohlichen Hügels, auf dessen Kuppe sich das Grab eines muslimischen Scheichs befand. Wir marschierten diesen Hügel viele Male hinauf und hinunter.

Bis zu unserem ersten Nachtmarsch beschäftigte ich mich nicht viel mit der Tatsache, dass dies palästinensisches Land war. Wir hatten schwere Ausrüstung zu schleppen und mussten uns rasch und völlig geräuschlos bewegen. Trotz meiner Erschöpfung konnte ich nicht umhin zu bemerken, dass wir auf bebautem Land marschierten und Feldfrüchte zertrampelten, die irgendjemandem gehörten. Ich lief so schnell ich konnte, um unseren Feldwebel einzuholen, und versuchte, ihm zu erklären, dass wir die Felder zerstörten. Ich hatte keine Ahnung, wie naiv meine Vorhaltungen waren. Er befahl mir, zu schweigen und weiterzumarschieren.

Die Ausbildung war sowohl körperlich als auch mental so hart, dass wir ziemlich bald völlig ausgelaugt waren und nur noch irgendwie durch die Woche kommen wollten. Das Schlimmste für mich war, nicht die Nacht durchschlafen zu dürfen. Unser Feldwebel weckte uns zu jeder beliebigen Zeit zu Überraschungsinspektionen, zu Märschen und zum Exerzieren. Ausserdem führte er ein kleines Notizbuch, in dem er alles aufschrieb, was wir im Lauf des Tages falsch machten. Nachts warf er uns dann aus dem Bett und liess uns zur Strafe alle möglichen erschöpfenden Kraftübungen machen.

Aber zu einer Eliteeinheit zu gehören brachte auch Privilegien mit sich. Selbst als neuer Rekrut hatte man besseres Essen als im Rest der Armee und wir durften fast jedes Wochenende nach Hause. Das bedeutete dann ununterbrochenen Schlaf, gutes, zu Hause gekochtes Essen und die Möglichkeit, die Freundin zu sehen – die einzigen Dinge, die einem Rekruten wichtig waren.

Wenn die Zeit zur Heimfahrt kam, holte ein Armee-Bus uns im Westjordanland ab und brachte uns an einen grossen Busbahnhof in Israel, und von dort nahmen wir einen öffentlichen Bus. Ich werde diese Freitage mit ihren langen

Fahrten nach Jerusalem nie vergessen. Die Busse waren vollgestopft mit ausgepumpten Soldaten wie mir, und ausserdem noch ein paar Zivilisten. Die Soldaten schliefen dabei oft, und das sogar im Stehen. Wenn man das Glück hatte, einen Sitzplatz zu bekommen, schlief man ein und liess den Kopf gegen den Fremden sinken, der neben einem sass, und die halbautomatische Waffe, die man dabei hatte, drückte ihm in die Rippen.

In den späteren Stadien unserer Ausbildung begannen wir, an einfachen Sicherheitsmissionen teilzunehmen, darunter Patrouillen in den Strassen palästinensischer Städte wie Ramallah und der Altstadt von Jerusalem und in abgelegenen Dörfern im Westjordanland. Nicht ein einziges Mal gab man uns einen Hinweis darauf, warum wir dort waren oder was wir überhaupt sicherten. Alles, was ich je zu Gesicht bekam, waren Zivilisten, die ihrem Tagesgeschäft nachgingen. Wenn wir in den weiter abgelegenen Gebieten waren, sahen wir nichts als die typischen idyllischen Landschaften des Westjordanlandes und Terrassen mit Weinreben und Olivenbäumen.

Ich erinnere mich, wie wir einmal für eine Patrouille in Ramallah vorbereitet wurden. Man gab uns Schlagstöcke und Handschellen. Damals gab es keinen Aufstand, keine nennenswerten Proteste, keine Intifada. Wir waren eine kleine, hochausgebildete Infanterieeinheit, die hauptsächlich auf Panzerabwehr spezialisiert war, und ich weiss noch, dass ich mich fragte: *Warum sind wir in einer Stadt voller Zivilisten, und was sollen wir mit diesen Schlagstöcken und Handschellen anfangen?*

Bevor wir losgeschickt wurden, gab uns unser Leutnant Instruktionen. Er sagte, wir sollten die Strassen auf und ab laufen und, falls irgendwelche Leute sich auch nur herausnähmen, uns anzusehen, sie schlagen oder, wie er es ausdrückte, »ihnen jeden Knochen im Leib brechen.« Das schien mir ziemlich extrem: *den Leuten die Knochen brechen, nur weil sie uns ansahen?* Wie konnte irgendjemand es vermeiden, uns anzusehen? Wir waren ein Zug von bewaffneten Infanteriesoldaten mitten in einer Stadt voller Zivilisten. Ich konnte es absolut nicht begreifen. Aber Soldaten stellen keine Fragen; sie befolgen Befehle. Wenn du in der Grundausbildung bist, ist dein Leutnant dein Gott, selbst wenn dein Vater ein General ist. Ich war zu eingeschüchtert, um Fragen zu stellen, und viel zu müde, um die Sache selbst zu durchdenken.

Viele Jahre später, als ich erfuhr, dass Menschen unter militärischer Besatzung nach dem Völkerrecht das Recht auf bewaffneten Widerstand haben, wurde mir ausserdem klar, dass es reines Glück war, dass ich nie angegriffen wurde, denn es kam öfter vor, dass unsere vorgesetzten Offiziere uns fahrlässig ernsten Gefahren aussetzten. Als ich diesen Punkt begriff, fiel mir als erstes eine Begebenheit ein, bei der wir losgeschickt wurden, um einen entlegenen Ort im Westjordanland zu sichern. Es war Freitagmorgen, und wir hatten seit den frühen Stunden des Donnerstagmorgens nicht geschlafen. Die Routine war, dass wir den ganzen Donnerstag trainierten und nach dem Abendessen auf einen zermürbenden Marsch gingen, der die ganze Nacht dauerte. Nach dem Marsch mussten wir uns auf die Freitagmorgen-Inspektion vorbereiten, was bedeutete, dass es keine Zeit mehr zum Schlafen gab. Wir hatten erwartet, an diesem Freitag Wochenendurlaub zu bekommen, aber statt zum zivilen Busbahnhof gebracht zu werden, wurden wir in einen grossen Armeelaster gesteckt und an irgendeinen entlegenen Flecken im Westjordanland gebracht. Dort schickte man uns los, um verschiedene Örtlichkeiten im Gebiet zu sichern, und ich und ein anderer Soldat wurden zur Sicherung eines abgeschiedenen Hügels entsendet. Wir hatten unsere Gewehre, Wasser und ein Funkgerät dabei, und unsere einzige Anweisung war: *»Dir Balak, mi sheyashen!«* Schlaft bloss nicht ein! *»Ken Hamefaked!«* antworteten wir. Jawohl!

Es gab keine Macht der Welt, die uns hätte davon abhalten können, jetzt zu schlafen. Wir waren erschöpft von einer Woche physisch und geistig auszehrender Tage, an deren Ende eine lange, harte, schlaflose Nacht und eine aufreibende Expedition an diesen entlegenen Ort standen. Zu allem anderen war es auch noch ein heisser Tag und die Sonne stach uns in die Augen. Unsere Kommandeure erlaubten uns nicht, Sonnenbrillen zu tragen oder Kaugummi zu kauen, zwei von den Dingen, die uns vielleicht geholfen hätten, wach zu bleiben. »Jeder, der mit einem Kaugummi erwischt wird, verbringt das Wochenende auf dem Stützpunkt!« Das war genug, um uns davon abzuhalten, Kaugummi auch nur eines Blickes zu würdigen, geschweige denn, welchen zu kauen. Kurz, einen Augenblick, nachdem unsere Vorgesetzten gegangen waren, schliefen mein Partner und ich fest wie Murmeltiere.

Wir waren dankbar, dass man uns nicht beim Schlafen erwischte, weil die Strafe dafür sehr hart gewesen wäre. Gleichzeitig hatten wir so wenig Ahnung von irgendetwas, dass das unsere einzige Sorge war. Es kam uns nicht in den Sinn, dass irgendjemand uns vielleicht Schaden zufügen wollte oder dass unser Leben in Gefahr war. Wir hätten dankbar dafür sein sollen, dass der palästinensische Widerstand uns nicht gefunden hatte. Die Fahrlässigkeit, die unsere Kommandeure damit an den Tag legten, dass sie junge, unerfahrene und erschöpfte Soldaten einer so gefährlichen Lage aussetzten, ging mir erst viele Jahre später auf, als ich mit Palästinensern zusammentraf, die lange Zeit in Haft verbracht hatten, weil sie Soldaten in ähnlichen Situationen angegriffen oder sogar getötet hatten. Solche Guerillas warten oft tagelang im Hinterhalt auf eine solche Gelegenheit. Wir hatten Glück, aber für etliche andere ging es nicht so gut aus.

Das Symbol der Elite-Sondereinsatzkräfte in Israel ist das rote Barett. Alle Jungen träumen davon, es tragen zu können. Damit man sich das rote Barett verdienen kann, hat jede Einheit ihren eigenen ›Barett-Marsch‹. Er ist länger und härter als jeder andere Marsch, den die Soldaten mitmachen müssen. Unserer bestand aus einem 50-Meilen-Treck, bei dem wir Tragbahren dabei hatten. Sechs oder acht Mann waren für eine solche Bahre verantwortlich, und auf ihr lag ein Soldat, der von vier Männern gleichzeitig getragen wurde, die sich in festgelegten Intervallen mit den anderen abwechselten. Im Allgemeinen wollte niemand auf der Bahre liegen, und so war es dann meistens jemand, der wegen einer Verletzung nur bedingt marschfähig war.

Dieser Marsch war echte Knochenarbeit. Die Nacht war heiss und die Luft extrem feucht. Wir waren in voller Uniform, mit langärmligen Hemden und langen Hosen. An den Füssen trugen wir Armeestiefel, und ausser der Tragbahre musste jeder Soldat auch noch seine halbautomatische Waffe und alles Mögliche an sonstiger schwerer Ausrüstung tragen. Wir schwitzten so stark, dass unsere Uniform während des ganzen Marschs nass war, und dadurch bekamen wir schrecklichen Ausschlag und hatten permanent einen fast unerträglichen, nicht zu stillenden Durst. Das Wasser war rationiert und wir tranken nur, wenn man es uns erlaubte. Wenn wir tranken, gab es auch dafür Disziplinregeln. Wir trugen unser Wasser in Feldflaschen mit uns, und weil nicht einmal das kleinste Geräusch gestattet war, mussten die Flaschen entweder vollkommen leer oder bis an den Rand gefüllt und mit einem kleinen Stück Frischhaltefolie bedeckt sein, bevor sie mit dem Deckel verschlossen wurden. Wenn das richtig gemacht wurde, machte das Wasser keinerlei Geräusch, während wir marschierten. Sobald die Flasche einmal geöffnet war, musste sie komplett geleert werden.

Unser Team hatte einen neuen kommandierenden Offizier, einen jungen Fähnrich, der frisch aus der Offiziersakademie kam und gerade einen hochgeheimen Kurs in Sonderkriegsführung absolviert hatte. Bevor er kam, gab es eine Menge Gerede und Aufregung, weil er zu unserer Einheit gehört hatte und jetzt als Offizier zu ihr zurückkehrte. Er übernahm direkt vor dem Barett-Marsch das Kommando. Wir marschierten durch die Nacht und bei Anbruch des Tages war klar, dass er den richtigen Weg verloren und uns unterwegs in die Irre geführt hatte. Dadurch war der Marsch viel länger als geplant, und wir trafen nicht zur rechten Zeit und nicht am rechten Ort mit dem Kommando der Einheit zusammen.

Weil diese Märsche so schwer sind, werden sie von der

Armee sehr ernst genommen, und die höchste Kommandoebene legt jede Einzelheit davon fest.

Am Morgen waren wir dann Zeuge, wie unser Einheitskommandeur, der Armeemajor war, und der Brigadekommandeur – ein Oberst mit allen Ranginsignien – den jungen Offizier wegen seiner Navigationsfehler anbellten: »Ist das alles, was wir von Ihnen erwarten können?« Einige Monate später wurde er aus der Einheit entlassen. Statt den Marsch wie vorgesehen in den frühen Morgenstunden zu beenden, brauchten wir bis zum Mittag, um endlich unser Ziel, Kfar Yehoshua, eine schöne landwirtschaftliche Gemeinde im Norden Israels, zu erreichen

Dort wurden wir wie Helden begrüsst, und am Rande eines Swimmingpools erwartete uns ein königliches Festmahl. Aber wir waren viel zu müde und kaputt, um das Essen und die Festlichkeiten geniessen zu können. Unsere Beine und Schultern taten so weh, dass wir weder stehen, noch uns hinsetzen oder hinlegen konnten. Es dauerte einige Tage, bis wir uns voll erholt hatten. Wir waren schrecklich stolz, als man uns an diesem Nachmittag jene leuchtend roten Baretts auf den Weg nach Hause mitgab. Ich weiss noch, wie ich zum Busbahnhof eilte und dabei darauf achtete, dass das Barett die ganze Zeit für jedermann zu sehen war.

Ich blieb fast ein Jahr in dieser Einheit, aber bevor die Ausbildung dort zu Ende war, verletzte ich mir das Knie. Ich verbrachte einige Tage in der Klinik des Stützpunktes, als jedoch klar wurde, dass mein Zustand sich nicht besserte, schickte man mich ins *Be'er-Sheva*-Krankenhaus, wo es hiess, dass operiert werden musste. Glücklicherweise befanden sich der beste orthopädische Chirurg und die besten medizinischen Einrichtungen Israels für solche Fälle am Hadassah-Hospital in Jerusalem, einem brandneuen modernen Krankenhaus, das nur ein paar Meilen von uns zu Hause entfernt war.

Nach der Operation wurde ich für einige Wochen zur Erholung nach Hause geschickt, und das war ein wahres Geschenk. Dann beschloss mein Einheitskommandeur, ich solle im Rest meiner Genesungszeit eine Ausbildung an der Medizinischen Hochschule der Armee bei Tel Aviv machen, um dann als Sanitäter meiner Einheit zu dienen. Der Sanitäterkurs dauerte dreieinhalb Monate, und eigentlich war geplant, dass ich nach Ablegen der Prüfung voll zum aktiven Dienst bei meiner Einheit zurückkehren würde.

Ich fand diese Wendung der Ereignisse sehr aufregend und war entschlossen, alles gut zu machen und zu meiner Einheit zurückzukehren. Aber während dieser Monate der Ausbildung zum Mediziner geschah etwas mit mir. Die Intensität der Ausbildung, die nötig war, um Kampfsoldat zu werden, und die Kameradschaft, die das erzeugte, gefielen mir, aber bevor ich mich der Aufgabe gewidmet hatte, Kampfsoldat zu sein und dem roten Barett nachzujagen, hatte ich einen anderen, humanistischeren Standpunkt gehabt. Als Karateschüler war ich ein Gegner von Gewalt und Töten. Ausserdem war ich dazu erzogen worden, gegen die Art zu sein, wie Israel die Palästinenser behandelte. Wir, das jüdische Volk, verdienten einen eigenen Staat in unserem historischen Heimatland und der Staat brauchte eine Armee, um sein Volk zu schützen. Das waren – daran hatte ich keine Zweifel – unsere Rechte, aber die Brutalität der Besatzung machte mir ernsthaft zu schaffen.

An der medizinischen Hochschule, abseits der ganzen Anspannung der militärischen Ausbildung, hatte ich die Zeit, wieder zu Atem zu kommen und die Dinge sorgfältig zu durchdenken. Ich hatte wieder das Gefühl, unter meinen eigenen Leuten zu sein. Es gab hier mehr kluge Diskussionen und mehr Meinungsvielfalt – mit anderen Worten, es war eher wie im College als in einem Armeestützpunkt. Die Sanitätstruppe war nicht so blindwütig begeistert oder konformistisch wie der Rest der Armee und ganz besonders die Kampfeinheiten. Das gab mir die Zeit, neu zu überlegen, wer ich war und was ich tun wollte.

Mit der Zeit wurde mir klar, dass ich nicht mehr weiter Kampfsoldat bleiben konnte. Ich fand weniger und weniger

Gefallen an meinem schwer verdienten roten Barett und ich konnte nicht länger ignorieren, dass die Dinge, die ich gesehen hatte, einfach falsch waren. Sehr wohl dagegen mochte ich den Gedanken, Leuten beizubringen, wie man Leben rettet. Am Ende jeden Kurses empfahlen die Ausbilder der jeweiligen Klassen dem Kurskommandeur die Namen von Studenten, von denen sie meinten, sie seien als Lehrer geeignet. Wie ich später erfuhr, musste man dafür mehreren Kriterien genügen. Das Lehrerkollegium musste einen mögen und man musste eine solide Kenntnis des Lehrstoffes haben. Das härteste Erfordernis war die Fähigkeit, zu führen und die Disziplin aufrechtzuerhalten, während man 30 jungen Soldaten – die ständig hungrig und lüstern waren und nach Hause wollten – beibrachte, verantwortliche Sanitäter zu sein.

Ich war begeistert, als meine Lehrer mich am Ende meines Sanitäterkurses dem kommandierenden Offizier des Kurses empfahlen, der wiederum meine Einheit bat, mich an der Medizinischen Hochschule der IDF bleiben zu lassen, damit ich dort Lehrer werden konnte. Das hiess, dass ich meine Einheit – mein Team von Kämpfern, die die Speersitze der Streitkräfte Israels bildeten – verlassen würde, um auf einem Stützpunkt zu dienen, der ein paar Meilen von Tel Aviv entfernt war. Das alles war ziemlich weit hergeholt. Es war nicht sehr wahrscheinlich, dass meine Einheit mich nach so vielen Monaten der Ausbildung und angesichts ihres eigenen Bedarfs an einem Sanitäter ziehen lassen würde. Aber da ich von der Operation eine kleine Behinderung davongetragen hatte, tat sie es am Ende doch und ich konnte mit dem Kurs beginnen, der mich zum Ausbilder für Sanitäter machen würde.

Ich begann mein neues Militärleben mit dem Beschluss, dass ich mein sauer verdientes rotes Barett zu Hause lassen würde. Ich fand ein altes schwarzes Barett und ein Paar gebrauchte schwarze Armeestiefel, die irgendwo im Haus herumlagen, und in diesem Aufzug erschien ich dann zum ersten Tag der Lehrerausbildung. Mein Ausbilder und meine Freunde waren sprachlos. Sie waren noch nie jemandem begegnet, der das Recht aufgab, das rote Barett zu tragen. Rückblickend erscheint es unsinnig, aber in dieser Umgebung sind solche Symbole von enormer Bedeutung. Die Männer, die mir periodisch neue Stiefel, ein neues Barett und eine neue Uniform ausgaben, hielten mich für verrückt. Die meisten Burschen dort hätten buchstäblich getötet, um mit braunen Stiefeln und einem roten Barett nach Hause gehen zu können. Ich sagte ihnen, sie könnten meine haben.

Der Lehrerausbildungskurs dauerte zweieinhalb Monate, während derer ich eine Menge lernte und mich gut mit dem fühlte, was ich tat. Und dann, als ich anfing, Studenten zu unterrichten und zuzusehen, wie sie zu voll ausgebildeten, qualifizierten Sanitätern wurden, hatte ich endlich das Gefühl, dass ich tatsächlich meinem Land diente.

1979 unterzeichnete Israel nach mehreren Jahren Verhandlungen ein Friedensabkommen mit Ägypten, und einer der Teile des Abkommens sah die Rückgabe der Sinai-Halbinsel an Ägypten und die Auflösung der israelischen Siedlungen vor, die dort gebaut worden waren. Sinai ist eine verwunschene Wüste mit endlosen Sanddünen, wunderbaren Bergen und spektakulären Korallenriffen entlang der Küste des Roten Meers. Ausserdem gibt es dort einige Ölquellen, und sie bietet den ausserordentlich wichtigen Zugang zum Suezkanal. Trotzdem erschien die Rückgabe all dieser kostbaren Güter vielen in Israel als weniger ernstes Problem als die Auflösung der Siedlungen auf dem Sinai und die Umsiedlung der Israelis, die dort lebten.

Es war allgemein bekannt, dass diese Siedlungen auf besetztem Land gebaut waren und dass alle Bürger, die sich entschieden, dort leben zu wollen, wussten, dass sie das Risiko liefen, eines Tages von dort evakuiert zu werden. Und trotzdem gab es ein ernstes Problem, als die Zeit der Evakuierung der israelischen Siedlungen kam, die im Norden des Sinai nahe der israelischen Grenze gebaut worden waren.[21] Als es soweit war, besetzten militante israelische Extremisten die Siedlung Yamit und weigerten sich, friedlich wieder abzuziehen. Die meisten Frauen und Kinder waren zu diesem Zeitpunkt bereits umgesiedelt, und nun wurde die Armee entsandt, um diese Militanten zu entfernen.

Ich war damals mit der Sanitätsabteilung unserer Armee vor Ort. Tatsächlich war das ein sehr gutes Gefühl – zum ersten Mal in meinem Leben schien mir, dass die Leute, die an Frieden glaubten, auf der Siegerstrasse waren. Nach all den Jahren, in denen ich als Araber-Liebhaber und Friedensapostel verhöhnt worden war, fühlte ich mich endlich bestätigt. Mein Land stand auf meiner Seite – die Armee war im Sinai, um die militanten israelischen Extremisten hinauszuwerfen und statt ihrer Frieden zu bringen. Ich barst vor Stolz, Teil dieser historischen Ereignisse zu sein. Ich weiss noch, wie ich dastand und zusah, wie ganze Busse voller militanter Israelis zurück nach Israel geschickt wurden. Einige von ihnen waren so ausser sich, dass sie versuchten, aus den fahrenden Bussen zu springen. Ich stand mit einem Freund zusammen, der ebenfalls froh über das war, was da geschah, als eine Frau, die gerade aus einem der Busse gesprungen war, uns anschrie: »Wie könnt ihr einfach da herumstehen? Das ist ein dunkler, schrecklicher Tag für Israel und ihr steht da herum und lächelt!«

»Ganz im Gegenteil«, sagte ich. »Das ist ein guter Tag für Israel. Der Frieden wird allmählich zur Realität.«

Danach gab es in der israelischen Politik eine Veränderung. Es gab ein neues Kabinett, und Ministerpräsident Menachem Begin ernannte General Ariel Sharon zum neuen Verteidigungsminister. Als Soldat war Sharon immer als brillanter Militär bewundert worden. Er hatte Charisma und wurde, was seine Fähigkeit betraf, seine Soldaten zu Höchstleistungen anzuspornen, oft mit General George Patton verglichen. Mein Vater redete und schrieb oft über sein einzigartiges Talent als Mann der Uniform. Doch als Sharon ins politische Geschäft einstieg, wurde klar, dass er ein Mann mit einer Mission war. Er war der Meinung, der Kampf mit den Palästinensern müsse bis zum bitteren Ende – ihrem bitteren Ende – ausgefochten werden. Das Friedensabkommen mit Ägypten sah eine Fortsetzung von Gesprächen vor, bei denen auch die Palästinenser dabei sein sollten, aber ein umfassender Frieden war das Letzte, was Ariel Sharon im Sinn hatte.

Aus israelischer Perspektive war Ägypten das einzige arabische Land, das Israel militärisch die Stirn bieten konnte. Jetzt, wo es aufgrund des Friedensabkommens neutralisiert war, sah Sharon die Gelegenheit, die Führung der Palästinenser, die sich damals in Beirut im Libanon im Exil befand, gravierend zu schwächen und dort eine proisraelische, von Christen dominierte Regierung an die Macht zu bringen.

Ich war an jenem verhängnisvollen Tag im Juni 1982 auf Wochenendurlaub, als Israel keine sechs Monate nach Abschluss des Friedensabkommens mit Ägypten mit seiner brutalen Invasion des Libanon begann. Ich erhielt die Nachricht, es gebe eine Notfallsituation, und ich müsse sofort zu meinem Stützpunkt zurückkehren. Es ist eine Nachricht, von der jeder israelische Soldat erwartet, dass sie eines Tages kommt. Ich zog rasch meine Uniform an und rannte zur nächsten grossen Strasse, um jemanden anzuhalten, der mich mitnahm und zum Stützpunkt fuhr.

Der Stützpunkt, auf dem ich diente, war Sarafend, oder *Tsrifin*, eine alte britische Armeebasis nicht weit von Tel Aviv. Als ich dorthin zurückkam, begannen einige von uns, über den bevorstehenden Krieg zu sprechen. Es hiess, es werde sich um einen auf 25 Meilen begrenzten Einmarsch in den Südlibanon handeln, etwas, das Israel schon oft getan hatte, um Terrorzellen an der israelisch-libanesischen Grenze zu beseitigen. Doch mit Fortschreiten des Krieges bekamen wir Berichte von Soldaten, die schon die Vororte von Beirut erreicht hatten. Auch sie hörten zugleich die Berichte im israelischen Radio über eine ›begrenzte‹ Invasion von 25 Meilen in den Südlibanon.

Beirut ist viel weiter von der israelischen Grenze entfernt als 25 Meilen, und eine Armee gegen die Hauptstadt eines souveränen Landes loszuschicken, war keine Kleinigkeit. Die erste Ahnung, die die Israelis vom wahren Ernst der Lage erhielten, kam nach einer harten Schlacht um die Kontrolle über die Kreuzfahrerfestung Beaufort im Südlibanon. Ministerpräsident Begin wurde hingeflogen, um die Burg zu besichtigen und mit Soldaten zu sprechen. Sein Besuch wurde live im Fernsehen übertragen. Als er aus dem Hubschrauber stieg, wurde er von einem verschlossen dreinblickenden jungen Offizier mit mürrischem Gesichtsausdruck empfangen, und dieses Gesicht vermittelte einem das Gefühl, dass die Lage alles andere als gut war.

Die Fernsehkameras waren auf Begin gerichtet, als er den jungen Offizier fragte, »Wie war die Schlacht? Haben die hart gekämpft? Hatten sie automatische Waffen?« Der Offizier, der immer noch verschlossen und mürrisch war, antwortete mit kaum hörbarer Stimme, »Ja, sie haben hart gekämpft.« Es war klar, dass der Ministerpräsident keine Ahnung von der Stärke und Feuerkraft des Feindes hatte. Hatte er erwartet, dass sie mit Pfeil und Bogen kamen?

Nach dem Besuch behauptete Begin, das Fort sei eingenommen worden, ohne dass es israelische Opfer gegeben habe. Aber später wurde bekannt, dass die palästinensischen Kämpfer erbitterte Gegenwehr geleistet hatten und der Kampf sehr heftig war. Mindestens sechs israelische Soldaten wurden getötet und viele weitere verwundet. Unter den Gefallenen befand sich auch Major Guni Hernik, der Kommandeur einer der besten Eliteeinheiten Israels. Seine Mutter wurde später Führerin einer Bewegung für die Beendigung des Krieges und die Rückkehr unserer Soldaten nach Hause. Begins Ahnungslosigkeit über den Krieg war peinlich, und es war offensichtlich, dass in Wirklichkeit Ariel Sharon das Heft in der Hand hatte.

Die Unzufriedenheit über den Krieg wuchs, und bei der ersten Antikriegsdemonstration in Tel Aviv sprach auch mein Vater: »Freunde, das ist das erste Mal in der israelischen Geschichte, dass Menschen gegen einen Krieg protestieren, während die Kämpfe noch andauern.« Danach widmete er sich der Unterstützung von Soldaten, die sich weigerten, in den Libanon zu gehen und am Krieg teilzunehmen. Er sagte wieder und wieder, Israels Bombardierung und Belagerung Beiruts sei ein Kriegsverbrechen, und kein israelischer Soldat solle diesen Massnahmen zustimmen oder sich an ihnen beteiligen. Als Eli Geva, ein angesehener Armeeoberst, der eine vielversprechende Karriere vor sich hatte, aus Protest gegen die Bombardierung ziviler Ziele in Beirut von seinem Posten zurücktrat, unterstützte mein Vater seine Entscheidung und sagte: »Das war der einzig richtige moralische Schritt.« Aber trotz allem änderte sich nichts, und niemand im Kabinett oder in der Armee wagte es, sich Sharon in den zu Weg stellen, bis dieser den Bogen schliesslich überspannte.

Es ist viel über die Massaker geschrieben worden, die dann in den palästinensischen Flüchtlingslagern Sabra und Shatila im Westen Beiruts stattfanden. Man schrieb September 1982, und Sharon hatte einen Plan zur ›Säuberung‹ Beiruts von der palästinensischen Präsenz, der sah vor, alles zu tun, damit die proisraelische christlich-libanesische Miliz Phalange die Kontrolle übernehmen konnte. Die israelische Armee riegelte die beiden Lager ab und erlaubte den Phalangisten nicht nur, das Lager zu betreten, sondern schoss ausserdem auch mit Leuchtraketen in die dunkle Nacht, die den ganzen Himmel erhellten. Die Phalangisten töteten stundenlang direkt vor den Augen und mit der logistischen Unterstützung des IDF-Oberkommandos. Später stellte sich heraus, dass jungen israelischen Soldaten und Offizieren, die bemerkt hatten, was vor sich ging, und auf dem Dienstweg versucht hatten, ihre Vorgesetzten zu alarmieren, versichert worden war, alles sei unter Kontrolle. Araber brächten Araber um, und das wäre nicht unser Problem.

Sharons Verwicklung in die Massaker von Sabra und Shatila war sein vorläufiger Untergang. Massive Proteste in Israel und auf der ganzen Welt führten zu einer formellen Untersuchung, die zu dem Schluss kam, dass Sharon persönliche Mitverantwortung für das Blutbad trug. Er war gezwungen, zurückzutreten, und wurde auf Lebenszeit vom Amt des Verteidigungsministers ausgeschlossen. Für die folgenden 18 Jahre war er ein politischer Paria.

Bei uns auf der Basis brannten die militanten Machotypen nur darauf, in den Libanon geschickt zu werden. Bewaffnet mit den braunen Schuhen, die sie von der Kleiderausgabe bekamen (und von denen einige vermutlich einmal mir gehört hatten), waren sie nun voller Kampfgeist. Diejenigen, die tatsächlich entsendet wurden, kehrten mit allen möglichen Erinnerungsstücken zurück, von denen die meisten gestohlen waren. Was mich betraf, wurde meine Bereitschaft zum weiteren Dienst in der Armee durch den Krieg auf eine extreme Belastungsprobe gestellt. Ich hätte unter keinen Umständen eingewilligt, als Soldat die Grenze zum Libanon – oder auch zum Westjordanland – zu überschreiten. Glücklicherweise stellte sich die Frage nicht.

Das war das letzte Jahr meines Militärdienstes und es wurde immer unerträglicher. Der Krieg, die Politik und meine Überzeugungen standen in permanentem Widerspruch zueinander, und die Dienstzeit vieler meiner Freunde, die eigentlich schon vor mir hätten entlassen werden sollen, wurde wegen des Krieges verlängert. Ich hatte grosse Angst, dass auch mein Dienst verlängert würde. Mit jedem Monate meiner restlichen Zeit wurde ich angespannter und wütender und das schlug sich in meiner Arbeit und meinen Beziehungen zu den Vorgesetzten nieder.

»Miko ist genau das, was ein Soldat nicht sein sollte«, sagte einer von ihnen. Ich und meine politisch linken Freunde auf dem Stützpunkt wurden samt und sonders als ›schwule Linke‹, ›homoim smolanim‹, beschimpft. Diejenigen von uns, die kritisch gegenüber Israel waren, machten daraus keinen Hehl, und da es in der Armee gleichermassen inakzeptabel ist, ein Schwuler und ein ›Araber liebender Linker‹ zu sein, wurde das alles in einen Topf geworfen. Einmal kam ich während eines Ausflugs mit der ganzen Einheit im Bus in ein scheinbar freundschaftliches Gespräch mit meinem kommandierenden Offizier. Er war Oberstleutnant und vergötterte die Armee, während er Leute wie mich und meine Freunde, die Israel und dem Vorgehen der IDF im Westjordanland und im Gazastreifen gegenüber kritisch eingestellt waren, hasste. Irgendwann beschloss ich, ihm eine Falle zu stellen. »Moshe«, sagte ich (da wir einander alle duzten), »es ist wirklich sehr schade, dass du nicht in einer Siedlung im Westjordanland lebst.«

»Wirklich, warum?« Es war zu schön, um wahr zu sein. Er fiel darauf herein.

»Weil sie, wenn sie am Ende das Westjordanland an die Palästinenser zurückgeben werden, dann dich gleich mit zurückgeben würden.« Der gesamte Bus brach in Gelächter aus. Moshe war für den Rest der Busfahrt still, aber Freunde erzählten mir, dass er schwor, er werde es mir heimzahlen, sobald wir zur Basis zurückkamen. Sein Ärger über mich wuchs so stark, dass er einmal tatsächlich einen Stuhl in die Hand nahm und ihn nach mir warf.

Das einzig Gute, was ich am Ende meines Militärdienstes mitnahm, war Gila. In meinem Armeestützpunkt dienten sowohl Männer als auch Frauen, und so gab es reichlich Möglichkeiten zum Kontakt mit Mädchen. Während meines letzten Jahres wurde Gila Schülerin im Sanitätskurs der Frauen. Ihre Ausbilderinnen mochten sie, sie hatte alle Eigenschaften einer guten Lehrerin, und so wurde sie als neue Lehrerin für die Basis empfohlen. Einer meiner besten Freunde dort, mit dem ich immer noch Kontakt habe, war Shlomo Amir. Er schied viele Jahre später als stellvertretender Inspektor des Sanitätsdienstes im Rang eines Obersts erster Klasse aus der Armee aus. Zur damaligen Zeit war er Major. Er hatte nichts für den Pomp übrig, mit dem die Armee sich umgab, und so kamen wir sehr gut miteinander aus. Ami war mit der Führung der Bewerbungsgespräche mit Lehrerkandidaten betraut und entschied darüber, wer schliesslich zum Ausbilderkurs zugelassen wurde. Ich weiss noch, wie ich mich in der Nähe seines Büros herumtrieb, als Gila mit ihrem Bewerbungsgespräch an die Reihe kam. Ich kannte sie nicht gut, aber ich fand sie bezaubernd. Sie hatte schwarze Locken, die ihr bis zu den Schultern reichten, und warme, dunkle Augen, die einen immer anzulächeln schienen.

Gila begann ihre Lehrerinnenausbildung, aber erst nachdem sie damit fertig war und bereits mit dem Unterrichten angefangen hatte, begannen wir einander zu treffen. Damals leistete ich meine letzten Dienstmonate ab, während sie noch ein ganzes Jahr vor sich hatte. Das erste Mal sprach ich sie mitten während des Unterrichts an. Es war ihr äusserst peinlich, als ich dort vorbeischneite und die Mädchen, die sie unterrichtete, insgesamt fünfundzwanzig, in Gekicher ausbrachen, als sie das Klassenzimmer verliess, um mit mir zu sprechen. Wir beschlossen, ins Kino zu gehen. Nachdem sie zugestimmt hatte, mit mir auszugehen, rannte ich zu Amir ins Büro, um ihm davon zu erzählen. Ich glaube, er war sogar noch aufgeregter als ich.

In diesen letzten Dienstmonaten mit Gila zusammen sein zu können war ein Geschenk Gottes. Wir hatten sowohl auf dem Stützpunkt als auch ausserhalb davon viel Spass zusammen. Sie war in einem hübschen kleinen Kibbuz an der Küste geboren und aufgewachsen und wir verbrachten dort viel Zeit am Strand und am Schwimmbecken.

Zum Glück wurde mein Militärdienst nicht verlängert und endete im Dezember 1983 – nach zwei Jahren, 10 Monaten und 14 Tagen. Zum ersten Mal in meinem Leben war ich frei. Ich hatte die Schule hinter mir, und ich hatte die Armee hinter mir, zwei äusserst konservative Institutionen, in denen ich mich nicht wohlfühlte. Endlich konnte ich tun, was ich wollte. Es war einer der glücklichsten Tage meines Lebens.

Ironischerweise erhielt ich vor meiner Entlassung dasselbe Abzeichen, das alle bekamen, die während der Libanon-Kampagne im Militär gedient hatten. Der Krieg trug den Namen ›Operation Frieden für Galiläa‹. Als man uns die Abzeichen gab, liessen einige Freunde und ich sie zu Boden fallen und verscharrten sie mit unseren Stiefeln in der Erde.

5
Karate

Gila gehörte zu den ganz wenigen auf der Basis, die von meiner Liebe zum Karate wussten und sie schätzten. Ich hatte Karate seit dem Tag geliebt, an dem ich 1977, damals noch auf dem Gymnasium, damit begonnen hatte.

Die Karateschule, oder das Dojo, befand sich in einer grossen Schulturnhalle im Viertel Ma alot Dafna in Jerusalem. Die Intensität des Karateunterrichts war in vieler Hinsicht dem ähnlich, was ich später in der Armee erlebte. Ich war fasziniert von den strengen Anforderungen sowohl der Karate- als auch der militärischen Kampfausbildung. Aber wie ich dann herausfand, besitzt Karate im Gegensatz zum Militär eine starke, kompromisslose moralische Grundlage.

An kalten und regnerischen Jerusalemer Abenden liess uns unser Lehrer barfuss lange Läufe machen. Zwischendrin hielten wir immer wieder an, um in den tiefen Pfützen voller kaltem Wasser Liegestützen zu machen, und wenn wir zum Dojo zurückkehrten, waren wir klatschnass – aber unter der Haut warm und voller Energie. Ich blieb oft gleich für zwei Unterrichtseinheiten, was bedeutete, dass ich von vier Uhr nachmittags bis neun Uhr abends im Dojo war. Ich erinnere mich noch, wie ich dann auf dem Weg nach Hause im Spätbus sass und an das Abendessen dachte, das meine Mutter für mich bereithielt.

Anders als bei der militärischen Ausbildung, bei der das Ziel darin besteht, den Schüler zu zerbrechen und dann in einen Mörder zu verwandeln, wollte Sensei Dan uns aufbauen und uns zu selbstbewussten und mitfühlenden Menschen entwickeln. Die Kampfkunsttraditionen Okinawas und Japans basieren auf festen moralischen Prinzipien. Man lehrt den Schüler der Kampfkunst, seine Macht nie falsch anzuwenden oder zu missbrauchen. Das Okinawa-Goju-Ryo Karate-Do[22], die Kunst, die ich praktiziere, ist in dieser Hinsicht nicht anders. Während in der Populärkultur Karate oft mit Gewalt verwechselt wird, ist es in Wahrheit so, dass Karate, wie alle traditionellen Kampfkünste, eine Philosophie des Mitgefühls und der Gewaltlosigkeit vertritt. Mein Lehrer, Dan Russell, den wir Sensei Dan nannten, war ein Brite, der sich entschieden hatte, für einige Jahre in Jerusalem zu leben. Er hatte die tibetanische buddhistische Meditation studiert, bevor das in Mode gekommen war. Sein Meditationslehrer war Chögyam Trungpa, der renommierte Meister des tibetanischen Buddhismus, der der Vorreiter des Studiums dieser Meditationsrichtung im Westen gewesen war. Dan kannte Trungpa gut und sprach viel von ihm und seiner einzigartigen Haltung zur Meditation und zum Leben. Sensei Da, der ursprünglich aus Newcastle kam, hatte einen Magistergrad von der Universität Cambridge. Ein anderer Meditationsschüler machte ihn mit Karate bekannt, und da war er, wie er selbst es ausdrückte, »von dem enormen geistigen und spirituellen Potenzial beeindruckt, das in der Praxis des Karate verborgen ist«.

Sowie ich mit meiner Karateausbildung begann, war ich von der für diese Kunst charakteristischen Kombination von Anmut, Schönheit und Intensität gefangengenommen. Ich konnte Schülern, die höhere Gürtel hatten, endlos bei der Praktizierung ihrer Bewegungen zusehen. Damals kamen gerade die ganzen chinesischen Kampfkunstfilme im Westen heraus, und ich sah sie mir alle an. Dan war ein strenger Lehrer, und obwohl seine Klassen körperlich sehr anspruchsvoll waren, waren sie immer randvoll mit Schülern, die begierig waren, zu üben und zu lernen. Er hatte ein paar Assistenzlehrer, von denen einige nicht viel älter waren als ich, die wussten, wie man die Intensität des Meisters erreichte. Es war mir von Anfang an klar, dass ich es entweder schaffen oder untergehen würde, und ich hatte nicht vor, unterzugehen.

Ich verstehe heute, dass ich Karate zu einer Zeit in meinem Leben gefunden habe, als es perfekt zu mir passte. Ich hatte in der Schule mehrere Jahre bei sportlichen Aktivitäten – grösstenteils Leichtathletik – mitgemacht, aber fand das schliesslich unbefriedigend und langweilig, und ausserdem sah ich wenig Grund, so hart zu arbeiten, nur um jemand anderen in einem Wettkampf zu schlagen. Ich suchte nach etwas, das mir sowohl einen Inhalt als auch körperliche Herausforderung bot. Karate hat eine tiefe Philosophie, die sämtliche Fragen berührt, die mich damals interessierten und es bis heute tun. Dazu gehören Themen wie der Versuch, Gewalt zu verstehen, und die Schwierigkeit, die darin liegt, Gewaltlosigkeit zu definieren, die Überwindung eines scheinbar unbesiegbaren Gegners, Spiritualität, die Beziehung zwischen Geist und Körper, Langlebigkeit und Gesundheit.

Die traditionellen Kampfkünste erkennen an, dass wir uns im Verlauf unserer Reifung sowohl physisch als auch emotional verändern, und das erlaubt uns, im Verlauf unseres Älterwerdens unsere Fähigkeiten zu üben und zu verbessern. Besonders zog mich an, dass es in der Praxis des Karate nie darum ging, den anderen zu besiegen, sondern darum, die eigenen vorgefassten Vorstellungen davon zu überwinden, was man erreichen konnte oder nicht. Das war etwas, was mir später während der härtesten Teile meiner Ausbildung in der Armee sehr helfen sollte. Dort schien es in der Grundausbildung oft, als verlange man von uns Unmögliches, aber zu diesem Zeitpunkt hatte ich die Auffassung, dass es so etwas wie ›unmöglich‹ nicht gibt, längst verinnerlicht, was mir half, durchzuhalten.

Im Dojo steigerte ich meinen Trainingsrhythmus bald von zweimal auf sechsmal in der Woche und ich verstand bald, dass Karate für mich nicht nur ein Hobby war. Sensei Dan fuhr oft nach Grossbritannien zurück, und wenn er weg war, übernahmen die Assistenzlehrer den Unterricht. Es dauerte nicht lange, bis auch ich einer dieser Lehrer war, und ich entdeckte, dass ich es liebte, Karate zu unterrichten.

»Ich habe eine Überraschung für dich«, sagte Sensei Dan mir eines Tages vor Beginn des Unterrichts und er stellte mich seinem Freund und Karatelehrer Sensei George Andrews vor. Sensei George ist stolzer Engländer und hat sein ganzes Leben in den derben Vierteln des Londoner East Ends zugebracht. Sein Akzent war klassisches Cockney und er liebte seine englische Tasse Tee ebenso sehr wie sein Bier. Er musste Karate lernen, denn für ihn war es ein Mittel, die rauen Strassen seiner Kindheit zu überleben, oder wie er es ausdrückte, »Isch renn' nisch' gäan und so musst' isch läanen, wiema kämpft, oda?« Karate wurde schliesslich zu einem spirituellen Weg für George und er wurde ein hervorragender Lehrer der Kunst.

Als Dan Russell Sensei George traf, lud er ihn ein, seine Umgebung, in der Trinken und Schlägereien an der Tagesordnung waren, einmal zu verlassen und für ein paar Monate nach Israel zu kommen, um Karate zu unterrichten. George verliebte sich in Israel, und es wurde für ihn nicht nur zu seinem Ferienland, sondern auch zu einem Ort, wo er eifrigen jungen Schülern wie mir Unterricht geben konnte. Ich begegnete ihm das erste Mal 1979. Man hatte uns gesagt, wir würden für eine einwöchige Klausur – auf Japanisch *Gasshuku* – ans Galiläische Meer gehen. Einer der Schüler hatte ein Grundstück direkt am See, und wir verbrachten alle die ganze Woche dort als seine Gäste. Wir trainierten, assen, schliefen und trainierten wieder, alles direkt an den Ufern des *Kinneret*.[23] Dabei lernten wir enorm viel, und George wurde für mich zu einem Vorbild. Als ich zum Militär eingezogen wurde, beschloss ich, dass ich nach meiner Entlassung nach London gehen und in seinem Dojo eine Ausbildung machen würde, und wann immer es in der Armee wirklich hart wurde, erhielt mich dieser Gedanke aufrecht.

Nach dem Ende meines Militärdienstes fand ich einige Freunde von dem alten Dojo, und wir trainierten zusammen, entweder bei jemandem zu Hause oder draussen in einem der Jerusalemer Parks. Damals fühlte ich mich auch motiviert, mich am Friedensaktivismus zu beteiligen. Es war die Zeit nach dem Libanonkrieg, dem Massaker von Sabra und Shatila und den Untersuchungsbefunden der Kahan-Kommission,[24] die das Massaker untersucht und Verteidigungsminister Ariel Sharon für persönlich verantwortlich befunden hatte. Sharons Fahrlässigkeit, was den Schutz der Bevölkerung Beiruts anging, das zur Zeit der Massaker unter israelischer Kontrolle stand, stellte ein schweres Pflichtversäumnis dar, und die Kommission empfahl die Entlassung Sharons als Verteidigungsminister. Doch Ministerpräsident Begin wollte ihn nicht absetzen, und Sharon selbst weigerte sich, zurückzutreten. Die israelische Nichtregierungsorganisation ›Peace Now‹ (Frieden Jetzt) hatte für den 10. Februar 1983 eine Demonstration in Jerusalem angesetzt, um zu fordern, dass das von Begin geführte Kabinett die Empfehlungen der Kahan-Kommission akzeptierte und Sharon entliess. Die Stimmung war angespannt, bei der extremen Rechten gab es eine Menge Opposition gegen die Demonstration.

Ich hatte an diesem Abend Karatetraining und musste eine Entscheidung treffen, ob ich zum Training gehen oder an dem Marsch teilnehmen sollte. Das war viel mehr als ein Problem im Terminkalender – es war für mich eine sehr schwere Wahl, eine Wahl zwischen zwei verschiedenen Lebenswegen, und ich war mehrere Tage lang hin und her gerissen. Nachdem ich viel darüber nachgedacht hatte, kam ich zu dem Schluss, ich könne der Welt als Karatelehrer mehr geben als als politischer Aktivist. Also ging ich zum Training. An diesem Abend warf ein Mitglied einer der rechten jüdischen Terrororganisationen Israels, just während sich die Demonstranten vor dem Büro des Ministerpräsidenten versammelten, eine Granate in die Menge. Dabei wurde der Friedensaktivist Emil Grünzweig getötet, und neun weitere israelische Friedensaktivisten wurden verwundet.

Für mich war das ein wichtiger Einschnitt. Ich hatte das Gefühl, dass meine Entscheidung, an diesem Abend zum Karatetraining zu gehen, richtig war. Erst Jahre später sollte ich meinen Weg zurück zum politischen Aktivismus finden.

Im Sommer desselben Jahres fuhr ich schliesslich nach England, um mit Sensei George zu trainieren. Gilas Grosseltern lebten in London und erlaubten mir grosszügigerweise, bei ihnen zu wohnen. Sie lebten in einem Viertel der oberen

Mittelklasse namens Mill Hill in Nord-London. Ich trainierte etwa einen Monat lang mit Sensei George und reiste dann weiter zu Sensei Dan, der damals nach England zurückgekehrt war und an der schottisch-englischen Grenze lebte. Ich hatte eigentlich länger bleiben wollen, aber ich vermisste Gila schrecklich und so kürzte ich meinen Aufenthalt ab.

»Flieg nicht zurück, das ist langweilig«, sagte Dan. »Fahr per Anhalter – du wirst überrascht sein, wie viele nette Leute du triffst.« Er riet mir, Frankreich zu meiden und stattdessen durch Deutschland zu fahren. Statt also direkt nach Israel zu fliegen, nahm ich die Fähre von Dover nach Holland, fuhr per Anhalter quer durch Europa bis nach Italien und flog erst von dort nach Israel.

Zu Ende des Jahres hatte Gila ihre Militärausbildung beendet, und wir beschlossen, im Februar 1984 gemeinsam nach England zu reisen. Ich wollte meine Ausbildung bei Sensei George fortsetzen, und sie fand es aufregend, einmal aus Israel herauszukommen und die Welt zu sehen. In London zu leben und zu trainieren war für mich wie ein in Erfüllung gegangener Traum.

Gila und ich nahmen den Bus von Tel Aviv nach Kairo und verbrachten einige Wochen in Ägypten. Dann flogen wir nach Griechenland, nahmen die Fähre nach Italien und fuhren von dort mit dem Zug nach London.

Wir blieben zwei Jahre lang in London, während derer wir beide arbeiteten und ich so hart trainierte, wie ich konnte. London war kalt und nass und abweisend, und wir hatten fast kein Geld. Während der ersten Monate lebten wir in einer kleinen Wohnung unter dem Dojo, die als Lagerraum benutzt worden war. Aber sobald wir beide eine regelmässige Arbeit hatten, zogen wir in ein Apartment in Brixton Hill, und unser Leben nahm eine feste Routine an.

Sensei Georges Dojo befand sich in einer rauen Gegend der Stadt und das hiess, dass es dort auch ziemlich rau zuging. Das Dojo war in einem historischen alten Gebäude in der Camberwell Road namens The Marble Factory etwa eine Meile weit von der bekannten U-Bahn-Station Elephant and Castle entfernt untergebracht. Es gab kein Glas in den Fenstern und weder Heizung noch Klimaanlage, so dass es im Winter eiskalt und im Sommer unerträglich heiss war.

George hatte sehr viel Sinn für Humor, aber er konnte Faulheit nicht ausstehen. Es kümmerte ihn nicht, wer du warst – wenn du beim Training nicht freiwillig ins Schwitzen kamst, sorgte er auf die harte Tour dafür. Damals hatte ich schon das Training im Jerusalemer Dojo und die Militärausbildung hinter mir, und so war ich gut auf Sensei George und seinen körperlich anspruchsvollen Unterricht vorbereitet. Obwohl er so viel verlangte, konnte ich klar sehen, dass seine Haltung auf den Prinzipien des Karate basierte und dass er versuchte, seine Schüler aufzubauen und ihnen zu helfen, bessere Menschen zu werden.

Am Ende der beiden Jahre in London waren zwei für mich sehr wichtige Dinge geschehen: Erstens hatten Gila und ich in einer bescheidenen Zeremonie im Londoner Bezirk Southwark geheiratet. Gilas Grossmutter Rose und ihre Tante Nunnie waren dabei, ebenso unsere Freunde Charlie Ramble und seine Frau Frances. Meine Schwester Ossie und ihr Mann Haim kamen anlässlich der Hochzeit zu uns nach London zu Besuch, und danach fuhren wir zu viert mit dem Auto nach Wales. Zweitens erfüllte ich mir meinen Traum und bekam von Sensei George meinen schwarzen Gürtel in Okinawa-Goju-Ryu-Karate.

Nachdem ich den Gürtel bekommen hatte, wurde mir klar, dass ich noch mehr lernen wollte. Ich wusste, dass Goju-Ryu-Karate, die Karatedisziplin aus Okinawa, die ich praktiziert hatte, sehr viel an Tiefe zu bieten hatte und dass ich diese voll ausschöpfen wollte. Ich sprach mit Sensei George und er schlug mir vor, nach Japan zu fahren, um mit dem Meister des Goju-Ryu-Karate, Morio Higaonna, zu trainieren.

»Das würde gehen?«, fragte ich erstaunt. »Ich bin doch nur ein schwarzer Gürtel im Anfangsgrad. Wird er mich denn nehmen?« George sagte, er werde selber mit Sensei Higaonna sprechen. Da Gila und ich sowieso vorgehabt hatten, uns Asien anzusehen, beschlossen wir, nach Japan zu gehen.

Ich war zu diesem Zeitpunkt völlig von Karate besessen und hatte nichts anderes im Sinn, als zu trainieren und mehr zu lernen; von daher war das eine der leichtesten Entscheidungen, die ich je getroffen hatte. Ich hatte es nicht eilig, nach Israel zurückzukehren – ich ging immer davon aus, dass ich nach Abschluss meiner Ausbildung zurück nach Jerusalem gehen würde, um zu unterrichten. Ich hatte mir inzwischen den schwarzen Gürtel dritten Grades zum Ziel gesetzt, der als der angemessene Rang für einen Karatelehrer betrachtet wird.

Ich war hell begeistert über die Möglichkeit, nach Japan zu gehen, und ich kann nur sagen, dass all meine vorgefassten Meinungen und Erwartungen erschüttert wurden, als ich im Oktober 1985 in Tokio landete. Ich weiss nicht wieso, aber ich hatte eine ultramoderne Gesellschaft erwartet, in der alle Englisch sprechen und alles rasch und effizient vor sich geht. Aber wie sich herausstellte, konnten in Japan nur ein paar wenige Auserwählte Englisch. Die Menschen, denen ich begegnete, gaben sich grösste Mühe, freundlich und höflich zu sein, aber ich hatte immer das Gefühl, dass die Japaner einen sicheren Abstand zu mir hielten, weil ich ein Gaijin, ein Ausländer war. In den metropolitanen Zentren Tokios herrschten Hast und Geschäftigkeit, aber als ich mich in die Wohngegenden begab, sah ich, dass das Leben dort in einem anderen Tempo vor sich ging, ein Leben, das sich in Übereinstimmung mit uralten japanischen Traditionen befand.

Ich erwartete, dass Hunderte von Studenten Schlange stehen würden, um von Meister Higaonna unterrichtet zu werden, einem Lehrer von internationalem Ruf, der, wie ich gehört hatte, zwanzig Jahre lang in Tokio unterrichtet hatte und bis zu eintausend Schüler gehabt hatte. Aber er war gerade erst nach Tokio zurückgekommen, nachdem er einige Jahre in seinem Heimatort Okinawa verbracht hatte, und seine vormals grosse Gefolgschaft war geschrumpft. Er hatte nicht einmal ein eigenes Dojo und unterrichtete an verschiedenen Dojos überall in Tokio.

Nichts von alldem war wichtig. Die meisten Seiten des

Lebens in Japan gefielen mir und das Karatetraining war rigoros und manchmal sogar schmerzhaft, genau wie ich es mir wünschte. Ich trainierte zweimal und manchmal dreimal am Tag an fünf Tagen in der Woche und verbrachte so viel Zeit, wie ich konnte, mit Sensei Higaonna. Damals waren es grösstenteils Briten, Australier, Neuseeländer und Europäer, die dort trainierten. Die meisten von ihnen waren für ein paar Wochen oder Monate gekommen, um die Erfahrung zu machen, in Japan Karate zu praktizieren. Ich konnte in dieser Zeit einige der grössten japanischen Meister der traditionellen Kampfkünste sehen und treffen und erkannte immer klarer, welch grossen Respekt die Kampfkunstmeister aller Schulen für meinen neuen Lehrer hatten.

Gila und ich trafen bald auf eine Gemeinde von Israelis, und wir lebten alle zusammen in einem ›Gaijin-Haus‹, in dem Gila und ich einen Raum mieteten. Es war das erste Mal, seit wir Israel verlassen hatten, dass wir in engem Kontakt mit Landsleuten standen, und es gefiel uns beiden sehr – obwohl sich Gila in der Gruppe mehr zu Hause fühlte als ich. Auch wenn wir nicht viel über Politik sprachen, dauerte es nicht lange, bis die anderen Israelis herausfanden, dass ich der Sohn Matti Peleds war und wo ich in den wichtigen politischen Fragen stand.

Ich stach von den anderen auch dadurch ab, dass ich einem strikten und sehr anstrengenden Trainingsplan folgte. An sechs Tagen der Woche war ich ab 8:30 morgens ausser Haus und kehrte nicht vor Mitternacht zurück. Unsere Hausgenossen liessen es etwas langsamer angehen, standen um die Mittagszeit auf und verbrachten erst einmal viel Zeit miteinander, bevor sie zur Arbeit oder zum Training fortgingen. Ich kam in der Regel erschöpft nach Hause und ging sofort zu Bett, während die anderen bis zwei oder drei Uhr morgens aufblieben und gemeinschaftlichen Umgang hatten. Das führte zu gewissen Spannungen zwischen Gila und mir – sie hätte es lieber gesehen, wenn ich mich in meiner Zeiteinteilung etwas mehr an die anderen angepasst hätte.

Trotzdem gefiel es mir, dort mit anderen Israelis zusammen zu sein, und ich hatte das Gefühl, dass alle respektierten, was ich tat. Um Geld zu verdienen, arbeitete ich als Kellner in einem italienischen Nobelrestaurant namens La Scala in Tokios vornehmem Kojimachi-Bezirk. Es hatte im ersten Stock eine Piano-Bar, und der Pianist, ein Italiener namens Ciro, bekam manchmal Langeweile oder Lust auf einen Drink. Wenn das der Fall war, spielte er das israelische Lied Hava Nagila und dann ging ich hinauf und hielt ein Schwätzchen mit ihm.

Das Training fand jeden Morgen von zehn Uhr bis mittags um zwölf statt. Danach ging ich mit Sensei Higaonna und ein oder zwei anderen Schülern zum Mittagessen. Das Training fing um ein Uhr wieder an und dauerte bis drei. Während dieser Mittagessen erzählte Sensei Geschichten oder redete über alle möglichen interessanten Dinge. Er sprach von seinem eigenen Sensei, An'ichi Miyagi, der eher die Art Mensch war, der aus dem Hintergrund wirkt, und daher nicht sonderlich bekannt war. »Wenn Leute etwas nicht sehen, weise ich sie nicht darauf hin«, sagte Sensei Higaonna, um seine eigenen Lehrmethoden zu beschreiben. Er war der Meinung, dass man, um Wissen zu erringen, Lehrgeld zahlen müsse. Damals befand er sich auch mitten in einem intensiven Forschungsprojekt zu Wurzeln und Geschichte des Goju-Ryu-Karate und er teilte einen Grossteil seiner neuen Erkenntnisse mit mir. Ich war glücklich, dort zu sein, und hatte im Lauf der Jahre sogar oft die Möglichkeit, mit Sensei Miyagi zu trainieren.

Eines Tages sagte Sensei Higaonna auf dem Weg zum Mittagessen zu mir: »Oktober, du *Nidan*-Prüfung«.[25] Was bedeutete, dass ich im Oktober des Jahres die Prüfung für meinen Gürtel zweiten Grades ablegen konnte! Ich war sprachlos. Es war erst etwa ein Jahr her, seit ich meinen schwarzen Gürtel ersten Grades bekommen hatte, und so kurz danach den Gürtel zweiten Grades zu erhalten, war eine enorme Auszeichnung und Belohnung. Später sagte Frau Higaonna, eine Amerikanerin, die selbst Karate praktizierte, zu mir, »Miko, du hast immer hart trainiert und das ist eine wohlverdiente

Belohnung für die vielen Stunden Training, die du investiert hast, seit du nach Japan gekommen bist.« Es war ein weiterer Schock für mich, dieses Lob für meine harte Arbeit zu hören, nachdem ich ein Jahr lang mit dem zurückhaltenden Sensei gearbeitet hatte. Das war eine der wenigen Gelegenheiten, bei denen er mich lobte, wenn auch nur auf indirektem Weg.

Ich vermute, dass Sensei Higaonna in vieler Hinsicht meinem Vater ähnlich war. Higaonna brachte kaum je Zuneigung oder Sorge zum Ausdruck und ausser mit wenigen Ausnahmen hatte ich nie das Gefühl, dass meine harte Arbeit ihn besonders interessierte. Ganz ähnlich wie mein Vater sprach er wenig, und wenn er es tat, hielt er Vorträge und suchte selten das Gespräch oder die Meinung anderer. Aber inzwischen bewunderte ich seine Meisterschaft im Karate und seine Autorität, genau wie ich den Geist, die militärischen Leistungen und die letztlich autoritäre Persönlichkeit meines Vaters bewunderte. Erst viele Jahre später, nachdem ich selbst Vater und Lehrer geworden war, erkannte ich die negativen Seiten dieser Art von stillem Autoritarismus. Letzten Endes muss sie auf ein tiefes Gefühl der Unsicherheit zurückgehen. Jedenfalls erinnerten mich der Perfektionsanspruch und die endlosen Übungsstunden, die sich Sensei Higaonna auferlegte, an die Haltung meines Vaters zu seiner eigenen Arbeit.

Etwa um die Zeit, als ich meinen zweiten Grad bekam, hatten Gila und ich genug Geld gespart, um zu unserer Traumreise in Asien aufzubrechen. Charlie Ramble, der in Oxford seinen Doktor gemacht hatte und ein alter Freund aus dem Londoner Dojo war, lebte damals in Katmandu und lud uns ein, bei ihm zu wohnen. Wir wussten, dass er uns die richtigen Tipps für unsere Weiterreise geben konnte, und so beschlossen wir, die Reise bei ihm zu beginnen. Wir verbrachten zweieinhalb Monate damit, in Nepal zu leben, zu reisen und zu wandern. Das Land war sehr rückständig und die sanitären Bedingungen waren furchtbar, und doch war es gleichzeitig ein bezaubernder Ort. Ich erkrankte so heftig an Amöbenruhr, dass ich zwanzig Pfund Gewicht verlor. Einmal schlug Charlie uns vor, zu einem jungen indischen Astrologen zu gehen, der in Katmandu lebte. Sein Name war Indu und er stammte aus einer langen Linie indischer Astrologen. Das einzige Problem war, dass ich die genaue Uhrzeit meiner Geburt herausfinden musste, und dazu musste ich meine Eltern anrufen. Während ich darauf wartete, dass zu Hause jemand den Hörer abnahm, ertappte ich mich dabei, wie ich dachte: »Lass es bitte meine Mutter sein, die ans Telefon geht, weil ich das hier nicht meinem Vater erklären möchte.« Und natürlich kam dann das kurz angebundene und ungeduldige »Hallo« meines Vaters vom anderen Ende der Leitung. Wir machten ein bisschen Konversation und dann fragte ich, während ich so beiläufig wie möglich zu klingen versuchte: »Nebenbei bemerkt, weisst du eigentlich, zu welcher Tageszeit ich geboren bin?«

»Wieso, willst du zu einem Astrologen gehen?« Er war einfach zu schlau, und ich hatte keine Chance, ihm meine Absichten zu verheimlichen, von denen ich annahm, sie würden ihm unsinnig erscheinen. So musste ich gestehen, dass dies tatsächlich der Grund war. Er sagte nichts Negatives, aber er war ein rationaler Mensch und so war seine einzige Reaktion, »Oh, na gut, nimm einfach was er sagt nicht allzu ernst.«

Charlie riet uns, über Land von Nepal nach Indien zu reisen. Für mich war Indien Liebe auf den ersten Blick. Ja, die Armut war dort allgegenwärtig, aber das konnte nicht die enorme Schönheit des Landes und seiner Menschen verbergen. Wir nahmen von der Grenze aus einen Bus und sobald ich die Landschaft sah, bekam ich ein Gefühl für den Reichtum des Landes: enorme Flüsse und unendliche Wälder, riesige Areale kultivierten Landes und endlos sich hinziehende ländliche Gebiete.

Es war eine sehr lange Fahrt, und weil Fahrpläne in Indien anders funktionierten als im Westen oder in Japan – mit anderen Worten, weil die Einhaltung von Fahrplänen keinerlei Priorität genoss –, wussten wir nicht, wann wir an unserem

Zielort ankommen würden. Der Bus hielt unterwegs öfters an, damit die Leute Tee und Essen kaufen konnten. Ein Tee-*Wallah*, oder Verkäufer, stellte einen grossen Kessel mit einem starken gewürzten indischen Tee auf, der mit Milch gekocht war. Er servierte den Tee in einer Tasse, die auf einer Untertasse stand. Ich erinnere mich, wie ich das erste Mal sah, wie ein Inder seinen Tee in die Untertasse schüttete und ihn dann aus dieser trank – und wie ich mich fragte, »Warum in aller Welt macht jemand so etwas?« Mir ging erst später auf, dass man so den kochenden Tee so weit kühlen konnte, dass man ihn trinken konnte.

Wir kamen statt wie vorgesehen um neun Uhr abends erst nach Mitternacht an unserem Reiseziel Patna, der Hauptstadt des Bundesstaates Bihar an. Die Stadt war vollkommen ruhig und es war kein Mensch zu sehen. Wir spazierten ein wenig herum und wussten weder, wohin wir gehen, noch, was wir tun sollten, als uns ein Rikschafahrer ansprach und sich anerbot, uns zu einem Hotel zu bringen. Wir schliefen erst einmal gründlich aus und fuhren am nächsten Tag, den Spuren des Gautama Buddha folgend, weiter nach Bodhaya.

Ich war bis dahin noch nie in einem Land gewesen, in dem es so viel Schönheit und Grossmut gab. Ich hatte das Gefühl, dass dieses Land und seine Menschen dem Besucher unglaublich viel boten und sehr wenig dafür verlangten. Als ich die monumentalen Statuen des Mount Abu oder die atemberaubende Architektur in Fatehpur Sikri in der Nähe der Grossstadt Agra besichtigte, dachte ich an die grossen Werke von Kunst und Architektur, die man in Italien sieht.

In Indien wurde nie der Künstler oder Architekt erwähnt, als ob all diese Leistungen ganz selbstlos erbracht wurden, anders als im Westen, wo jedes Kunstwerk und jedes Gebäude untrennbar mit dem Ego seines Schöpfers verbunden zu sein scheint. Das heisst nicht, dass die Kunst in Indien schöner oder weniger schön war als die Kunst in Europa, aber in Indien hatte ich das Gefühl, dass die Schöpfer der Werke eine selbstlose Grossmut an den Tag legten.

Im Februar 1987, nach zweieinhalb Monaten in Indien,

gingen wir nach Japan zurück, um mit unserer Arbeit und Ausbildung weiterzumachen. Einige Monate später liess Sensei Higaonna eine Bombe platzen: »Wir nach Amerika gehen, wenn mitkommen wollen, willkommen.« Er und seine Frau, die in Kalifornien geboren war, hatten beschlossen, zusammen mit ihrem Sohn nach Südkalifornien umzuziehen, wo sie ein Dojo eröffnen wollten. Ich wollte immer noch meinen schwarzen Gürtel dritten Grades machen und fand den Gedanken, nach all diesen Jahren zurück nach Kalifornien zu gehen, sehr anziehend. So musste ich nicht lange überlegen, und wie sich zeigte, war Gila einverstanden.

Wir beschlossen, bevor wir in die Vereinigten Staaten gingen, zunächst einmal Israel zu besuchen. Es war unser erster Besuch dort, seit wir es 1984 verlassen hatten. Wir verbrachten sechs Wochen mit unseren Familien und hatten beide das Gefühl, nicht wieder fortzuwollen. Uns wurde klar, wie sehr wir unser Zuhause und unsere Familien liebten und vermissten. Unsere Geschwister hatten schon kleine Kinder und wir wollten dabei sein, wenn sie gross wurden. In mancher Hinsicht wäre es viel leichter gewesen, zu bleiben, statt in einem neuen Land wieder ganz von vorne anzufangen. Aber etwas noch Stärkeres als all das zog mich von zu Hause weg. Ich meinte, noch weiter trainieren und lernen zu müssen – und dass das, was ich bisher erreicht hatte, nicht genug war. Wir beschlossen, für zwei Jahre nach Kalifornien zu gehen, Zeit genug für mich, den schwarzen Gürtel dritten Grades zu erreichen, und für Gila, ein Studium aufzunehmen, obwohl sie sich über das Fach noch nicht sicher war. Die Zeit zur Abreise rückte näher, wir fühlten uns zerrissen und untröstlich.

Am Halloweentag 1987 landeten wir in Los Angeles und alles, was wir hatten, waren $ 3000 in der Tasche. Mein erstes Gefühl war, dass ich Los Angeles kannte und immer noch gern an die alte Zeit dort zurückdachte. Ein Freund fuhr uns nach San Diego, wo Sensei Higaonna bereits sein Dojo eröffnet hatte. Wir kamen abends an und ich zog sofort meinen Karateanzug an und ging zum Unterricht. Am nächsten Tag war die offizielle Eröffnungsfeier des Dojo, und ich sollte an den Vorführungen der Träger des schwarzen Gürtels teilnehmen.

Zuerst fühlten wir uns in den USA ein wenig verloren, aber wir fassten sehr schnell Tritt. Ich verbrachte endlose Stunden mit dem Training bei Sensei Higaonna, der Unterrichtstätigkeit in seinem Dojo und allen möglichen Brotarbeiten, während Gila als Kindermädchen arbeitete und sich schliesslich an einer Akupunkturschule einschrieb. Es war allerdings nicht leicht. Ich hatte keine Lust mehr, Kellner zu sein. Ich erinnere mich noch, wie ich in einem Restaurant arbeitete und so tat, als wüsste ich über das, was man hier ass, Bescheid, in Wirklichkeit aber keine Ahnung von den Gerichten auf der Speisekarte hatte. Ein Gast bestellte einen Salat ohne Croutons und ich hatte keinen Schimmer, was das sein sollte, und so brachte ich ihm natürlich einen Salat, der mit Croutons übersät war. Ich sehnte mich nach dem Tag, an dem ich meinen Lebensunterhalt auf andere Art verdienen konnte.

1989 erhielt ich meinen schwarzen Gürtel dritten Grades und war nun bereit, mein eigenes Dojo zu eröffnen, sobald sich die Gelegenheit bot. Ein Bekannter aus Japan erzählte Sensei Higaonna, er wolle eine Karateschule eröffnen, und er bat ihn, ihm einen Lehrer zu empfehlen, der dort unterrichten und sie leiten könne. Es war der Beginn einer faszinierenden, erfüllenden Karriere, die ausserdem viel Spass machte. Tatsächlich war das ein weiterer Traum, der in Erfüllung gegangen war, und der Gedanke, je wieder nach Israel zurückzukehren, um in Jerusalem zu unterrichten, war völlig aus meinem Bewusstsein verschwunden. Von da an führte eins zum anderen und es gab kein Halten mehr.

Am 27. Mai 1989 eröffnete ich die Karateschule in einem Wohnviertel von San Diego. Ein paar Freunde halfen mir, die nicht tragenden Wände einzureissen und so ein normales Haus in ein Karatestudio umzuwandeln. Wir dekorierten zwei Säulen und die Veranda mit den japanischen Schriftzeichen für Goju-Ryu Karate-Do. Ich kam gar nicht auf die

Idee, dass ich ja auch ein Schild auf Englisch brauchen würde. Als wir schliesslich doch ein solches, zusammen mit einer Telefonnummer, in einem der Fenster anbrachten, riefen allmählich ein paar Leute an. Ein Jahr später hatte ich zehn bis fünfzehn Schüler und musste an einen anderen Ort umziehen. Ich fand einen Keller in einem neu gebauten Apartmentgebäude ganz in der Nähe.

Im Jahr darauf, 1991, gab es in San Diego mehr Regen, als die Stadt verkraften konnte. Das führte allenthalben zu Überflutungen, leider auch im Untergeschoss unseres Hauses, wo mein Dojo war. Aber selbst wenn die Wände durch Moos grün verfärbt waren, brachten die Eltern ihre Kinder immer noch zu meinem Unterricht.

Nach einigen Monaten in diesem Keller kontaktierte mich der Anzeigenmanager eines örtlichen Familienmagazins. Das war schon für sich bemerkenswert, aber zudem verkaufte er mir auch noch eine Anzeige, obwohl ich mir nicht einmal ein ordentliches Schild leisten konnte. Die Anzeige kostete \$ 400, die ich gar nicht hatte, und so beschloss ich, meinen Bruder Yoav, der Professor für politische Wissenschaft an der Universität Tel Aviv war und sich damals zufällig auf einem Studienurlaub in Florida befand, anzurufen. Und er war so nett, mir das Geld zu leihen.

Die Wirkung der Anzeige war unglaublich. Die Zahl meiner Schüler wuchs rasch von zehn auf fünfzig, und viele von ihnen kamen aus der Vorstadt, oder eher Stadt, Coronado, die auf mich ziemlich glamourös wirkte. Um den zweiten Jahrestag der Eröffnung herum musste ich erneut umziehen. Ich fand ein geräumiges Studio, in dem früher schon einmal eine Kampfsportschule untergebracht war. Es war perfekt geeignet – lang und breit, mit einem Büro und einem Sitzungsraum. Die Zahl der Studenten wuchs kontinuierlich, und bald waren es fast hundert. Schliesslich begann ich, mehrmals in der Woche Unterricht in Coronado zu geben, und am Ende eröffnete ich dort ein Vollzeit-Dojo. Nachdem ich eine Zeitlang versucht hatte, beide Schulen gleichzeitig zu betreiben, machte ich mir klar, dass 80 Prozent meiner

Schüler aus Coronado kamen. Nach einem weiteren Jahr mit heftigen Regenfällen und einer weiteren Überschwemmung, die Teile meines neuen Studios in San Diego ruinierte, schloss ich dieses Kapitel und konzentrierte mich auf das Dojo in Coronado.

Und wieder entwickelten sich die Dinge rasch. Praktisch über Nacht schnellte meine Schülerzahl von hundert auf zweihundert. Am 26. Januar 1994 kam unser erster Sohn Eitan zur Welt. Sechs Monate später zogen wir nach Coronado um. Zwei weitere Jahre später, am 19. August 1996, wurde unser zweiter Sohn geboren. Weil das zugleich der siebzigste Geburtstag meiner Mutter war, beschlossen wir, ihm den Namen ›Doron‹ zu geben, der auf Hebräisch ›Geschenk‹ bedeutet. Noch einmal sechs Jahre später bekamen wir unser drittes Kind, eine Tochter, die wir Avital Zika, oder abgekürzt Tali nannten.

1998 produzierte das israelische Fernsehen eine Serie namens *Tkuma*, was auf Hebräisch ›Wiedererwachen‹ bedeutet. Sie behandelte in 22 Folgen die ersten 50 Jahre des Staates Israel. Mein Schwager Rami kaufte die ganze Serie für mich und schickte sie mir in die USA. Er legte einen handgeschriebenen, herzlichen Brief bei, in dem er schrieb:

> Das ist ein besonderes Geschenk von mir für dich als Zeichen der Liebe und Bewunderung, die ich für dich empfinde. [...] Von Zeit zu Zeit erinnere ich mich an einen jungen, leidenschaftlichen Burschen, der mit mir stritt, als zöge er in eine Schlacht. Mit wenig mehr als grosser Begeisterung, halbgaren Ideen und zwiespältigen historischen Fakten bewaffnet, nur um damit auf meinen unverzeihlich kalten, grausamen Zynismus und meine Unfähigkeit zu stossen, zuzuhören und mich überzeugen zu lassen.

Während ich diesen Brief las, musste ich an die hitzigen politischen Diskussionen denken, die Rami und ich im Teenageralter geführt hatten, Diskussionen, die meinen Geist und meine Fähigkeiten zur Debatte schärften. Sie gingen immer um die winzigsten Details, weil wir, sobald es um die grösseren Themen ging, ohnehin miteinander und mit meinem

Vater, den wir beide verehrten, einer Meinung waren. Rami schrieb weiter:

> Aber wir sind seitdem reifer und ruhiger geworden und wir verstehen die harten, schmerzlichen Tatsachen des Lebens. […] Es wird nicht leicht sein, diese Serie anzusehen. Manchmal wird sie dich zum Weinen bringen, oder dazu, wütend deine Faust zu ballen, aber sie wird dich und deine Kinder daran erinnern, woher du kommst und wohin du hoffentlich eines Tages zurückkehrst. In Liebe, Rami.

Ich sah mir jede einzelne Folge dieser Serie an. Wenn sie sich Ereignissen zuwandte, die ich aus Familienerzählungen kannte, wie der Einwanderung der arabischen Juden in ihr neues Heimatland und der grässlichen Diskriminierung, die sie in Israel erfuhren, oder Ereignissen, die ich selbst erlebt hatte, wie dem Besuch Präsident Sadats oder dem Libanonkrieg, traten mir die Debatten mit Rami wieder vor Augen. Und die Worte in seinem Brief klangen mir erneut in den Ohren. Ich wusste, dass dieses Land immer ein Teil von mir sein würde, aber würde ich jemals zurückkehren?

In Kalifornien lief alles bestens für mich. Wir hatten in Coronado unsere erste Wohnung gekauft, und zum ersten Mal in meinem Erwachsenenleben schlug ich irgendwo Wurzeln, und dies fern vom Rest meiner Familie und weit entfernt von dem Land, das ich so liebte. Ich war zurück in Südkalifornien, als hätte mich das Schicksal dorthin gezogen, und baute mir dort ein Heim und eine Familie auf.

6
Schwarzer September

Dann erlebte meine Familie im Herbst 1997 eine unvorstellbare Katastrophe. Zwei junge Palästinenser sprengten sich in der Ben Yehuda Street in Jerusalem in die Luft und töteten dabei meine Nichte. Smadar war zusammen mit Freundinnen unterwegs, um Bücher für die Schule zu kaufen. Meine Mutter war gerade von ihrem Besuch bei uns in Kalifornien nach Israel zurückgekehrt, und wenn meine Nichte, statt einzukaufen, zum Flughafen mitgefahren wäre, um sie abzuholen, wäre sie an diesem Tag nicht gestorben.

All diese Gedanken zogen an mir vorüber, während ich hilflos und schockiert in meiner friedlichen Wohnung in Südkalifornien sass. Smadar war die erste Enkelin in unserer Familie gewesen und wäre zwei Wochen später 14 Jahre alt geworden. Sie war die Art von Kind, von dem man nicht genug bekommen konnte, mit Augen, die einem gleichzeitig unschuldig und weise vorkamen. Sie hatte uns zwei Jahre zuvor direkt vor ihrer Bar Mitzwa, der Feier zum zwölften Geburtstag, an dem ein jüdisches Mädchen zur Frau wird, in Coronado besucht. Ihr Haar war damals lang und glatt und honigfarben und sie war lieblich und ein bisschen schüchtern. Sie weigerte sich, uns ein Foto von ihr machen zu lassen, aber wir schafften es dann trotzdem. Nachdem sie ein paar Tage bei uns gewesen war, bemerkten wir, dass sie jeden Satz mit »Und überhaupt…«, begann, etwas, was sie sich von Gila abgeschaut hatte.

Gila, ich und die beiden Jungen waren erst ein paar Wochen vor diesem furchtbaren Tag zu Besuch in Israel gewesen. Smadar war inzwischen gross und selbstbewusster geworden; ihr Körper war bereits der einer jungen Frau. Sie hatte ihr langes Haar schwarz gefärbt. »Sie hat so schönes Haar, warum muss sie es da färben?«, klagte meine Mutter. Aber Smadar war jetzt ein Teenager und wollte sich behaupten. Sie konnte von einem Moment auf den anderen ernst und selbständig und dann wieder kindlich und beschwingt sein.

Sie spielte mit meinen Söhnen – Eitan, der drei war, und dem einjährigen Doron – und es machte ihr nicht einmal etwas aus, Dorons Windeln zu wechseln. Wir haben ein Bild von ihr, wie sie mit dem kleinen Doron spielt.

Als meine Mutter das erste Mal aus Israel anrief, um mir zu berichten, meine Nichte werde vermisst, dachte ich mir schnell mögliche Gründe dafür aus: Smadar muss bei einer Freundin sein und hat nichts von dem Bombenanschlag gehört. Wenn ich in meiner Jugendzeit in Jerusalem mit Freunden unterwegs war und dabei von einem Bombenanschlag hörte, machte ich mir auch nicht immer die Mühe, zu Hause anzurufen. *»Kulam beseder?«*, fragte ich, wenn ich dann schliesslich zur Eingangstür hereinkam. »Geht's allen gut?« Es war eine Art Schizophrenie, die dicke Haut eines jungen Menschen, der dazu erzogen worden war, an einem Ort, wo Katastrophen Teil des Lebens waren, eine Aura von Normalität um sich herum zu schaffen.

Dennoch hatte ich nun das furchtbare Gefühl, dass etwas nicht stimmte – dass das Schlimmste tatsächlich eingetreten war. Ich sagte mir immer wieder, dass meine Vorahnungen unangebracht waren, dass sie zu klug, zu lebendig war. Einem solchen Mädchen konnte nichts passieren. Ein paar Autos fuhren an der ruhigen Sackgasse, in der wir wohnten, vorbei, und vom Meer kam eine Brise herein. Ich war allein im Spielzimmer unserer Kinder und sah mir auf CNN die Nachrichten an.

»Der letzte Selbstmordanschlag hat vor sechs Wochen auf dem Freiluftmarkt in Jerusalem stattgefunden«, sagte jemand dort. *Ja, ich erinnere mich.* Es war ein Freitag gewesen; der Markt wimmelte von Leuten, die vor dem Sabbat Essen kauften, und es war ein enormes Blutbad. Sowie ich davon gehört hatte, rief ich zu Hause in Israel an, wie ich es nach jedem Bombenanschlag tat, um mich zu vergewissern, dass alle in Sicherheit waren. Es war eine grosse Erleichterung, die Stimmen meiner Mutter und meiner Schwestern zu hören, die mir versicherten, dass keinem aus der Familie etwas passiert war, und ich machte mich wieder an mein Tagewerk und tat so, als sei alles in Ordnung. Aber obwohl niemandem von uns etwas geschehen war, standen die Dinge nicht gut. Auf jede Gewalttat folgte ein Racheakt, und der Kreislauf der Gewalt hörte nicht auf. Tief im Herzen hatte ich gefürchtet, dass es nur eine Frage der Zeit sein würde, bis so etwas wie jetzt passieren würde: dass jemand, der mir nahestand, getötet würde.

CNN berichtete live von einer Szene in Jerusalem. Mein Blick war starr auf die Bilder gerichtet, die aus dem Fernseher kamen, während ich gleichzeitig die Tausende Meilen entfernt von hier heulenden Sirenen hörte. Ich sah Sanitäter die Toten und Verwundeten wegtragen und bemerkte den Körper einer jungen Frau, die mit dem Rücken zur Kamera auf einer Bahre lag.

Nein. Ich hatte ein furchtbares Gefühl, während ich mich fragte, wer diese junge Frau wohl sein mochte. *Unmöglich.* Das Haar dieser jungen Frau war kurz geschnitten. Ich hatte Smadar erst vor einigen Wochen gesehen und sie hatte langes und schwarz gefärbtes Haar gehabt.

Im Lauf des Tages gingen weitere Telefonate zwischen Jerusalem und Kalifornien hin und her. Jeder Anruf machte mir neue Hoffnung und zerstörte sie wieder. Smadar war nicht bei dieser Freundin. Sie war nicht bei jener Freundin. Sie war in keiner Notaufnahme der Krankenhäuser gesehen worden. Ich war nicht sicher, ob das eine gute oder eine schlechte Nachricht war.

Bald war es für mich Zeit, die Küste hochzufahren, um eine Klasse zu unterrichten. Ich hatte kurz zuvor in Poway etwa 30 Meilen nördlich von Coronado eine zweite Karateschule eröffnet. Ich versuchte, meinen Zeitplan einzuhalten und so weit wie möglich bei meiner normalen Tagesordnung zu bleiben. Ich war entschlossen, konzentriert und präsent zu bleiben, und sagte mir, der Anruf, der mir versichern würde, dass es Smadar gut ging, würde jede Minute kommen.

Im Wagen jedoch ertappte ich mich dabei, wie ich meinen Reiseberater anrief, einen Israeli, von dem ich wusste, dass er das verstehen würde: »Ich brauche vielleicht ein Instant-Ticket, um nach Hause zu fliegen.« Als ich auflegte, merkte ich, wie ich ein würgendes Gefühl herunterschlucken musste.

Die Polizei wartete mit ihrem Anruf bis spät am Abend, wie um Nurit und ihrem Mann die Zeit zu geben, selbst zu dem unvermeidlichen Schluss zu gelangen. Nachdem Smadars Eltern von der Leichenschauhalle zurückgekehrt waren, wo sie ihr kleines Mädchen identifiziert hatten, rief Ossi bei mir an.

Als ich packte, wurde mir mit Schrecken klar, dass mein Pass abgelaufen war. Ich konnte nicht mit abgelaufenem Pass fliegen, und den Pass zu erneuern, würde Tage dauern. Ich hatte nicht mehrere Tage lang Zeit. Ich hatte nicht einmal einen Tag lang Zeit. Juden müssen ihre Toten innerhalb von 24 Stunden begraben. Ich musste jetzt nach Jerusalem.

Ich entdeckte, dass Schmerz einige Erinnerungen intensiviert und andere vernebelt. Bis heute kann ich mich nicht daran erinnern, wie die Reisevorbereitungen liefen oder wie ich es bis zum israelischen Konsulat in Los Angeles schaffte. Ich habe keine Ahnung, ob ich nach Los Angeles flog oder mit dem Auto fuhr. Ich weiss noch, wie ich auf dem Konsulat in sehr gedämpftem Ton empfangen wurde. Sie wussten, dass meine Nichte bei dem jüngsten Selbstmordattentat getötet worden war und dass sie die Enkelin des verstorbenen Generals Matti Peled gewesen war. Sie wussten, dass mit dem Staatsbegräbnis gewartet werden würde, bis ich, ihr Onkel in Amerika, heim nach Israel kam. Sie geleiteten mich rasch in das Büro der Generalkonsulin.

Ich wurde mit grosser Freundlichkeit und all der Ehrerbietung behandelt, die man allen in meiner Lage zukommen lässt. In der israelischen Gesellschaft werden Menschen, die Angehörige verloren haben, zu Mitgliedern einer Art heiligen Ordens. Sie werden unberührbar – sie sind ›die Hinterbliebenen‹.

Die Beamten verzichteten auf alle Formalitäten. Immer

noch völlig benommen, war ich innerhalb von 20 Minuten mit meinem neuen Pass auf dem Weg zum Flughafen.

Im Flugzeug wurde ich vom Schmerz überwältigt, und schreckliche Gedanken überschwemmten mich. Ich ertappte mich dabei, wie ich hoffte, dass die, die das getan hatten, gefangengenommen und getötet würden, was absurd war, da sie sich ja schon selbst getötet hatten. Und so oder so, wie konnte es überhaupt eine Rache für einen solchen Tod geben? Wie der hebräische Dichter Haim Nahman Bialik schrieb und wie Nurit es immer von Neuem wiederholen würde: »Selbst Satan hat noch keine Rache ersonnen / für den Tod eines unschuldigen Kindes.«

Als ich in Israel landete, war es früh am Morgen. Mein Bruder Yoav holte mich am Flughafen ab und brachte mich zu Nurits und Ramis Wohnung in Jerusalem. Wir fuhren schweigend, Yoav tief in Gedanken versunken. Schliesslich sagte er, »Warum musste es von uns allen ausgerechnet sie sein… Ich meine, so viele von uns haben in Kriegen gekämpft und überlebt, und dann musste es dieses unschuldige Mädchen sein, das einfach nur die Strasse hinunterlief. Es ist so sinnlos, so absolut sinnlos.«

Und er hatte so Recht. Als wir ankamen, war die Strasse leer und ich blieb eine Weile im Wagen sitzen. Dann stieg ich aus und blickte auf die Morgenzeitung im Hof – und ich sah die Schlagzeile: »Enkelin des Friedensaktivisten General Matti Peled von palästinensischen Selbstmordattentätern getötet…«

Ich ging die Treppen zu Nurits und Ramis Apartment hoch. Sie lebten in dem Haus, in dem ich geboren wurde, in der Rasba Street Nr. 18 in Jerusalem. Es war das längste Treppenhaus, das ich je hochgehen musste. Als Nurit die Tür öffnete, fielen wir einander in die Arme und schluchzten hemmungslos wie kleine Kinder. Bis heute weiss ich jedes Jahr noch immer nicht, was ich sagen oder denken soll, wenn der 4. September näher rückt. Ich fühle mich dann wie damals, als ich in den Armen meiner Schwester weinte, immer wieder und wieder, selbst all diese Jahre später noch.

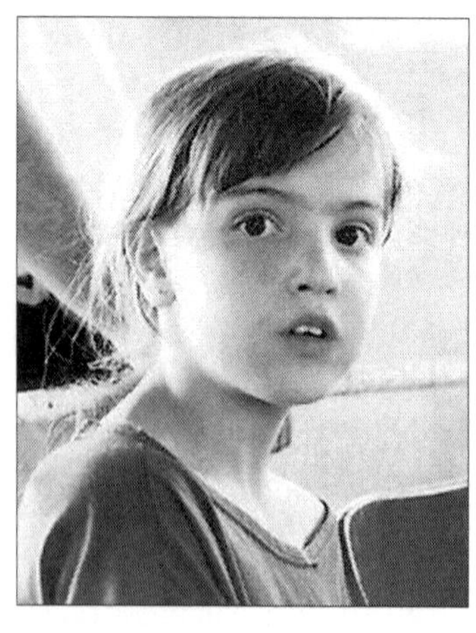

Meine Nichte Smadar, die bei einem Selbstmordanschlag in Jerusalem getötet wurde.

Smadar wurde auf dem kleinen Friedhof auf dem Hügel am Rand Jerusalems an der Seite meines Vaters zur Ruhe gebettet. Während Motorräder der Polizei die Strassen für die Begräbnisprozession freimachten, hatte ich ein Gefühl von *déjà vu.* Zwei Jahre vorher waren wir, auch damals von Polizeimotorrädern eskortiert, genau dieselbe Route gefahren, nur dass wir damals dem Sarg meines Vaters zu seiner letzten Ruhestätte gefolgt waren. Auch das war ein emotional aufgeladenes Staatsbegräbnis gewesen, bei dem israelische und palästinensische Würdenträger, Vertreter des gesamten politischen Spektrums sowie die Presse anwesend waren. Der Unterschied war, dass er fast 72 Jahre alt und ein Mann gewesen war, der sein Leben gelebt hatte. Smadar war 13 und stand noch ganz am Anfang ihres Lebens.

Ich hatte nie gedacht, dass wir so bald und unter so undenkbaren Umständen wieder denselben Weg gehen würden. Und schon gar nicht wusste ich, wie gravierend sich mein Leben verändern würde und was für eine unerwartete Reise mich aufgrund dieses verzehrenden Grams erwartete.

Als wir aus dem Leichenwagen ausstiegen, kam jemand auf mich zu und fragte, »Würdest du uns helfen, den Sarg zu tragen?« Mein Herz war schwerer als der kleine Sarg auf meiner Schulter.

Israelis und Palästinenser, Familienmitglieder und Freunde aus dem gesamten politischen Spektrum, berühmte Führer und gewöhnliche Menschen kamen, um Trauerreden zu halten oder uns ihr Beileid zu diesem entsetzlichen Verlust auszusprechen. Bis zum heutigen Tag kann Nurit es sich nicht vergeben, dass sie ihr kleines Mädchen allein in dem kalten, klammen Boden zurückliess. Während der nächsten sieben Tage war Nurits und Ramis Wohnung von morgens um sechs bis Mitternacht mit Menschen vollgestopft. Hochgestellte Persönlichkeiten, Journalisten, Trauernde, Freunde und Familienmitglieder kamen durch die Tür. Die Tür, durch die früher einmal Staatsmänner, Generäle und Diplomaten hineingekommen waren, und auf der heute ein Sticker mit der Aufschrift klebt: »FREIHEIT für Palästina«.

Unter denen, die kamen, um ihre Aufwartung zu machen, waren auch Ehud Olmert, der damalige Bürgermeister Jerusalems und zukünftige Ministerpräsident, und Ehud Barak, der meistdekorierte Soldat Israels. Barak stieg später zum israelischen Ministerpräsidenten und Verteidigungsminister auf, aber damals war er der Vorsitzende der Oppositionspartei und tat, was er nur konnte, um zum Ministerpräsidenten gewählt zu werden. Er wurde von vielen als Yitzhak Rabins designierter Nachfolger betrachtet. Man erwartete, dass er im Fall seiner Wahl die Rolle des Friedensstifters übernehmen würde, eine Rolle, für die Rabin mit seinem Leben bezahlt hatte. Und hier war er, sass unter uns und versuchte die Leute zu überzeugen, er müsse, um wirklich Frieden schliessen zu können, so kandidieren, dass keiner auf den Verdacht käme, er wolle Frieden, damit er nicht durch das Image eines Friedensstifters Stimmen verlor. Ich sass schweigend dabei und fragte mich, ob irgendjemand diesen Blödsinn wirklich glaubte. Schliesslich konnte ich nicht mehr an mich halten und sagte, »Warum nicht einfach einmal die Wahrheit sagen?« Im ganzen Raum wurde es still. »Warum sagen wir den Leuten nicht einfach, dass diese und andere Tragödien passiert sind und weiter passieren, weil wir ein anderes Volk besetzt halten, und dass wir, wenn wir Leben retten wollen, die Besatzung beenden und einen gerechten Frieden mit unseren palästinensischen Partnern verhandeln müssen?« In unserer Familie waren wir alle der Meinung, dass das stimmte; tatsächlich wussten wir das schon seit Jahren. In diesem Augenblick konnte ich es nicht länger hinunterschlucken. Hier war ein wichtiger Entscheidungsträger und künftiger Schlüsselpolitiker im Raum, und er buhlte um unsere Unterstützung.

Barak bedachte mich mit einem vernichtenden Blick, und als er sich zum Gehen anschickte und allen Anwesenden die Hände schüttelte, zeigte er mir die kalte Schulter. Dann bekam ich noch einen Vortrag von einem seiner Kumpane, der mir erklärte, ich verstünde nichts von Politik und sei naiv.

Eine Person, die in dieser Tragödie eine interessante Rolle spielte, war Benjamin Netanyahu, oder Bibi.[26] Er war zur Zeit von Smadars Tod Ministerpräsident. Nurit war mit Bibi zur Schule gegangen, und Bibis erste Frau ist eine von Nurits lebenslangen Freundinnen. Ich habe noch Kindheitserinnerungen daran, wie er durch unser Viertel lief. Er war der junge Israeli aus dem Bilderbuch, ein Fallschirmjäger und Mitglied der Elite-Kommandoeinheit Israels *Sayeret Matkal.* Schlicht unter dem Namen ›die Einheit‹ bekannt, ist sie die Speerspitze der Sondereinsatzkräfte Israels. Für mich als Fünfjährigen war er Gegenstand enormer Bewunderung mit seiner Uniform, seinem guten Aussehen und natürlich seinem roten Barett. Bibi diente auch als Reservist in ›der Einheit‹ und hatte an mehreren heroischen Missionen teilgenommen. Wir besuchten ihn öfter, wenn er auf Heimaturlaub war, um uns seine Geschichten anzuhören. Einmal wurde er bei einer Operation zur Rettung eines belgischen Flugzeugs der Linie Sabena, das im Mai 1972 entführt worden war und in Tel Aviv landete, leicht verletzt. Die Kommandos ›der Einheit‹ verkleideten sich als Wartungstechniker und schafften es so, ins Flugzeug zu kommen, die Passagiere zu retten und die Entführer zu töten. Bibi wurde von einem Schuss getroffen und erlitt eine Fleischwunde am Arm. Nach der Operation ging ich ihn mit Nurit zusammen besuchen. Der bandagierte Arm war für mich wie eine Tapferkeitsmedaille.

Bibis älterer Bruder, Yonatan (Yoni) Netanyahu, war ebenfalls eine Legende. Er diente als Kommandeur ›der Einheit‹ und wurde im Juli 1976 während der berühmten Operation

Entebbe getötet.[27] Nach Yonis Tod besuchten Nurit und ich die Familie. Ich werde nie den Ausdruck auf dem Gesicht des Vaters vergessen – den unverkennbaren Gesichtsausdruck eines Vaters, der ein Kind verloren hat.

Meine naive Bewunderung für Bibi hielt sich viele Jahre lang. Als er jedoch in die Politik einstieg, verflüchtigte sich diese Bewunderung schnell. Er erschien verlogen und opportunistisch und seine Ansichten waren die eines kompromisslosen Falken. Mir war völlig klar, dass keine Regierung unter seiner Führung je die Sache des Friedens vorwärtstreiben würde.

Netanyahu wurde 1996 zum Ministerpräsident gewählt, ins Amt geschwemmt nach dem Mord an Yitzhak Rabin – dabei nutzte er die totale Enttäuschung des Landes über den Osloer-Friedensprozess und eine Serie von Selbstmordattentaten, denen Netanyahu ein Ende zu setzen versprach. Er hatte seinen Wahlkampf unter der Parole »Für einen sicheren Frieden« betrieben. Aber im Augenblick erschien die Lage weder sehr sicher noch sonderlich friedlich.

Als bestätigt wurde, dass Smadar tot war, hatte Bibi Nurit angerufen, um ihr sein Beileid auszusprechen, und hinzugefügt: »Ich nehme nicht an, dass Rami möchte, dass ich komme.« Er war klug genug, um zu wissen, dass Rami und wir anderen seine Politik verabscheuten und ihm eine Mitverantwortung für Smadars Tod gaben. Nurits Antwort war unzweideutig: »Nein, das möchte er nicht.«

Nurit und er standen wie Bruder und Schwester zueinander, aber Bibi ging nicht zu Smadars Begräbnis und er kam auch während der Trauerwoche, der shiva, kein einziges Mal zu Besuch.

Zehn Jahre später, im Sommer 2007 begegneten Nurit, ich und meine Söhne Bibi zufällig im Café neben dem Schwimmbad der Hebräischen Universität in Jerusalem. Bibi war mit seiner ältesten Tochter dort. Er hatte damals kein Amt und er war so herzlich und umgänglich wie je. Wir redeten alle zusammen und er erwähnte, er erinnere sich immer noch an mich als Kind. Auch Nurit war freundlich und entspannt.

Nachdem Bibi gegangen war, war Eitan, der zu dieser Zeit fast dreizehn war, klar geworden, dass dies wohl eine wichtige Person war. »Wer ist dieser Typ?« fragte er.

»Er war einmal Ministerpräsident, also etwas ähnliches wie in den USA der Präsident.

Doron, der inzwischen fast elf war und dem nichts entging, fragte, »Und warum hat er Leibwächter?«

Nurit nippte ruhig an ihrem Earl Grey Tee. »Er muss etwas wirklich Schreckliches getan haben, und jetzt fürchtet er um sein Leben«, sagte meine Schwester und verglich so den Hardline-Politiker mit Mafiabossen, die Blut an den Händen haben. Ihrer Ansicht nach war jeder israelischer Politiker, der der israelischen Besetzung und Unterdrückung der Palästinenser kein Ende machte, mitverantwortlich für all die Toten unter den Israelis und Palästinensern. Sie vertrat und vertritt die Meinung, es sei keine Frage der Politik oder der Unfähigkeit, ein Abkommen zustandezubringen, sondern eine der Gefühllosigkeit, der Gier nach Land, des Wunschs zu herrschen und eines fehlenden Willens zur Beendigung des Konflikts.

Nach Smadars Tod blieb ich während der Woche der *shiva* in Jerusalem und musste dann nach Hause zurückkehren und meine alltägliche Routine wiederaufnehmen. *Wie machen die Leute das bloss?*, dachte ich immer wieder. *Wie leben die Leute einfach weiter, als wäre nichts passiert?* So viele Lieder sind über dieses Gefühl gesungen, so viele Gedichte und Geschichten darüber geschrieben worden – das Gefühl, das man hat, wenn das Undenkbare geschieht, aber die Welt trotzdem nicht untergeht. Bialik beschrieb es in seinem epischen Gedicht ›*It Hahariga*‹ (›In der Stadt des Mordens‹), in dem es heisst, »Die Sonne ging auf, die Bäume blühten, und der Schlächter schlachtete.«

Es schien unmöglich, weiterzumachen. Meine Mutter, Zika, sagte immer, das Leben sei stärker als der Tod, und sie hatte Recht. Doron war ein Jahr alt, Eitan gerade einmal vier, und sowohl Gila als auch ich hatten Aufgaben, denen wir nachzugehen hatten.

Ich hatte mir die politische Situation in Israel immer zu Herzen genommen, aber nach Smadars Tod wurde sie sogar noch mehr als zuvor zu einer zutiefst persönlichen Angelegenheit. Bis zu diesem Punkt war ich mit der Entscheidung, mich nicht politisch zu betätigen, die ich viele Jahre zuvor getroffen hatte, durchaus glücklich gewesen, aber nachdem Smadar getötet worden war, wollte ich mich nicht mehr damit zufriedengeben, die Hände in den Schoss zu legen.

Leider interessierte sich niemand in meinem Umfeld in den USA sonderlich für den Nahen Osten. In unserem Leben in Südkalifornien gab es keine israelischen, ja, sogar nicht einmal amerikanisch-jüdische Freunde, und in dem Milieu, in dem wir verkehrten, wussten die Leute wenig über mein Heimatland und seine Probleme, weshalb sie dieses Thema kaum kümmerte. Es war mühselig, mit unseren Freunden neben den Themen, für die sie sich authentisch interessierten, die Israel-Palästina-Frage aufs Tapet zu bringen. Zu alldem war es für mich immer schwierig, über Smadar zu sprechen. Es dauerte lange, bis ich auch nur erwähnen konnte, was ihr zugestossen war, ohne ein Schluchzen unterdrücken zu müssen. Und wenn ich es doch tat, wussten die Leute meist nicht, was sie sagen oder denken sollten. In Wirklichkeit konnte ich mit gar niemandem sprechen, wenn ich nicht meine Mutter oder meine Schwestern in Jerusalem anrief.

Im Lauf der Zeit wurde das Bedürfnis, etwas zu tun, aktiv zu sein, stärker und stärker, aber ich konnte kein Ventil dafür finden. Rami beteiligte sich am ›Forum der Familien der Hinterbliebenen‹, einer Organisation, die israelische und palästinensische Familien zusammenbringt und sich dem Projekt der Versöhnung verschrieben hat. 1998 traf mein Schwager, wie er es später beschrieb, »einen grossen und eindrucksvollen Mann mit einer gestrickten *kippah* auf dem Kopf«. Rami nahm an, dies bedeute, dass der Mann ein Mitglied Gush Emunims war, der rechtsgerichteten israelischen Siedlerbewegung. Die *kippah*, oder Yarmulke, ist ein lose mit der orthodoxen Variante des Judentums verbundenes Symbol, das die Siedler zu ihrem Markenzeichen gemacht hatten. Aber Rami irrte sich. Itzhak Frankenthal erzählte Rami, dass sein Sohn 1994 von Militanten der Hamas entführt und ermordet worden war und er danach eine Organisation für Menschen gegründet hatte, die aufgrund des Konflikts Angehörige und Freunde verloren hatten, aber immer noch an den Frieden glaubten.

Plötzlich erkannte Rami das Gesicht des Mannes. Er war unter den Tausenden von Menschen gewesen, die Ramis und Nurits Wohnung während der *shiva* besucht hatten. Rami schäumte vor Wut. »Wie können Sie es wagen, zu jemandem nach Hause zu kommen, der gerade sein Kind verloren hat, und über Frieden und Versöhnung zu reden? Woher nehmen sie den Nerv, so etwas zu tun?«

Frankenthal liess sich nicht abschrecken; der Schmerz der Hinterbliebenen war für ihn nichts Neues. Laut Rami »nahm er an meinen Worten keinen Anstoss. Er lud mich ruhig und geduldig ein, zu ihnen zu kommen und mit eigenen Augen zu sehen, wie ihre Treffen aussahen.«

Also ging Rami hin. »Ich stand da und sah zu, wie Leute mit dem Bus ankamen. Alte Palästinenserfrauen, die einst ihre Kinder verloren hatten, palästinensische Väter zusammen mit Israelis aller Klassen und Berufe, deren Angehörige getötet worden waren. Zum ersten Mal in meinem Leben hatte ich ein tiefes und wahres Gefühl von Hoffnung.« Von diesem Augenblick an widmete sich Rami mit Leib und Seele dem Forum der Familien der Hinterbliebenen und der Sache der Versöhnung. Die Botschaft des Forums war einfach: Wenn Eltern, die ihre Kinder verloren hatten, sich hinsetzen und miteinander reden konnten, konnte das auch jeder andere. Es gab einen Partner für den Frieden, und Frieden war möglich.

»Von dem Tag an hatte ich jeden Morgen wieder einen Grund, aus dem Bett aufzustehen«, sagt Rami. Er verschrieb sein Leben dieser einen Sache: von Ort zu Ort, von Mensch zu Mensch zu gehen und jedem, der bereit war, ihm zuzuhören, zu erklären, dass unser Schicksal nichts war, was nicht verändert werden konnte. »Es stand nirgendwo geschrieben, dass wir so leben und unsere Kinder opfern müssten.«

Unterdessen hatte sich auch Nurit ausführlich in Wort und Schrift über die Notwendigkeit geäussert, das Blutbad zu beenden, und all jene scharf angeklagt, die Kinder losschickten, um zu töten oder zu sterben. Die *New York Times* zitierte sie mit den Worten, die von Netanyahu geführte israelische Regierung habe »unsere Kinder für ihren Grössenwahn geopfert – für ihr Bedürfnis, zu kontrollieren, zu unterdrücken und zu herrschen«.[28] Zwei Tage später wurde sie in der *Los Angeles Times* zitiert: »Das ist die Frucht ihrer Untaten. [...] Sie [die Vertreter der israelischen Regierung] wollen den Friedensprozess töten und dann den Arabern die Schuld geben.«[29] Ihre Äusserungen erregten sowohl in Israel als auch im Ausland enorme Aufmerksamkeit. Im Dezember 2001 erhielt sie vom Europäischen Parlament den Sacharow Preis für geistige Freiheit. Sie bekam ihn gemeinsam mit Izzat Ghazzawi, einem palästinensischen Schriftsteller und Friedensaktivisten, dessen Sohn von israelischen Soldaten erschossen worden war.

Ich nahm Eitan mit zu der Zeremonie; Doron war noch zu klein, und so blieb Gila mit ihm zusammen zu Hause. Wir beiden trafen uns mit dem Rest der Familie in Paris, wo wir ein paar Tage verbrachten, und dann nahmen wir alle den Zug nach Strassburg, wo das Europaparlament seine Sitzungen abhält. Es war ein bewegendes Ereignis, und Nurit bat Dr. Widad Sartawi, die Witwe des Friedenspartners unseres Vaters, Issam, sich uns anzuschliessen. Nurit hielt ihre Rede vor der Plenarsitzung des Parlaments auf Französisch.

»Ich widme diesen Preis der Erinnerung an meinen Vater Matti Peled und an Dr. Issam Sartawi«, erklärte sie dem Publikum. »Und ich danke meiner Mutter und Madame Sartawi dafür, dass sie heute hier bei uns sind.« Ich konnte meine Tränen nicht zurückhalten, und wie es schien, ging es allen anderen genauso, denn es war weit und breit kein trockenes Auge zu sehen. Ramis und Nurits Engagement für Versöhnung hatten meine ohnehin schon grosse Bewunderung für sie nur noch verstärkt. Wenn ich in Jerusalem zu Besuch war, begleitete ich sie oft zu Treffen oder ging mit ihnen, wenn sie in Schulen Vorträge hielten oder Gruppen besuchten, die mehr über den Konflikt erfahren wollten. Ich war nie zuvor so tief engagierten und prinzipientreuen Menschen begegnet. Die Beziehung zwischen jenen, die geliebte Menschen verloren und sich entschieden haben, die Hand auszustrecken, statt mit ihr zuzuschlagen, ist tief und intensiv. Durch meine Schwester und meinen Schwager begegnete ich vielen faszinierenden Menschen, und ich entdeckte in mir den Wunsch, selbst etwas Ähnliches bei mir zu Hause in San Diego tun zu können. Ich hatte nur leider noch keine Ahnung, wo ich damit anfangen sollte.

Teil 3
Der Weg nach Palästina

7
Eine Reise beginnt

Meine Reise nach Palästina begann im Jahr 2000 in San Diego. Ich war 39 Jahre alt.

Ich hatte Jerusalem immer als ›gemischte Stadt‹ gesehen, weil dort sowohl Israelis als auch Palästinenser leben. Doch die traurige Realität ist, dass die israelische und die palästinensische Gemeinde in Jerusalem komplett voneinander getrennt sind. Wenn ich in meine Kindheit in Jerusalem zurückblicke, wird mir klar, dass ich nie einen arabischen Freund oder auch nur nahen Bekannten hatte. Auf der einen Seite gab es ›uns‹, auf der anderen ›die Araber‹, und wir hätten genauso gut auf verschiedenen Planeten leben können.

Ich ging davon aus, dass wir getrennte Leben lebten, weil wir so verschieden waren: Die Araber sprachen eine andere Sprache, sie gingen auf andere Schulen, und es schien mir sogar, als wären sie anders angezogen; in ihren Schulen musste man normalerweise Uniformen tragen und sie kleideten sich meist überhaupt auf formellere und konservativere Art als wir. Ihr Essen war anders, und während die Gesellschaft, die ich kannte, was den gemischten Umgang von Frauen und Männern anging, eine sehr entspannte Haltung hatte, war so etwas in arabischen Kreisen nicht üblich. All das wusste ich irgendwie, ohne jemals Araber zu treffen oder mit ihnen zu sprechen. Wenn wir auf einem Ausflug mit der Familie oder Freunden irgendwo unterwegs in einer arabischen Stadt anhielten, machte sie einen staubigen und rückständigen Eindruck, was meine vorgefasste Auffassung bestärkte, die Araber seien ärmer und weniger entwickelt als wir.

Ich war zehn oder elf, als ich begann, Fragen zu stellen. Ich erinnere mich, wie wir während eines Ausflugs in ein sehr armes Dorf irgendwo in der Negev-Wüste kamen. Die Kinder sahen nicht aus wie wir, und ich fragte meinen Vater, warum sie so dreckig seien. Er gab keine Antwort. Ich weiss noch, wie ich ihn einmal fragte, wie es denn käme, dass arabische Männer ihre Frauen schlügen, als sei das eine Tatsache, über die jeder Bescheid wusste. Das war ein weiteres Stereotyp, das ich irgendwo aufgeschnappt hatte. Er wurde sehr ärgerlich, und wieder gab er keine Antwort, was ich natürlich nicht verstehen konnte. Meine Mutter versuchte, ihn dazu zu bringen, auf mich einzugehen und mit mir darüber zu sprechen, aber er wollte sich solche Fragen nicht einmal anhören. Damals unterrichtete er schon arabische Literatur, und ich vermute, er ärgerte sich über solche haltlosen Meinungen und vor allem darüber, dass sein eigener Sohn sie mit nach Hause brachte. Da er nicht wusste, wie er anders auf diese Situation reagieren sollte als mit Ärger, sagte er lieber gar nichts.

Als Erwachsener machten mich meine liberaleren Ansichten zum israelisch-palästinensischen Konflikt unter israelischen und jüdischen Freunden zum Aussenseiter und ich fühlte mich verunsichert und zwischen allen Stühlen. Wann immer ich nach Israel zurückkehrte, musste ich feststellen, dass meine alten Freunde, von denen einige zuvor dieselben Ansichten hatten wie ich, sich auf den allgemeinen Konsens zubewegt hatten, der in Israel immer chauvinistischer wurde und immer weiter nach rechts rückte. Als der Sohn meines besten Freundes zur Armee eingezogen werden sollte, fragte ich den Jungen, in welcher Einheit er denn dienen würde, und er sagte mir, er wolle zu den Sondereinsatzkräften.

Ich sah meinen Freund überrascht an.

»Du weisst, dass das, was die machen, falsch ist – hast du ihm das nicht gesagt?«, fragte ich meinen Freund später.

»Das verstehst du nicht«, sagte mein Freund. »Dir liegt nichts an meinem Sohn, dich kümmern doch nur deine palästinensischen Freunde.«

»Ja, meine palästinensischen Freunde und was die Sondereinsatzkräfte ihnen antun, kümmert mich sehr wohl, aber das wird nach hinten losgehen, und das wird auch deinen Sohn in Gefahr bringen. Wie konntest du ihm das nicht sagen?« Das war das letzte Mal, dass wir miteinander sprachen.

Wenn ich auf jüdische Amerikaner traf, bereitete meine Position zum arabisch-israelischen Konflikt ihnen Unbehagen. Amerikanische Juden wollten meist glauben, Israel sei gut und die Araber seien böse. Ich erinnere mich, wie ich einmal zu einem Orthopäden ging, der Jude war. Sowie er merkte, dass ich Jude und aus Israel war, liess er ein paar gehässige antiarabische Bemerkungen vom Stapel, da er dachte, ich müsse dieselbe Einstellung gegenüber »diesen Arschlöchern von Arabern« haben wie er. Zuerst war ich so geschockt, dass es mir die Sprache verschlug. Dann legte ich ihm eine Broschüre des Forums der Familien der Hinterbliebenen hin, um ihn ein bisschen zum Nachdenken zu bringen. Aber ich ging danach nie wieder zu ihm.

Er war nicht der Einzige in meinem Umfeld, der sich so benahm. Ich spürte, wie sich in dem, was ich für das ›gemässigte Amerika‹ gehalten hatte, immer mehr eine antiarabische und antimuslimische Stimmung ausbreitete. Wenn ich überhaupt regelmässigen Kontakt mit örtlichen Juden hatte, konnte ich mich mit ihnen nicht über die Politik im Nahen Osten unterhalten, weil das dann unserer Freundschaft im Weg gestanden hätte. Ich muss nicht eigens erwähnen, dass nur wenige dieser Freundschaften von langer Dauer waren. Ich erinnere mich noch, wie mir einmal durch den Sinn ging, wenn es mir nur gelänge, dieses Thema ad acta zu legen, nicht mehr darüber zu sprechen und nachzudenken und einfach weiter mein Leben zu leben, würde ich vielleicht irgendwann ›darüber hinwegkommen‹.

Aber nach Smadars Tod war mir das alles so wichtig, dass es schmerzte, und mir wurde klar, dass ›darüber hinwegzukommen‹ keine Option war. Die politische Realität in meinem Heimatland würde mich, solange ich lebte, weiterverfolgen, ja sogar heimsuchen, ganz gleich, an welchem Ort ich mein Leben führen würde. Ich suchte und suchte nach dem richtigen Ventil für mein Bedürfnis zu handeln, nach etwas, was ich in Südkalifornien tun konnte, und der letzte Anstoss, der mir erlaubte, endlich aktiver zu werden, kam beinahe drei Jahre nachdem Smadar getötet worden war.

Wie immer hatte auch das mit innenpolitischen Ereignissen in Israel zu tun. 1999 hatten die Israelis Ehud Barak gewählt, der versprach, er werde mit den Palästinensern verhandeln und den Konflikt ein für alle Mal beenden. Direkt nach der Wahl besuchte uns meine Mutter in Coronado und wir assen mit meinem guten Freund und Mentor, Marshall Saunders, zu Abend. Er fragte meine Mutter: »Also, Zika, was denkst du über diesen Barak, euren neuen Ministerpräsidenten?«

»Das ist bloss noch ein General genau wie die anderen«, meinte meine Mutter. »Ich sehe keinen Grund zu glauben, dass das irgendeinen Unterschied macht.« Ich dagegen war voller Optimismus und hatte nicht gewusst, dass sie die Dinge so sah.

Im Sommer 2000 trafen sich Barak und der Führer der Palästinenser, Yasser Arafat, auf Einladung von Präsident Bill Clinton in Camp David im US-Staat Maryland, um ein endgültiges Friedensabkommen abzuschliessen. Arafat war der Auffassung, es sei zu früh für so einen Gipfel, aber seine Meinung wurde ignoriert, und das Treffen wurde für den 11. Juli anberaumt. Das löste weltweit grosse Erwartungen aus. Auch ich war optimistisch: Ich erwartete tatsächlich, dass die Führer den Prozess zu Ende bringen würden und dass am Ende der Frieden stünde; ich wollte nur zu gerne glauben, dass Barak dort weitermachen würde, wo Rabin vor seiner Ermordung aufgehört hatte, und dass es ihm mit Frieden und Kompromiss ernst war. Ich überredete mich zu dem Glauben, ein friedlicher Kompromiss in Gestalt der Zweistaaten-Lösung sei jetzt unvermeidlich.

Die Tage verstrichen, und wie man hörte, mussten die Parteien nur noch ihre Unterschriften auf die gepunkteten Linien setzen. Aber die Gespräche gingen weiter und weiter, und es gab kein Anzeichen für ein Abkommen. Ich telefonierte ständig mit Rami, weil er Leute kannte, die Teil der israelischen Delegation waren. »Es müssen nur noch die letzten Details festgelegt werden; die Sache ist perfekt«, sagte er immer wieder. »Ich weiss es von Leuten ganz nah an der Spitze.«

Dann, am 25. Juli, war es, als hätte man mir den Boden unter den Füssen weggezogen. Es wurde verkündet, die Delegierten würden Camp David ohne ein Abkommen verlassen. Ich war, ebenso wie Millionen von anderen Israelis und Palästinensern, die auf ein Ende des Konflikts gehofft hatten, zutiefst bestürzt. Präsident Clinton kam vom Gipfel zurück und meinte, »Der Ministerpräsident ist weiter von seiner ursprünglichen Position abgerückt als der Vorsitzende Arafat.«[30] Das war ein ernsthafter Vorwurf, kam er doch von jemandem, der angeblich die Rolle des ›ehrlichen Maklers‹ spielte. Er beschuldigte Yasser Arafat mangelnder Flexibilität. Barak dagegen sagte, »Wir haben Arafat die Maske vom Gesicht gerissen«, und jetzt wüssten wir endlich, dass Arafat in Wirklichkeit gar keinen Frieden wolle.

Für mich reimte sich das alles nicht zusammen. Ich hatte den Friedensprozess sehr genau verfolgt und wusste, dass Yasser Arafat seit Jahren dieselbe Position vertrat. Um des Friedens willen war er bereit, den Traum aller Palästinenser, in ihre Heimatorte und ihr Land Palästina zurückzukehren, aufzugeben. Er war bereit, Israel anzuerkennen, den Staat, der Palästina zerstört, das Land seines Volkes an sich genommen und die Palästinenser in eine Nation von Flüchtlingen verwandelt hatte. Er war bereit, einen unabhängigen palästinensischen Staat im Westjordanland und im Gazastreifen – die zusammen nur 22 Prozent des Heimatlandes der Palästinenser ausmachen – mit dem arabischen Jerusalem als Hauptstadt zu schaffen.

Zu alldem war er bereit, aber es kam für ihn keinesfalls in Frage, sich mit noch weniger zufriedenzugeben. Er hatte immer klar gesagt, was er als die Bedingungen für einen Frieden ansah.

Am Ende stellte sich heraus, dass meine vage Ahnung richtig war. Als allmählich Berichte über die Verhandlungen

– Artikel, Zeugenberichte und Bücher wie *›Harakiri: Ehud Barak – Das Scheitern‹* von dem Journalisten Raviv Druker – veröffentlicht wurden, wurde klar, dass das, was die Israelis in Camp David verlangt hatten, einer totalen palästinensischen Kapitulation gleichkam. Ausserdem wurde klar, dass Ehud Barak bei seinen eigenen Beratern verhasst war und dass all seine politischen Verbündeten sich von ihm absetzten, weil sie ihm nicht mehr trauten. Barak verlangte von Arafat, ein Abkommen zu unterzeichnen, das den Konflikt für immer beenden würde – und im Gegenzug dafür sollte er die Erlaubnis bekommen, auf einem Gebiet einen palästinensischen Staat zu errichten, das gar nicht klar definiert werden konnte, weil es in Bruchstücke aufgespalten war, die geografisch nicht zusammenhingen. Statt des arabischen Ost-Jerusalem würde er einen kleinen Vorort Ost-Jerusalems als Hauptstadt bekommen. Damit erklärte Arafat sich nicht einverstanden.

Im September 2000 lagen Frustration und Enttäuschung greifbar in der Luft, und die Atmosphäre war bereits geladen, als Ariel Sharon, der von Anfang an gegen den Friedensprozess war, beschloss, dem Tempelberg in Jerusalem einen Besuch abzustatten. Das tat er dann auch, umgeben von Hunderten von bewaffneten Polizisten in voller Kampfmontur. Der Tempelberg, oder *Haram al Sharif*, wie er in der muslimischen Welt genannt wird, ist ein 14 Hektar grosses Areal, das ein Sechstel der Altstadt von Jerusalem einnimmt.

Er beherbergt das symbolträchtigste Gebäude Jerusalems, den Felsendom, und die Al-Aqsa-Moschee. Letztere ist nach Ansicht vieler Gläubiger über dem Ort erbaut, an dem der Patriarch Abraham seinen Sohn opfern wollte. Anderen Gläubigen zufolge ist dies der Standort des ersten und des zweiten jüdischen Tempels, oder die Stelle, von der aus der Prophet Mohammed seine nächtliche Reise in den Himmel antrat. Für die Juden ist er so heilig, dass fromme Juden ihn aus Angst, das Allerheiligste zu entweihen, gar nicht erst betreten. Für die Muslime auf der ganzen Welt sind nur Mekka und Medina noch heiliger als Jerusalem.

Sharon behauptete, er übe nur sein Recht aus, den Berg zu besuchen. Allerdings handelte es sich eher um eine Invasion als um einen Besuch. Die Reaktion kam unmittelbar und war völlig vorhersehbar. Palästinenser jeder Couleur sahen Sharons Aktion als die Entweihung einer heiligen Stätte, und es kam zu massiven Protesten, auf die Israel mit brutaler Gewalt antwortete. Die Unruhen führten zu einer immer härteren israelischen Repression und zu massiven militärischen Expeditionen Israels ins Westjordanland und in den Gazastreifen. Die palästinensischen Israelis in Nordisrael protestierten nun ebenfalls und auch sie stiessen auf die gewalttätige Reaktion der Polizei, die auf Zivilisten schoss und dabei dreizehn Palästinenser tötete. Sharon hatte die Lunte an einem schon bereitstehenden Pulverfass gezündet, und so wurde die zweite *Intifada* – der zweite Aufstand – geboren.

Dann brach der gesamte Friedensprozess zusammen und mit ihm die Regierung Baraks. Barak hatte ernste innenpolitische Probleme und gehofft, der Abschluss eines Friedensvertrags würde ihn politisch retten, aber nun war er doch zur Abhaltung vorzeitiger Wahlen gezwungen. Diese fanden im Februar 2001 statt und Barak erlitt eine demütigende Niederlage, was seine Amtszeit zur kürzesten sämtlicher Ministerpräsidenten in der Geschichte Israels machte. Ariel Sharon, der gegen Barak antrat, errang einen Erdrutschsieg. Alle Mankos und vergangenen Sünden Sharons waren vergessen; nun stand er als Ministerpräsident an der Spitze des Staats.

Um zu verstehen, warum Sharon gewählt wurde, muss man verstehen, wie Israel seine Generäle sieht – und ganz besonders diesen General. Ariel Sharon, oder Arik, wie er in Israel genannt wird, war immer eine überlebensgrosse Figur. Er war ein Kriegsheld. Er kämpfte 1948, er war der Chef der Kommandoeinheit 101,[31] er kämpfte in der Sinai-Kampagne von 1956[32] und erwies sich im Krieg von 1967 als brillanter Kommandeur. Er schien vorbestimmt, Stabschef der IDF zu werden, aber Anfang 1973 wurde klar, dass er diesen Posten nicht bekommen würde, und stattdessen musste er den Dienst quittieren. Die Ernennung zum IDF-Stabschef ist mindestens ebenso sehr von politischen wie von militärischen Erwägungen bestimmt.

Die Öffentlichkeit und die Armee hätten nie einen anderen Stabschef akzeptiert, solange Arik Soldat war, und so war Arik gezwungen, seine militärische Karriere zu beenden und seinen Abschied zu nehmen. Nach Sharons Ausscheiden aus der Armee schrieb mein Vater einen Artikel, in dem er beklagte, die IDF habe damit ein »militärisches Genie« verloren.[33] Er sagte, Arik Sharon hätte einen ausgezeichneten Stabschef abgegeben, und er sei »auf einzigartige Weise sowohl ein brillanter Militär als auch ein bewunderter Führer« gewesen, und er habe gewusst, »wie er sein Kommando organisieren musste, um die bestmöglichen Ergebnisse auf dem Schlachtfeld zu erzielen«.

Als der Nahostkrieg von 1973 ausbrach, der einzige Krieg, der nicht von Israel initiiert wurde und der Israel ohne jede Vorbereitung traf, wurde Sharon sofort zurück in die Armee berufen. Er kommandierte eine mit Reservisten bemannte Panzerdivision und rettete die IDF vor einer demütigenden Niederlage. Er war unerschrocken und repräsentierte genau das Israel, in dem die Israelis leben wollten: stark, mutig, schnörkellos. Er war auf einer Farm aufgewachsen und lebte auch dort; er war genau die Art von General, wie sie der Durchschnittsbürger liebte – nicht einer dieser feinen Militärs, die mit den Reichen und Mächtigen verkehrten. Die Schlachten, die er geleitet hatte, werden auf Militärschulen auf der ganzen Welt unterrichtet, und viele der obersten Kommandeure Israels waren seine Untergebenen. Ähnlich wie George Patton, der legendäre Held des Zweiten Weltkriegs, war er sowohl brillant als auch gefährlich. In Israel herrschte das Gefühl, dass niemand ausser ihm für die Sicherheit sorgen konnte, die die Menschen sich wünschten, und erst recht, dass niemand es wie er ›den Arabern‹ zeigen konnte – was das betraf, hatte er eine solide Bilanz.

Ich befürchtete eine kommende Katastrophe und konnte nicht länger untätig bleiben. Zusammen mit Smadars Tod waren all diese politischen Entwicklungen einfach zu viel für mich. Ich musste etwas tun. Der erste Schritt, so dachte ich mir, war es, Menschen zu finden, mit denen ich reden konnte, aber wie? Ich schaltete ein paar Anzeigen im Anzeigenteil des *San Diego Reader*, in denen ich nach Dialoggruppen suchte, bekam aber keine Antwort. Ich durchsuchte das Internet und stiess schliesslich auf das American-Arab Anti-Discrimination Committee (AAADC), und dort verwies man mich an George Majeed Khoury, einen Palästinenser aus Jerusalem, der in San Diego lebte. Er und ich standen dann mehrere Wochen lang per E-Mail und Telefon in Kontakt, da wir aufgrund unserer gedrängten Terminkalender nicht direkt miteinander sprechen konnten, bis wir uns schliesslich in seinem Büro trafen. Ich werde nie seine warme Begrüssung vergessen: »Endlich treffen wir uns!« Ich hatte unserer Begegnung mit einer gewissen Beklemmung entgegengesehen, aber seine Wärme nahm mir gleich jede Scheu. Wir sassen im Empfangsraum seines Büros, und er erzählte mir von der Jüdisch-Palästinensischen Dialoggruppe in San Diego: »Wir treffen uns einmal im Monat. Wir sind eine junge und sehr aktive und dynamische Gruppe. Ich muss die anderen Mitglieder fragen, ob du bei uns mitmachen kannst, aber ich werde dich ihnen empfehlen.«

Einige Wochen vergingen und ich hörte nichts. Ich schickte Majeed eine weitere E-Mail, und er lud mich zu einer Versammlung bei sich zu Hause ein. Als dann der Tag meines ersten Treffens kam, sorgte sich Gila, dass mir etwas zustossen könnte: »Du kennst die Leute nicht. Was ist, wenn das eine Falle ist? Ruf mich auf jeden Fall an und komm so früh wie möglich nach Hause.« Ich versprach, es zu tun.

Damals hatte ich mir noch nicht eingestanden, dass ich selbst solche Ängste hatte, und wenn doch, stand das im Schatten meiner Erwartungen und des Gefühls, dass ich dabei war, mich auf etwas Neues und Wichtiges einzulassen. Als ich zu dem Treffen fuhr, war ich so aufgeregt, dass ich mich verfuhr und für die halbstündige Fahrt am Ende über eine Stunde brauchte.

Als ich endlich beim richtigen Haus ankam, sah ich ein

Schild über der Tür, auf dem stand, ›Majeed und Haifa Khoury‹. Ich stand eine Weile da und schaute auf den Namen ›Haifa‹. Es war das erste Mal, dass es mir in den Sinn kam, dass ›Haifa‹ ein arabischer Name ist und dass die Stadt Haifa womöglich eine arabische Stadt gewesen war, bevor sie israelisch wurde.

Ich ging zögernd hinein. Etwa ein Dutzend Leute waren da, und ich vermutete, dass einige von ihnen amerikanische Juden und andere Palästinenser waren, aber zu Anfang hätte ich nicht sagen können, wer von ihnen wer war. Sie sassen im Wohnzimmer um einen Tisch herum, auf dem die üblichen nahöstlichen Speisen – Hummus, Falafel, Taboulé – standen, die den Israelis und Palästinensern gemeinsam sind. Ich hörte, wie eine Frau einen der Salate, der aus gewürfelten Gurken und Tomaten mit Olivenöl und Zitronensaft bestand, als »israelischen Salat« bezeichnete.

Darauf zog eine andere Frau sofort die Brauen hoch. »Israelischer Salat? Was soll das denn heissen?«, fragte sie scharf. »Willst du mir damit sagen, dass wir all die Jahre einen israelischen Salat gegessen haben?« Ich fühlte mich bei diesem Austausch ein wenig unbehaglich, aber alle anderen lachten. Das war in gewisser Weise ein Vorbote dessen, was später kommen würde.

Eine andere Jüdin erwähnte, sie werde bald zu Besuch nach Hause fahren. »Nach Hause? Welches Land nennst du Zuhause? Stellen wir hier mal eines klar, dieses Land ist mein Zuhause.« Auch das löste keinen Ärger und keine Feindseligkeit aus, sondern erneutes Gelächter.

Bald sassen wir um einen Esstisch herum und begannen, uns einander vorzustellen. Ich war der einzige Israeli – ich war fast immer der einzige Israeli. Und ich war ziemlich nervös.

Als die Reihe mit der Vorstellung an mir war, sah ich zu Boden und erzählte ihnen schnell, wer ich war und was meine Ansichten waren. Ich erzählte ihnen von meiner Familie und meinem Vater und von Smadar. »Ich bin Zionist und glaube an den jüdischen Staat. Ich bin fest davon überzeugt, dass es einen palästinensischen Staat im Westjordanland und im Gazastreifen mit Ostjerusalem als Hauptstadt geben muss.«

»Moment mal.« Doris Bittar, eine der Moderatorinnen der Gruppe, zog eine Nummer von *Al Jadid*, einem englischsprachigen Magazin, das über arabisch-amerikanische Kulturangelegenheiten berichtete, hervor. »Bist du Nurits Bruder?«

Zufälligerweise hatte *Al Jadid* ungefähr einen Monat zuvor einen Artikel über einen Film namens *Der Bombenanschlag* gebracht. Der Film der französischen Produzentin Simone Bitton beschrieb das Selbstmordattentat, bei dem Smadar getötet worden war. Doris wusste von Nurit, weil sie gerade den Artikel in *Al Jadid* gelesen hatte.

Ich hatte keine Ahnung, dass dort etwas über unsere Geschichte geschrieben worden war, aber alle anderen im Raum schienen davon zu wissen. Die Leute waren wie betäubt, als ich sagte, ich sei der Onkel des Mädchens in dem Film. Die Tatsache, dass ich ausgerechnet an diesem Tag an dem Treffen dabei war, schien wie ein mehr als glücklicher Zufall.

Das ist das erste Mal, dass ich an einem Ort bin, wo Juden und Palästinenser als Gleiche zusammen sind, dachte ich. Es gibt keine Besatzer und keine Besetzten, wir sind alle Bürger mit gleichen Rechten und gleichem Schutz durch das Gesetz. Die Tatsache, dass wir hier miteinander reden und uns dabei in die Augen sehen konnten, machte einen enormen Unterschied; tatsächlich machte sie vielleicht das Ganze hier überhaupt erst möglich. Wenn wir jeder zu Hause an seinem Platz gelebt hätten, hätten wir uns nie auf diese Art getroffen.

Es war ausserdem das erste Mal, dass ich mit Palästinensern aller Altersgruppen und unterschiedlichsten Hintergrunds in einem Raum sass, um über unser gemeinsames Heimatland zu sprechen. Ich hatte in vieler Hinsicht mehr mit den Palästinensern als mit vielen der jüdischen Amerikaner in der Gruppe gemeinsam. Die Dinge, die für die jüdisch-amerikanische Kultur charakteristisch sind – wie der New Yorker jüdische Humor oder jüdische Delikatessen –, waren mir vollkommen fremd. Auf der anderen Seite vermittelten mir die traditionelle Wärme und Gastfreundschaft der Palästinenser, das arabische Essen und die Fotos unserer gemeinsamen Heimat ein sehr behagliches Gefühl. Es störte mich nicht einmal, die Landkarte Israels zu sehen, über die zur Gänze ›Palästina‹ geschrieben war, etwas, wovon ich gedacht hatte, es würde mich beunruhigen, da doch mein Volk so hart dafür gekämpft hatte, sein Land zurückzubekommen. Vielleicht schuf die Tatsache, dass wir – die Palästinenser und der einsame Israeli der Runde – tatsächlich im Nahen Osten gelebt hatten und Erinnerungen an dasselbe Land teilten, sofort ein Band zwischen uns. Ich genoss jede Minute dieses Abends. Nurit sagte später, das Zusammentreffen mit Palästinensern habe wohl Heimatgefühle in mir geweckt. Sie hatte Recht. Ich hatte endlich ein Stück Heimat in Amerika gefunden.

Das Treffen hatte um sieben begonnen, und ich hatte damit gerechnet, dass es eine oder höchstens zwei Stunden dauern würde. Als ich um zehn noch nicht zurück war, fing Gila an, sich Sorgen zu machen. Wir waren beide noch nie bei einem Palästinenser zu Hause gewesen und wir kannten niemanden von der Gruppe. Sie fürchtete ernsthaft um mein Leben und rief mich auf meinem Handy an, um sicherzugehen, dass es mir gut ging. Ich versicherte ihr, dass alles in bester Ordnung sei.

Die Treffen der Jüdisch-Palästinensischen Gesprächsgruppe San Diego wurden einmal im Monat abgehalten, und alle waren immer höflich und respektvoll gegenüber den anderen, wenn diese ihre Geschichten erzählten. Von den Palästinensern hörte ich Geschichten der Vertreibung und der Unbarmherzigkeit, die ich niemals für möglich gehalten hätte. Wir trafen uns dort nicht, um zu streiten, sondern um einander zuzuhören und unsere Erfahrungen auszutauschen. Nachdem wir uns ein wenig aneinander gewöhnt hatten, begannen wir, uns auch auf gefährlichere Gebiete vorzuwagen und Themen anzuschneiden, die über den Bereich des ›sicheren‹ Dialogs hinausgingen.

Majeed beschrieb seine Lebenserfahrung mit den Worten: »Ich wurde zweimal ethnisch gesäubert.« Das erste Mal war er noch ein Kind. »Aufgrund der ständigen Bombardierung unseres Viertels waren wir gezwungen, unser Haus in West-Jerusalem zu verlassen.« Dann brach, während er an der Amerikanischen Universität in Beirut studierte, 1967 der Sechstagekrieg aus, und er durfte nicht zu seiner Familie zurückkehren, die mittlerweile in Ost-Jerusalem lebte. Seine Kritik an den Mitgliedern der Führungsspitze der PLO, von denen er etliche persönlich kannte, war schneidend scharf. Seine ›R‹s rollten vor Wut: »Das sind korrupte Betrüger und Verbrecher!«

Eines Tages, nachdem ich schon mehrere Monate bei diesen Treffen gewesen war, erfuhr ich, dass Manal Swairjo, eine der Frauen der Gesprächsgruppe, an einem Sonntagmorgen in einer örtlichen Synagoge sprechen würde. Rabbi Moshe Levin von der Kongregation Beth El, der ebenfalls Mitglied unserer Gruppe war, hatte sie dazu eingeladen. Das war von seiner Seite ein riskanter Schritt. Er war der Rabbi einer der bedeutendsten Synagogen San Diegos, und eine Palästinenserin einzuladen, zur Versammlung der jüdischen Sonntagsschule zu sprechen, bei der es ein so grosses Publikum gab, war von nicht geringer Bedeutung. Ich hörte später, dass er dafür eine Menge Kritik einstecken musste.

Manal ist eine Frau, die einige bemerkenswerte Dinge vorzuweisen hat; sie ist Doktorin, weltberühmte Wissenschaftlerin und eine fesselnde Rednerin. Sie hat ein umwerfendes Lächeln und sehr schöne Augen. »Ich bin in Kuwait geboren und aufgewachsen, wo mein Vater, ein Flüchtling aus Majdal (das heute die israelische Stadt Ashkelon ist), Lehrer war«, berichtete sie den Zuhörern. »Mein Vater war noch klein, als die Stadt von Israel eingenommen wurde, und seiner Familie blieb nichts übrig, als in einem Flüchtlingslager im Gazastreifen Zuflucht zu suchen.« Das hatte ich nicht gewusst, und ich bin sicher, dass für das vorwiegend jüdische Publikum dasselbe galt.

In ihrer Antwort auf eine Frage aus dem Publikum sagte

sie: »In Kuwait brachte man uns Hebräisch bei und man sagte uns, wir müssten es lernen, weil Hebräisch die Sprache des Feindes sei.« Als ich das hörte, lief es mir kalt den Rücken hinunter. »Wir lernten sogar, das auf Hebräisch zu sagen: *Ivrit hee sfat ha'oyev.*« Als sie diese Worte, gesprochen mit arabischem Akzent, auf Hebräisch wiederholte, wusste ich nicht, wohin mit mir. Eine Woge von Gedanken und Gefühlen übermannte mich, eine Mischung von Schmerz und Überraschung. Tatsächlich fühlte ich mich zutiefst beleidigt. Sie stellte eine Beziehung zwischen meiner Sprache, der Sprache, die mich wie ein festes Band mit der hebräischen Kultur, der Sprache der alten und neuen grossen hebräischen Schriftsteller verbindet, und ihrem Schicksal als Palästinenserin her. Ich dachte sofort an die Dichter Bialik und Lea Goldberg, die Propheten des Alten Testaments und den unsterblichen Verfasser des *Hohen Liedes.* Wie konnte meine Sprache mit dem Begriff des ›Feindes‹ in Verbindung gebracht werden?

Ich kann verstehen, dass man Soldaten und jüdische Siedler im Westjordanland und einige israelische Politiker als Feinde der Palästinenser betrachten kann. Aber die hebräische Sprache war doch das Herz und die Seele der hebräischen Kultur. *Hiess das, dass auch ich der Feind war?* Ich hatte das Gefühl, plötzlich mit Dingen in Verbindung gebracht zu werden, von denen ich geglaubt hatte, nichts mit ihnen zu tun zu haben. Das war nicht das letzte Mal, dass jemand etwas sagte, was mich bis ins Innerste erschütterte, aber es war der erste wirkliche Tiefschlag für mich.

Ich schrieb Manal daraufhin sofort eine Notiz, weniger, um mit ihr zu streiten, als ihr vor Augen zu führen, wie stark die Gefühle und Gedanken waren, die ich hatte, als ich ihre Worte hörte. Sie meinte, sie habe nicht geahnt, dass ihre Worte eine so starke Reaktion auslösen würden.

Jahre später, nach der Geburt von Manals Tochter, kam ihr Vater nach San Diego zu Besuch. Gila und ich suchten sie bei dieser Gelegenheit ebenfalls auf, und als Gila Manals Vater begegnete, stellte sich das als höchst emotionaler Moment heraus. Ihnen wurde beiden klar, dass sie aus demselben Ort stammten: Majdal, die heutige israelische Stadt Ashkelon, liegt nur einige Kilometer im Norden des Kibbuz Zikim, wo Gila geboren und aufgewachsen ist. Sie hatten beide in ihrer Kindheit und Jugend dieselbe Landschaft gesehen und geliebt, und das hatte bei beiden einen tiefen Eindruck hinterlassen. Manals Vater sagte immer wieder unter Tränen, wir seien »gute Menschen« und er fühle keine Verbitterung uns gegenüber. »Das war nicht eure Schuld.«

Später sprachen Manal und ich über diese Begegnung. »Das war das erste Mal, dass ich meinen Vater um Palästina weinen sah«, meinte sie.

Meine Reise und meine Wandlung gewannen eine neue Intensität. Schon bald musste ich mich meinem Augenblick der Wahrheit stellen – obwohl er sich als nur der erste von vielen solchen Augenblicken herausstellte, Augenblicke, ohne die ein Dialog blosses Gerede ist.

Wir waren bei einem unserer Gesprächstreffen bei Majeed. Majeed setzte uns einen Punkt auseinander, der ihm wichtig war: »Die Palästinenser hatten kaum 10’000 Kämpfer, aber die Truppenstärke der Hagana und der anderen jüdischen Milizen war insgesamt dreimal so hoch, wenn nicht noch höher. Als die Juden dann angriffen, hatten die Palästinenser nie eine Chance.« Das war die ungeheuerlichste Geschichtsklitterung, die ich je gehört hatte: dass die Kampftruppen der jüdischen Milizen 1948 denen der Araber überlegen gewesen seien und dass die Juden angegriffen hätten.

Mein Vater und all seine Freunde hatten in diesem Krieg gekämpft. Ich hatte aus erster Hand Geschichten über die Belagerungen, die heftigen Angriffe und auf der Kippe stehenden Schlachten gehört, in denen unsere Streitkräfte zahlenmässig unterlegen waren und nur deswegen siegten, weil sie gewitzter waren und das Recht auf ihrer Seite hatten. Meine Mutter hatte mir erzählt, während der Belagerung Jerusalems hätten die Mahlzeiten der Soldaten aus nur einer halben Tomate bestanden, und um Trinkwasser zu haben, hätten sie zu den Wasserbrunnen rennen müssen, während Bomben aus dem Himmel fielen und Scharfschützen auf sie schossen. In der Negev-Wüste, in der mein Vater kämpfte, hätten einige wenige Israelis der gewaltigen ägyptischen Armee gegenübergestanden.

Ich war vollkommen überzeugt, dass ich mit meinem Hintergrund mehr über diesen Aspekt des Konflikts wusste als jeder andere und dass Majeeds Behauptungen keinerlei Sinn ergaben. In gewisser Weise befleckte das sogar die Geschichte der Gründung des jüdischen Staates, eine Geschichte, in der der Sieg der kleinen Minderzahl über die grosse Mehrzahl ein entscheidendes Element ist. Wenn das, was er da sagte, wahr war, nahm es unserer Geschichte einen Grossteil ihrer ruhmreichen Aura.

Das hätte leicht der Punkt sein können, an dem es mir zu viel wurde. Ich konnte mir nicht erklären, weshalb Majeed immer weiter auf der unsinnigen Behauptung beharrte, Israel sei kein ›David‹ gewesen, der sich gegen einen arabischen ›Goliath‹ verteidigte, aber ich war auch nicht bereit, ihn als Lügner abzutun.

Das konnte ich allein schon deshalb nicht tun, weil zwischen uns in der Zwischenzeit ein Vertrauensverhältnis entstanden war. Dieses Vertrauen ermöglichte mir, die sichere Komfortzone des ›Wissens‹ zu verlassen, um das unbekannte Territorium des ›Anderen‹ zu erforschen. Das war sehr schwer, aber ich hatte das Gefühl, selbst wenn das, was er sagte, nicht die Wahrheit war, wie ich sie kannte, müsste ich seinen Behauptungen dennoch nachgehen.

Ich sagte damals erst einmal nichts, um keinen Streit vom Zaun zu brechen. Stattdessen rief ich, als ich am Abend nach Hause kam, meinen Bruder Yoav an, der politische Wissenschaft an der Universität Tel Aviv unterrichtete.

»Ja, was dein Freund da sagt, hat einiges für sich. Wenn du mehr wissen willst, lies ein paar Bücher von Benny Morris, Ilan Pappé und Avi Shlaim.« Diese drei »neuen israelischen Historiker« hatten alle kurz zuvor verschiedene Neubewertungen der Geschichte der Entstehung des Staates Israel vorgelegt. Ich folgte Yoavs Rat getreulich. Im Lauf der folgenden Wochen und Monate las ich sämtliche Bücher dieser Autoren. Und je mehr ich las, desto mehr wollte ich wissen. Diese Autoren bestätigten, was die Palästinenser schon seit Jahrzehnten gesagt hatten. Tatsächlich bestätigten sie das, was der grösste Teil der Welt seit Jahren wusste: dass Israel geschaffen wurde, nachdem jüdische Milizen Palästina zerstört und seine Bevölkerung mit Gewalt ins Exil vertrieben hatten. Für mich war das ein raues Erwachen. Ich erinnere mich noch, wie ich die israelische Fernsehserie Tkuma, oder Wiedergeburt, sah, die 1998 zur Feier des fünfzigsten Jahrestags der israelischen Unabhängigkeit herausgekommen war. In einer Folge, die den israelischen Unabhängigkeitskrieg behandelte, wurde ein ehemaliger Kommandeur von 1948 gefragt, ob es stimme, dass die Truppen der Hagana arabische Dörfer niederbrannten. Er hob seinen Blick langsam in die Kamera, wartete eine Weile und sagte dann: »Als wären es Freudenfeuer.« Das alles lief auf ein ganz neues Paradigma zur Beurteilung des israelisch-palästinensischen Konflikts hinaus.

Der Zweck eines Dialogs ist die Beseitigung von Barrieren auf beiden Seiten durch Zuhören und Mitgefühl – was, wie ich gelernt habe, leichter gesagt als getan ist. Die Bereitschaft, die Wahrheit einer anderen Person zu akzeptieren, ist ein grosser Schritt. Tatsächlich ist dieser Schritt so folgenschwer, dass einem schon beim Gedanken daran übel werden kann.

Zuerst fühlte ich mich wie ein Kind, das gerade erst Laufen lernt; dabei erkannte ich mit jedem Schritt, dass es gut war, den Trost dessen loszulassen, was für mich einmal die ›Wahrheit‹ gewesen war. Das öffnete die Tür zu einer Diskussion, gegen die die meisten Israelis sich heftig sperren – nämlich der Frage: Was haben die zionistischen Streitkräfte 1948 tatsächlich getan? Sobald ich einmal ein paar Schritte in dieses unbekannte Gebiet unternommen hatte, gewann ich wieder Zuversicht und fand zu meiner Überraschung, dass es etwas gab, auf das man sich noch mehr verlassen konnte als auf die Mythen von Heldentum und Erlösung, von denen meine Kindheit so erfüllt gewesen war. Viele, wenn nicht alle dieser Mythen wurden erst von dem neuen jüdischen Staat geschaffen und verbreitet, der dem Bild von David und Goliath neue Substanz geben wollte und mein Volk als das Volk von Helden zeichnete, das aus der Asche auferstand, um sich sein historisches Heimatland zurückzuerobern. Für mich war das Einzige, was stärker als dieser Mythos war, Vertrauen – das Vertrauen, das zwischen den Mitgliedern der Gesprächsgruppe bereits bestand. Ohne dieses Vertrauen wären wir nie vorangekommen. In unserer Gruppe ging es nicht um gegenseitige Anklagen, sondern darum, zuzuhören und persönliche Geschichten zu erzählen, und genau das ermöglichte mir zum ersten Mal in meinem Leben, zu verstehen, dass die Palästinenser eine eigene Geschichtsversion hatten und dass diese sich von der Version, die man mir beigebracht hatte, unterschied – ja, dass sie in Wirklichkeit das diametrale Gegenteil davon war.

Das zu verstehen, war extrem qualvoll und für mich nur möglich, weil Doris Rauch und ihr Mann Jim in unserer Gruppe eine so wunderbare Moderatorenrolle spielten. Doris ist arabisch-amerikanische Künstlerin, deren Familie aus Palästina und dem Libanon stammt. Geboren in Bagdad, wuchs sie in New York auf und verinnerlichte dort einen Grossteil der jüdisch beeinflussten Kultur dieser Stadt. Sie hat dunkle Haare und warme dunkle Augen. Ihre Miene bringt beständig mütterliche Besorgnis zum Ausdruck, und wenn sie lacht oder lächelt, geht im Raum die Sonne auf.

Jim ist US-amerikanischer Jude und angesehener Ökonomieprofessor an der University of California San Diego (UCSD). Er ist ruhig und methodisch, und sein Verstand ist messerscharf. Wir alle fühlten uns mit Doris und Jim wohl, weil klar war, dass sie beide Kulturen respektierten, und weil sie eine einzigartige Fähigkeit hatten, Menschen zusammenzubringen. Sie waren grosse Moderatoren, die ihre eigenen Interessen beiseiteliessen. Viele der Treffen unserer Gruppe fanden in ihrer hübschen Wohnung in San Diego statt, und es war in erster Linie ihr Engagement, das die Gruppe am

Leben hielt, da sie Monat für Monat ihr Herzblut gaben, um diesen schwierigen Dialog am Laufen zu halten. Meiner Ansicht nach hatten sie damit vollen Erfolg.

Mit der Zeit breitete sich dieses ›Gesprächsphänomen‹ aus und es gab später in San Diego drei oder vier aus unserer Gruppe hervorgegangene weitere Gruppen, darunter eine, die ich selbst ins Leben rief. Doris gab mir die Namen und Adressen der Leute, die interessiert sein könnten, und ich rief sie an, um zu sehen, ob sie ernsthaft an einer Gesprächsgruppe teilnehmen wollten. Auch diese Gruppe stellte sich als äusserst engagiert heraus. Ich erkannte allerdings bald, dass ich zum Teilnehmer besser geeignet war als zum Moderator: Ich wollte aktiv zu den Gesprächen beitragen und unbeschränkt meine Meinung äussern – und nicht die unparteiische und etwas farblose Rolle spielen, die gute Moderatoren einnehmen müssen. Also überliess ich diese Aufgabe bald anderen in der Gruppe.

Allmählich machte die Nachricht die Runde, es gebe jüdisch-palästinensische Gesprächsgruppen, die in San Diego und der Gegend tätig seien und konstruktive Dinge zu sagen hätten. Einige Leute fanden das aufregend, während andere verärgert reagierten. Die örtlichen Zeitungen und Fernsehsender interessierten sich für uns, und der *Christian Science Monitor* brachte einen grossen Bericht.

Das Überschreiten der Trennlinie, um den Standpunkt des ›Anderen‹ zu verstehen, stiess nicht auf ungeteilten Anklang. Unsere jüdischen und palästinensischen Mitglieder sprachen mit grossem Schmerz über einige Leute, manchmal sogar enge Freunde, in ihren Gemeinden, die ihnen nun aus dem Weg gingen, weil sie sich mit ›der anderen Seite‹ trafen.

»Sie haben uns gesagt, wir seien nicht mehr willkommen, weil wir uns mit Terroristen träfen«, berichtete eine ältere Jüdin.

»Uns haben sie gesagt, wir sollten uns schämen«, meinte einer der Palästinenser.

Ich wurde zusammen mit anderen Mitgliedern der Gruppe gebeten, an Podiumsdiskussionen teilzunehmen. Man lud uns zu Vorträgen in Synagogen, Moscheen und Kirchen ein. Bürgerorganisationen und Wohltätigkeitsclubs baten uns, bei ihnen zu sprechen. Wir sassen dann zusammen auf der Bühne und erzählten abwechselnd unsere Geschichten. Damals wurde mir klar, dass ich lernen musste, meine Tränen zurückzuhalten, wenn ich über Smadar sprach. Wenn wir gesprochen hatten, beantworteten wir Fragen aus dem Publikum. Von Zeit zu Zeit wurden wir in Zweiergruppen eingeladen, und so hatte ich Gelegenheit, mit Majeed, Doris und Manal auf dem Podium zu sitzen. Dabei merkte ich, wie wir uns immer mehr von der Repräsentation gegensätzlicher Standpunkte auf die Präsentation einer gemeinsamen Vision zu bewegten.

2002 beschloss der israelische Fernsehsender Channel 10, einen Dokumentarfilm über Israelis zu produzieren, die im Ausland lebten. Yehuda Litani, der mit Nurit und Rami befreundet war, kam nach San Diego, um einen palästinensischen Arzt zu interviewen, der dort lebte. Als Nurit hörte, dass Yehuda nach San Diego kommen wollte, berichtete sie ihm, dass auch ich dort lebte, und er beschloss, auch über mich eine Sendung zu drehen.

Gila war mit Tali schwanger, als er kam, und wir waren bald sehr gute Freunde. Er und sein Kameramann folgten mir fast eine Woche lang überall hin und machten Aufnahmen von mir, wie ich meine Klassen im Dojo oder am Strand von Coronado unterrichtete. Er kam zu einem Treffen der Gesprächsgruppe und drehte lange Interviews mit Nurit und meiner Mutter. Das Ergebnis war ein vierzigminütiger Dokumentarfilm, der auch meine Familie, meinen Vater, Smadar sowie meine Arbeit mit jüdisch-palästinensischen Dialoggruppen und mein Karatetraining zeigt. Am Ende des Films schloss Litani mit den Worten, ich sei ein effizienter Sonderbotschafter für Israel, und er beklagte, dass ich selbst nicht mehr in Israel lebte.

Tatsächlich hatte ich das Gefühl, endlich etwas zu tun – aber das war erst der Anfang.

8
Zwei Flaggen

Mein Engagement erreichte eine neue Ebene, als ich eine auf den ersten Blick unwahrscheinliche Partnerschaft mit Nader Elbanna einging. Oberflächlich gesehen haben Nader und ich sehr wenig miteinander gemein. Er ist ein frommer Muslim und palästinensischer Araber, und ich bin ein weltlicher israelischer Jude, dem wenig an Religion liegt. Wir gehören verschiedenen Generationen an: Er wurde 1946 geboren, ich erst 15 Jahre später. Wir stammen aus verschiedenen Kulturen: Er hatte eine traditionelle arabische Erziehung, ich eine liberal westliche. Politisch und sozial gesehen ist er konservativ, während ich ein progressiver Liberaler bin.

Unsere Lebensgeschichten sind Produkte desselben Dramas, des Dramas von Israel und Palästina. Und doch sind es sehr verschiedene Geschichten. Die Wiederauferstehung eines unabhängigen jüdischen Heimatstaates, die den stolzen Mittelpunkt der Geschichte meiner Familie darstellte, war der Grund für die Zerstörung und Verwüstung Palästinas, und das war die Geschichte *seiner* Familie. Obwohl wir beide im Exil lebten, tat ich dies aus freien Stücken und konnte, wann ich wollte, zurückkehren, während er gewaltsam exiliert worden war und nicht zurück nach Hause durfte.

Was uns zusammenführte, waren Schicksal, Beharrlichkeit und tiefe Zuneigung. Wie Brüder, die dieselbe Mutter haben, sind wir Söhne desselben Heimatlandes. Wären wir in unserem Heimatland geblieben, hätten wir einander nie kennengelernt, aber das Exil brachte uns zusammen.

Ich begegnete Naders Sohn Jamil, bevor ich Nader selbst kennenlernte. 2002 lud Doris Jamil zu einem Treffen der Gesprächsgruppe ein. Ich erinnere mich, dass wir an diesem Abend bei Majeed waren, als Jamil sich vorstellte und der Gruppe sagte: »Ich bin in Jordanien geboren und aufgewachsen und habe meine Ausbildung in den Vereinigten Staaten zu Ende gemacht, aber mein Vater hat mich dazu erzogen, ein stolzer Palästinenser zu sein.«

Während ich ihm zusah und zuhörte, musste ich unwillkürlich denken: Dieser gebildete, wohlerzogene, gut gekleidete junge Mann, der in Jordanien geboren und aufgewachsen und in den Vereinigten Staaten ausgebildet worden war, sieht sich selbst immer noch als stolzen Palästinenser. Das fand ich gleichzeitig beeindruckend und verwirrend; es erinnerte mich an die Geschichten, die ich über Juden gehört hatte, die jahrhundertelang im Exil gelebt hatten, aber dennoch ihrer Identität und ihrem Heimatland verbunden blieben. Später im selben Jahr begegnete ich dann Nader. Dieses Mal waren wir in der Wohnung von Doris und Jim, die damals bereits als Mutter und Vater der Jüdisch-Palästinensischen Gesprächsgruppe San Diego bekannt waren.

Nader war in Jackett und Krawatte gekleidet. Er tat sich gerade Essen auf den Teller, als ich ihn ansprach und mich vorstellte. Er sagte mir, sein Name sei Nader, was er wie die Amerikaner als Neider, wie in Ralph Nader aussprach.

»Sie müssen Nader meinen«, sagte ich, indem ich die arabische Aussprache seines Namens verwendete, die mehr wie ›Nadier‹ klingt.

»Wie wollen Sie das wissen?«, fragte er.

»Ich bin Israeli und weiss, wie der Name ausgesprochen wird.«

Er wendete sich abrupt ab und verliess den Raum; er vergeudete keine Zeit mit Höflichkeiten. Ich war überrascht. Es war das erste Mal, dass jemand, den ich durch die Gruppe traf, nicht herzlich und freundlich zu mir war.

Später bei demselben Treffen erzählte Nader der Gruppe seine Geschichte: »Ich bin in Nazareth in einer muslimischen Familie geboren, wir hatten jüdische und christliche Nachbarn.« Ich erfuhr später, dass seine Vorfahren mit dem ägyptischen Herrscher Ibrahim Pasha, der Palästina 1831 erobert hatte, nach Nazareth gekommen waren. Die Familie hatte einen eigenen Friedhof in Nazareth, auf dem Generationen der Elbanna-Familie zur letzten Ruhe gebettet worden waren.

Nader fuhr fort: »1948 mussten wir Palästina und unser schönes Haus in Nazareth verlassen und hatten keine Wahl, als in Zarqa in der Wüste in einem Zelt zu leben.« Nader war zweieinhalb Jahre alt, als sein Vater, wie das jeder verantwortungsbewusste Vater getan hätte (und es Tausende anderer palästinensischer Väter ebenfalls taten), die Familie über den Jordan brachte, wobei er gedachte, zurückzukehren, sobald die Kämpfe vorbei waren. Die Familie landete in einem Flüchtlingslager in der Stadt Zarqa im Norden der jordanischen Hauptstadt Amman. Aber zur gleichen Zeit wurde Palästina zerstört, seine Bevölkerung in alle Winde zerstreut und der Staat Israel gegründet. Der neue Staat erlaubte den Palästinensern, die das Gebiet verlassen hatten, nicht, in ihre Häuser und ihr Land zurückzukehren. Wie sich herausstellte, sollten sie für immer Flüchtlinge bleiben.

Nader gelang es, sich am eigenen Schopf aus dem Sumpf zu ziehen, und er begann eine Karriere im jordanischen Militär, wo er nach Absolvierung des Königlich-Jordanischen Militärkollegs das Offizierspatent erhielt. Er blieb bis September 1970[34] in der jordanischen Armee und zog sich danach aus dem militärischen Leben zurück, um Geschäftsmann zu werden. 1988, etwa zur selben Zeit wie Gila und ich, beschloss er, mit seiner Familie in die USA zu ziehen. Er hat sechs Kinder und seine zwei jüngsten Söhne sind in ungefähr demselben Alter wie meine beiden Jungen Eitan und Doron.

Irgendwann während des Treffens sagte Nader etwas, was meine höchste Aufmerksamkeit weckte. »Ich war Hauptmann in der jordanischen Armee und habe in der Schlacht von Karame gekämpft.« *In Karame! Auf der anderen Seite!* Mein Bruder Yoav war ebenfalls in Karame; er war damals Leutnant und kommandierte einen Panzerzug. Ich war nicht sicher, ob meine jüdisch-amerikanischen Freunde die wirkliche Bedeutung dieser historischen Schlacht verstehen konnten.

Sie war ein Meilenstein in den Beziehungen zwischen Israel und dem palästinensischen Widerstand, besonders der Fatah-Bewegung Yasser Arafats. Die Schlacht begann am

Abend des 21. März 1968. Auf Befehl des israelischen Verteidigungsministers Moshe Dayan fand in dem Dorf Karame östlich des Jordan eine grosse Offensive der israelischen Armee statt. In dem Dorf befand sich das Hauptquartier der Fatah, und auch Yasser Arafat hielt sich zu diesem Zeitpunkt mit ein paar Hundert palästinensischen Kämpfern, oder *fedayeen*, dort auf. In einer Auseinandersetzung, die als die erste offene Schlacht zwischen der jüdischen Armee und den Palästinensern seit 1948 gelten kann, mobilisierte Israel mehr als hundert Panzer, die gesamte 35. Luftlandebrigade, Kommandoeinheiten der Sondereinsatzkräfte, mehrere Schwadronen der Luftwaffe und eine ganze Reserveinfanteriebrigade. Aber das massive Aufgebot Israels erwies sich als zu schwerfällig und ungeschlacht. Die Panzer blieben im Schlamm stecken, was den Angriff verzögerte und ihm jegliches Überraschungsmoment nahm. Arafat, der der Welt bis dahin kaum bekannt gewesen war, war vom jordanischen Geheimdienst darüber informiert worden, dass ein grossangelegter israelischer Militärangriff im Gange war. Bei der folgenden Schlacht erlitten die Palästinenser schwere Verluste, hielten aber dem Angriff stand und überraschten das israelische Militär mit ihrem Wagemut. Die jordanische Armee, in der Nader damals als junger Offizier diente, mischte sich in die Kämpfe ein und unterstützte die Palästinenser, womit sie gleichzeitig das jordanische Territorium gegen die Invasionsarmee verteidigte.

Die Vereinigten Staaten verurteilten diesen Angriff vehement. Der US-Botschafter bei den Vereinten Nationen, Arthur Goldberg, erklärte, Aktionen wie diese, die in ihrer Grössenordnung völlig unverhältnismässig seien, seien »ausserordentlich bedauerlich«. In der arabischen Welt nahm die Schlacht regelrecht mythische Dimensionen an, und am 13. Dezember 1968 brachte das *Time Magazine* eine Geschichte über Fatah mit Arafat auf dem Titelbild, wodurch der Welt zum ersten Mal sein Konterfei präsentiert wurde. Die Schlagzeile auf dem Cover lautete »Die arabischen Kommandos: Aufsässige neue Kraft im Nahen Osten«.

Im Arabischen bedeutet ›*Karame*‹ ›Würde‹. Für Israel wurde die Schlacht von Karame zu einem Symbol der Demütigung.

Nader schloss mit persönlichen Erinnerungen an diese Schlacht. »Mein bester Freund, Ibrahim al Shahshir, wurde von einem Phosphorgeschoss getroffen, das von einem israelischen Panzer abgefeuert wurde, und er starb ganz langsam, während ich ihn den Armen hielt.«

Nach dem Treffen wollte ich Nader gerne ansprechen, aber ich wusste nicht genau, was ich sagen sollte. Also ging ich zu ihm hinüber, erzählte ihm, dass mein Bruder ebenfalls in Karame gekämpft hatte, und gab ihm meine Reversnadel. Diese zeigte Seite an Seite die Flaggen Palästinas und Israels; sie war einer der wenigen solcher Anstecker, die ich aus der Zeit des Aktivismus meines Vaters noch übrig hatte. Als mein Vater ihn getragen hatte, war das öffentliche Zeigen der palästinensischen Flagge in Israel verboten. Die Nadel bedeutete mir sehr viel, und ich hatte sie bei all unseren Gesprächstreffen getragen. Später sagte Nader »Zuerst dachte ich, Miko sei ein Spion, den der Mossad geschickt hatte, und ich war sicher, dass ich ihm an diesem Abend die Stirn bieten müsste. Dann sah ich, dass er einen Anstecker mit einer palästinensischen Flagge trug. Ich hatte noch nie einen Israeli gesehen, der die palästinensische Flagge trug, und hätte nie gedacht, dass ich einmal einen sehen würde.«

Einige Monate später kam Naders Tochter Rania zu einem der Gesprächstreffen. Sie ist gross und dünn und trägt eine Brille und den *Hijab*, das Tuch, mit dem fromme muslimische Frauen ihren Kopf verhüllen. Angesichts ihres stillen Auftretens und ihrer traditionell muslimischen Kopfbedeckung war für mich schwer zu sagen, wie sie wohl sein würde.

»Als ich mich entschied, fromme Muslimin zu werden, lernte ich, dass ich mich von meinen Vorurteilen verabschieden musste.« Sie sprach ruhig und brachte ihre Gedanken klar zum Ausdruck. »Der Islam hielt mich dazu an, den ›Anderen‹ besser kennenzulernen und eine bessere Zuhörerin zu sein. So beschloss ich, mich zu öffnen und jüdische Menschen und israelische Menschen zu treffen, und deshalb bin ich hier. Ich glaube, das hat mich zu einer besseren Person gemacht.« Ranias Worte überraschten viele von uns. Keiner von den jüdischen Amerikanern in der Gruppe hatte je eine palästinensische Frau getroffen, die auch fromme Muslimin war, und dasselbe galt für mich. Sie war die einzige unter den palästinensischen Frauen, die einen *Hijab* trug.

Es vergingen einige Monate, bis ich Nader bei einem weiteren Treffen erneut begegnete. Er erwähnte, er sei Mitglied des Rotary Clubs in Escondido, einer Stadt im Norden des Landkreises San Diego. Ich war einige Jahre vorher dem Rotary Club in Coronado beigetreten. Als ich das tat, hatte ich keine Ahnung, was Rotary bedeutet, aber ich erfuhr rasch von dem riesigen Ausmass an wichtiger Arbeit, die Rotary auf der ganzen Welt leistet. Ungeachtet des konservativen Rufs des Clubs und meiner nicht gerade konservativen Ansichten zu so ungefähr jedem Thema gewann ich im Rotary Club in Coronado und in den anderen Rotary Clubs rund um die Welt viele neue Freunde und Kollegen.

Als ich erfuhr, dass auch Nader Mitglied des Rotary Clubs war, hatte ich eine Idee. Wir stammten beide aus demselben Land, wir nahmen beide am jüdisch-palästinensischen Dialog in San Diego teil, und wir waren beide Mitglieder in grossen Rotary Clubs. Wir hatten wichtige Geschichten zu erzählen und ich wusste, dass seine Art, zu reden, seine Zuhörer zutiefst bewegen konnte. So machte ich ihm einen Vorschlag: »Warum sprechen wir nicht gemeinsam vor Rotary Clubs?«

Zu Beginn war er skeptisch, aber er war der Idee nicht gänzlich abgeneigt. Auch wenn es eine Weile dauerte, wuchs doch das Vertrauen zwischen uns, und Nader gewann mehr Selbstvertrauen in seine Fähigkeit, sich auszudrücken, und auch zu seiner Identität als Amerikaner, der zugleich Palästinenser und Muslim ist. Wir begannen vor Rotary Clubs im gesamten Landkreis San Diego (von denen es damals 33 gab) zu sprechen und waren sofort sehr populär. Wir wurden als die israelisch-palästinensischen Rotarier bekannt, die das grössere Bild sahen und trotz ihrer offenkundigen Verschiedenheit gut miteinander auskamen. So verbrachten wir viel Zeit miteinander und wurden allmählich Freunde.

»Du musst deine Familie mit nach Coronado bringen und uns besuchen«, sagte ich Nader eines Tages. Zunächst zögerte er. Ich glaube, dass er sich bei dem Gedanken nicht ganz wohl fühlte, weil er nicht wusste, was da auf ihn wartete. Er war nie bei einer israelischen Familie zu Hause gewesen. Die Tatsache, dass Israelis sein Land zerstört und seine Familie in ein Flüchtlingslager in der Wüste getrieben hatten, war keine Marginalie. Es bedurfte eines beträchtlichen Vertrauensvorschusses, seine Familie der ›Gnade‹ einer weiteren israelischen Familie auszuliefern.

Schliesslich stimmte er dann doch zu. Wie Nader die Geschichte gern erzählt, »kamen wir zum Mittagessen nach Coronado und wollten eigentlich nicht länger als zwei Stunden bleiben«. Gegen 13 Uhr trafen er, seine Frau Afaf und ihre beiden kleineren Jungen Sami und Yusef bei uns ein. Afaf, eine fromme Muslimin mit sehr konservativem familiären Hintergrund, und Gila, eine säkulare Israelin, die in einem Kibbuz aufgewachsen war, verstanden sich sofort prächtig. Während sie ins gemeinsame Gespräch versunken waren, nahm ich Nader mit, um ihm ein Video über Palästina zu zeigen, das ich gerade gesehen hatte. Die Jungen verschwanden mit Eitan und Doron und tauchten nur gelegentlich wieder auf, um zu verkünden, »Wir haben Hunger.« Wir assen zusammen zu Mittag, und die zwei Stunden wurden zu vier, und die vier zu sechs. Wir redeten immer weiter, während die Kinder spielten. Dann machten wir alle einen Spaziergang an der Bucht.

»Seht euch das an.« Ich deutete auf unsere Kinder, die mit ihren Rollern weit vor uns her fuhren. »Israelische und palästinensische Kinder, die nicht einmal wissen, dass sie eigentlich Feinde sein sollten.«

Nader sah ihnen nach und seufzte. »Sie sind die Zukunft.«

Noch ehe wir uns versehen hatten, sprachen Gila und Afaf

schon davon, Abendessen zu machen. »Nach dem Abendessen müssen wir wirklich heim«, beharrte Afaf. Es war beinahe Mitternacht, als sie aufstanden, um zu gehen, und da kamen die Jungen aus dem Kinderzimmer. »Können Sami und Yusef über Nacht bleiben?« Ich sah zu Gila, die nichts dagegen zu haben schien. »Sicher, warum nicht. Solange ihre Eltern sagen, dass es in Ordnung ist.« Afaf und Nader fühlten sich ein wenig überrumpelt. Sie brauchten noch ein oder zwei Minuten, stimmten aber schliesslich zu.

Damals dachte ich nicht weiter darüber nach. Freunde unserer Kinder übernachten ziemlich häufig bei uns. Aber wie sich herausstellte, hatte dieses Ereignis für Nader eine ganz besondere Bedeutung. Er hätte sich nie vorstellen können, dass seine Söhne jemals die Nacht bei einer jüdisch-israelischen Familie verbringen würden.

Das Jahr 2002 war das Jahr der Geburt unserer Tochter Tali. Gilas Schwangerschaften waren nicht leicht, und so waren sechs Jahre vergangen, bevor ich sie davon überzeugen konnte, ein drittes Kind zu bekommen. Nach einer weiteren schwierigen Schwangerschaft und schmerzhaften Niederkunft brachte Gila am 28. September 2002 Tali zur Welt.

Im Januar 2003 luden befreundete Rotarier Nader und mich ein, uns einem neuen Komitee anzuschliessen, das damals vom Rotary-Bezirk 5340 gegründet wurde, dem Bezirk, zu dem unsere beiden Clubs gehörten. Es nannte sich ›Wege zum Frieden‹ und seine Aufgabe war, dafür zu sorgen, dass die Friedensinitiativen von Rotary breiter bekannt wurden. Ich war der Meinung, dass dieses neue Komitee uns einige gute Möglichkeiten gab, und so war es auch. Rotary ist eine Organisation, die aus Leuten besteht, die sich unmögliche Dinge vornehmen und dann dafür sorgen, dass sie geschehen, und das war genau die Art von Menschen, die wir für unsere Arbeit brauchten.

Zu diesem Zeitpunkt hatte ich bereits einige Jahre lang an den Gesprächsgruppen teilgenommen, und Nader und ich waren schon mehrmals gemeinsam aufgetreten. Nach jedem

Vortrag kamen Leute, oft mit Tränen in den Augen, zu uns: »Was Sie tun, ist so wunderbar, wie kann ich dabei helfen?« Oder »Bitte bleiben Sie bei dieser wunderbaren gemeinsamen Arbeit; Sie geben mir Hoffnung.« Und »Lassen Sie mich wissen, ob es etwas gibt, was ich tun kann.« Wir hielten einen Vortrag bei einem Rotary-Seminar am Salk Institute in der Nähe der University of California at San Diego, und unmittelbar nachdem wir geendet hatten, kamen Leute zu uns und fragten, »Wo bleibt die Sammlung? Warum bitten Sie nicht um Geld oder Beiträge, mit denen Sie ein Projekt finanzieren können?«

Diese Kommentare und die Tatsache, dass ich ohnehin schon eine gewisse Ruhelosigkeit fühlte, da meine Rolle bei der Förderung des Friedens immer noch zu beschränkt war, brachten mich zu dem Schluss, dass es an der Zeit war zu handeln und etwas zu tun, was über die Beteiligung am Dialog und über blosses Reden hinausging. Aber was?

Nader und ich sassen beim Mittagessen im Restaurant Aladin in San Diego, als ich auf das Thema zu sprechen kam.

»Ich sehe es genauso«, meinte Nader. »Wir müssen mehr tun als nur reden.«

Unser Rotary-Bezirk schloss gerade ein Projekt zur Verschickung von Rollstühlen in die Republik Malawi ab, und ich sagte zu Nader, »Warum nicht Rollstühle?« Ich hatte ein wenig recherchiert und herausgefunden, dass es unter Israelis und Palästinensern einen verzweifelten Bedarf an Rollstühlen gab. Allein im Gazastreifen wurden damals über 20'000 Rollstühle benötigt. »Vielleicht könnten wir so etwas machen wie ›Rollstühle für das Heilige Land‹?« Wir einigten uns darauf, Geld für 1000 Rollstühle zu sammeln, 500 für Israelis und 500 für Palästinenser.

Diese Idee trugen wir dann dem Komitee ›Wege zum Frieden‹ vor, und sie stiess sofort auf grossen Anklang. Mike Bardin, einer der Vorsitzenden des Komitees, meinte, »Das ist eine grossartige Idee, aber passt auf, der Teufel liegt im Detail«, und er hatte Recht. Wir beschlossen, dass der grösste Teil der Gelder von einzelnen Rotariern kommen sollte, die direkt an das Projekt spenden würden, das wir dann tatsächlich ›Rollstühle für das Heilige Land‹ nannten. So hielten wir über ein Jahr lang bei den Treffen der Rotary Clubs Vorträge und brachten das Geld zusammen. Einige Leute waren zu Tränen gerührt, uns beide Seite an Seite stehen zu sehen und respektvoll als Freunde und Partner über die Fragen des Friedens sprechen zu hören. Aber es lief längst nicht immer alles glatt. Einige der Veranstaltungen erwiesen sich als sehr knifflig, und wir mussten uns mit schwierigen Fragen auseinandersetzen. Wieso sollten wir diesen palästinensischen Terroristen helfen, wenn sie sich nicht einmal selber helfen können? Wieso bekommen Israelis die Hälfte der Rollstühle, wo doch die Palästinenser sie viel dringender brauchen? Da half es sehr, dass wir die Vorträge gemeinsam hielten. Wir wussten, dass wir uns auf einem schmalen Grat bewegten, und wir wollten uns so weit wie möglich von der Politik fernhalten, um uns stattdessen auf die menschliche Seite zu konzentrieren.

Am 22. März 2004 kehrte ich von einer Reise zurück und war gerade auf dem Flugplatz von San Diego gelandet, als Nader mich anrief und sehr aufgeregt klang. »Geh heim und hör dir die Nachrichten an«, sagte er.

Ein israelischer Apache-Hubschrauber hatte drei Raketen abgeschossen und den Hamas-Führer Sheik Ahmed Yassin getötet, nachdem dieser nach dem Morgengebet in seinem Rollstuhl aus einer Moschee in Gaza Stadt gekommen war. Yassin, ein hochbetagter, vom Hals ab gelähmter Mann, war der Gründer und spirituelle Führer der Hamas. Den Berichten zufolge wurden dabei sieben weitere Personen getötet, darunter seine beiden Leibwächter. Ausserdem wurden 12 Menschen verletzt, unter denen sich auch die zwei Söhne Yassins befanden. »Wie können wir weiter reden, während zugleich solche Dinge passieren?«, argumentierte Nader. »Ich möchte, dass wir die Veranstaltung morgen absagen, ich kann das nicht mehr weitermachen.« Wir hatten am folgenden Tag einen Vortrag, der seit Monaten geplant war.

»Sag ihnen, wie schwer es für dich ist, sag ihnen, was du

über die Ermordung von Sheikh Yassin denkst«, schlug ich vor. »Wir müssen nicht so tun, als wäre alles gut. Wenn alles gut wäre, müssten wir das Ganze hier nicht tun.« Ich konnte Nader überzeugen, wie geplant den Vortrag zu halten, und er stimmte später zu, dass es das Richtige gewesen war. Aber es war nicht leicht für ihn.

Als wir dann vor meinem Club, dem Coronado Rotary Club, sprachen, hatte sich eine riesige Menge versammelt. Der Club trifft sich im Hotel del Coronado und hat etwa 200 Mitglieder. Bei einem durchschnittlichen Treffen kommen an die 100 Mitglieder, und wenn etwas besonders Interessantes geboten wird, auch mehr. Dieses Mal mussten zusätzliche Stühle und Tische in den Saal gebracht werden, um den schier endlosen Strom von Mitgliedern und Gästen aufzunehmen. Als Nader kam, stellte sich heraus, dass er krank war und hohes Fieber hatte. »Ich schaffe es schon, mach dir keine Sorgen. Ich werde dich nie im Stich lassen.«

Unser Vortrag lief gut. Die Diashow funktionierte ohne Probleme, ich war entspannt, und die Stimmung im Club war wohlwollend und voller Sympathie. Doch dann, als der Frage-Antwort-Teil der Veranstaltung gerade zu Ende ging, kam aus heiterem Himmel die Frage: »Wie stehen Sie zu Yasser Arafat?« Wir hatten uns so weit wie möglich aus politischen Fragen heraushalten wollen, und kein Thema war prädestinierter, politische Streitereien auszulösen, wie Yasser Arafat. Die eine Hälfte der Welt – und wie ich vermutete, auch die meisten Leute in unserem Publikum – betrachtete ihn als Schurken. Die andere Hälfte, zu der auch ich gehörte, tat das nicht. Ich trat vom Mikro zurück, um meine Gedanken zu sammeln; es schien keine Möglichkeit der Antwort zu geben, die nicht jemanden verärgert hätte.

Da trat Nader ans Mikrofon. »Yasser Arafat«, sagte er, »ist einfach nur ein Mann. Der mit einem Handy in einem kleinen Raum sitzt. Und nicht mehr tun kann, als eine Pizza zu ordern.« Für diese Worte erntete er stürmischen Beifall. Was unsere Geldsammlung betraf, war dies unser erfolgreichster Vortrag überhaupt.

Eine kirchliche Jugendeinrichtung trat an uns heran und wollte unser Projekt unterstützen. Ihre Mitglieder waren so aufrichtig und begeistert, dass es zunächst zu gut schien, um wahr zu sein. Doch dem war nicht so: Sie organisierten eine Benefizveranstaltung namens ›Laufen für Rollstühle‹ für uns und sammelten insgesamt $ 8000, von denen sie uns einen Grossteil in Säcken voller Kleingeld gaben, das von Leuten stammte, die sehr arm waren, aber an unsere Sache glaubten.

Wir bewarben uns ausserdem um einen zusätzlichen Zuschuss von Rotary International und bekamen $ 25'000 bewilligt, was unser Gesamtergebnis auf $ 84'000 brachte. Dafür konnten wir 1280 Rollstühle kaufen, die vier Transportcontainer füllten. Wir waren sehr, sehr glücklich. Man sagte uns, frühere, ähnliche Rotary-Projekte hätten die Rollstühle von der Rollstuhlstiftung TWF gekauft, einem Unternehmen, das Spenden um denselben Beitrag aufstockte und für den Bau und die Verschickung der Rollstühle sorgte.

Nachdem wir TWF das Geld geschickt hatten, erhielt ich eine Quittung über $ 84'000 und eine Notiz, auf der es hiess, »Danke, dass Sie Geld gesammelt haben, um Rollstühle zu verschicken, die Kindern in Israel helfen.« Ich rief sofort dort an, um das zu korrigieren: »Wir haben eigens festgelegt, dass die Hälfte der Rollstühle nach Israel und die andere Hälfte an die Palästinensische Autorität gehen soll.«

Ich musste einige E-Mails schreiben und einige Anrufe tätigen, um mir darüber klar zu werden, dass dieses Problem nicht verschwinden würde. Irgendjemand hatte beschlossen, die palästinensische Hälfte des Projekts zu sabotieren. Ganz gleich, wie oft ich erklärte, die ganze Prämisse des Projekts bestehe in der vollen Gleichheit zwischen Israelis und Palästinensern – ein Dollar für die Palästinenser, ein Dollar für die Israelis –, konnte ich zu keiner zuständigen Stelle durchdringen. Am Ende hatte ich den Präsidenten der Gesellschaft am Apparat, und er versprach mir, sich der Sache anzunehmen. Wir telefonierten mehrere Male miteinander. Ich beharrte: »Wir werden in dieser Angelegenheit keinen Kompromiss machen. Ich habe morgen ein Interview mit der *San Diego*

Union-Tribune und ich habe kein Problem damit, den Journalisten zu erzählen, dass Ihre Organisation das Projekt in Gefahr gebracht hat. Hunderte von Menschen haben uns ihr Geld gegeben, weil wir ihnen Gleichheit und Gerechtigkeit versprochen haben.«

Er meldete sich noch am selben Tag wieder bei mir und sagte, TWF werde mit unserem Projekt weitermachen, aber sein Unternehmen werde nur die Verantwortung für die Verschickung der Rollstühle an den nächstgelegenen israelischen Hafen übernehmen. Wie wir die Rollstühle ins Westjordanland bringen würden, sei dann unsere Sache. Mit der Hilfe einer amerikanischen Ortsgruppe des Ritterordens vom Heiligen Grab, einer humanitären Nichtregierungsorganisation (NGO), konnten wir uns für die palästinensischen Rollstühle eine Lagerstätte im Arab Rehabilitation Hospital in Beit Jala bei Bethlehem und Leute besorgen, die die Rollstühle dort abholten und weitertransportierten.

Was ich den Leuten bei der TWF gesagte hatte, stimmte. Im Mai 2006 hatte John Wilkins, ein langjähriger Reporter bei der *San Diego Union-Tribune*,[35] mich kontaktiert und gesagt, er wolle einen Artikel über unser Projekt bringen. Rein zufällig trafen wir uns dann an Naders Geburtstag.

Ich wusste, dass die Artikel von John Wilkins immer sehr umfangreich waren, aber ich war dennoch nicht auf das vorbereitet, was ich sah, als ich die Sonntagszeitung aufschlug: ein riesiges Foto von Nader und mir, wie wir nebeneinander

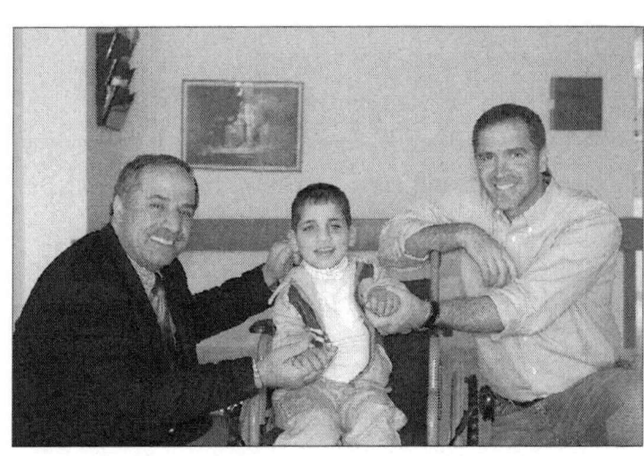

Nader Elbanna und einer der Nutzniesser unserer Rollstuhlkampagne

standen, und eine lange Geschichte, die mit kleineren Fotos von früheren Besuchen im Nahen Osten, die ich John gegeben hatte, garniert war. Ich bekam Anrufe von vielen jüdischen und nichtjüdischen Freunden, die die Geschichte gesehen hatten und uns dafür gratulierten. Ein besonders bewegender Anruf kam von Dr. Stephen Drossman, dem Arzt, der unsere Kinder zur Welt gebracht hatte.

Aber dann startete Israel im Sommer 2006 eine grosse Militärinvasion in den Südlibanon. Diese wurde von der *Hezbollah*[34] mit Raketenangriffen beantwortet, was zur zeitweiligen Schliessung des nördlichen israelischen Hafens Haifa führte. Die TWF wollte unser Projekt ein weiteres Mal abblasen. Und wieder beharrte ich darauf, dass das ausgeschlossen sei. Israel hatte auch im Süden zwei Häfen, nämlich Ashkelon und Aschdod, die beide für unsere Zwecke genauso gut geeignet waren.

Am Ende trafen die Rollstühle einen Monat früher als geplant im Dezember 2006 in Aschdod ein. Die beiden Container, die an die israelische NGO Yad Sarah und den Rotary Club Nazareth adressiert waren, kamen problemlos durch den Zoll und an ihre Bestimmungsorte.

Die beiden Container, die für die Palästinensische Autorität bestimmt waren, hatten weit grössere Schwierigkeiten. Die israelischen Behörden beriefen sich auf Sicherheitsbedenken und hielten die Container zwei Monate lang auf. Um ihren Weitertransport zu erreichen, bedurfte es einer Intervention des US-Konsulats und einer Menge Hartnäckigkeit, vor allem der unseres guten Freundes Chuck Radloff, der damals gerade in Israel war und dafür sorgte, dass unser Projekt zu Ende geführt wurde. Schliesslich erreichten die beiden Container dank der unentbehrlichen Hilfe Muna Katans, die sich ausserdem anerbot, die $ 7000 Lagergebühren zu bezahlen, die die israelischen Behörden von uns verlangten, das Rehabilitationskrankenhaus in Beit Jala. Unsere Mission war damit endlich erfüllt.

9
Der Virus der Angst

2003 wurde Nader ein Pass gewährt, und er konnte damit endlich, nach mehr als 50 Jahren im Exil, wenigstens als Tourist in seine Heimatstadt zurückkehren. Gila und ich waren zu der Zeit in Israel und so beschlossen wir, in den Norden nach Nazareth zu fahren, um ihn zu besuchen und seine umfangreiche Familie kennenzulernen.

Wenn jemand mich gefragt hätte, ob ich Angst vor Arabern hatte oder davor, eine arabische Stadt oder rein arabisches Land zu besuchen, hätte ich gesagt, »Nein, natürlich nicht. Warum sollte ich?« Schliesslich war ich ein aufgeschlossener Mensch, oder etwa nicht? Und mein Vater war immerhin Matti Peled – ich wusste ja wohl besser als viele andere, dass nicht alle Palästinenser Terroristen waren. So war es ein echter Schock für mich, als ich in diesem Sommer erkennen musste, wie tief verwurzelt meine Angst in Wirklichkeit war.

Auf der Fahrt von Jerusalem nach Galiläa breitete sich eine schöne Landschaft vor uns aus. Die Strassen waren breit und die palästinensischen Städte, die wir auf dem Weg sahen, waren auf ihre eigene Art hübsch: hoch in den Himmel aufragende Minarette, dicht aneinander gekauerte alte Häuser und die aus rötlich glimmerndem ›Jerusalemer Stein‹ gebauten Häuser der besser betuchten Bürger.

Aber sobald wir in die Stadt Nazareth hineinfuhren, fiel ein starkes Gefühl der Fremdheit wie eine dunkle Wolke auf mich herab. Die Strassenzeichen und Werbeplakate kreischten mich auf Arabisch an. Mir wurde klar, dass ich von Arabern umgeben war, und plötzlich schienen überall Gefahren zu lauern. Ich war mir sicher, dass wir als ahnungslose Ausländer aus der Menge hervorstachen. Und doch hätte ich nicht sagen können, was genau ich denn eigentlich fürchtete. Würden sie *(sie!)* uns angreifen? Wartete irgendwo ein Mob darauf, über Juden herzufallen? Inzwischen ist mir klar, dass ich trotz meiner politischen Ansichten tatsächlich Angst hatte und dass diese Furcht in den geheimsten Winkeln meiner Seele nistete, wo sie sich offensichtlich viele Jahre lang ungestört breit gemacht hatte. Ausserdem musste ich ein enormes Mass an Beherrschung aufwenden, um die Angst daran zu hindern, mich völlig zu aufzufressen.

Wir suchten nach dem Haus Abu Najubs, des ältesten Onkels von Nader, und ich erkannte bald, dass ich keine Ahnung hatte, wie ich es in dieser Stadt finden sollte, die mir absolut fremd war.

»Wir müssen anhalten und nach dem Weg fragen«, gestand ich Gila widerstrebend.

Meine Frau sah mich an. »Aber wen sollen wir denn fragen? Ist es sicher für uns, aus dem Wagen auszusteigen?«

Schon der Gedanke, einzugestehen, dass wir uns in dieser scheinbar feindseligen Umgebung verletzlich und verloren fühlten, schien gleichbedeutend mit der Einladung zu einem Angriff. In diesem Augenblick wurden wir zu den wehrlosen Juden, zu denen die Welt uns immer gemacht hatte, genau wie unsere Vorfahren in den Ghettos Osteuropas.

Aber welche Wahl hatten wir denn? »Wir müssen irgendjemandem trauen oder uns der Absurdität stellen, dass wir hierhergefahren sind, nur um jetzt aufzugeben und nach Jerusalem zurückzufahren«, sagte ich.

Die schiere Logik erinnerte mich daran, dass ich in Kalifornien etliche Jahren in Gesprächsgruppen aktiv gewesen war und dass es bestimmt keinen Grund gab, mich davor zu fürchten, in meinem eigenen Land mit Palästinensern zu sprechen. Aber war das mein eigenes Land? Nazareth sah absolut nicht wie das Land aus, das ich kannte. Die Gebäude waren älter, die Strassen waren enger und überfüllter, Wegweiser wiesen auf alte christliche Heiligtümer hin, und die Gespräche, die durch die Strassen waberten, waren alle auf Arabisch. Es war ein dicht gedrängter und chaotischer Ort, in erster Linie, weil er sich nirgendwohin ausdehnen konnte – die Realität vieler palästinensischer Städte, weil Israel ihnen so viel von ihrem Land weggenommen hat. Wie dem auch sei, das hier war nicht das Israel, mit dem ich vertraut war. Selbst die israelische Polizei war nirgends zu sehen.

Ich holte tief Luft, hielt den Wagen an und fragte einen Mann nach dem Weg. Er wusste nicht, wo das Haus war, also begann er, die Leute um uns herum zu fragen.

Toll, jetzt wissen alle, dass wir Juden sind und uns verirrt haben! Aber ein junger Mann war schliesslich jemand, der uns den Weg zum Haus des Onkels erklären konnte. Er sprach Hebräisch mit uns, was mich rückblickend nicht hätte wundern sollen, da wir ja schliesslich in Israel waren. Er half uns, so gut er konnte, und kam sogar aus seinem Laden heraus, um uns die richtige Richtung zu zeigen.

Wir mussten noch mehrere weitere Male anhalten und nach dem Weg fragen, und es wurde jedes Mal leichter. Die Leute blieben entweder gleichgültig gegenüber unserer Gegenwart oder waren begierig, uns zu helfen und uns das Gefühl zu geben, willkommen zu sein. Ich musste unwillkürlich denken, diese Leute sind nett. Was mir mehr als alles andere zeigt, wie verschieden ich mich von diesen Menschen fühlte. Erst viel später erkannte ich die wirkliche Bedeutung dieses Augenblicks – weniger, was die Überwindung meiner Ängste anging, als was die Realisierung und das Eingeständnis der Tatsache betraf, dass ich Ängste hatte, obwohl dies meinem Selbstbild nach eigentlich gar nicht sein durfte.

Schliesslich schafften wir es, das Haus Abu Najibs zu finden. Es war ein grosses, mehrstöckiges Haus, und die gesamte Familie hatte sich im Esszimmer versammelt. Zwei ältere Vettern Naders, die am Eingang sassen, sangen Lieder, von denen Nader mir später erzählte, es handle sich um alte Weisen zur Begrüssung eines aus der Fremde heimkehrenden Sohnes. Diese Feierlichkeiten waren aber nicht für uns gedacht, sondern für Nader, der seine Familie seit Jahrzehnten nicht gesehen hatte. Im Raum stand ein grosser Tisch voller Speisen und überall liefen Kinder herum.

Die Familie hiess uns sofort willkommen und sorgte dafür, dass wir uns gleich wie zu Hause fühlten. Dabei fiel mir das Fehlen der westlich gefärbten Hemmungen auf, die auch meine eigene Kultur übernommen hat und die Besuchern im Allgemeinen zunächst ein etwas unbehagliches Gefühl gibt. Als die Mahlzeit vorbei war und sich die Aufregung ein wenig gelegt hatte, nahm uns Nader mit, um Mitglieder des Rotary Club von Nazareth zu treffen, eines der ältesten und aktivsten Rotary Clubs im Nahen Osten. Neben anderen Projekten unterhielt der Club Programme zum Bau von Kliniken, zur Unterstützung von Pfadfindergruppen und für Hilfslieferungen an die Menschen im Westjordanland.

Als Nader mich vorstellte, sagte er, »Wisst ihr, wer Mikos Vater ist? Matti Peled.«

Ihre Gesichter leuchteten auf.

»Abu Salaam!«, sagten sie. Der Vater des Friedens. »Abu Salaam kennen wir natürlich.«

Nader sah mich an und strahlte.

Das war das erste Mal, dass ich hörte, wie mein Vater mit diesem Namen genannt wurde. Ich wusste natürlich, dass er eng mit Palästinensern in Israel zusammengearbeitet hatte und in der Gemeinschaft der israelischen Palästinenser sehr bekannt war. Aber ich gewann erst damals einen richtigen Eindruck davon, wie viel Einfluss seine Aktivitäten tatsächlich gehabt hatten. Überall wo ich hinfuhr, sowohl in Israel als auch im Westjordanland, hörte ich, wie mein Vater mit dem Namen Abu Salaam bezeichnet wurde, während Menschen mir aufgewühlt die Hand schüttelten. Ich hörte zum ersten Mal Berichte, wie er sich vehement den massiven Landbeschlagnahmungen, die die Palästinenser zu erdulden hatten, entgegenstellte, wie er Leuten half, die rechtliche Probleme hatten, und wie er gegen Ungerechtigkeiten wetterte, wenn Menschen verhaftet oder deportiert wurden. Damals wusste ich noch nicht wirklich, was mein Vater alles für den Frieden getan hatte und was all das so vielen Menschen bedeutete.

Gila und ich verbrachten den ganzen Tag in Nazareth und sahen uns an, was die Stadt zu bieten hatte. Wir gingen ins ›Dorf Nazareth‹, eine Nachschöpfung von Nazareth zu der

Zeit, als Jesus dort gelebt hatte. Wir besuchten einige der hübschen Kirchen und Herbergen wie Sankt Gabriel, die in Nazareth zahlreich zu finden sind. Wir kehrten erst spät am Abend nach Jerusalem zurück und ich fühlte mich, als sei eine grosse Last von meiner Brust genommen worden. Es war die Erlösung von der Anspannung der Angst.

Am nächsten Tag kamen Nader und seine Familie uns in Jerusalem besuchen, und wir trafen uns im Haus meiner Mutter in Motza. Ich zeigte Nader das Arbeitszimmer meines Vaters, das von meiner Mutter ordentlich und aufgeräumt gehalten wird und in dem die Fotos von Dr. Issam Sartawi und David Ben-Gurion immer noch Seite an Seite hängen.

Sobald man einmal Vertrauen hergestellt hat, erlaubt einem das, noch mehr Vertrauen zu entwickeln. Dazu muss man sich aber tatsächlich aus alten Trampelpfaden herausbegeben, die für einen selbst bequem sind, und den Anderen auf halbem Weg treffen. Das war in jedem Fall, den ich erlebt habe, so, von jener ersten Fahrt zu Majeed Khourys Haus in San Diego über meinen Besuch in Nazareth bis zur nächsten Phase meiner Reise – in das besetzte Westjordanland.

Jetzt, da ich mir über die Angst in meinem Leben klar geworden war, wollte ich sie ein für alle Mal loswerden. Wenn es jemals Frieden geben sollte, musste es vollständiges Vertrauen geben, und das kann nur durch Menschen hergestellt werden, die wenigstens ihre Hände über die Mauer der Angst strecken, wenn sie die Mauer schon nicht einreissen können. Aber die israelischen Sicherheitsverordnungen machten es unmöglich, mit der anderen Seite in Kontakt zu treten, ohne gegen das Gesetz zu verstossen. Das israelische Gesetz verbietet es den Israelis, irgendeinen Ort innerhalb der Zone A zu betreten. Dieser Ausdruck bezeichnet angeblich feindliche Gebiete, in denen die grösseren Städte im Westjordanland liegen und die angeblich unter voller palästinensischer Kontrolle stehen. Es machte mich wütend, dass ich bestimmte Menschen nicht besuchen durfte, nur weil sie auf der anderen Seite einer Grenze lebten, die weder von

Dieses Schild steht an jedem Zugangspunkt zu den palästinensisch kontrollierten Gebieten: »Für Israelis ist der Zugang zu Zone A verboten, gefährlich und eine Straftat!!«

ihnen noch von uns geschaffen worden war. Tatsächlich fing ich allmählich an zu glauben, dass die Sicherheitsgründe, auf die die israelischen Behörden sich beriefen, um die Mauer und die vielen Kontrollpunkte zu rechtfertigen, und wegen derer wir die Menschen auf der ›anderen Seite‹ nicht besuchen und kennenlernen durften, blosse Angstmache waren, die den Konflikt künstlich verlängern sollte.

Als Rami und Nurit sagten, sie würden nach langer Zeit wieder einmal einen Ausflug in die palästinensische Stadt Ummar bei Hebron machen, wo sie Freunde hatten, ergriff ich daher gleich die Gelegenheit, mich ihnen anzuschliessen. Sie nahmen ihren Sohn Yigal, Smadars jüngeren Bruder mit, der damals elf Jahre alt war. Ich fragte meinen ältesten Sohn Eitan, der neun war, ob er mitfahren wollte, und er sagte begeistert zu.

Das würde mein erster Aufenthalt im Westjordanland seit meinem Militärdienst sein, und ich machte den Ausflug gegen den ausdrücklichen Rat vieler Leute, die mir nahestanden. Meine Schwester Ossi war fuchsteufelswild. »Es ist schon schlimm genug, wenn du idiotische Risiken eingehst, aber ein Kind in eine feindliche Umgebung mitnehmen? Hast du den Verstand verloren?« Auch Gila und meine Mutter waren alles andere als glücklich: Es war schön und gut, über Frieden und Gerechtigkeit zu sprechen, aber sich in ›feindliches Territorium‹ zu begeben – und als das betrachten die meisten

Israelis das Westjordanland –, war ihres Erachtens dennoch fahrlässig. Doch am Ende setzte ich mich durch, und wir brachen zu meinem ersten Besuch in Beit Ummar auf, auf den noch viele weitere folgen sollten.

Wir waren dort mit Khaled und Ali Abu Awwad verabredet, zwei Brüder, die Rami und Nurit vom Forum der Familien der Hinterbliebenen kannten. Weil Israel für die Siedler im Westjordanland moderne Schnellstrassen gebaut hatte, ging die Fahrt dorthin sehr glatt. Die meisten dieser Strassen sind allerdings für Palästinenser verboten, und erst ganz kurz vor Beit Ummar tauchten allmählich die grünen, palästinensischen Nummernschilder im Verkehr auf, die man leicht von den gelben israelischen Schildern unterscheiden kann.

Als wir ankamen, wartete Ali schon auf der Veranda, die mit einem Aufkleber verziert war, auf dem auf Hebräisch stand, »Es wird nicht aufhören, bis wir miteinander reden.« Eitan und Yigal spielten gleich mit den anderen Kindern, und wir Erwachsenen setzten uns einfach hin und fingen an zu plaudern. Beit Ummar ist eine landwirtschaftliche Stadt, die für ihre vielen Reben, ihre leckeren gefüllten Weinblätter und einen Traubensirup namens *dibs* bekannt ist. Ausserdem gibt es dort Hunderte von Kirsch-, Pflaumen-, Apfel- und Olivenbäumen.

Natürlich dauerte es einige Jahre, bis wir uns wirklich kennenlernten, aber die Bande, die meine Familie mit der Abu-Awwad-Familie verbinden, wurden mit jedem Jahr intensiver. Khaled nimmt, wo immer er auftritt, sofort eine Führungsposition ein. Er hat pechschwarzes Haar, einen olivfarbenen Teint und ein Gesicht, das ernst und manchmal gequält wie das des Helden einer griechischen Tragödie, doch nicht hart wirkt. Er spricht ein beneidenswert gutes Hebräisch, und wenn man ihm zuhört, könnte man denken, er hätte es jahrelang an der Universität studiert, aber das ist nicht der Fall.

Ali ist gross und mager und hat lockige schwarze Haare; er ist ein energiegeladener Organisator, der fest an das Prinzip des gewaltlosen Widerstands gegen die israelische Besatzung glaubt. Beide Brüder haben aufgrund ihrer Rolle in der ersten *Intifada* – im ersten palästinensischen Aufstand – im Gefängnis gesessen. Ihre Mutter, Fatima Abu Awwad, war die weithin bewunderte Führerin der Fatah-Zelle in Beit Ummar, und auch sie war wegen ihrer Aktivitäten immer wieder ins Gefängnis gekommen.

Im Herbst 2000, zu Beginn der zweiten *Intifada*, schossen israelische Siedler Ali ins Bein. Während er in Saudi-Arabien behandelt wurde und Khaled bei ihm zu Besuch war, erfuhren sie, dass auch ihr älterer Bruder Yusef – 31 Jahre alt, verheiratet und Vater zweier Kinder – angeschossen worden war. Man sagte ihnen, er sei nur verwundet, aber als sie zurück nach Hause kamen, erfuhren sie, dass ein Soldat, dem Yusef offenbar Widerworte gegeben hatte, aus nächster Entfernung auf ihn gefeuert und ihn getötet hatte. Das Ganze hatte sich am Kontrollpunkt an der Stadteinfahrt Beit Ummars zugetragen.

Einige Monate später, im Februar 2001, feuerten israelische Siedler auf einen weiteren ihrer Brüder, Saed, der damals 14 Jahre alt war, und töteten ihn. In keinem dieser Verbrechen gab es auch nur Ermittlungen, geschweige denn, dass jemand deswegen vor Gericht gekommen wäre. Beit Ummar kann von vielen solchen Geschichten erzählen.

Wir verbrachten den ganzen Nachmittag zusammen in Beit Ummar. Nurit hatte es eigentlich so einrichten wollen, dass wir nach dem Mittagessen, aber vor dem Abendessen dort ankamen, damit die Familie nicht das Gefühl hätte, uns zum Essen einladen zu müssen. Als wir ankamen, bestand sie darauf, dass wir nur Tee trinken würden.

Ali sah Nurit an und lächelte. »Ihr werdet essen. Die Frage ist nur, ob ihr jetzt essen wollt oder ein bisschen später.«

Und so blieben wir, wie fast immer bei solchen Gelegenheiten, länger als geplant, und wir wurden auf königliche Art verköstigt. Eitan und ich assen zum ersten Mal das palästinensische Gericht *maqlouba*. Das ist ein Auflauf aus Huhn und Reis mit Kartoffeln und Blumenkohl, der mit einem pikanten Jogurt serviert wird.

Als wir gingen, war es schon dunkel. Wir stiegen alle ins Auto, fuhren los und auf dem Weg schwiegen wir eine Weile.

»Ich bin so froh, dass wir hingefahren sind«, sagte ich.

»Ja, das war etwas ganz Besonderes«, meinte Rami.

Es hätte nichts Normaleres geben können als diesen Besuch in Beit Ummar, abgesehen natürlich von der Tatsache, dass alle Beteiligten eigentlich hätten Feinde sein sollen.

Gerade als wir durch den Kontrollpunkt fuhren, klingelte Ramis Telefon. Khaled wollte wissen: »Seid ihr gut durch den Grenzübergang gekommen?«

»Ja, alles bestens«, versicherte Rami ihm.

Etwa 15 Minuten später rief Khaled noch einmal an, nur um auch wirklich ganz sicher zu sein.

Das letzte Mal, dass ich vom ›Virus der Angst‹ befallen wurde und hart darum kämpfen musste, ihn zu überwinden, war im Dezember 2005. Ich hatte beschlossen, zum ersten Mal ganz allein ins Westjordanland zu reisen. Ich fuhr von Jerusalem nach Bil'in, ein kleines palästinensisches Dorf westlich von Ramallah, das sich durch sein Engagement im gewaltlosen Widerstand gegen die israelische Besatzung hervorgetan hat. In einer Sendung in den israelischen Fernsehnachrichten wurde Bil'in damals als kleines und armes Dorf beschrieben. Nicht erwähnt wurde, dass es weder klein noch arm gewesen war, bevor Israel 60 Prozent seines Landes beschlagnahmte, um eine jüdische Siedlung und das für dieses Gebiet vorgesehene Stück der grossen Trennmauer zu bauen. Diese Mauer trennte am Ende vor allem Palästinenser voneinander und von ihrem eigenen Land und wurde danach von einem internationalen Gericht für illegal befunden.[37] Die Siedlung, die dort gebaut wurde, Modi'in Illit, bot orthodoxen Juden zu sehr niedrigen Preisen ein Leben in Apartmenthäusern auf dem Land der Gemeinde Bil'in.

Jeden Freitag seit Februar 2005 versammelten sich Bewohner der Gemeinde, Palästinenser aus den umliegenden Gegenden und israelische und internationale Friedensaktivisten in Bil'in, um gegen die Landbeschlagnahmungen zu protestieren. Obwohl die Proteste friedlich waren, wurden sie von der israelischen Armee mit harter Hand beantwortet. Dazu gehörte der Einsatz grosser Mengen von Tränengas, gummiummantelter Kugeln und tödlicher Munition. Je mehr Hartnäckigkeit die Menschen in Bil'in an den Tag legten, desto brutaler war die Gewalt, die die israelische Armee gegen sie einsetzte.

Eine israelische Friedensaktivistin hatte mir geschrieben und mir von Bil'in, besonders aber von Mohammed El Khatib, der einer der Führer der gewaltlosen Widerstandsbewegung dieser Stadt ist, berichtet. Sie meinte, ich solle mit ihm sprechen, und gab mir seine Handynummer.

Ich war neugierig; die Beharrlichkeit der Menschen in Bil'in war sehr bewegend. So rief ich Mohammed El Khatib von den Vereinigten Staaten aus an und sagte ihm, ich wolle Bil'in besuchen und ihn treffen. Ich erklärte ihm, ich habe seine Nummer von einer befreundeten Aktivistin bekommen, und er stellte sich seinerseits als der Vorsteher des Gemeinderats von Bil'in vor. Während er damals relativ unbekannt war, ist sein Name heute ein Synonym für den Kampf Bil'ins, der selbst wiederum ein wichtiges Element im gesamten Rahmen des gewaltlosen palästinensischen Kampfes ist. So telefonierten wir mehrmals, und als ich im Dezember 2005 wieder in Israel war, hatte ich endlich die Gelegenheit, ihn zu treffen.

Ich fuhr in einem Mietwagen mit gelben israelischen Nummernschildern nach Bil'in. Dabei machte es mir Sorge, dass ich so leicht als Israeli erkannt werden konnte. Wenn schon der Besuch in Nazareth mir am Anfang Angst eingejagt hatte, dann war das Westjordanland die Höhle des Löwen – und dieses Mal war ich allein. Nachdem ich den letzten Kontrollpunkt hinter mir gelassen hatte und mich nun im besetzten Westjordanland befand, begannen die Dämonen in meinem Kopf wieder wie wahnsinnig zu wüten. Leider hatte ich keinen genauen Treffpunkt mit Mohammed ausgemacht, und ich wusste nicht einmal, wie er aussah.

Ausserdem wusste ich auch nicht genau, wo Bil'in überhaupt lag. Irgendwie war ich davon ausgegangen, dass er mich abholen würde, sobald ich in die palästinensischen Gebiete kam, und ich war enttäuscht, als mir klar wurde, dass ich mich geirrt hatte. Während ich durch die kurvenreichen Hügelstrassen fuhr, nahm ich nichts von der idyllischen Schönheit wahr, die mich umgab. Genau wie in so vielen Bilderbüchern, die ich als Kind gelesen hatte, sah ich jetzt vor meinem inneren Auge nichts als Araber, die hinter jeder Kurve der gewundenen Strasse, jedem kleinen Hügel in der Landschaft darauf lauerten, mir etwas Böses anzutun.

Irgendwo las ich einen Taglöhner auf, der eine Mitfahrgelegenheit in sein Dorf brauchte, das auf dem Weg lag. Er hatte einen Sprachfehler und sprach auch kein Hebräisch, aber er sagte das Wort ›Bil'in‹ und wies mir die richtige Richtung. Ich lieferte ihn an seinem Zielort ab und fuhr dann wieder alleine weiter.

Ich rief Mohammed mehrere Male vom Auto aus an, um sicherzustellen, dass ich den richtigen Weg gefahren war. Aber trotz seiner Beschwichtigungen war ich verängstigt. Alles, was man mir je beigebracht hatte, sagte mir, dass dieser Ausflug ein schrecklicher Fehler war.

Schliesslich hielt ich vor einem kleinen Haus an, wo ein älteres Ehepaar im Vorgarten sass.

»Bil'in?«, fragte ich

»Hadhi Bil'in«, antwortete der alte Mann. Das ist Bil'in.

Ich rief Mohammed erneut an und er sagte mir, ich solle weiterfahren bis zur Moschee. Während ich den Wagen über die Strasse voller Schlaglöcher manövrierte, sah ich etliche Parolen in arabischer Schrift, einige Plakate mit dem Hamas-Führer Sheik Ahmad Yassin und zahlreiche Poster mit Abu Ammar (das Pseudonym Yasser Arafats), und letzteres fand ich sehr beruhigend. Ich hätte nie zuvor gedacht, dass ein Plakat mit Arafat darauf einmal ein beruhigender Anblick für mich sein würde. Ausserdem sah ich Kinder, enorm viele Kinder, in Uniformen und mit Ranzen auf dem Rücken, die zur Schule liefen oder von dort zurückkamen. Einige von ihnen hatten die Arme umeinander geschlungen, während sie schwatzten und lachten.

Endlich fand ich dann Mohammed direkt bei seinem Haus. Er war jung und hatte drei Kinder. Kaum war ich angekommen, servierte seine Mutter mir eine frischgebackene Pastete mit gegrilltem Blumenkohl und gegrillten Auberginen. Wir sprachen eine Weile miteinander und er sagte, er wolle mich zwei seiner Freunde vorstellen.

Wir stiegen in mein Auto, und Mohammed zeigte mir den Weg. Wir waren gerade von der Hauptstrasse in ein nichtasphaltiertes Gässchen abgebogen, als wie aus dem Nichts zwei junge Männer auftauchten. Sie hatten dunkles Haar, waren dunkelhäutig und wirkten unrasiert – mit anderen Worten, sie sahen genau so aus wie die jungen Palästinenser, die man mich gelehrt hatte, für höchst gefährlich zu halten. Es handelte sich um Emad Burnat, den Filmemacher, und Iyat Burnat – zwei Brüder, die sich ihren Ruf erworben hatten, indem sie sich bei zahllosen Protesten der israelischen Armee entgegenstellten. Sie gehörten zu den Führern des Widerstandes in Bil'in – prinzipienfeste junge Männer und Väter, die sich in gleichem Mass der Gerechtigkeit für ihr Volk und dem Prinzip der Gewaltlosigkeit verpflichtet fühlten.

Wir vier liefen zusammen bis zum Stadtrand, wo damals gerade die Trennmauer gebaut wurde. Da die Armee zu dieser Zeit dort nicht präsent war, wagten wir uns auch in die so genannte ›Saum-Zone‹ vor, das Gebiet zwischen dem Verlauf der Mauer und dem der Grünen Linie, ein Territorium, das Palästi-

Der Weg nach Bil'in war voller Angst und Ungewissheit.

Mohammed El Khatib ist einer der Führer des Bewegung des gewaltlosen Widerstandes in Bil'in.

nenser nicht betreten durften. Interessanterweise erlaubt das israelische Gesetz im Gegensatz hierzu jedem Juden auf der Welt, auf diesem Land zu leben, und zwar gleichgültig, ob er israelischer Staatsbürger ist oder nicht.

Wir schafften es, ohne aufgehalten zu werden, den gesamten Weg bis zur Siedlung Modi'in Illit zu laufen, und dort sahen wir einige der riesigen Apartmentkomplexe, die auf dem Land Bil'ins für die geplante jüdisch-orthodoxe Gemeinde gebaut wurden.

Ich fand schon die schiere Grösse der Gebäude verblüffend. Das war ein massives Projekt. Milliarden waren investiert worden. *Diese Siedlungen werden nicht mehr verschwinden,* dachte ich, *und dieses Land wird niemals seinen rechtmässigen Eigentümern zurückgegeben werden.*

Mir fiel die Idee des Gebietsabtauschs ein, die in Israel oft als Lösung für das Problem des Siedlungsbaus auf palästinensischem Land erwähnt wird. Dieser Idee zufolge sollen die Palästinenser, wenn die Zeit zum Friedensschluss gekommen ist, für das Land, das ihnen für den Bau israelischer Siedlungen weggenommen wurde, entschädigt werden, und Israel soll ihnen dafür Land von sich abgeben. Plötzlich erschien mir dies als vollkommen abwegiger Gedanke. Man würde den Familien in Bil'in viele Meilen von dort entfernt, wahrscheinlich in der Negev-Wüste, Land geben und dafür dieses gute Land direkt bei ihrem Dorf, das schon ihren Vorfahren gehört hatte, behalten. Ich fand es schwer zu glauben, dass irgendjemand das wirklich ernst nahm. Gab es irgendwo auch nur einen einzigen Israeli, der einem solchen Landtausch umgekehrt zustimmen würde?

Mohammed bestand darauf, dass wir mit einigen der Siedlungsbewohner sprachen, die entweder gerade einzogen oder schon dort wohnten. Viele waren erst vor kurzem nach Israel eingewandert und sprachen kaum Hebräisch. Mohammed dagegen sprach diese Sprache ziemlich gut. Ich konnte nicht umhin zu denken, wie ironisch es war, dass diese neuen Einwanderer, die sich kaum auf Hebräisch verständigen konnten, Rechte auf dieses Land hatten, die den Palästinensern verweigert wurden – nur weil sie Juden waren. Es war wirklich unglaublich!

Wir liefen die Strassen hoch und hinunter und entfernten uns dabei immer weiter von Bil'in, während wir immer weiter ins Siedlungsgebiet gerieten. Ich fühlte mich unbehaglich und machte mir Sorgen, dass meine Reisebegleiter Probleme bekommen würden.

Aber ihr Mut inspirierte mich. Sie waren diejenigen, die das Risiko eingingen, und wenn sie sich darüber hinwegsetzten, würde ich sie ganz sicher nicht davon abhalten; schliesslich war ich hierhergekommen, um sie zu unterstützen.

Nach mehreren Versuchen, mit den neuen Bewohnern dieses Viertels ins Gespräch zu kommen, von denen keiner Hebräisch sprach, fanden wir einen Einwanderer aus Grossbritannien, der der Sprache mächtig war. Wir stellten uns vor, und er fragte, ob wir seine Wohnung sehen wollten, wobei er sich dafür entschuldigte, dass sie noch nicht möbliert sei, weil seine junge Familie gerade erst hergezogen war. Er schien kein Problem damit zu haben, mich zusammen mit zwei jungen Palästinensern aus dem nahe gelegenen Bil'in zu sich nach Hause einzuladen.

»Wissen Sie, woher der Projektentwickler das Land hat?«, fragte Mohammed den Siedler.

»Ja«, sagte er, »wir haben die Kaufurkunde gesehen. Man hat den Leuten in Bil'in dafür einen fairen Preis gezahlt.«

»Wer hat Ihnen die Kaufurkunde gezeigt?«

»Der Bürgermeister von Modi'in Illit.«

»Ich bin der Vorsteher des Stadtrats von Bil'in, und ich

kann Ihnen versichern, dass niemand dieses Land verkauft hat; es wurde gewaltsam weggenommen.«

»Na ja, ich gebe nur wieder, was der Bürgermeister mir gesagt hat.«

»Ich sage Ihnen etwas«, meinte Mohammed, während er sein Handy hervorzog. »Ich habe seine Nummer, ich rufe ihn jetzt an.«

Und das tat er tatsächlich, aber der Bürgermeister von Modi'in Illit ging nicht an den Apparat.

Ich hörte mit Bewunderung zu, wie Mohammed all diese Fragen stellte, vollkommen entspannt und in dem Wissen, dass er, obwohl dies eigentlich das Land von Bil'in war, falls Soldaten hier auftauchen und uns hier finden sollten, jederzeit verhaftet und auf unbegrenzte Zeit festgehalten werden konnte.

Nun wurde ich meinerseits neugierig. Ich fragte den Bewohner, »Wie viel haben Sie denn für diese Wohnung bezahlt?«

»Nur $ 80'000, und deshalb sind wir von der Stadt Modi'in ganz in der Nähe hierhergekommen.« Modi'in ist nur ein oder zwei Meilen weiter weg, befindet sich aber immer noch auf der israelischen Seite dessen, was früher einmal die Grenze war. Das hier war eine Luxuswohnung mit vier Schlafzimmern, an einem Standort mit guten Verbindungen nach Jerusalem und Tel Aviv.

Angesichts der bizarren und aufgeladenen Umstände war diese Begegnung merkwürdig freundlich und höflich. Ich vermute, dass dies deshalb so war, weil der Mann letzten Endes keine Zweifel an seinem Recht auf dieses Land hegte. Wir dankten ihm für die zuvorkommende Geste, uns in sein neues Zuhause einzulassen, und liefen zurück in Richtung Bil'in.

Als wir die Siedlung verliessen, sah uns ein Wachmann, der sich ganz offensichtlich fragte, warum diese Araber hier in dieser Siedlung herumliefen, misstrauisch an. Ich forderte ihn auf Hebräisch heraus: »Gibt's ein Problem?« Er machte sich davon und murmelte irgendetwas von »verdammten

Friedensheinis«. Ich befürchtete, er würde die Armee rufen und aus dem Ganzen eine unangenehme Szene machen.

Auf dem Weg zurück nach Bil'in sahen wir palästinensische Tagelöhner, wie sie mit hängenden Köpfen von der Baustelle in der Siedlung nach Hause gingen.

»Was denkt ihr über die Palästinenser da, die die Siedlung bauen?«, fragte ich. Ich wusste selbst nicht, was ich erwartete, aber ich fand Mohammeds Antwort sowohl überraschend als auch tröstlich.

»Sie haben keine Wahl, weil sie ihre Kinder ernähren müssen«, sagte er, »und weil Israel ihr Land beschlagnahmt hat, gibt es keine andere Arbeit für sie.«

Aber während diese Arbeiter an uns vorbeigingen, war klar, dass sie nicht stolz auf ihre Arbeit waren. In Anbetracht der Tatsache, dass die jüdischen Siedlungen im Westjordanland mehr als alles andere für die immer weiter entschwindenden Möglichkeiten der Palästinenser standen, ihre Freiheit und Unabhängigkeit zu erringen, war Mohammeds Erklärung bemerkenswert. Es gab andere Befreiungsbewegungen und gibt sie wahrscheinlich immer noch, die keine derart gemässigte Haltung zu Angehörigen des eigenen Volkes einnahmen, die sich an Aktivitäten beteiligten, welche ihrem Kampf um Freiheit direkt im Wege standen.

Ein weiterer Kampfgefährte in Bil'in, Iyad Burnat, und ich auf dem Weg zur wöchentlichen Protestdemonstration.

Andernorts würden diese Menschen wegen ›Kollaboration‹ bestraft werden.

Zurück in Bil'in unterhielten wir vier uns weiter über die Lage. Mohammed betonte nachdrücklich: »Wir lehnen jede Beteiligung an irgendeiner Form gewalttätigen Widerstands kompromisslos ab.« Er war gerade aus Jordanien zurückgekehrt und am Grenzübergang acht Stunden lang von der Shabak, Israels Inlandgeheimdienst, festgehalten worden. »Sie versuchen, uns zu provozieren, mit Gewalt zu antworten, aber sie werden es nicht schaffen«, meinte er weiter, »denn wir werden den Kampf nicht aufgeben.«

Die Armee ist niemandem Rechenschaft schuldig, und die Bewohner von Bil'in haben keinerlei Einspruchsmöglichkeit, kein Gesetz, das sie und ihr Eigentum schützt. Dennoch war Gewaltlosigkeit für diese Männer wie eine Religion.

Ich wusste bereits, dass gewaltsamer Widerstand oder Terrorismus – wofür die Palästinenser weltweit bekannt geworden sind – immer nur für einen Teil der Palästinenser typisch war. Aber bis zu dieser Begegnung war mir nicht klar, in welchem Mass die gewaltlosen Reaktionen auf die israelische Unterdrückung überwiegen. Khaled und Ali vom Forum der Familien der Hinterbliebenen hatten von Gewaltlosigkeit gesprochen und jetzt hörte ich schon wieder davon. In Wirklichkeit ist der grösste Teil des palästinensischen Widerstandes immer gewaltfrei gewesen, aber es ist eben der gewalttätige, bewaffnete Kampf, der die Aufmerksamkeit der Medien bekommt. Die allermeisten der Palästinenser in israelischen Gefängnissen wurden für gewaltlosen politischen Widerstand verurteilt. Was die gewaltlose Bewegung in Bil'in einzigartig macht, ist die Unbeugsamkeit, die sie selbst angesichts der gewaltsamen Massnahmen Israels an den Tag legen.

Wir wurden allmählich alle hungrig, und Iyad und Emad baten mich, meinen Wagen nehmen zu können, um Einkäufe für das Abendessen zu machen. Alles, was man mir als Israeli beigebracht hatte, sagte mir, dass das Verleihen eines Mietwagens mit israelischen Nummernschildern an ein paar junge Palästinenser im Westjordanland ein Sicherheitsverstoss ersten Ranges war. Diese Leute mochten ja hier und jetzt einen netten Eindruck machen, aber woher wusste ich denn, wer sie wirklich waren? War das nicht die perfekte Gelegenheit, einen naiven Israeli wie mich hereinzulegen? Was war, wenn sie verschwanden und mich hier einfach zurückliessen, wo ich vielleicht getötet werden könnte? Was war, wenn sie das Auto benutzten, um eine Bombe zu zünden? Es war keine leichte Entscheidung für mich.

Meine Furcht loszulassen und mein Vertrauen in diese engagierten jungen Aktivisten zu setzen, war keine Wahl, es war eine Mission. Ich war den ganzen Weg bis Bil'in gefahren, um sie zu treffen, und ich hatte den gesamten Tag mit ihnen verbracht. Sie waren genau die Art von Menschen, auf die jedes Land stolz sein sollte. Sie waren Ehemänner und Väter kleiner Kinder und lehnten es bewusst und unter allen Umständen ab, Gewalt anzuwenden, genau wie sie sich weigerten, das Unrecht zu akzeptieren, das ihnen von der israelischen Besatzung aufgezwungen wurde.

Ich gab ihnen die Schlüssel zu meinem Wagen. Eine halbe Stunde später kehrten sie mit Fleisch, Gemüse und Jogurt zurück, und bald machten wir uns über Kebab, gegrilltes Gemüse, Brot, Olivenöl und Salat her.

Als wir mit dem Abendessen fertig waren, wurde es schon dunkel, und ich musste noch nach Jerusalem zurückfahren. Sie zeigten mir die Richtung, und ich fuhr los, erneut verängstigt und wider Willen an Geschichten denkend, in denen palästinensische Mobs unschuldige Israelis töteten. Ich sagte mir, dass diese Männer mich keiner Gefahr aussetzen würden. Sie wussten, dass mir nichts passieren würde, denn sonst hätten sie mich nicht allein fahren lassen.

Auf dem Weg nahm ich einige Schuljungen mit, die per Anhalter unterwegs waren. Ich wollte damit den Drang niederringen, so schnell wie möglich von hier wegzukommen, und mich damit anfreunden, dass ich jetzt hier war. Wenn diese palästinensischen Jungen keine Angst hatten, von einem Israeli mitgenommen zu werden, warum sollte ich mich dann fürchten, sie mitzunehmen? Sie fuhren für ein paar Kilometer mit und bedankten sich, als sie an ihrem Zielort aus dem Auto stiegen. Und während ich weiter durch die dunklen Strassen von Bil'in fuhr, die wegen der späten Stunde weitgehend leer waren, spürte ich das tröstliche Gefühl ihres Dankes – und des Vertrauens, das ich jetzt in meine neuen Freunde an diesem Ort hatte.

10
Die Order des befehlshabenden Generals

Im April 2007 besuchten Nader und ich die Institutionen in Israel und im Westjordanland, die die von unserer Kampagne gespendeten Rollstühle bekommen hatten. Nader flog nach Amman, wo er einen zweiten Wohnsitz hat, und ich flog nach Tel Aviv. Wir hatten vor, uns in Jerusalem zu treffen.

Das sollte sozusagen unsere Ehrenrunde sein. ›Rollstühle für das Heilige Land‹ hatte gewonnen: Wir hatten etwas für Kinder auf beiden Seiten des Konflikts getan und eine Menge Widerstände überwunden, um das Projekt zum Erfolg zu führen. Leider stellte sich heraus, dass eine gewaltige Kluft zwischen meiner Wahrnehmung und der Realität bestand. Statt eine Siegerrunde zu sein, entwickelte sich unser Aufenthalt zu einer langen Reise, die zu einer ernüchternden Entdeckung führte. Ich traf direkt nach dem Sederfest in Jerusalem ein und verbrachte vor meinem geplanten Treffen mit Nader ein paar Tage mit meiner Familie. Es war Ostern und meine Schwester Ossi schlug vor, wir sollten gemeinsam zu einem der grandiosesten und aussergewöhnlichsten Ereignisse gehen, die in diesem Jahr in Jerusalem stattfanden.

Ossi, die jüngere meiner beiden Schwestern, war schon immer sehr ruhig, klug und lustig. Sie und ich wurden erst relativ spät im Leben Freunde, wahrscheinlich weil ich sechs Jahre jünger war als sie. Sie studierte und entwickelte sich zu einer Expertin für das Östliche Christentum. Sie weiss besonders viel über christliche Ikonografie, und mit ihr zusammen die verschiedenen Kirchen im Heiligen Land zu besuchen, ist immer eine erhellende Erfahrung.

Alle vier Jahre wird Ostern von allen christlichen Glaubensrichtungen am selben Tag gefeiert, und 2007 war ein solches Jahr. So begaben Ossi, ihr Mann Haim und ich uns um zehn Uhr abends in die Altstadt, um das grosse Schauspiel anzusehen, das als Sabt al Nur, als der ›Samstag des Lichts‹ bezeichnet wird.

Die Altstadt befindet sich innerhalb uralter Mauern, und in ihren engen Strassen und Gässchen sind die Traditionen des christlichen, jüdischen und muslimischen Glaubens lebendig geblieben. Sie ist mit ihren Kirchen und Moscheen und Synagogen ein spiritueller Ort, aber zugleich mit ihren Läden, wo es Fleisch aus frischer Schlachtung, frisch geerntetes Obst und Gemüse, Süssigkeiten, Kräuter, Kleidung, Stoffe und alle Arten von Krimskrams zu kaufen gibt, sehr bodenständig. Ich habe eine Lieblingsroute, die ich jedes Mal abgehe, wenn ich in die Altstadt komme, und jedes Mal entdecke ich dabei etwas Neues.

An dem Abend, an dem Ossi und ich hingingen, strömten Jung und Alt, Männer und Frauen und Pilger aus der ganzen Welt in dieser kleinen Stadt zusammen und marschierten singend und mit Fackeln zur Feier der Wiederauferstehung durch die Strassen. Ich hatte noch nie so viele Menschen in der Altstadt gesehen, und es überraschte mich, dass ich in all den Jahren, die ich in Jerusalem gelebt hatte, nie etwas von diesem Fest erfahren hatte. Wir gingen von einer Kirche zur anderen, um zu sehen, wie jede Konfession das Ereignis feierte, das ihren Glauben definierte, nämlich die Wiederauferstehung von Jesus von Nazareth.

Wir begannen mit der Kirche vom Heiligen Grab, wo alte Frauen steile Treppen emporstiegen, damit sie dem Stein der Salbung Christi nah genug kamen, um ein Bild Christi zu küssen, und wo Priester Zeremonien in allen Sprachen abhielten. Auf dem schmalen Dach kauerten sich Hunderte von äthiopischen Pilgern zusammen, während ihre Priester beteten und ihre indigenen christlichen Riten zelebrierten. Es war bewegend, ein solches Mass an Frömmigkeit zu sehen, aber zugleich auch beängstigend, zu beobachten, wie überfüllt alle Örtlichkeiten waren und wie wenig für die öffentliche Sicherheit unternommen worden war.

Um 2 Uhr morgens kamen wir bei der berühmten Russisch-Orthodoxen Kirche an, deren goldene Zwiebeltürme sie auf dem Hügel gegenüber dem Tempelberg klar hervorstechen liessen. Nach dem Gottesdienst kamen die Gläubigen aus der Kirche und der Priester machte die berühmte Verkündigung: *›Cristos Anesti‹* (›Christus ist auferstanden‹), die Menge antwortete *›Alithos Anesti‹* (›Er ist auferstanden‹). Dann verkündete der Geistliche dieselbe Botschaft in jeder nur erdenklichen Sprache, und aus der Menge kam in der jeweiligen Muttersprache die Antwort.

Ich habe in meinem Leben sehr viel Zeit in Jerusalem verbracht, aber die Stadt hört nie auf, mich in Staunen zu versetzen.

Als der Zeitpunkt kam, mich mit Nader zu treffen, wuchs meine Besorgnis. Ich hatte von vielen palästinensisch-amerikanischen Freunden gehört, wie die israelischen Behörden sie schikanieren, wenn sie nach Israel kommen, und sie oft stundenlang festhalten, bevor sie sie ins Land lassen. Ich wusste auch, dass Nader sechs Monate zuvor mit seiner Familie – einem Tross von insgesamt 18 Leuten, darunter seine Söhne, Schwiegertöchter und Enkel, einige davon noch Babys – einen Ausflug von Jordanien nach Israel gemacht hatte. Als sie am nördlichen Grenzübergang über die Brücke nach Israel kamen, nahmen die israelischen Sicherheitsbeamten ihnen ihre Pässe weg und setzten sie den ganzen Tag lang fest.

Die israelischen Behörden gaben ihnen weder eine Erklärung noch Essen oder Wasser. An Höflichkeit war sowieso nicht zu denken. Erst am Ende des Tages bekamen sie ihre Pässe zurück, kurz bevor der Übergang geschlossen wurde. Sie waren alle erschöpft, und zu diesem Zeitpunkt fuhren auch keine öffentlichen Verkehrsmittel mehr, so dass sie an der Grenze festsassen. Schliesslich gelang es ihnen, den Fahrer eines Minilasters anzurufen, der sonst Arbeiter am Grenzübergang transportierte. Sie bezahlten ihm mehrere hundert Dollar, damit er sie abholte und nach Nazareth brachte. Wenn Nader und ich früher gemeinsam die Grenze passierten, hatte er immer ohne Verzögerung durchgehen können, und ich hatte guten Grund zu der Annahme, dass

Mit Nader im Fatah-Hauptquartier in Ramallah. Fatah war so lange ich mich erinnern kann als gefährlicher Feind deklariert, aber jetzt war ich dort mit Freunden.

man ihn mit einem israelischen Bürger an der Seite nicht belästigen würde.

Nader ist ein starker und unverwüstlicher Mann, aber das hier war mehr Schikane, als man jemandem zumuten sollte. So schlug ich Rami vor, gemeinsam eine kurze Reise nach Jordanien zu machen und ein paar Tage mit Nader in Amman zu verbringen, damit wir dann alle drei zusammen nach Israel fahren konnten. Ich war sicher, dass der Übergang reibungsloser vonstattengehen würde, wenn Rami und ich dabei waren.

Wenn man von Israel aus nach Osten geht und Jordanien betritt, passiert dabei mehr, als dass man nur einen Fluss überquert. Der Jordan ist das Tor zum Osten und zur arabischen Welt. Meine Mutter hatte in der britischen Armee gedient und konnte damals die gesamte arabische Welt bereisen. Sie war in Kairo stationiert gewesen und war bis Beirut und Damaskus gekommen. Mein Vater hatte mehrere Male Naghib Mahfouz in Kairo besucht, und jetzt war ich an der Reihe, unsere weitere Nachbarschaft kennenzulernen.

Israel und Jordanien hatten seit 1995 friedliche Beziehungen miteinander, aber es war deutlich spürbar, dass das Verhältnis der beiden Länder immer noch gespannt war. In dem riesigen Einreiseterminal auf der israelischen Seite der Grenze hängte ein überlebensgrosses Foto des verstorbenen jordanischen Königs Hussein bin Talal, das ihn zeigte, wie er dem seinerzeitigen israelischen Ministerpräsidenten Yitzhak Rabin eine Zigarette anzündete. Diese zwanglose, freundliche Geste demonstrierte die engen Beziehungen, die zwischen diesen beiden Männern bestanden. Die gähnende Leere des Terminals zeugte von grossen Erwartungen, die sich nicht erfüllt hatten.

Das würde meine zweite Reise nach Jordanien sein, um Nader dort zu besuchen. Das erste Mal holte er mich am nördlichen Grenzübergang über den Jordan ab und nahm mich mit zu einer Besichtigungstour in die alte römische Stadt Jerash, bevor wir nach Süden in Richtung Amman abbogen, wo wir den grössten Teil unserer Zeit damit verbrachten, uns mit seinen Freunden zu treffen.

Rami fand meine Idee aufregend, und so fuhren wir mit einem Gefühl von Abenteuer los. Als wir in Amman angekommen waren, war Nader gleich zur Stelle und nahm uns zum Mittagessen bei Jabri's mit, einem Lokal, das zu einer beliebten regionalen Kette gehört und das hervorragende Speisen und Süssigkeiten anbietet. Dann verbrachten wir etwas Zeit bei Nader zu Hause, um uns auszuruhen und ein bisschen zu plaudern. Am Abend wanderten wir, so viel wir konnten, in Amman umher und landeten schliesslich im Del Mondo Café. Wir tranken Kaffee, Nader und Rami bestellten sich *hookahs*, wir sassen zusammen und redeten stundenlang.

Nader deutete auf die Leute im Café. »Seht euch mal um«, meinte er. »Als ich hier vor zwanzig Jahren lebte, hätte man nie Frauen in einem Café gesehen, wie man es heute tut.«

Ich dachte nach über das, was er gesagt hatte, und fügte hinzu, »Und schau dir uns drei an, zwei Israelis und ein Palästinenser, die in einer arabischen Hauptstadt zusammensitzen und Kaffee trinken, ohne sich die geringsten Sorgen zu machen. Auch das wäre vor zwanzig Jahren noch nicht möglich gewesen.«

Ich wollte unbedingt die berühmte Festung Saladins bei Ajloun in Nord-Jordanien sehen. So ging Nader am Morgen des Freitags, an dem wir nach Israel fahren wollten, erst zum Gebet in die Moschee, anschliessend nahmen wir ein Taxi nach Ajloun. Es war ein kalter und verhangener Tag mit leichtem Regen, was die Szenerie auf dem Weg nach Ajloun betörend schön und den Anblick der Festung selbst noch dramatischer machte. Das Dorf Tishbi, in dem der Prophet Elias geboren wurde, befindet sich direkt östlich hinter der Festung. Im Westen erhebt sich der Berg Tabor, und an einem klaren Tag kann man bis zum See Genezareth sehen. Die Festung selbst ist überwältigend und typisch für die Festungen, die während der Kreuzfahrerzeit überall im alten Israel/Palästina[38] gebaut wurden. Sie überblickt die Hügel und Täler, die sich meilenweit rings um sie herum ausbreiten.

Von Ajloun aus fuhren wir weiter zur Grenze, um nach Israel einzureisen. Je näher wir der Grenze kamen, desto angespannter fühlten wir uns. Als wir das Terminal betraten, warf ich einen Blick auf Nader. Er schien nervös, sein Gesicht war blass, seine Lippen trocken. Ich konnte sehen, dass er seine Erlebnisse beim vorherigen Grenzübergang noch frisch vor Augen hatte.

Bei der Passkontrolle händigte ich der jungen Frau hinter dem Schalter alle drei Pässe zusammen aus, wobei ich Naders US-Pass zwischen unsere beiden israelischen Pässe geschoben hatte. »Sind Sie zusammen?«, fragte sie.

»Ja, sind wir«, sagte ich.

»Es gibt ein Problem mit seinem Pass, er sollte sich besser hinsetzen und warten. Spricht er Hebräisch?«

»Nein, spricht er nicht, was ist das Problem?«

»Sein Name löst ein Alarmsignal aus«, sagte sie, »und die Überprüfung könnte sehr lange dauern. Wir müssen auf ein OK von der Kommandozentrale warten, und es ist schon spät.«

Rami wollte wissen, was denn genau das Problem sei.

»Wir gehen nicht ohne ihn«, sagte mein Schwager. Er hatte seinen Satz kaum beendet, als ein junger Mann mit unrasiertem Gesicht und in Jeans und T-Shirt zu uns herauskam.

»Sein Name hat einen Alarm ausgelöst, wir können nichts tun, bis wir von der Kommandozentrale hören.« Er hatte einen schweren russischen Akzent. Es erfordert schon eine besondere Arroganz, oder Ignoranz, als jemand, der neu in einem Land ist, eine ältere Person, die in diesem Land geboren wurde und deren Ahnen in diesem Land geboren wurden, nicht über die Grenze zu lassen. Ich sagte nichts.

Wir erklärten ihm, wer wir waren, wir erklärten ihm, wer Nader war, und wir erklärten ihm, dass wir ohne ihn nicht gehen würden. »Für seine Arbeit für den Rotary Club und für sein Rollstuhlprojekt würde er verdienen, dass man ihn als VIP behandelt und ihm den roten Teppich ausrollt, ganz zu schweigen von dem überflüssigen Ärger, den Ihr Leute hier ihm vor sechs Wochen gemacht habt. Es wäre gut, wenn Sie auch daran einmal denken.«

Rami konnte sehen, dass ich allmählich die Geduld verlor. »Miko, beruhige dich«, flüsterte er. Dann wandte er sich dem jungen Mann zu, der sich bis dahin nicht vorgestellt hatte. »Sie haben kein Recht dazu, Leute ohne Erklärung so zu behandeln. Sie sind ihm eine Erklärung und eine Rechtfertigung schuldig.« Jetzt war er dabei, die Contenance zu verlieren.

»Mir sind die Hände gebunden. Wir müssen auf Anweisungen von der Kommandozentrale warten. Das kann sehr lange dauern.«

»Wir werden hier warten, bis Sie die Sache geklärt haben«, sagte ich.

Er verschwand in sein Büro. Die junge Frau hinter dem Schalter kam heraus und hatte ihren Rucksack über die Schulter geschlungen; ihr Arbeitstag war zu Ende. Es ging auf 20 Uhr zu, die Zeit, zu der der Grenzübergang schloss. Zehn Minuten später kam der junge Mann mit Naders Pass zurück.

»Das Alarmsignal ist von Elbannas Namen entfernt worden. Das wird nicht wieder vorkommen«, versprach er.

Nader sass die ganze Zeit schweigend da. Er konnte sich nicht mit den Behörden verständigen, und Rami und ich hatten uns bemüht, sie mit ihren Schikanen gegen Nader nicht durchkommen zu lassen. Schliesslich waren wir dadurch doch nur 30 Minuten lang aufgehalten worden.

Wir nahmen ein Taxi nach Nazareth, wo wir auch die Nacht verbrachten. Am Morgen trafen wir uns mit Mitgliedern des Rotary Clubs Nazareth, die uns die Einrichtungen zeigten, an die die Rollstühle verteilt worden waren, und am Abend fuhren wir weiter nach Jerusalem. Am folgenden Morgen fuhren Nader und ich zu Yad Sarah – oder Sarahs Hand – einer wichtigen Wohltätigkeitsorganisation in Israel, die bedürftigen Menschen kostenlos medizinische Geräte ausleiht. Als mein Vater im Sterben lag, beschlossen wir, ihn zu Hause zu pflegen, und Yad Sarah lieh uns die Rollstühle und andere notwendige Geräte, so lange wir sie brauchten und ohne etwas dafür zu verlangen. Es war ein gutes Gefühl, Yad Sarah nun in Gestalt der neuen Rollstühle etwas zurückgeben zu können.

Bei Yad Sarah wird der grösste Teil der Arbeit von Freiwilligen geleistet, und die meisten sind zutiefst religiöse orthodoxe Juden. Während wir durch das Gebäude gingen, bemerkte ich, wie Nader sich umsah und die Leute betrachtete. »Es gibt hier viele orthodoxe Juden«, meinte er. Mir wurde klar, dass dies das erste Mal war, dass er sich in Gesellschaft solcher Juden befand.

»Ja, religiöse Menschen auf der ganzen Welt melden sich zur karitativen Arbeit«, erklärte ich ihm. Wir verbrachten eine Stunde mit der Besichtigung der Einrichtung, bevor wir uns auf den Weg nach Beit Jala machten, um uns die Rollstühle im Arab Rehabilitation Hospital anzusehen.

Beit Jala liegt direkt bei Bethlehem, wo ich seit zwanzig Jahren nicht mehr gewesen war. Ein Freund nahm uns dorthin mit und benutzte eine Strasse, auf der man keinen grösseren Kontrollpunkte passieren musste – stattdessen stiessen wir auf eine Strassensperre mit Soldaten, die alle Autos durchwinkten. Mein Freund setzte uns bei Muna Katans Büro ab und sie und ihr Vater nahmen uns nach Bethlehem zum Mittagessen mit. Nach dem Essen fuhr uns Munas Vater eine Weile lang umher und zeigte uns die Mauer, die diese uralte Stadt jetzt umgibt. Die hässliche Zementstruktur war von Israel um die Stadt herum gebaut worden, um die Palästinenser von Land zu trennen, das Israel besiedeln will. Die gesamte Mauer ist mit Graffitis besprüht – einer Kombination von Kunst, Poesie und Widerstandsparolen. Nader und ich baten, kurz aussteigen zu können, um einen näheren Blick darauf zu werfen.

»Geht nur«, sagte unser Gastgeber, während er selbst aus Furcht, dass israelische Soldaten von den Wachtürmen über uns zu schiessen beginnen könnten, lieber im Wagen blieb.

Schliesslich brachte Munas Vater uns nach Beit Jala, damit wir uns das Krankenhaus ansehen konnten, und wir dankten ihm für seine Gastfreundschaft. Dr. Edmund Shehadeh, der Generaldirektor des Krankenhauses, traf mit uns zusammen und nahm uns zu einer Besichtigungsrunde mit. Das Krankenhaus ist eine makellos saubere und wohlorganisierte Einrichtung und ist fast vollständig von Spenden abhängig, was seine blosse Existenz zugleich sehr wichtig und höchst erstaunlich macht.

Wir sahen Patienten in den roten Rollstühlen, die unser Projekt gespendet hatte, und wir posierten gemeinsam für Erinnerungsfotos. Dann sassen wir eine Weile mit Edmund in seinem Büro. Er zeigte auf die Landparzellen, die gerade von Israel beschlagnahmt wurden, um Siedlungen zu bauen, besonders die Siedlung Gilo direkt südlich von Jerusalem, die wir vom Fenster seines Büros aus sehen konnten. Man sah auch die Arbeiten zur Erweiterung der Mauer und den Tunnel, die den israelischen Siedlern erlauben sollen, von Israel zu ihren Siedlungen im Westjordanland zu fahren, ohne die Palästinenser sehen oder mit ihnen zu tun haben zu müssen.

Nach der Besichtigung, wussten wir nicht genau, wie wir von dort fortkommen sollten. Mein Freund konnte uns nicht abholen, und so nahmen wir ein palästinensisches Taxi aus dem Ort, das uns aber nur bis zum Kontrollpunkt und nicht weiter mitnehmen konnte, weil die meisten palästinensischen Taxifahrer im Westjordanland nicht nach Israel hinein dürfen. Während unser Taxi sich dem Kontrollpunkt auf dem Weg nach Jerusalem näherte, merkten wir, dass dies nicht der Weg war, auf dem wir gekommen waren, und eine Odyssee begann, mit der wir nicht gerechnet hatten.

Es handelte sich um Kontrollpunkt 400 oder den ›Kontrollpunkt Rachels Grab‹, ganz in der Nähe des Orts, wo der Überlieferung zufolge die Matriarchin Rachel begraben liegt. Wir fragten die dort wartenden Taxifahrer, wohin wir gehen müssten, und sie alle deuteten in Richtung dieses Kontrollpunkts oder Terminals. Es war eine bedrohliche Einrichtung, die mehr den Eindruck eines Gefängnisses als den eines Kontrollpunktes machte und von hohen Mauern und eingezäunten Fusswegen umgeben war. Das Gebäude selbst war leer. Nader und ich irrten eine Weile lang umher und wussten nicht, wohin. Wir dachten beide, wir seien am falschen Ort gelandet. Schliesslich verliessen wir das Gebäude, fanden einige Soldaten und fragten sie, wie wir hier heraus und nach Jerusalem kommen könnten.

»Sie müssen nur reingehen, die zeigen es Ihnen dann schon«, antworteten sie.

Also gingen wir wieder hinein, wie sie es uns geraten hatten. Alles, was wir dort sahen, waren metallene Drehtüren mit grünen und roten Lichtern, aber nirgendwo auch nur ein einziges menschliches Wesen. Es war so still, dass es regelrecht unheimlich war. Ich fühlte mich unbehaglich, und Nader begann Witze zu erzählen, um die Spannung etwas zu lösen. Wir gingen durch die Metalltüren ins Innere und fanden uns in einer riesigen Halle mit Schaltern wieder, deren Fenster abgedunkelt waren.

Eine körperlose Stimme befahl uns über Lautsprecher: »Treten Sie vor.« Wir gingen zu einem der Fenster, und durch einen kleinen Spalt konnten wir sehen, dass dahinter eine Soldatin sass, die die Stirn runzelte. Sie nahm Naders amerikanischen Pass und gab ihn ihm zurück. Ich war erleichtert. Dann nahm sie meinen Pass. Wie vom Gesetz gefordert, verwendete ich nicht meinen amerikanischen, sondern meinen israelischen Pass. Wir warteten eine Weile, dann öffnete sich eine Tür und ein Soldat mit einer halbautomatischen Waffe rief mich hinein, um mich in eine andere Abteilung zu führen. Er hielt meinen Pass in der Hand.

»Kommen Sie mit.«

»Warum, was ist das Problem?«

»Sie haben die Order des kommandierenden Generals verletzt, die es Israelis untersagt, Zone A zu betreten.« Ich war in Bethlehem gewesen, das in Zone A liegt, und während mir klar war, dass Israelis in diese Zone nicht hineindurften, hatte ich keine Ahnung, was es bedeutete, ›erwischt‹ zu werden. Ich war von der riesigen Grösse der Einrichtung und der Tatsache, dass ein Soldat mit einer geladenen halbautomatischen Waffe meinen Pass an sich genommen hatte, komplett überwältigt.

Dann brachte man mich mit vorgehaltener Waffe in das Büro des befehlshabenden Offiziers – ein einfacher Mann, der die Insignien eines Offiziers an den Schultern seines fleckigen Hemdes trug, dessen Knöpfe von einem dicken Bauch gespannt wurden. Als ich das Büro betrat, nahm er rasch seine Füsse vom Schreibtisch.

»Was gibt's?«, fragte er, als der Soldat ihm meinen Pass aushändigte. »Dieser Mann hat die Order des befehlshabenden Generals verletzt, die das Betreten von Zone A verbietet.«

Der Kommandeur sah mich an. »Haben Sie eine Ahnung, wie ernst diese Sache ist?« Er begann, mir einen Vortrag über die Schwere meines Verstosses zu halten. »Ich war als Teil einer Mission zur Lieferung von Rollstühlen nach Israel und Palästina im Krankenhaus von Beit Jala –«, versuchte ich den Zweck unserer Mission zu erklären.

»Das interessiert mich nicht!« Er unterbrach mich abrupt. An diesem Punkt hatte ich wirklich genug und sammelte mich sehr schnell. »Wie kommen Sie dazu, da zu sitzen und mir Vorträge zu halten, wo Sie diese ungeheuerliche Einrichtung hier befehligen und eine brutale, illegale Besatzung durchsetzen! Sie sind ein Verbrecher und eine Schande für Ihr Land. Und jetzt verlange ich meinen Pass zurück, damit ich weiter nach Jerusalem fahren kann.«

Mir wurde sogleich befohlen, sein Büro zu verlassen. Dann sass ich einige Stunden lang mit einem bewaffneten Soldaten mir gegenüber im Flur. In der Zwischenzeit war Nader irgendwo da draussen ohne Telefon, ohne Geld und ohne die geringste Ahnung, wo er hin sollte. Ich rief Rami an, um ihm zu berichten, was passiert war und wo wir waren, damit er kommen und sich um Nader kümmern konnte. Wie sich herausstellte, war Nader findig genug gewesen, selbst eine Möglichkeit zu finden, mit Rami in Verbindung zu treten. Dafür waren die beiden jetzt um mich besorgt.

»Hier, unterschreiben Sie das.« Ein weiterer Offizier kam heran und reichte mir ein Dokument. »Was ist das?«

»Es ist ein Dokument, das besagt, dass wir Sie nicht verletzt und Ihnen nichts weggenommen haben.«

»Wo ist mein Pass?«

»Wir werden ihn Ihnen bald zurückgeben.«

»Schön, dann unterzeichne ich, sobald ich ihn wiederhabe.«

Nach einer weiteren langen Wartezeit kamen zwei bewaffnete Soldaten, um mich abzuholen. Sie hatten meinen Pass bei sich.

»Kommen Sie mit uns.«

»Wohin gehen wir?«

»Zum Polizeihauptquartier in Jerusalem zur Befragung.«

Während wir zum Polizeiwagen gingen, wandte sich einer der Soldaten zu mir. »Warum haben Sie ihnen nicht gesagt, dass es ein Irrtum war? Dann wären Sie jetzt längst draussen. Das machen die Leute hier die ganze Zeit.«

Inzwischen war es schon nach fünf und der Stossverkehr war fürchterlich, was bedeutete, dass wir eine lange Fahrt vor uns hatten.

»Ziemlich schlimmer Verkehr«, bemerkte ich im Versuch,

ein Gespräch anzuknüpfen. Der Einsatzleiter schnauzte mich an und sagte, ich hätte nicht das Recht zu sprechen.

Aber das Schweigen dauerte nur ein oder zwei Minuten. »Und, wie ist das Leben in Amerika?«

Ich schätze, sie wollen doch reden. Ich war inzwischen ganz ruhig und wollte, dass sie mir zuhörten.

»Schauen Sie mal auf das Datum in meinem Pass«, sagte ich. Er tat es. »5. September 1997.«

»Genau. Ich wette, Sie erinnern sich nicht, was am Tag vor diesem Datum geschah. Aber ich werde den Tag nie vergessen. Der Pass wurde einen Tag, nachdem Smadar getötet wurde, ausgestellt.« Dann erzählte ich ihnen von Smadar und meinem Vater und meiner Familie. Ich erzählte ihnen vom Forum der Familien der Hinterbliebenen, den Israelis und Palästinensern, die sich regelmässig treffen, um Wege zu finden, die Gewalt zu beenden. Sie wurden ganz still. Als ihnen klar wurde, dass ich ein Mitglied des ›Ordens‹ war, wurden sie plötzlich ganz höflich und freundlich.

»Ja, aber warum wollen Sie diesen stinkenden Arabern helfen? Wissen Sie nicht, dass die Sie hätten entführen können, und dann hätten wir eine Rettungsoperation in Gang setzen müssen«, sagte einer von ihnen in ganz ernsthaftem Ton.

»Wirklich?«, sagte ich. »Ich bin kein Soldat. Ich wurde zu einem Besuch eingeladen. Ich hatte eine Mahlzeit mit Freunden und dann hat man mir die Räumlichkeiten einer wunderbaren Rehabilitationseinrichtung gezeigt. Sie haben mir für die Spende dringend benötigter Rollstühle gedankt. Hier dagegen hält man mich mit vorgehaltener Waffe fest und nimmt mir meinen Pass weg. Was erinnert Sie da mehr an eine Entführung? Und mein palästinensisch-amerikanischer Freund sieht all das, und was, glauben Sie, denkt er jetzt über die Art, wie meine eigenen Leute mich für diese karitative Arbeit behandeln? Glauben Sie, dass das ein gutes Licht auf Israel wirft? Ihr Typen erzählt mir hier etwas von der Order des befehlshabenden Generals. Ich möchte euch gern etwas über einen anderen General fragen. Habt ihr schon einmal von General Matti Peled gehört? Er war einer der Kommandeure des Sechstagekrieges. Ich erkläre euch mal, was er schon vor 40 Jahren gesagt hat, was passieren würde.«

Ich erzählte ihnen von meinem Vater und von seinen Prophezeiungen, was geschehen würde, wenn die Besatzung weiterginge. Als wir das Revier erreichten, waren alle ausser ein paar Beamten schon heimgegangen.

»Wir brauchen einen Ermittler, um diesen Mann zu verhören.«

Die Polizisten warfen ein Blick auf mich und sahen, dass ich wohl kaum ein abgebrühter Verbrecher war. »Wieso? Was hat er getan?«

»Er hat die Order des befehlshabenden Generals verletzt, indem er Zone A betreten hat.«

»Ist das alles? Lasst ihn frei und vergesst es.« Aber die Soldaten waren entschlossen, ihre Mission zu Ende zu bringen. »Das ist keine persönliche Sache«, sagten sie.

Schliesslich wurde ein Ermittler gefunden. Ich wurde befragt, abgemahnt und darüber informiert, wenn man mich wieder in Zone A anträfe, bekäme ich ein Bussgeld oder würde sogar verhaftet. Gerade als er mit mir fertig war, klopfte es an seiner Tür. Rami und Nader standen in der Tür und lächelten mich an.

»Bist du OK?«

Ich war froh, dass die Tortur zu Ende war, und ausserdem sehr glücklich, sie dort zu sehen. Aber ich war keineswegs ›OK‹. Meine eigenen Leute hatten mich dafür festgenommen, dass ich etwas Gutes getan hatte. Meine Ernüchterung über Israel hatte einen neuen Tiefpunkt erreicht.

11
Wer spricht für den Gazastreifen?

Anfang 2008 ass ich zusammen mit Rob Mullally, einem guten Freund und Mit-Rotarier, in einem Restaurant der Altstadt von San Diego zu Mittag. Wir waren gerade von einem Treffen des Rotary-Komitees ›Wege zum Frieden‹ gekommen, wo Nader und ich angekündigt hatten, wir würden in den Gazastreifen gehen.

Rob war bestürzt. Mehr als bestürzt: »Miko, warum zum Teufel willst du nach Gaza gehen?«

Es ging weniger darum, dass er überrascht gewesen wäre, weil er mich mittlerweile gut genug kannte, um zu wissen, dass ich in Sachen Palästina unbedingt etwas tun wollte. Dennoch konnte er nicht anders, als besorgt zu sein. Es war schwer, wenn nicht unmöglich, in den Gazastreifen hineinzukommen, er stand unter Kontrolle der Hamas – die ebenfalls wenig für die Idee übrig hatte, dass sich ein israelischer Jude, und sei es ein wohlmeinender, dort herumtrieb –, und Israel konnte jeden Augenblick beschliessen, dort militärisch zuzuschlagen. Mit anderen Worten, die Lage im Gazastreifen war so brisant, dass es nicht gerade vernünftig war, dort hinzufahren. Rob dachte an Gila und unsere Kinder.

Aber wenn man die Sache in einem grösseren Rahmen sah, war es klar, dass viele Rotarier schon schwierigere Aufgaben bewältigt hatten – Reisen in entlegene Gebiete Afrikas und Asiens, um Kinder gegen Polio zu impfen, die Organisierung von Mikrokredit-Projekten für Frauen in von Männern beherrschten Gesellschaften rund um die Welt, den Bau von Schulen für Mädchen in Pakistan und Afghanistan. So betrachtet schien es nicht aussergewöhnlich, wenn Nader und ich für ein paar Tage in den Gazastreifen gingen. Ich wollte einfach eine Gelegenheit, unsere Rotary-Beziehungen dazu zu nutzen, dringend benötigte Medikamente in das Gebiet zu bringen, Brücken zu bauen, aus denen sich eine dauerhafte Beziehung entwickeln konnte, und einen Riss in die Mauern zu treiben, die den Gazastreifen umgaben.

Persönlich sah ich es als eine Möglichkeit, mich, wenn auch nur in kleinem Massstab, der israelischen Herrschaft über Palästina zu widersetzen. Und meine Erfahrung mit der Ausreise aus dem Westjordanland durch den Kontrollpunkt Bethlehem hatte mich davon überzeugt, dass die beste Art, sich Israel zu widersetzen, war, sich den Gesetzen zu widersetzen, die diese Herrschaft stützen. Und diese israelischen Gesetze untersagen es Israelis, nach Gaza zu gehen.

»Ich will dir sagen, warum, Rob«, antwortete ich.

»Israel kommt mit allem durch, was es tut, und es macht mich krank, hier herumzusitzen und nichts zu tun. Unschuldige Menschen werden getötet, Kinder hungern, es gibt Massenarbeitslosigkeit und Armut, und all das spielt sich eine Stunde Autofahrt von Tel Aviv entfernt ab. Nichts davon hat eine Naturkatastrophe als Grund. Der Grund ist, dass Israel diese Bedingungen mit Absicht geschaffen hat, und kein Mensch in den USA sagt etwas dazu. Die Alphabetisierungsrate im Gazastreifen beträgt 90 Prozent, und das Gebiet könnte zu einer Oase des Handels, der Bildung, der Kultur und der Stabilität werden. Wenn wir nur dafür sorgen könnten, dass Israel aufhört, ihm den Stiefel in den Nacken zu setzen, wenn wir nur etwas gegen die Besatzung tun könnten. Und ich glaube, dass die Rotarier mir genau dabei helfen können. Das ist der Grund, warum ich in den Gazastreifen gehe.«

Was ich ihm gesagt hatte, stimmte. Die Situation im Gazastreifen ist so schlimm, dass Israels Herrschaft über das Westjordanland daneben fast wie ein Idyll aussieht. Die Beschränkungen der Reise- und Bewegungsfreiheit sowie des Warenimports und -exports durch Israel plus die komplette Kontrolle der Besatzungsmacht über Land und See haben einen Belagerungszustand geschaffen, der eineinhalb Millionen Menschen, darunter 800'000 Kindern, buchstäblich die Luft abschnürt. Der Gazastreifen ist im Endeffekt zu einem riesigen Konzentrationslager geworden. Zu alldem haben die israelischen Militärangriffe zahllose Zivilisten, darunter viele Kinder physisch wie emotional verwundet und traumatisiert, meist, ohne dass sie danach irgendwie behandelt werden.

Aber die Geschichte des Gazastreifens zeigt, wie die Zukunft aussehen könnte, wenn er einmal frei sein sollte. In historischer Zeit war Gaza ein prosperierendes Handelszentrum und eine Raststätte auf der Karawanenstrasse zwischen Ägypten und Syrien. Im fünfzehnten Jahrhundert vor Christi war die Stadt von Ägypten besetzt, und einige hundert Jahre danach liessen sich die Philister in ihrem Umkreis nieder. Gaza wurde zu einer ihrer bedeutendsten Städte.

Im Alten Testament brandmarkte die Präsenz der Philister in Gaza die Stadt und ihre Bewohner als traditionelle Feinde des jüdischen Volkes. Laut den Erzählungen der Bibel nahmen die Philister den grossen jüdischen Helden Samson gefangen und töteten ihn; der junge Mann David tötete den Philister Goliath mit Stein und Schleuder, und König Saulus, der erste König der Israeliten, stürzte sich nach seiner Niederlage im Krieg gegen die Philister, in dem sein geliebter Sohn Jonathan getötet worden war, in sein Schwert.

In den Tagen des römischen Reichs war Gaza ein Zentrum von Wissenschaft und Kultur. Viele glauben sogar, dass König Herodes der Grosse als Jugendlicher in Gaza, das ja für seine herausragenden Bildungsinstitutionen bekannt war, zur Schule ging. Damals war Gaza eine der grössten und reichsten Städte der Region. Man vermutet auch, dass es der Ort ist, an dem Mohammeds Urgrossvater begraben wurde. Unter islamischer Herrschaft wurde die Stadt zu einem wichtigen Zentrum des Islam.

Im zwölften Jahrhundert wurde Gaza von den Kreuzfahrern eingenommen, und obwohl die Christen sich militärisch nicht lange halten konnten, entwickelten sich Gaza und sein Umland zu einem wichtigen Zentrum des christlichen Klosterlebens und Gelehrtentums. Als die Briten 1917 kamen, um das Heilige Land zu erobern, kostete die Einnahme der Stadt sie drei Versuche und Tausende von Toten und Verwundeten.

Nach der Gründung Israels 1948 wurden Tausende von Palästinensern aus ihren Wohnorten in die Region Gaza vertrieben, wodurch der ›Streifen‹ um die Stadt Gaza herum geschaffen wurde. Diese Flüchtlinge und ihre Nachkommen bilden heute die Mehrheit der Bevölkerung des Gazastreifens. Seit dieser Zeit hat sich der Gazastreifen als beständiges Zentrum des Widerstands einen Namen gemacht, und die dort lebenden Menschen haben einen hohen Preis dafür bezahlt. Seit Anfang der 1950er Jahre haben israelische Kommandos ›Straf‹-Operationen gegen die Menschen im Gazastreifen durchgeführt – ungeachtet der Tatsache, dass die Menschen dort nie eine Armee hatten und nie eine militärische Bedrohung darstellten. Während es Vorfälle gab, bei denen palästinensische *fedayeen* Operationen innerhalb Israels durchführten, wollten die meisten Flüchtlinge lediglich ihre Ernte einholen, ihre Familien ernähren und vor allem in ihre Häuser zurückkehren.

Als Präsident Jimmy Carter sein Buch *Palästina – Frieden, nicht Apartheid* veröffentlichte, war Nancy Pelosi Sprecherin des US-Repräsentantenhauses, und sie beschloss, sich dem Pulk der ›Israelunterstützer‹ anzuschliessen und das Buch öffentlich zu verurteilen. In einer von der Anti-Defamation League veröffentlichten Anzeige behauptete Pelosi, »Es stimmt nicht, dass das jüdische Volk in Israel oder irgendwo sonst eine Regierung unterstützt, die ethnisch begründete Unterdrückung institutionalisiert.« In Wirklichkeit war Israel während der Jahre der Apartheid ein unerschütterlicher Verbündeter Südafrikas, und Israel hat sehr wohl über Jahrzehnte hinweg ethnisch begründete Unterdrückung praktiziert, um sein Ziel einer jüdischen Mehrheit in Israel/Palästina zu erreichen. Und diese Unterdrückung ist nirgends offensichtlicher gewesen als im Gazastreifen.

In *The Tribes Triumphant*, wahrscheinlich eines der besten Bücher, die je über den Nahen Osten geschrieben wurden, beschreibt der Journalist Charles Glass seine Reisen durch die Levante mit Beobachtungen, die einen direkt dorthin versetzen. Er ist unzählige Male im Gazastreifen gewesen und jeweils lange genug dort geblieben, um ihn wirklich gut zu kennen. In einer der bewegendsten Passagen des Buchs beschreibt Glass Kinder im Gazastreifen auf ihrem morgendlichen Schulweg:

> ... in blauen oder grauen Kitteln, kleine Mädchen mit gesäumten weissen Kragen, Jungen mit ihren jüngeren Brüdern an der Hand [...] und Stofftaschen voller Bücher auf dem Rücken, die Haare zurückgekämmt und die Gesichter sauber geschrubbt. [...] Tausende und Abertausende von Kinderfüssen, die über die staubigen Wege zwischen der Haustür der Mutter und ihren Schulen trotteten. [...] Der Gazastreifen war ein Land der Kinder [...], wunderbarer kleiner Menschen, die so unschuldig sind, dass sie selbst im Gazastreifen noch lachen konnten.[39]

Während meines Karatestudiums in Japan lernte ich viele israelische Touristen kennen, und die meisten waren wie ich jung genug, um noch Erinnerungen an ihren Militärdienst zu haben, der ihnen wie mir noch frisch vor Augen stand. Einer von ihnen war Offizier in den Sondereinsatzkräften der israelischen Marine, ein Hauptmann der allgemein verehrten Marinekommandos gewesen. Einmal erzählte er uns, wie er und seine Einheit mit ihren Kriegsschiffen an der Küste des Gazastreifens Patrouille fuhren. Dabei kamen sie immer an Fischerbooten aus dem Streifen vorbei, und von Zeit zu Zeit pickten sie sich ein bestimmtes Boot heraus, befahlen den Fischern, ins Wasser zu springen, und sprengten das Boot in die Luft. Dann befahlen sie den Fischern mit vorgehaltener Waffe, von eins bis hundert zu zählen, und wenn sie fertig waren, liessen sie sie noch einmal von vorne anfangen. Das machten sie dann wieder und wieder, bis die Fischer sich einer nach dem anderen nicht mehr halten konnten und ertranken.

Der junge israelische Offizier meinte, dies werde getan, um (so seine Worte) »ein Exempel zu statuieren und den Arabern zu zeigen, wer der Chef ist«. Ich dachte, ich müsste mich erbrechen, als ich das hörte, aber im Lauf der Jahre hörte ich von israelischen Soldaten viele ähnliche Geschichten.

In einem meiner Artikel über den Gazastreifen erwähnte ich diese Geschichte, und einige Tage später erhielt ich eine E-Mail von Charles Glass. Charlie ist nicht nur der Autor von The Tribes Triumphant, sondern auch preisgekrönter Journalist. Er war von 1983 bis 1993 Chefkorrespondent von ABC News für den Nahen Osten und hat ausserdem für Newsweek, den Observer und viele andere Publikationen gearbeitet. Am besten bekannt ist er wohl für das Interview, das er 1986 mit der Crew eines gekidnappten TWA-Flugs auf der Rollbahn des Flughafens von Beirut machte. 1987 wurde er in Beirut von einer schiitischen Miliz als Geisel genommen und 62 Tage lang gefangen gehalten. Er war die einzige westliche Geisel im Libanon, von der man weiss, dass sie entkommen konnte, und hat die ganze Geschichte in seinem Buch Tribes with Flags, dem Vorgänger von The Tribes Triumphant erzählt. In seiner E-Mail an mich schrieb er:

> Lieber Miko, toller Artikel. Ich hoffe, dass er auch anderswo veröffentlicht wird. Er erinnerte mich an die Geschichte, die die *Chicago Tribune*, für die ich 1974 aus dem Libanon berichtete, einfach nicht gebracht hat. Die israelische Marine hatte vor der Küste von Tyros die Fischerboote von Kindern in die Luft gesprengt, und die Kinder mussten dann zurück zur Stadt schwimmen. Ich traf die Kinder und sah die Reste der Boote, und ich schrieb die Geschichte. Mit meinen dreiundzwanzig Jahren war ich unschuldig genug zu glauben, dass sie gedruckt würde. Damals lernte ich etwas, das ich im Lauf der Jahre immer wieder erfahren musste: Wenn die eigene Redaktion sich nicht mit dem Gedanken abfinden kann, dass Israel so etwas tut, kann man, was das Vorgehen Israels angeht, nicht einmal über die simplen Tatsachen berichten. Ich weiss nicht, ob sie die Geschichte nicht geglaubt haben oder ob sie Israels Image schützen wollten, aber dasselbe passierte mir mit praktisch jeder Nachrichtenredaktion, für die ich je gearbeitet habe. Wie dem auch sei, guter Artikel. Herzliche Grüsse, Charlie.

Als Tzipi Livni israelische Aussenministerin war, verteidigte sie die Operationen der Israeli Defense Forces (IDF) gegen die Palästinenser im Gazastreifen als notwendig, um Friedensverhandlungen voranzutreiben. Die Tageszeitung *Ha'aretz* berichtete, Livni habe gesagt, sie gehe davon aus, dass niemand Vergleiche zwischen israelischen zivilen Opfern von Terroristen und palästinensischen zivilen Opfern von Operationen zur Verteidigung Israels ziehen würde. Das verwirrte mich ein wenig. Frau Livni sah kein Problem, wenn israelische Streitkräfte palästinensische Zivilisten, darunter auch Kinder, töteten, während sie Kritik an dieser Praxis Israels als unzulässig ansah. Wie kam es, dass die Israelis sich so komplett von allen Werten abgewendet hatten, von denen ich gedacht hatte, sie seien uns allen so wichtig?

Während ich mich auf meine Reise nach Gaza vorbereitete, brachte mich mein Freund Samir Kafiti, der emeritierte Bischof der Diözese von Jerusalem, mit der Generaldirektorin des Al-Ahli-Krankenhauses Dr. Suheila Tarazi in Kontakt.

Dr. Suheila und ich hatten bereits einige Monate lang über Telefon und E-Mail miteinander verkehrt, und ich berichtete ihr von unseren Plänen, zu ihnen in den Gazastreifen zu kommen und zunächst einmal einige kleine nützliche Dinge mitzubringen – sozusagen, um das Terrain zu sondieren. Aufgrund der strikten Belagerung konnte man praktisch nichts importieren, und das Wenige, das durch die Grenzen gelassen wurde, wurde von Israel auf eine Weise kontrolliert, die komplett willkürlich schien. Ich hatte Geschichten über Ärzteams gehört, die ihre Instrumente nicht mitbringen durften, und manchmal mussten dabei teure Maschinen zurückgelassen werden und gingen dann kaputt, weil Israel sie nicht über die Grenze lassen wollte. Für all das wurden nur höchst spärliche Erklärungen gegeben, wenn überhaupt.

Suheila gab mir eine Liste benötigter Dinge, und da wir planten, über Ägypten zu kommen, beschlossen wir, diese Güter mit der Hilfe unserer ägyptischen Rotary-Mitglieder zu kaufen. Wir hofften, dass dieser Versuchsballon dazu führen würde, dass wir in Zukunft noch wichtigere Güter dorthin liefern könnten.

Im November 2008 machten Nader und ich uns auf die Reise. Ich kontaktierte Rotary-Mitglieder in Kairo, Nader kontaktierte seine Rotary-Freunde im jordanischen Amman, und alle erklärten sich bereit, uns zu helfen. Ich flog nach Jerusalem und fuhr von dort aus nach Amman, wo ich Nader traf. Später assen wir mit jordanischen Rotary-Mitgliedern zu Abend, und am nächsten Morgen brachen wir nach Kairo auf.

Am Flughafen fühlte ich mich erst sehr angespannt. Gerade als alles glatt zu gehen schien, da es keine Probleme bei der Sicherheitsüberprüfung gab und der Flug pünktlich beginnen sollte, verschüttete ich eine ganze Tasse Kaffee über meinen Laptop und meinen Schoss. Ein junger jordanischer Flughafenangestellter eilte zu mir, während ich mein Bestes tat, um meinen Laptop und das Wenige, was noch von meiner Würde übrig war, zu retten. Er fragte mich, »Alles in Ordnung?« Und dann gab er mir eine weitere Tasse Kaffee, diesmal kostenlos, während ein zweiter junger Mann die Schweinerei aufräumte. Glücklicherweise trug ich einen grauen Anzug, so dass man die Kaffeeflecken nicht sah. Jetzt musste ich lachen; offenbar befand ich mich in der arabischen Welt in guten Händen.

Kurz darauf gingen wir an Bord, und eine Stunde und 10 Minuten später waren wir in Kairo. Dort holte uns Mahmoud Ayoub, ein ehemaliger ägyptischer Diplomat, Renaissancemensch und Mitglied eines örtlichen Rotary Clubs, am Flughafen ab, und er schien ebenso entschlossen wie wir, dem gemeinsamen Projekt zum Erfolg zu verhelfen.

Er brachte uns mit seinem winzigen Wagen zum Hotel und schlängelte sich dabei wie eine Maus, die durch eine Büffelherde wuselt, durch den berüchtigten Verkehr der Stadt. Wir richteten uns in unserem Zimmer ein und ich trat auf den Balkon hinaus, um auf den Nil hinunter zu sehen und die Bilder und Geräusche der Stadt auf mich einwirken zu lassen.

Nader, Nahid und ich vor unserer Abreise in den Gazastreifen.

Kairo ist für seine Tausende von Minaretten bekannt, von denen viele etliche hundert Jahre alt sind und von denen sich die meisten im Blickfeld des Balkons unseres Hotels zu befinden schienen. Der Nil, der mehr als alles andere die lange Geschichte und enorme Grösse Ägyptens symbolisiert, strömte direkt vor meinen Augen dahin. Ich war jetzt in einer arabischen Hauptstadt, die in vieler Hinsicht als die arabische Hauptstadt betrachtet wird, und ich fand sie wunderbar. In diesem alten Hotel fühlte ich mich wie ein Schauspieler in dem Film Casablanca oder einem dieser anderen Filme aus den 1940er Jahren, die im Nahen Osten spielen.

Naders Tochter Rania und ihr Mann, Dr. Nahid Hassaniya, waren gerade ebenfalls in Kairo. Nahid, der im Gazastreifen geboren ist, arbeitet als Herzspezialist für Kinder in den Vereinigten Staaten. Er war mit einem Team US-amerikanischer Kardiologen nach Kairo gekommen, um dort einige Wochen lang Seminare zu geben.

Am Abend gesellte sich Rania zu unserem Abendessen mit einigen Rotary-Mitgliedern hinzu, die uns grosszügigerweise im Cairo City Club bewirteten. Am nächsten Tag suchten wir unseren Lieferanten in Kairo auf, um die Geräte abzuholen, die wir in den Gazastreifen mitnehmen wollten. Doch als wir dort ankamen, stellte sich heraus, dass sie noch gar nicht bestellt worden waren und dass wir noch mindestens einen Tag darauf würden warten müssen. Ich musste mich selbst daran erinnern, dass sich die Dinge im Nahen Osten in einem anderen Tempo bewegen. Sowohl im Arabischen als auch im Hebräischen gibt es ein Sprichwort, laut dem alle Verzögerungen einen guten Grund haben. Die hebräische ist ›*Kol Akava letova*‹, die arabische ›*Kul ta'akhir fiha khir*‹. Davon abgesehen lief fast alles ganz ausgezeichnet. Nahid hatte Familienangehörige in Kairo und sie luden uns ein, bei ihnen zu Hause im Stadtteil Madinat al Nasser auf das Eintreffen der Geräte zu warten. Während wir uns dort aufhielten, erfuhren wir, dass eine Verwandte Nahids bald den berühmten ägyptischen Kultsänger Hamada Helal heiraten würde, und wir wurden zur Hochzeit eingeladen. Doch wenn alles nach Plan gehen würde, würden wir zum Zeitpunkt der Hochzeit im Gazastreifen sein.

Es war fünf Uhr nachmittags, als die Instrumente endlich eintrafen. Sie kamen in einem grossen Lastwagen mit Fahrer und Reiseführer, die uns allesamt von unseren Rotary-Freunden in Kairo zur Verfügung gestellt worden waren. Man darf nicht einfach so ohne einen Reiseführer von Kairo in den Gazastreifen fahren, und ausserdem muss dieser Führer von der Regierung beglaubigt sein. Weder der Führer noch der Fahrer sprachen auch nur ein einziges Wort Englisch, aber sie waren erfahren und kannten die Strassen und die Regeln.

Es war schon spät, und das bedeutete, dass wir zum grössten Teil abends und nachts fahren mussten, wovon ich nicht begeistert war. Aber wir beschlossen, nicht länger zu warten. So verabschiedeten wir uns und machten uns auf den Weg nach Gaza. Um Mitternacht hatten wir den Suez-Kanal überquert.

Wir fuhren, bis wir die Küstenstadt El-Arish 25 Meilen von der Grenze zum Gazastreifen erreichten, und dort verbrachten wir die Nacht.

Man weiss, dass man sich in der arabischen Welt befindet, wenn man im Morgengrauen durch den Ruf zum Gebet geweckt wird. Auch an diesem Morgen war es nicht anders, und nachdem ich so geweckt worden war, ging ich hinaus, um mir die Wellen dieses fast kahlen und unbekannten Winkels des Mittelmeers anzusehen. Es war weit und breit kein Mensch zu sehen und der Horizont war scharf und klar, aber in meinem Innern fühlte ich einen Sturm heraufziehen. Ich war gespannt, was der kommende Tag uns bringen würde, und nichts war mir jetzt wichtiger, als in den Gazastreifen zu kommen. Nur einige Meilen von dort entfernt, wo ich jetzt sass, geschah eine Tragödie von enormen Ausmassen, und wenn es nach dem Willen der israelischen Behörden ging, würde ich nichts dagegen tun können. Statt einfach die 45 Minuten von Jerusalem nach Gaza zu fahren, musste ich mich quer durch die Welt nach Kairo begeben und dann von dort diese lange Überlandreise machen, und selbst jetzt noch konnte es sehr wohl passieren, dass man mich gar nicht hineinliess.

Genau wie Israel den Israelis das Betreten von Zone A im Westjordanland verbietet, verbietet es uns auch, den Gazastreifen zu betreten. Der Unterschied ist der, dass der Gazastreifen vollkommen von der Aussenwelt abgeschnitten ist und es keine Seitenstrassen gibt, über die man hineinkommen könnte. Die Grenze ist von Israel dicht abgeschlossen und es dauert Monate, um eine Erlaubnis zu bekommen, von der israelischen Seite der Grenze aus einzureisen. So war dies für mich die einzige Möglichkeit zur Einreise, und ich hatte sehr stark darauf gesetzt, dass ich damit Erfolg haben würde.

Während des Frühstücks sah ich, dass wir nicht die einzigen im Hotel waren, die versuchten, in den Gazastreifen zu kommen. Praktisch alle anderen Gäste hatten dasselbe vor; einige warteten dort nun schon seit Wochen. Offenbar war die Grenze schon so lange geschlossen, ohne dass es eine Erklärung oder ein Zeichen dafür gab, dass sie in näherer Zukunft wieder geöffnet wurde. Wir wussten, dass das eine nicht gerade seltene Situation war. Tatsächlich hatten wir genau dieses Szenario befürchtet, weil man uns gewarnt hatte, dass wir dann nichts mehr machen könnten.

Um acht Uhr morgens fuhren wir zur Grenzstadt Rafah und passierten auf dem Weg dorthin mehrere ägyptische Sicherheitskontrollen. Je mehr wir uns Rafah näherten, desto länger schienen die Soldaten mit der Überprüfung unserer Pässe zu brauchen und desto nervöser und gereizter schienen sie zu sein. Einmal kam es so weit, dass sie und unser Reiseführer sich gegenseitig anbrüllten.

Schliesslich waren wir nur noch fünf Kilometer von der Grenze entfernt. Ich hatte mich, wenn ich in Israel war, schon etliche Male näher am Gazastreifen befunden als jetzt, aber dieses Mal war viel wichtiger – dieses Mal hoffte ich ja, hineinzukommen. Wir fuhren schweigend durch Rafah, bis wir an der Grenze ankamen. Während ich mir das Tor ansah, erinnerte ich mich daran, dass Dr. Suheila mir gesagt hatte, es käme einem Wunder gleich, wenn wir es schafften. Ich hatte noch nie in meinem Leben so intensiv an Wunder geglaubt wie jetzt in diesem Augenblick. Wir waren so weit gekommen, und jetzt waren wir nur noch einige hundert Meter vom Gazastreifen entfernt.

Rechts vom Tor sass ein Aufgebot ägyptischer Bereitschaftspolizisten untätig im Schatten. Sie waren ein Überbleibsel der Auseinandersetzungen, bei denen Bewohner des Gazastreifens sechs Monate zuvor versucht hatten, die Grenze nach Ägypten zu durchbrechen, um dort Nahrungsmittel zu kaufen. Ansonsten war der Ort ruhig und öde. Unser Fahrer hielt den Wagen 50 Meter vor dem Übergang an, und Nader und ich nahmen unsere Taschen und gingen in Richtung Tor. Ein junger ägyptischer Soldat, der eine Uniform trug, die ihm einige Nummern zu gross war, und ein langes Gewehr in der Hand hielt, erklärte uns, das Tor sei geschlossen. Daraufhin verlangte Nader, einen Vorgesetzen zu sprechen, aber der Soldat sagte, »Nein, Sie können niemanden sprechen.« An diesem Punkt kam ein Geheimdienstbeamter in Zivil, den wir unter uns sofort ›das Wiesel‹ nannten, und fragte, wer wir seien und was wir wollten. Dann wiederholte er, was der junge Soldat gesagt hatte: »Der Übergang ist geschlossen, und Sie müssen hier verschwinden.«

Wir weigerten uns, uns damit zufriedenzugeben. Stattdessen starteten wir eine hektische Serie von Telefonanrufen bei unseren Freunden in Kairo, von denen wir hofften, sie hätten gute Beziehungen nach oben. Sie riefen uns zurück und meinten, es gebe niemanden, mit dem sie reden könnten. Die Grenze war geschlossen, und niemand wusste, warum oder für wie lange. Wir blieben dennoch und tätigten weitere Anrufe. Schliesslich schlugen die Soldaten vor, wir sollten uns an das Hauptquartier des ägyptischen *mukhabarat* (Geheimdienstes) wenden, das nicht weit von der Grenze entfernt war.

Wir fuhren durch kleine, unbefestigte Wege voller Müll bis zu einem von einer Mauer umringten Gebäude ohne Namensschild mitten im Niemandsland. Wir baten den Wachposten, den Beamten zu rufen, dessen Name uns von den Leuten an der Grenze gegeben worden war. Er verschwand im Innern des Gebäudes, nur um einige Augenblicke später wieder zu erscheinen und uns zu erklären, dass wir zu verschwinden hätten. Nader beharrte auf unserer Bitte. Die Wache verschwand erneut. Etwas später öffnete ein Mann in Zivil die Tür und sagte, wir müssten gehen. Nader bat, die Toilette benutzen zu dürfen, woraufhin der Mann auf die Mauer deutete und meinte, wir sollten uns dort erleichtern.

Unser Reiseführer und unser Fahrer waren über die Unhöflichkeit dieser Beamten schockiert. Sie wussten, dass wir den ganzen Weg aus den USA gekommen waren, um den Menschen im Gazastreifen zu helfen, und dass wir medizinische Geräte für sie dabeihatten. Sie waren so erschüttert wie wir darüber, dass die Ägypter uns in dieser Angelegenheit genauso wenig unterstützten wie die Israelis, und sie betrachteten es als persönliche und zugleich auch gegen alle anderen Ägypter gerichtete Beleidigung. In ihrer Frustration dachten sie über Möglichkeiten nach, uns zu helfen. Für mich war das ein Augenblick der Wahrheit: Es war klar zu sehen, dass die Lage der gesamte Region sich bessern würde, sobald die Ägypter selbst statt irgendwelcher Diktatoren über die Regierung ihres Landes bestimmen könnten. In jenem

Zeitpunkt jedoch schien die ägyptische Regierung entschlossen, gemeinsam mit Israel und den USA die Belagerung des Gazastreifens zu zementieren.

Schliesslich sagte einer von ihnen, »Ich habe einmal für die belgische Botschaft gearbeitet. Wenn ich dort anrufe, können die vielleicht helfen.«

Wir sahen jetzt, dass wir hier nicht weiterkommen würden, und ich befürchtete, dass wir, falls sie uns überhaupt in dieses Gebäude hineinlassen würden, nie wieder herauskämen. Ich begann mir auszumalen, wie es für mich als Israeli in einem ägyptischen Gefängnis aussehen würde, und so fuhren wir zurück, so schnell wir konnten. Wir hielten bei einer kleinen Hütte am Stadtrand an, die Tee und Kaffee anbot, liessen uns im Schatten nieder und riefen erneut in Kairo an. In unseren Geschäftsanzügen waren wir sehr auffällig, und ich fühlte mich höchst unbehaglich. Unsere Freunde in Kairo sagten, sie würden nochmals schauen, was sie für uns tun könnten, und wir sollten solange warten. Und das taten wir. Wir sassen dort, bis es spät wurde und wir zu unserem Hotel in El-Arish zurückkehren mussten.

Am folgenden Morgen waren wir entschlossen, es wieder zu versuchen, und stiessen auf denselben Widerstand, aber diesmal kam ein weiterer Beamter in Zivil heraus, um mit uns zu sprechen. Man sagte uns, er sei ein Oberst. Während er und Nader miteinander sprachen, gesellten sich neugierige Soldaten, Polizisten, ›das Wiesel‹ und eine Reihe von Zuschauer, die von irgendwo aus dem Nichts gekommen zu sein schienen, zu uns. Nader und der Oberst sprachen sehr lange miteinander. Dann nahm der Oberst unsere Daten auf und sagte, er werde mit einer Antwort auf unser Gesuch zurückkommen.

Weitere Stunden verstrichen und ich wurde allmählich nervös. Der Gedanke an ägyptische Gefängnisse kam wieder und ich bereitete mich innerlich darauf vor, Nader zu erklären, wir sollten besser aufgeben und zurück nach Kairo fahren, da wir sonst sicher verhaftet würden. Schliesslich sahen wir den Oberst und sein Gefolge auf uns zukommen. Er sagte, es gebe keine Möglichkeit für uns, in den Gazastreifen zu kommen. Nachdem er sich eine weitere leidenschaftliche und zwingende Begründung von Nader angehört hatte, erklärte der Oberst schliesslich ganz offen, »Ich kann Sie nicht hineinlassen, die Israelis beobachten uns.«

Ob das, was der Beamte sagte, unmittelbar stimmte oder nicht, war schwer zu sagen: Dass es die Israelis und nicht seine ägyptischen Vorgesetzten waren, die uns an der Einreise hinderten. Aber insgesamt bezweifelte ich nicht, dass Israel verlangte, dass die Grenze geschlossen blieb und dass die ägyptische Regierung dem weitgehend entsprach. Allerdings glaube ich, dass diese Entscheidungen auf einer viel höheren Ebene getroffen wurden.

Während dieser ganzen Quälerei sass ich still beiseite und hoffte, dass mich niemand beachten würde. Obwohl ich meinen US-amerikanischen Pass dabei hatte, hiess es dort doch klar, dass ich in Jerusalem geboren war. Und da mein Name offensichtlich nicht arabisch war, war es nicht schwer, zu dem Schluss zu kommen, dass ich ein Israeli war. Irgendwann in dem Tumult nahm das Wiesel von mir Notiz, kam zu mir heran und versuchte, in seinem gebrochenen Englisch mit mir zu sprechen. Er sah in meinen Pass und bemerkte meinen Geburtsort. »Falastini, Falastini«, meinte er, wobei er die arabischen Worte für ›Palästinenser‹ benutzte. Da mein Geburtsort Jerusalem war, nahm er an, ich sei Palästinenser. Ich lächelte und tat so, als verstünde ich ihn nicht.

Am Ende mussten wir, frustriert aber nicht überrascht, aufgeben. Es war schwer, sich nicht besiegt zu fühlen. Mir wurde klar, dass ich einer Macht gegenüberstand, der standzuhalten alles andere als einfach sein würde. Mein Drang, etwas zu tun, musste durch die Erkenntnis gezügelt werden, dass ich mit meinem Wunsch, Israel die Stirn zu bieten, öfter scheitern als erfolgreich sein würde. Ich beschloss, mit vollem Einsatz einzusteigen und mehr denn je meine Stimme zu erheben und zu handeln. Was immer ich an Stimme besass, ich würde sie benutzen, und was immer ich an Kraft besass, ich würde sie einsetzen. Mehr als alles andere brauchte ich jetzt Geduld, weil dies ein sehr langer Kampf sein würde. Dennoch hatten wir heute sicherlich nicht mehr tun können, und das Schwerste für mich war jetzt, Suheila anzurufen und ihr mitzuteilen, dass wir nach Kairo zurückkehren mussten. Sie dankte mir für unseren Versuch, und wünschte uns allen mehr Glück für die Zukunft.

Wir fuhren schweigend zurück nach Kairo. Als wir dort erschöpft und deprimiert ankamen, war es schon nach 9 Uhr abends, und ich erinnerte mich, dass wir ja zu Hamada Helals Hochzeit eingeladen waren, die an diesem Abend stattfand. Sie erschien uns nun wie ein kleiner Silberstreifen am Horizont, und nach den Enttäuschungen der letzten paar Tage dachten wir, sie könne zumindest eine Aufmunterung sein.

Die Hochzeit war – unglaublich. Im Hochzeitssaal hingen Tausende Lichter wie Glühwürmchen von der Decke und spendeten ein schummriges, verzauberndes Licht. Die gesamte Elite Kairos war da – und ausserdem die grössten Namen der arabischen Musik- und Filmindustrie. Ich selbst kannte praktisch niemanden, aber Nader sprang wie ein Kind immer wieder auf die Stühle, um Leute zu sehen und Fotos zu machen. Und die Stars der Musikszene waren nicht nur anwesend, um gesehen zu werden, sondern sie machten auch Musik. So war es ein Marathon arabischer Musik, der die ganze Nacht dauerte.

Irgendwann sah ich auf Naders Armbanduhr und sie zeigte 3 Uhr 30 an. Ich erklärte ihm, seine Uhr sei offenbar stehengeblieben, aber er korrigierte mich: »Es ist 3 Uhr 30 morgens.«

»Erinnerst du dich, wo wir am Anfang dieses Tages waren?«

Nader nickte. »Es war ein verrückter Tag.« Er sagte, die Party werde vermutlich bis 9 oder 10 Uhr vormittags weitergehen, und dass das bei Hochzeiten in Ägypten so üblich sei. Wir hielten nicht ganz so lange durch. Um 4 Uhr morgens gaben wir auf und gingen zurück in unser Hotel, um zumindest ein bisschen zu schlafen.

Der folgende Tag war ein Freitag; Nader ging zum Gebet, während ich mich im Hotel ausruhte. Wieder stand ich auf dem Balkon und genoss die Aussicht auf die Stadt. Später rief ich Mahmoud an und wir gingen zusammen auf den berühmten Kairoer Markt Khan El-Khalili. Dann wanderten wir im alten Kairo umher und besuchten Al-Azhar, eine der ältesten Universitäten der Welt, und die prachtvolle Al-Azhar-Moschee.

Nader und ich flogen von Ägypten aus nach Amman, und ich kehrte von dort nach Jerusalem zurück. Die medizinischen Geräte nahm ich mit und liess sie in der Bischofsdiözese zurück. Einige Monate später gelang es Bischof Suheil Dawani, in den Gazastreifen hineinzugelangen, und er lieferte alles im Al-Ahli-Krankenhaus ab.

Drei Wochen nach unserer Rückkehr wurde klar, warum die Grenze zum Gazastreifen geschlossen worden war.

Am 27. Dezember 2008 um 11:25 morgens begannen Düsenjäger der israelischen Luftwaffe mit einen Flächenbombardement des Gazastreifens. Die israelische Tageszeitung *Ha'aretz* berichtete, am ersten Tag dieses Angriffs, der den Namen ›Gegossenes Blei‹ trug, habe die israelische Luftwaffe innerhalb von acht Stunden über 100 Tonnen Bomben auf den Gazastreifen abgeworfen. Angesichts der Tatsache, dass eine Eintonnen-Bombe einen ganzen Häuserblock zerstören kann und dass der Gazastreifen ein kleines und sehr dicht bevölkertes Gebiet ist, kann man sich das Ausmass an Verwüstung, Toten und Verwundeten ausmalen. Das war der Beginn einer 21 Tage währenden fürchterlichen Hölle. Israel griff mit massiven Luft- und Bodenkräften ein Gebiet und eine Bevölkerung an, die keine eigene Streitmacht hat. Israelische Piloten warfen Hunderte von Tonnen von Bomben ab, und die Bevölkerung des Gazastreifens hatte keine Chance, sich zu verstecken, zu verteidigen oder – die Grenze war abgeriegelt – zu fliehen. Noch übler war die Behauptung Israels, der örtlichen Bevölkerung sei mitgeteilt worden, der Angriff stehe bevor und die Menschen sollten die Gebiete, die bombardiert würden, verlassen. Man kann sich nur ausmalen, wie eine Mutter oder Vater tagelang da sassen und auf dieses Gemetzel warteten und dabei genau wussten, dass es kein Entrinnen gab. Die Schliessung der Grenze zum Gazastreifen in Ägypten war Teil der Vorbereitung dieses massiven israelischen Angriffs, der vorgeblich die Antwort auf vom Gazastreifen aus auf Israel abgefeuerte Raketen war.

Nur Stunden nach Beginn des Bombardements wurde berichtet, dass dabei annähernd 200 Menschen getötet wurden, darunter Dutzende von Kindern. Während unseres Versuchs, in das Gebiet hineinzukommen, hatte ich Suheila mehrere Male angerufen, und sie hatte mich jedes Mal ermutigt und uns für unsere Bemühungen gedankt. Nachdem die Angriffe begonnen hatten, konnte ich sie nicht mehr anrufen, aber es gelang mir, ihr einige E-Mails zu schicken. In einer ihrer Antworten beschrieb sie mir, wie hilflos sie und die anderen Ärzte sich fühlten. Alles war zerstört, kaputt oder in Trümmern und es gab keinen Strom. Ganz zu Anfang des Angriffs erzählte sie mir von einem sechsjährigen Jungen, der verwundet ins Krankenhaus gebracht worden war. Es half nichts, und sie schrieb: »Wir konnten ihn nicht retten.«

Am Ende des 21-tägigen Angriffs waren 1400 Menschen tot, Tausende verwundet und verstümmelt und Tausende weitere obdachlos und ohne jede Zuflucht. In einem Artikel in der *San Diego Union-Tribune* schrieb ich, »Während ich hier sitze und mir die Berichte, Fotos und Live-Videos ansehe, die aus dem Gazastreifen hereinströmen, kann ich keinerlei Sinn in all dem finden.«

Ich erinnerte mich, wie man mir einst die Geschichte aus dem Alten Testament beibrachte, in der sich der Patriarch Abraham mit Gott über dessen Entscheidung streitet, die Städte Sodom und Gomorrha zu vernichten:

Abraham aber stand noch immer vor dem Herrn. Er trat näher und sagte: Willst du auch den Gerechten mit den Ruchlosen wegraffen? Vielleicht gibt es fünfzig Gerechte in der Stadt: Willst du auch sie wegraffen und nicht doch dem Ort vergeben wegen der fünfzig Gerechten dort? […] Da sprach der Herr: Wenn ich in Sodom, in der Stadt, fünfzig Gerechte finde, werde ich ihretwegen dem ganzen Ort vergeben. (Genesis 18: 22–26)

Man kann Abraham für seine Hartnäckigkeit nur bewundern. Er trat vor, um dem Allmächtigen die Stirn zu bieten und mit Gott über ein Prinzip zu streiten, das ihm am Herzen lag: das Prinzip der Heiligkeit des menschlichen Lebens. Abraham verlangte von Gott ein echtes Versprechen: das Versprechen, dass Er die Stadt verschonen würde, weil es dort Unschuldige gab.

Aber wer war da, um für die Menschen im Gazastreifen zu sprechen? Es kann kein Zweifel daran bestehen, dass unter den 1,5 Millionen Menschen im Gazastreifen mehr als fünfzig ›gerechte‹ Männer und Frauen sind. Und ausserdem leben dort 800’000 Kinder.

Nach unserer Rückkehr in die USA wurden Nader und ich zu einem Vortrag am Joan Kroc Institute of Peace and Justice der Universität von San Diego eingeladen. Während meines Teils des Vortrags erklärte ich, dass der jüngste Angriff auf den Gazastreifen nichts Isoliertes, sondern Teil einer kontinuierlichen israelischen Kampagne gegen den Gazastreifen war, einer Kampagne, die damals schon seit mehr als sechzig Jahren betrieben wurde. Alle paar Jahre fand die israelische Armee einen Grund für einen brutalen Angriff auf den Gazastreifen, bei dem sie dann eine möglichst hohe Zahl an Todesopfern zurückliess, eine Praxis, die schon 1953 mit der berüchtigten, von Ariel Sharon geführten Einheit 101 begann. Was kurz nach unserem gescheiterten Versuch zur Überquerung der Grenze zum Gazastreifen geschah, war die Fortsetzung eines beständigen Kriegs, eines Krieges, der das Ziel hat, die ethnische Säuberung Palästinas zu Ende zu führen. Ich habe mittlerweile auch Geschichten von Leuten gehört, die damals an die Grenze zum Gazastreifen fuhren, um von bequemen Liegestühlen aus der Bombardierung der Palästinenser zuzusehen.

Zu diesem Vortrag waren auch Mitglieder der zionistischen Gemeinde gekommen, um uns sprechen zu hören, und sie waren entsetzt, dass ich zu einem solchen Zeitpunkt Kritik an Israel übte. »Es ist doch eine Frage der Werte«, versuchte ich es ihnen zu erklären. »Es gibt ja Leute, die glauben, es sei moralisch akzeptabel, unschuldige Menschen zu töten. Ich dagegen glaube, und meine jüdischen Wurzeln sagen mir, dass Gaza, selbst wenn der Teufel selbst sich dort eingenistet hätte, verschont werden musste, solange auch nur ein einziges Kind dort lebt.«

Ich fühlte mich von meinem eigenen Volk verraten, ich empfand Scham für das Land, auf das ich einst so stolz gewesen war. Als Nader und ich auf unserer Rückreise nach Amman über Ägypten flogen, erklärte ich ihm, meiner Meinung nach sei das ›Problem‹ des Gazastreifens sehr leicht zu lösen. »Sieh dir mal die gewaltige Wüste unter uns an; nichts von dem, was wir tun, wird sie verändern. Aber Gaza ist nicht so wie das da, im Gazastreifen gibt es gebildete Menschen, die arbeiten und produktiv sein und einen Beitrag leisten können. Sie brauchen von uns nichts weiter, als dass wir die Tore öffnen und die Barrieren einreissen.«

Mein Volk, meine Freunde, hielten die Schlüssel zu diesem Tor in der Hand und waren nicht bereit, jemanden hineinzulassen. Nach dieser Reise begann ich, ein wenig anders über die Frage zu denken, wie ein wirklicher Frieden aussehen würde. Hier begann mein Glaube, dass die vollständige Beseitigung aller Grenzen zwischen Israelis und Palästinensern die einzige Hoffnung, ja sogar die unvermeidliche Lösung ist.

12
Abu Ansar[40]

Nach meiner Erfahrung am Kontrollpunkt Bethlehem im April 2007 fuhren Nader und ich nach Ramallah und dann nach Haifa, um im Rahmen einer Unternehmung, die sich als Marathontour mit sehr wenig Zeit zum Ausruhen herausstellte, Gleichgesinnte zu treffen. Nachdem wir das hinter uns hatten, kehrte Nader nach Amman in Jordanien zurück, während ich beschloss, in Israel/Palästina zu bleiben, und an der Jahreskonferenz für gemeinsamen gewaltlosen Kampf, die auch unter dem Namen Bil'in-Konferenz bekannt ist, teilzunehmen. Es war das zweite Mal, dass das Dorf Bil'in Gastgeber dieser Konferenz war, deren Thema der kontinuierliche gewaltlosen Volkswiderstand ist.

Ich war auf der Ausschau nach direkteren Formen des politischen Aktivismus. Das Rollstuhlprojekt war wichtig und interessant gewesen, aber mir war auch klar, dass humanitäre Arbeit letztlich keine Lösung bringen würde. Ausserdem begann ich, Zweifel an dem zu hegen, was mein Vater und andere zionistische Progressive in Israel als die Lösung sahen, nämlich der Zweistaatenlösung. Ich erkannte allmählich, dass die Probleme, die den Konflikt als Ganzes ausmachten, nur durch einen einzigen Staat gelöst werden können, in dem beide Völker als Bürger mit gleichen Rechten leben können.

Das würde natürlich nicht ohne Kampf geschehen, und der einzige Kampf, dem ich mich verschreiben konnte, war ein gewaltfreier Kampf. Genau darum wollte ich mehr über das erfahren, was sich in Bil'in abspielte. Ausserdem fand ich es äusserst wichtig, auch weiterhin den israelischen Gesetzen über die Besatzung zu trotzen.

Ich fand es aufregend, zufälligerweise genau zu der Zeit im Land zu sein, als die Konferenz stattfand. Ich nahm ein Taxi von Jerusalem nach Bil'in, und als ich dort ankam, waren etliche Leute da. Das Ganze fand in einem riesigen Zelt im Hof der Dorfschule statt. Sofort sah ich Dr. Omar, Bassam Aramin und einige weitere Freunde, die dort standen und ins Gespräch vertieft waren. Ich kannte Dr. Omar durch das Forum der Familien der Hinterbliebenen. Er war Generaldirektor des palästinensischen Gesundheitsministeriums, und Nader und ich hatten ihn während unserer Rundreise wegen des Rollstuhlprojekts in Ramallah getroffen. Bassam hatte ich während des Treffens einer Organisation namens ›Combatants for Peace‹ (›Kämpfer für den Frieden‹) getroffen.

Nachdem wir einander begrüsst hatten, fragte Dr. Omar mich, mit wem ich gekommen sei und wer sich während der Konferenz um mich kümmern würde. Ich erklärte ihm, ich sei allein gekommen und sei völlig unbesorgt, da ich sicher sei, viele Bekannte zu treffen. Er wendete sich einem neben ihm stehenden Freund zu und stellte ihn mir als Jamal Mansur, oder Abu Ansar, vor. Er hatte einen mächtigen Körper, einen markanten Schnurrbart und war mindestens 1,85 gross.

Dr. Omar drehte sich zu mir um. »Ich muss jetzt gehen, aber er wird sich um Sie kümmern; er ist unser guter Freund aus dem Gefängnis.«

Dann nahm er meinen Arm, wendete sich erneut Jamal zu, deutete auf mich und sagte auf Arabisch, *»Hadha habibi, habibi, habibi!«* Mit anderen Worten, ich war ein besonderer Mensch und ein enger Freund. Jamal besass im Dorf ein Haus, in dem er während der gesamten Konferenz wohnte. Er sprach hervorragend Hebräisch und er kümmerte sich tatsächlich sehr gut um mich; er sorgte immer dafür dass ich alles hatte, was ich brauchte. Ich lernte ihn als warmherzigen, kultivierten Gentleman kennen. Er stellte mich allen wichtigen Persönlichkeiten auf der Konferenz vor, deren es nicht wenige gab. Unter anderem stellte er mich auch Fadwa Barghouti, der Frau des berühmten inhaftierten palästinensischen Führers Marwan Barghouti vor. Wir sassen eine Weile lang mit ihr zusammen und redeten.

Ich sagte, »Ich hoffe, Ihr Mann wird bald entlassen; sein Land und sein Volk brauchen ihn.«

»Ich hoffe auch, dass sie ihn freilassen, aber wegen seiner Familie und seiner Kinder, die ihn genauso brauchen.«

Dann traf Dr. Mustafa Barghouti[41] ein. Er war damals Mitglied des palästinensischen Kabinetts. Während die ›wichtigen Persönlichkeiten‹ kamen und wieder verschwanden, stellten sich die Leute in Schlangen an, um sie zu begrüssen. Ich konnte nicht umhin zu bemerken, dass die Leute jedes Mal, wenn Jamal an eine solche Person herantrat, um sie zu begrüssen, bereitwillig Platz machten, um ihn vorzulassen.

Jamal hat grosse Hände und er setzt sie sehr ausgiebig zur Kontaktaufnahme ein, indem er sie seinen Gesprächspartnern beim Sprechen auf die Schultern oder auf das Knie legt. Wir sassen im hinteren Teil des Zelts und verbrachten unsere Zeit damit, den verschiedenen Sprechern zuzuhören oder uns miteinander zu unterhalten. Es war klar, dass Jamal und Bassam und Dr. Omar sich aus ihrer Zeit in israelischen Gefängnissen kannten, aber ich hatte keine Ahnung, weshalb sie dort gesessen hatten. Wir unterhielten uns den ganzen Tag, und dabei begann sich die komplexe Welt der palästinensischen Gefangenen – eine Welt, über die ich nichts wusste – vor mir zu entfalten.

»Abu Ansar, warum waren Sie im Gefängnis«, fragte ich irgendwann in unserem Gespräch.

»Bitte nenne mich Jamal. Nun, wir waren jung und blöd,

Mit Dr. Mustafa Barghouti in Bil'in. Er war damals ein Mitglied des palästinensischen Kabinetts.

und wir haben dumme Dinge getan. Das ist jetzt nicht mehr wichtig.«

Ich beschloss, das Thema zunächst ruhen zu lassen. Wenn Jamal mich Leuten vorstellte, sagte er jedes Mal dasselbe: »Das ist der Sohn von General Matti Peled, dem israelischen General, der sich in Tunis mit Yasser Arafat getroffen hat. Die Tochter seiner Schwester wurde 1997 bei einem Anschlag getötet.«

Die israelische und die palästinensische Gesellschaft sind einander in vieler Hinsicht ähnlich, aber in einer Hinsicht gleichen sie sich wie ein Ei dem anderen. In beiden Gesellschaften gibt es zwei Gruppen von Menschen, die praktisch wie heilig und unantastbar sind: die Krieger und die Hinterbliebenen. Diejenigen, die für die Sache gekämpft haben, und diejenigen, die geliebte Menschen verloren haben. Wann immer ich einen Vortrag halte oder über das Thema Israel/Palästina schreibe, werde ich als der Sohn General Peleds und der Onkel Smadar Elhanans vorgestellt; es ist, als seien es diese beiden Aspekte meiner persönlichen Geschichte, die mir das Recht zu sprechen geben.

Jamals Worte führten meist zu einer Antwort wie »Natürlich erinnere ich mich an General Peled, Abu Salaam. Er hat mir so viel geholfen, als die israelischen Behörden mich deportieren wollten.« Aussagen wie diese hörte ich den ganzen

Jamal Mansur, oder Abu Ansar, und ich bei der Jahreskonferenz für gemeinsamen gewaltlosen Kampf in Bil'in.

Tag über von verschiedenen Leuten und ich höre sie auch jetzt noch jedes Mal, wenn ich Palästinenser im Westjordanland treffe.

Dann fügte Jamal immer noch hinzu, »Er und sein palästinensischer Partner, Nader Elbanna, haben gerade ein Projekt zu Ende gebracht, mit dem sie 1000 Rollstühle hierhergebracht haben, 500 davon für Israelis und 500 für Palästinenser.«

Als das Mittagessen serviert wurde, nahm Jamal mich mit zu seinen Freunden und wir assen zusammen. Nach dem Mittagessen tranken wir Kaffee, und dann sassen wir wieder zu zweit.

»Jamal, warum warst du im Gefängnis?«, fragte ich erneut.

»Ich war jung und dumm; ich war erst 16 Jahre alt. Eines Tages kamen israelische Soldaten in unser Dorf Bil'in, in dem ich aufgewachsen bin, und verhängten eine Ausgangssperre. Die Ausgangssperre bedeutete, dass niemand das Haus verlassen konnte. Es war ein heisser Tag, meine kleine Schwester war durstig und meine Mutter wollte hinausgehen, um sauberes Wasser zu holen, aber die Soldaten erlaubten es ihr nicht. Jedes Mal, wenn sie es versuchte, sagten sie einfach Nein. Der Tag zog sich hin und die Hitze wurde immer grösser. Vor dem Haus stand ein Eimer mit Wasser, das zum Waschen von Gemüse benutzt wurde. Das Wasser war voller Erde und Gemüseresten. Der Soldat deutete auf den Eimer und sagte, ›Hier, das kann sie trinken.‹« Jamal schwieg einen Augenblick. »Sie war nur ein kleines Mädchen, das Durst hatte; wie kann man bei so etwas Nein sagen?«

Und er fuhr fort: »Also nahm meine Mutter dieses Wasser, versuchte es durch ein Stück Stoff zu filtern und gab es meiner Schwester. Aber sie heulte, weil sie das dreckige Wasser nicht trinken konnte. Ich konnte nicht einfach dasitzen und bei solchen Dingen zusehen. Da beschloss ich, mich dem Widerstand anzuschliessen und zu kämpfen.«

»Aber weswegen bist du dann verhaftet worden?«, setzte ich weiter nach. Es war klar, dass es ihm widerstrebte, mir zu erzählen, was geschehen war, aber zwischen uns begann sich bereits ein Band herauszubilden, das im Lauf der Jahre stark werden sollte.

»Eines Nachts sagte man mir, wir würden jetzt eine Operation durchführen. Drei weitere Mitglieder meiner Zelle und ich wurden auf eine Mission geschickt. Wir sollten zwei bewaffnete israelische Soldaten töten, die die Zweigstelle einer israelischen Bank in Ramallah bewachten.« Während ich seiner Erzählung zuhörte, stellte ich mir unwillkürlich die Frage, warum diese Soldaten überhaupt eine Bank bewachten. Ich vermutete, dass sie jung und unerfahren waren und von ihren Vorgesetzten fahrlässig in diese unmögliche Lage gebracht worden waren, genau wie es mir selbst während meines Militärdienstes so oft geschehen war. Jamal und seine drei Mitstreiter schlichen sich an und töteten die beiden Soldaten.

»Wie habt ihr sie getötet?«

»Je zwei von uns nahmen sich einen der Soldaten, und wir erstachen sie mit einem Messer.«

Während meiner gesamten Kindheit und eines Grossteils meines Erwachsenenlebens hatte ich die IDF geliebt und bewundert. Ich pflegte mich damit zu brüsten, dass ich die Ränge der Armee herunterbeten konnte, bevor ich das Alphabet kannte. Und jetzt hörte ich, wie zwei Soldaten, zwei junge Männer, die die Uniform trugen, vor der ich so grosse Achtung hatte, erstochen wurden. Was für Gefühle löste das in mir aus? Es betrübte mich, dass zwei junge Männer ihr Leben verloren hatten, und es betrübte mich, dass ein anständiger Mensch bis zu einem Punkt getrieben worden war, an dem er beschloss, zu töten. Aber ich fühlte keine besondere Verbundenheit mit diesen Soldaten, weil sie Israelis oder weil sie Soldaten der IDF waren: Der Staat, dem sie dienten, hatte seine Macht missbraucht, und für diesen Machtmissbrauch hatten diese Soldaten mit ihrem Leben zahlen müssen.

Am Ende waren zwei Soldaten tot, die jungen Männer, die sie getötet hatten, verbrachten viele Jahre im Gefängnis, und all das nützte niemandem. Es brachte keine Sache voran und es gab keinen einzigen Menschen, dessen Leben dadurch verbessert worden wäre. Die Menschheit war mit Sicherheit zu etwas Besserem imstande als dazu.

Nach dieser Operation hielt sich Jamal eine Weile lang im Hintergrund. Er ging wieder zurück zu seiner Arbeit in Tel Aviv und sechs Monate später wurde er festgenommen.

»Zuerst fesselten sie mich so, dass ich ganz vornübergebeugt war«, berichtete er. »Sie knebelten mich und brachten mich an einen abgelegenen Ort in der Nähe des Strands von Tel Aviv. Dort schlugen sie mich im Schutz der Dunkelheit etliche Stunden lang. Es war so schlimm, dass ich darum betete, einfach ins Meer geworfen zu werden und zu ertrinken.« Jamal trug von diesen Schlägen Nervenschäden im Rücken und in den Beinen davon. In seiner Jugend war er Athlet gewesen und hatte Karate praktiziert. Heute kann er gerade eben noch gehen, und auch das nicht sehr schnell.

Er fuhr fort, »Dann sprengten die Israelis das Haus meines Vaters.« Jamal wurde zu einer lebenslänglichen Gefängnisstrafe verurteilt, wurde aber 1985 als Teil eines von Ahmed Jibril erzwungenen Gefangenenaustauschs freigelassen: Im Austausch gegen drei israelische Soldaten, die von der Volksfront für die Befreiung Palästinas PFLP-GC (Popular Front for the Liberation of Palestine – General Command) im Libanon gefangen gehalten wurden, wurden 1150 palästinensische Gefangene aus israelischen Gefängnissen freigelassen.

Nach seiner Entlassung wurde Jamal, noch während die Gefangenen aus dem Bus ausstiegen, von einem der israelischen Offiziere aufgerufen und sofort in Verwaltungshaft genommen. Das bedeutete Inhaftierung ohne Anklage oder Prozess. Er wurde zurück in den Bus geschickt und für weitere sechs Monate ins Gefängnis gesteckt. Dasselbe taten sie noch einmal, womit sie seiner Haftzeit insgesamt ein weiteres Jahr hinzufügten. »Ich sagte meiner Frau, sie solle nicht auf mich warten und nicht davon ausgehen, dass ich zurückkomme.«, sagte er. »Wenn ich doch zurückkam, würde sie es ja sehen, sobald ich da war. Wenn man es anders macht, ist die Enttäuschung einfach zu gross.«

Während seiner Jahre im Gefängnis entwickelte Jamal den Ruf eines Mannes von Charakter, auf dessen Wort man bauen konnte. Sowohl die Gefängniswachen als auch die Gefangenen vertrauten ihm, und er agierte oft als Vermittler und Friedensstifter.

Jamal und ich sind seit diesem Tag in Bil'in Freunde. Er war mir bei meinen Reisen durch das Westjordanland enorm behilflich und hat mich im Lauf der Jahre mit vielen Menschen bekannt gemacht, denen ich sonst nie begegnet wäre. So liefen wir etwa durch Ramallah und machten an einem Geschäft oder in einem Büro oder bei einem kleinen Laden halt. Dann deutete er auf irgendeinen Mann und sagte, »Wir waren zusammen im Gefängnis.« Und danach stellte er mich seinem Freund vor. Dann sassen wir zusammen und tranken Kaffee oder Saft und ich habe mich nie behaglicher oder willkommener gefühlt als während dieser zufälligen Begegnungen mit Palästinensern, die um Freiheit gekämpft und einen hohen Preis dafür gezahlt hatten. Die meisten von ihnen hatten nach dem Gefängnis mit einem neuen Leben begonnen, aber nicht die Sehnsucht nach einer besseren Zukunft verloren. Es gelang ihnen, inmitten dieser bedrängten und eingeengten Existenz, die alles war, was Israel ihnen erlaubte, einen Anschein von Normalität aufzubauen. Wir blieben dann vielleicht eine halbe Stunde, bevor wir weitergingen, um einen weiteren seiner Freunde zu treffen.

Zu Anfang fuhr ich nur mit dem Taxi nach Ramallah und kannte den Fahrer immer persönlich, aber es dauerte nicht lang, bis ich begann, vom arabischen Ost-Jerusalem aus mit dem palästinensischen Bus zu fahren. Dank Jamal machte es mir nichts mehr aus, allein im Westjordanland umherzureisen und in den Strassen Ramallahs oder Bethlehems oder selbst des Flüchtlingslagers Dheishe herumzuspazieren. So bekam ich auch einen weiteren Aspekt des palästinensischen Lebens zu sehen, den die meisten Israelis gar nicht kennen: die relative Normalität. Denn die alltäglichen Details des Lebens sind ja hier wie dort dieselben: Kinder, die von der Schule nach Hause kommen, Eis essen und lachen;

junge Mädchen, die Nachrichten in ihre Handys texten; Menschen, die ihrem Leben nachgehen, wie Menschen es überall sonst tun. Das war es, was mich jenseits aller Worte und Ideologien davon überzeugte, dass wir einander ähnlich sind und dass wir gemeinsam ein gutes Leben führen können, sobald wir das demütigende, brutale Regime des Zionismus überwinden. Dass israelische und palästinensische Menschen im Rahmen eines einzigen Staates, einer einzigen Demokratie, in der sie als Gleiche miteinander leben, eine neue politische Wirklichkeit schaffen können. Das war eine klare Abkehr von dem, was mein Vater für die Lösung hielt, und von dem, was tatsächlich die meisten Leute heute als die Lösung sehen, aber es zog eben auch Aspekte des palästinensischen Lebens in Betracht, von denen mein Vater kaum etwas gewusst hatte.

Dank Jamal lernte ich auch eine Menge über das Leben der Palästinenser im Gefängnis – ein Thema, das von den Israelis und dem Rest der Welt fast völlig ignoriert wird. Er erklärte mir in allen Einzelheiten das System der Gefangenen zur Schulung neuer Gefangener und zur Aufrechterhaltung der Ordnung.

»Die älteren Gefangenen sind verantwortlich für die neuen, jüngeren Gefangenen. Sie geben ihnen Bücher, die sie lesen sollen, und erklären ihnen die Routine im Gefängnis. Die Fatah-Gefangenen, die die Mehrheit der Inhaftierten stellten, hatten einen festen Tagesablauf, und dieser Ablauf diktierte unser Leben und gab uns eine Struktur.«

Fluchen oder Schlägereien waren strikt verboten. Wenn jemand die Regeln brach, sassen die Gefangenen selbst darüber zu Gericht und verhängten Strafen.

»Einmal gab es da einen sehr hitzköpfigen Gefangenen«, erinnerte sich Jamal. »Ich ging zu ihm und redete mit ihm. Ich erklärte ihm, er müsse ruhig bleiben; Schlägereien seien nicht erlaubt und er müsse lernen, sich in den Griff zu bekommen und mit den anderen Gefangenen auszukommen. Aber er hörte nicht zu.« Dieser Gefangene geriet in eine

Schlägerei und griff einen Mitgefangenen mit dem Messer an. Jamal erklärte, die Strafe sei gewesen, dem Gefangenen die zwei oder drei Finger zu brechen, die er benutzt hatte, um das Messer zu führen. »Das war sehr schwer für uns, und niemand wollte das Urteil vollstrecken. Aber die Gefängnisbehörden kümmerten sich nicht um uns und wir mussten selbst für Ordnung sorgen, wenn nicht ein totales Chaos ausbrechen sollte.«

Die Gefangenen hatten tägliche Studienseminare, die sie sich selbst zur Pflicht gemacht hatten. Dann gab es bestimmte Zeiten für Sport, Vorträge und politische Veranstaltungen. »Wir hielten regelmässig Wahlen ab, um unsere Vertreter und die Leute auszusuchen, die im Gefängnisleben eine Rolle spielten. Ausserdem hatten wir Abstimmungen, bei denen wir über Fragen entschieden, die mit unserem eigenen Leben und mit dem palästinensischen politischen Leben ausserhalb des Gefängnisses zu tun hatten.«

Dr. Maya Rosenfeld, wissenschaftliche Mitarbeiterin am Harry S. Truman Institute an der Hebräischen Universität und Expertin für die soziale und politische Geschichte der Palästinenser in Palästina und der Diaspora, hat geschrieben:

> Keine der Organisationen und Bewegungen, die in den 1970er und 1980er Jahren an Boden gewannen, [...] war imstande, so umfassende Programme und Institutionen zu schaffen und am Laufen zu halten, wie die, die von den Gefangenenorganisationen ins Leben gerufen wurden.

Dr. Rosenfeld führte weiter aus:

> Das Flaggschiff der Gefangenenbewegung [...] war der Bildungsbereich. Bildungsprogramme [...] (Geschichte, Sprachen, Wissenschaft) und das Studium politischer Theorie und Ideologie wurden durch die Förderung oder sogar Erzwingung von Tagesabläufen eingeführt, die bestimmte Zeiten für das Einzelstudium, angeleitete Lektüre, Gruppendiskussionen [...] und für politische Versammlungen zur Diskussion gegenwärtiger innerer und äusserer Angelegenheiten vorsahen.[42]

Die Gefangenen studierten Hebräisch, israelische Geschichte, die Entwicklung des Zionismus und andere nationale Bewegungen. Viele Gefangene, die ich traf, darunter Jamal, sprachen hervorragend Hebräisch und Englisch und wussten besser über die Schriften wichtiger israelischer und jüdischer Figuren Bescheid als die meisten Israelis, die ich kenne.

Ein anderer ehemaliger politischer Gefangener erzählte mir, »Die Bücher wurden von draussen, von anderen Gefangenen mitbracht. Von Zeit zu Zeit durchsuchten die Gefängniswärter unsere Zellen und nahmen uns die Bücher weg. Wenn das geschah, gaben die, die sie schon gelesen hatten, den Inhalt mündlich an die anderen Gefangenen weiter.«

Nach seiner endgültigen Entlassung arbeitete Jamal als Übersetzer für das Hauptquartier der PLO in Ost-Jerusalem, das Orienthaus. Sein Chef war Faisal Husseini, einer der meistbewunderten palästinensischen Führer und sozusagen auch ein Mitglied des Jerusalemer ›Adels‹. Er war der Sohn Abdel Kader Husseinis, des palästinensischen Führers, der in der Schlacht von 1948 getötet worden war. Das Orienthaus wurde später von Israel geschlossen, weil seine Aktivitäten für illegal befunden wurden. Jamal jedoch übte sich dort weiter im Hebräischen und entwickelte hervorragende Fähigkeiten als Dolmetscher und Übersetzer.

Leider ist es Jamal bedingungslos verboten, Israel zu betreten. Also haben wir jetzt seit Jahren dieselbe Routine. Sobald ich im Haus meiner Mutter angekommen bin, rufe ich ihn von Jerusalem aus an. Wir legen eine Zeit fest, zu der wir uns treffen wollen, und ich nehme den Bus von Ost-Jerusalem nach Ramallah, wo Jamal auf mich wartet. Wenn wir uns treffen, umarmen und küssen wir uns. Da wir wirklich gute Freunde sind, sind das immer mindestens vier Begrüssungsküsse. Dann nimmt Jamal mich mit an Orte, zu Leuten oder zu Veranstaltungen, von denen er glaubt, sie könnten für mich interessant sein.

Die Geschichten über das Leben von Gefangenen übten eine fortwährende Faszination auf mich aus. Sie erinnerten mich an die Geschichten, die Nelson Mandela in seiner Autobiografie *Der lange Weg zur Freiheit* erzählt, und ich wollte mehr darüber erfahren. Ich wusste, dass auch Bassam Aramin im Gefängnis gesessen hatte und während seiner Zeit im Gefängnis einer der Führer der Fatah-Gefangenen gewesen war. Ich traf ihn mehrere Male gemeinsam mit Jamal und lernte ihn mit der Zeit gut kennen.

Er und mein Neffe Elik waren beide bei den ›Kämpfern für den Frieden‹ tätig und im Lauf der Jahre kamen unsere Familien einander wirklich nah.

Ich werde nie vergessen, wie ich Bassam das erste Mal begegnete. Ich war damals in A-Ram, einer Stadt zwischen Ramallah und Jerusalem, und es waren wohl an die hundert Leute anwesend, von denen die meisten ehemalige israelische Soldaten und frühere palästinensische Widerstandskämpfer waren. Ihr Ziel war, eine Organisation namens ›Kämpfer für den Frieden‹ zu gründen, die sich der Versöhnung widmete. Da bemerkte ich einen etwa 35 Jahre alten, schwer hinkenden palästinensischen Herrn. Und ich fragte mich: Was an diesem Mann macht ihn so auffällig hier? War es sein Hinken, seine ernste Miene oder die Tatsache, dass er inmitten einer Menge von Leuten in Jeans und T-Shirt makellos mit Krawatte und Anzug gekleidet war? Als alle sassen, ging er zum Vortragstisch hoch und setzte sich ebenfalls.

Als er dann aufstand, um zu sprechen, hielt er seinen Vortrag auf Arabisch, während ein palästinensisches Mitglied der neuen Gruppe seine Worte simultan ins Hebräische übersetzte. An einem Punkt unterbrach Bassam seine Rede, sah seinen Dolmetscher streng an und erklärte ihm etwas auf Arabisch. Es stellte sich heraus, dass der Übersetzer Bassam nicht richtig wiedergegeben hatte. Der Übersetzer entschuldigte sich und Bassam lieferte selbst die Korrektur, indem er die fragliche Passage seiner Rede in perfektem Hebräisch widerholte. Bassam sprach über die Notwendigkeit eines fortgesetzten, unnachgiebigen Kampfes gegen die israelische Besetzung und über die verbrecherische Behandlung der Palästinenser durch die israelische Regierung, und zugleich machte er unzweideutig klar, dass der Kampf mit gewaltlosen Mitteln geführt werden müsse.

Wie sich herausstellte, ging das Hinken auf eine Kinderlähmung zurück. »Als ich ein Kind war, gab es in meiner Klasse noch vier andere Jungen, die Polio hatten und danach hinkten oder sonstwie körperlich behindert waren. Damals sah ich sie mir immer an und dachte mir: Wie traurig muss es für sie sein, dass sie so schrecklich hinken! Ich dachte nie daran, dass ich ja selber hinkte.«

Sobald sich die Gelegenheit ergab, fragte ich ihn, warum man ihn verhaftet hatte und wie sein Leben im Gefängnis war. »Wir sahen uns selbst als Freiheitskämpfer«, erklärte Bassam mir, »doch für den Rest der Welt waren wir Terroristen. Wir begannen damit, dass wir Flaschen und Steine auf Soldaten warfen. Dann stiessen wir eines Tages auf ein paar alte, ausrangierte Handgranaten, und wir beschlossen, sie auf Jeeps der israelischen Armee zu werfen. Zwei von den Granaten explodierten auch, aber dabei kam niemand zu Schaden. Die Soldaten verfolgten uns und wir versuchten, zu entkommen, aber da ich ja hinkte, konnte ich nicht schnell rennen und sie schnappten mich. Und so wurde ich 1985, im Alter von siebzehn Jahren, zu einer siebenjährigen Gefängnisstrafe verurteilt.«

»Im Gefängnis wurden wir von den anderen Gefangenen

Mit Bassem Tamimi während einer Vortragsreise in den Vereinigten Staaten.

als Helden gefeiert, aber unsere Wärter gaben uns auch so genügend Anlass zu Hass und weiterem Widerstand. Am 1. Oktober 1987 war ich zusammen mit 120 Gefangenen, alles junge Männer unter zwanzig, und wir wollten gerade zum Mittagessen in den Speisesaal gehen, als plötzlich das Alarmsignal losging. Etwa hundert bewaffnete Soldaten tauchten auf und befahlen uns, uns nackt auszuziehen. Sie schlugen uns, bis wir kaum noch stehen konnten. Ich wurde am längsten festgehalten und am schlimmsten geschlagen. Was mich mehr als alles andere schmerzte, war, dass die Soldaten dabei die ganze Zeit grinsten.«

Bassam fungierte jahrelang als einer der Führer des Untergrundes im Gefängnis, und die Gefängnisbehörden verdächtigten ihn, an illegalen politischen Aktivitäten beteiligt zu sein. So wurde er von Gefängnis zu Gefängnis verschoben, um zu sehen, ob das ihn unschädlich machen konnte. »Sie fragten immer wieder, ob ich der Führer sei, und ich sagte: Nein. Ich bin nur ein kleiner Typ, der furchtbar hinkt, was für eine Art Führer soll ich da sein? Wenn sie mich von einem Gefängnis zum anderen verfrachteten, zeigte ich keine Gefühlsregung und sagte nichts. Schliesslich gaben sie auf und brachten mich in meine ursprüngliche Zelle zurück.«

»Glaub es oder nicht...« Er machte eine Pause, während ich eines Abends auf jedes seiner Worte lauschte, nachdem wir bei mir zu Hause gegessen hatten. »Als ich an diesem Tag in meine Zelle zurückkehrte, war ich noch glücklicher als an dem Tag, als ich aus dem Gefängnis entlassen wurde.« Bassam hatte seine gesamte Korrespondenz mit anderen Gefangenen und Gefangenenführern im Boden dieser Zelle versteckt.

Sowohl Jamal als auch Bassam verfügen über einen enormen Vorrat von Ruhe und Geduld, der mich immer wieder zutiefst beeindruckt. In Begegnungen mit israelischen Soldaten bewahren sie die Ruhe und verwickeln sie oft in genau die Art von klugen Gesprächen, von denen diese jungen Soldaten vermutlich nie gedacht hätten, dass sie sie einmal mit Palästinensern führen würden. Ihre Liebe und ihr Mitge-

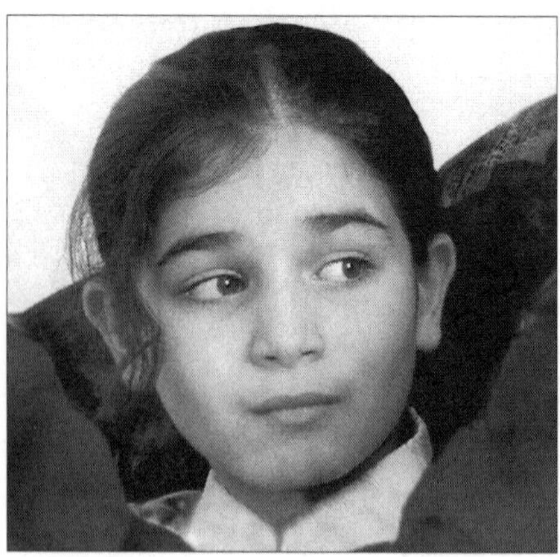

Bassams zehn Jahre alte Tochter Abir.

fühl sind viel stärker als jeder Zorn, den sie vielleicht noch in sich haben. Beide haben den Wunsch, die Hand auszustrecken und der ›anderen Seite‹ zu helfen, durch den Schleier der Angst zu sehen, einer Angst, von der sie wissen, dass die jungen Soldaten sie fühlen, während sie Wache schieben und auf den nächsten Selbstmordattentäter warten.

Der schlimmste Augenblick der Pein für Bassam kam zwei Monate nachdem ich ihm das erste Mal begegnet war. Am 16. Januar 2007 waren Bassams Töchter, die zehnjährige Abir und die zwölfjährige Arin, auf den Nachhauseweg von der Schule, als ein israelischer Soldat sie ins Visier nahm und Abir in den Kopf schoss. Arin beschrieb später, wie Abir plötzlich von ihr weggeschleudert wurde und dann blutend auf dem Boden lag.

Ich weiss nicht mehr, wie ich die Nachricht mitbekam, aber ich hatte zunächst den Eindruck, dass Abir zwar sehr ernst verletzt war, aber dass noch Hoffnung bestand. Ich rief Bassam sofort im Krankenhaus an, um zu erfahren, wie es um Abir stand.

»Sie ist gerade gestorben«, sagte er still.

Ich war so von Gefühlen überwältigt, dass ich nicht wusste, was ich tun oder sagen sollte. Ein weiteres Mal trennte mich ein Ozean von Menschen, die ich liebe, gerade dann, als ich hätte bei ihnen sein wollen und müssen.

13
Widerstand

Es war Freitag, der 10. Dezember 2010 – mein 49. Geburtstag –, und ich hatte einige Tage mit Khaleds Familie in Beit Ummar verbracht. Ich war hingegangen, weil ich die Besatzung von innen erleben wollte, und Khaled und seine Familie waren so grosszügig, mich für diese Woche bei sich aufzunehmen. Ali meinte, er wolle mich mit nach Nabi Saleh nehmen, ein weiteres palästinensisches Dorf, in dem jede Woche nach dem Freitagsgebet Proteste stattfanden. Ich war schon bei den Protesten in Bil'in und anderswo gewesen und sagte gerne zu. So fuhren Ali und ich von Beit Ummar nach Nabi Saleh, das nordwestlich von Ramallah liegt.

Fast die Hälfte des nutzbaren Kulturlandes von Nabi Saleh war für eine israelische Siedlung namens Halamish beschlagnahmt worden. In der Nähe des Dorfes gibt es eine natürliche Quelle namens *Ein Al Qaws* (Bogen-Quelle). 2009 hatten die Siedler aus Halamish die Kontrolle über die Quelle und das Umland übernommen und verwehrten den Palästinensern den Zugang. Seitdem hatten die Bewohner Nabi Salehs und des Nachbardorfes Dir Nazan jeden Freitagnachmittag gegen diesen Diebstahl der Quelle, den Raub an ihrem Land und die Besatzung insgesamt protestiert.

Der kürzeste Weg von Beit Ummar, das sich im südlichen Teil des Westjordanlandes in der Nähe von Hebron befindet, nach Nabi Saleh, das unweit Ramallahs im Mittelteil liegt, führt durch Jerusalem. Aber die meisten Palästinenser aus dem Westjordanland dürfen weder in die Stadt hinein noch auch nur hindurchfahren, so dass die Fahrt zwischen diesen beiden Orten, wenn man selbst Palästinenser ist oder zusammen mit einem Palästinenser fährt, eine Ewigkeit dauert. Wir mussten einen Umweg fahren und einen riesigen Bogen in östlicher Richtung durch die Wüste machen. Das ist eine steile, gewundene Strasse, die durch Wadi Nar in der Judäischen

Wüste führt und sich dann, nachdem man Jerusalem passiert hat, wieder nördlich in Richtung Ramallah schlängelt. So brauchten wir fast zwei Stunden für eine Fahrt, die normalerweise nicht länger als dreissig bis vierzig Minuten gedauert hätte. Im Juni 2010 schrieb der AP-Reporter Ben Hubbard Folgendes über diesen Weg: »›Wadi Nar‹ bedeutet ›Tal der Feuers‹; es ist eine Gegend, wo Bremsen versagen, Kupplungen in Rauch aufgehen, Maschinen zum Stillstand kommen und Menschen sterben. Die Auf-und-Ab-Fahrt entlang den Wänden der Schlucht gehört zu den schlimmsten Routen, die palästinensische Lastwagenfahrer benutzen müssen, um die Städte, Armeeposten und die bestens in Schuss gehaltenen, aber nur für Israelis gebauten Strassen zu umgehen.«[43]

Doch die Fahrt hatte sich gelohnt. Nabi Saleh liegt inmitten von hügeligem Gelände und Olivenhainen, dem Sinnbild von allem, was so schön an der Landschaft Palästinas ist. Wenn man sich dem Dorf nähert, kommt man an der Vorbereitungsschule von Juden auf das Militär und dann an der Siedlung Halamish vorbei, die beide Beleidigungen für das Auge sind und offenkundig ohne Rücksicht auf die umgebende Landschaft gebaut wurden.

Ali kommt selbst nach palästinensischen Massstäben notorisch zu spät, und so hatte der Protest, obwohl er wie ein Wahnsinniger gefahren war, als wir endlich in Nabi Saleh waren, schon begonnen, und die israelische Armee hatte die Zugangsstrasse zum Dorf blockiert. Wir waren am Boden zerstört. Ali verfolgt das Ziel des Aufbaus eines gewaltlosen Widerstandes überall im Westjordanland mit grossem Ernst und grosser Leidenschaft, aber er ist oft sein eigener schlimmster Feind, und nun war er äusserst wütend auf sich selbst, weil wir zu spät waren. »Ali, im Hebräischen sagen wir *›Kol Akava Letova‹*«, sagte ich.

»Wir haben dasselbe Sprichwort im Arabischen«, antwortete er und zitierte die Worte: *»Kul ta'akhir fiha khir«* – jeder Aufschub hat einen guten Grund. Dann fiel ihm ein, dass es auf der anderen Seite des Dorfes einen weiteren Zugang gab, etwa 15 Minuten Fahrt von uns entfernt.

Als wir die andere Seite erreicht hatten, fanden wir dort ebenfalls eine Strassensperre der Armee vor. Drei Soldaten signalisierten uns mit Gesten, anzuhalten. Ich sah gleich, dass es Reservisten waren, weil sie älter waren und recht verlottert wirkten.

»Geschlossene Militärzone«, sagten sie. »Sie müssen umdrehen.«

Nicht schon wieder!

Ali und ich stiegen aus, um mit ihnen zu reden. Mittlerweile war klar, dass es Reservisten waren, und ihr kommandierender Offizier, ein Hauptmann der Reserve, ein kleiner, freundlich wirkender Typ mit Bart, erklärte uns, wir könnten nicht ins Dorf.

Ali versuchte es auf begütigende Art. »Was ist los?«, fragte er. »Wir wollen einfach nur Freunde besuchen und wir kommen hier immer zu Besuch; wir sind noch nie zuvor angehalten worden.«

Der Offizier grinste und sagte, »Da würden Sie sowieso nicht reinwollen, das ist ein Kriegsgebiet.«

»Krieg?«, fragte ich. »Das nennen Sie einen Krieg? Krieg heisst, dass sich zwei Armeen eine Schlacht liefern. Gibt es hier eine andere Armee? Haben die andern Panzer und Kampfflugzeuge? Sind sie gut bewaffnet? Sie sprechen doch sicher nicht von ein paar Jungen, die Steine werfen, als Armee!« Ich wartete seine Antwort gar nicht erst ab, bevor ich hinzufügte: »Ausserdem gäbe es hier, wenn Sie nicht da wären, auch keine Steine. Sie würden mit ihren Fahnen und Transparenten demonstrieren und dann nach Hause gehen.«

Allmählich begannen andere Soldaten, sich um uns herum zu drängen, alles Reservisten und wesentlich ungeduldiger als ihr befehlshabender Offizier. »Das ist ein geschlossenes Militärgebiet und Sie verletzen die Order des kommandierenden Offiziers, dass Sie verschwinden müssen«, sagte einer. »Wollen Sie sich weigern, dem Befehl zu gehorchen?«

»Ich dachte, er hat hier das Sagen«, entgegnete ich und deutete auf den jungen Offizier, der jünger und freundlicher war, als für ihn gut war. »Ausserdem«, fuhr ich fort, »haben weder Sie noch Ihr Offizier die Befugnis, das Gebiet hier für ›geschlossen‹ zu erklären. Das ist palästinensisches Land; warum gehen Sie also nicht einfach alle heim und lassen uns und die Leute von Nabi Saleh unser Recht auf friedlichen Protest ausüben.«

»Aber warum sind Sie überhaupt hier? Wogegen protestieren Sie?«, fragte der Offizier in sehr freundlichem Ton.

»Wir sind hier, um gegen die Besatzung und den Raub am Land der Leute hier im Ort zu protestieren«, sagte ich. »Und warum sind Sie hier?«

»Der Ort hier unterscheidet sich nicht von Tel Aviv oder irgendeinem anderen Ort in Israel. Wann immer sie wollen, dürfen Juden hier leben, und wir haben die Aufgabe, für ihre Sicherheit zu sorgen«, meinte der Offizier.

So ging das eine ganze Weile lang hin und her, bis unser Gespräch allmählich auf einen Siedepunkt zusteuerte. Auch Ali begann auf die Soldaten einzureden und dabei erwähnte er, dass israelische Soldaten an einem Kontrollpunkt fast genau wie diesem seinen Bruder getötet hatten.

»Na gut, wenn wir ihn getötet haben, hat er das bestimmt verdient. Israelische Soldaten töten nicht ohne triftigen Grund«, erwiderte einer der Soldaten.

Ich schluckte das Bedürfnis herunter, Jenin oder den Gazastreifen oder Tausende andere Vorfälle anzuführen, bei denen israelische Soldaten zahllose unschuldige Menschen ohne guten Grund getötet hatten. Aber jetzt war nicht die Zeit oder der Ort dafür. Unser Ziel war, in das Dorf hineinzukommen, und ich war mir nicht sicher, ob ich hier mein Temperament unter Kontrolle würde halten können. Also schlug ich Ali vor, zu fahren. Ich wollte keine Probleme mit diesen Soldaten, weil wir immer noch eine weitere Möglichkeit hatten, nach Nabi Saleh zu kommen. Während wir uns umdrehten, um wieder in den Wagen zu steigen, blieb ich stehen und sah zu den Soldaten hinüber, die jetzt in einer Gruppe von sieben oder acht Leuten zusammenstanden. Ich deutete auf Ali und sagte, »Ihr habt keine Ahnung, wer dieser Mann ist, aber glaubt mir, wenn ich euch sage, dass ihr alle eines Tages vor diesem Mann auf die Knie gehen und ihn um Verzeihung bitten werdet.«

Wir stiegen ins Auto und wendeten.

Wir fuhren etwa 300 Meter zurück, um ausser Sichtweite der Soldaten zu gelangen, parkten den Wagen unter den Olivenbäumen und liefen vor der Nase der Soldaten durch den Olivenhain ins Dorf. So marschierten wir schweigend zehn Minuten lang, bis wir Bassem Tamimi sahen, der schon auf uns wartete. Bassem ist etwa 1,75 gross und hat schon ein wenig grau werdende braune Haare, einen Schnurrbart und hellblaue Augen. Er ist ein gut aussehender Mann, und heute trug er Jeans und eine schwarze Lederjacke. Er war sehr freundlich und mich beeindruckte, wie ruhig er schien. Ali stellte uns einander vor, und wir gingen alle drei zurück auf die Strasse und dann in Richtung Dorf.

Als wir ins Dorf selbst kamen, sahen wir eine Gruppe von Magav-Soldaten[44], die aus schweren Abschussgeräten Tränengasgranaten abfeuerten. Während wir direkt an ihnen vorbeiliefen, uns dann nach rechts wendeten und einen Hügel hoch bis zu Bassems Haus gingen, schenkten sie uns keinerlei Aufmerksamkeit.

Ali erzählte mir, er und Bassem hätten einander im Gefängnis kennengelernt, und Bassem sei sowohl im Dorf als auch in Palästina überhaupt ein Mann, der hohe Achtung genoss. Ruhig und gesammelt, vermittelte er den Eindruck eines Mannes, der nicht leicht die Nerven verlor. Wir sassen auf seiner Veranda und tranken Tee, während seine beiden kleinen Kinder draussen spielten.

Sein Haus befindet sich auf einem Hügel, so dass wir einen guten Blick über das kleine Dorf genossen, dessen 500 Einwohner beschlossen hatten, dass es an der Zeit war, laut und deutlich ihre Meinung zu sagen. Auf der Staubpiste direkt neben dem Haus hatten sich vier israelische Armeereservisten versammelt, darunter auch ein Offizier; sie hatten gerade aus grossen Felsblöcken, die sie gesammelt hatten, eine improvisierte kleine Barrikade errichtet. Einige Minuten nachdem sie damit fertig waren, kam ein Militär-Jeep angefahren und verlangte, durchgelassen zu werden, also mussten sie die Barrikade wieder abbauen, um den Jeep passieren zu lassen. Und während sie sich vornüberbeugten, um die schweren Steine fortzuwälzen, fielen ihnen die Waffen nach vorne und schlugen gegen ihren Kopf. All das war ein armseliger Anblick und hatte nichts mit dem Bild der wagemutigen und furchtlosen Soldaten zu tun, das man von einer Armee erwarten könnte, die behauptet, eine der besten der Welt zu sein. Ich musste sehr stark an mich halten, um still zu bleiben und den Soldaten nicht zuzurufen, wie dumm und albern sie jetzt wirkten. Aber da ich hier nur Gast war, wollte ich keine zusätzlichen Schwierigkeiten verursachen.

Bassem lud uns kurz darauf ins Haus zum Essen ein. Seine Mutter kochte, und er servierte uns Eier, frisch gebackenes Brot mit frisch gepflückten Kräutern und eine bunte Mischung von Salaten. Als wir uns zum Essen setzten, läutete sein Handy. Ali lächelte, während er Bassem beim Reden zuhörte. Ich fragte ihn, was denn so lustig sei. Er sagte, der Regionalkommandeur der Magav sei am Telefon. »Er bittet Bassem auf Arabisch, den shebab (den protestierenden Jugendlichen) zu sagen, sie sollten aufhören, weil Freitag sei und sie zum Wochenende nach Hause wollen.«

Ein israelischer Militärkommandeur, der einen Führer des palästinensischen Widerstands anruft, um ihn zu bitten, mit den Protesten aufzuhören, damit er freitagabends zum Essen zu Hause sein kann? Was für ein Irrenhaus war das denn?

Der Kommandeur rief noch mehrere Male an, aber Bassem sagte jedes Mal ganz ruhig, »Wenn die Soldaten das Dorf verlassen, hören die Proteste auf. Nicht andersherum.«

Nach dem Essen gingen wir hinunter zur Hauptstrasse. Es waren etliche Leute da, die der Protestkundgebung zusahen, darunter auch kleine Kinder, die sich die Taschen ihrer Kleider mit Steinen füllten. Die älteren Kinder warfen Steine und die Soldaten feuerten Geschosse ab. Meist war das Tränengas, aber von Zeit zu Zeit konnte man hören, dass sie mit gummiummantelten Stahlkugeln und tödlicher Munition schossen. Einmal las einer der jungen Palästinenser eine

Tränengasgranate auf, die auf ihn abgeschossen worden war, und schleuderte sie, während sie immer noch ihr Gas ausspuckte, auf die Reservisten zurück. Die israelischen Soldaten gerieten in Panik. Sie fingen an, wild in alle Richtungen zu laufen und stolperten dabei über die Felsen, während ihre geschulterten Gewehre an ihnen herumschlingerten und die Helme auf ihren Köpfen auf und ab hüpften. Und ich dachte mir: Sie sollten dankbar sein, dass sie es nicht mit einer echten Armee zu tun haben.

Ich konnte deutlich hören, wie von irgendwo oberhalb von uns Schüsse abgefeuert wurden. Ich sah mich um und bemerkte dann, dass der befehlshabende Offizier, ein Oberstleutnant, nur ein paar hundert Meter von uns entfernt stand. Ich rief ihm auf Hebräisch zu, »Hier sind überall Kinder! Hört auf zu schiessen!« Er sah mich lange an, drehte sich dann um, und begann, zurück zu seinem Jeep zu gehen.

Genau in diesem Augenblick rannte eine Frau, die einen schwarzen hijab, Hosen und ein schwarzes Hemd trug, an mir vorbei. Sie hatte einen konzentrierten, beinah gebannten Gesichtsausdruck und sie hielt einen sehr grossen Stein in ihrer Hand. Sie rannte dem Oberstleutnant nach und warf ihm den Stein hinterher, während er dabei war, davonzugehen.

Während der Stein auf seinen Hinterkopf zu segelte, fühlte ich, wie mir das Herz stehenblieb. Wenn der Stein den Offizier getroffen hätte, hätte das zu grauenhaften Konsequenzen geführt. Die Soldaten hätten dann mit Vergnügen auf alles geschossen, was sich bewegte. Glücklicherweise verfehlte der Stein seinen Kopf um einige Zentimeter. Ich war erleichtert und wütend zugleich.

»Schafft doch wenigstens die Kinder hier heraus«, schrie ich.

Trotz all des Aufruhrs merkte der Offizier nichts und hatte gar keine Ahnung, in welcher Gefahr er gewesen war. Er ging zu seinem Jeep, sass eine Weile lang darin, kam dann ab und zu heraus, um in die Luft zu schiessen, und setzte sich wieder in den Wagen. Ich rief ihm und den andern weiter zu, sie sollten aufhören zu schiessen. Immer wieder rasten die

Jeeps an uns vorbei, die Strasse hoch und hinunter, und die Steine fielen wie ein Hagelsturm auf sie.

Während all das geschah, sah ich Ali an. »Würdest du nicht auch gerne Steine auf die Soldaten werfen?«, fragte ich ihn. Wie viele andere Palästinenser, die ich getroffen habe, war Ali ganz entschieden gegen diese Taktik. »Das nützt nur der Besatzung«, sagte er. Aber im Unterschied zu Städten, in denen die Bewohner das Werfen von Steinen klar missbilligten, hatten die shehab hier den gewaltlosen Aspekt der Proteste noch nicht verinnerlicht. Sie reagierten auf die Präsenz der Armee in ihrem Dorf mit Steinwürfen, und ich muss offen sagen, dass ich ihnen keinen Vorwurf machen konnte.

Es wurde allmählich spät und wir hatten noch eine lange Fahrt vor uns, um zurück nach Beit Ummar zu kommen. Es sah nicht aus, als würde das Gefecht in Nabi Saleh bald enden, und so traten wir, während über uns die Steine und das Tränengas in alle Richtungen flogen, den Rückzug an, bis wir an unser Auto kamen, das immer noch in dem Olivenhain stand. Ich war so erleichtert wie noch selten, als wir endlich in den Wagen einstiegen und wegfuhren.

Ich konnte die Bilder dieses Tages kaum noch aus dem Kopf bekommen: Die Jeeps, die durch das winzige Dorf rasten, und Steine, die wie ein Hagelsturm auf sie herunterprasselten. Ob es nun richtig oder falsch, mutig oder dumm war, ich musste mir eingestehen, dass der Anblick dieser mit Steinen bepflasterten Jeeps sich auf der ›Bauchebene‹ gut anfühlte. Für die Soldaten hatte ich kein Mitgefühl – nein, wirklich nicht.

Als wir dann auf dem Weg waren, hatte ich das Gefühl, jetzt könne ich wirklich ein Bier gebrauchen. Ich bat Ali, irgendwo anzuhalten, wo man Bier bekam, da es in Beit Ummar keinen Alkohol gibt und Alkohol in vielen Orten im Westjordanland nicht gern gesehen wird. So hielten wir an einer Tankstelle an und sassen eine Weile zusammen, während ich mein Bier trank. Als wir am Abend zurück in Beit Ummar waren, fuhren wir zur ehemaligen Wohnung Yusefs.

Yusef war Khaleds und Alis älterer Bruder, der am Kontrollpunkt in Beit Ummar von Soldaten getötet worden war.

Seine Witwe und ihre Kinder und Seham, Alis ältere Schwester, warteten schon auf uns. Wir assen zu Abend, tranken danach Tee, sahen uns Musikvideos im Fernsehen an und entspannten uns für den Rest des Abends. Ich war erschöpft von der langen Fahrt und den Ereignissen des Tages. Aber es sollte noch mehr kommen.

Gerade bevor ich nach Beit Ummar kam, hatte ich erfahren, dass es dort ebenfalls wöchentliche Protestmärsche gab. Damals wusste ich von etwa einem halben Dutzend Städten und Dörfern, die sich der breiten Widerstandsbewegung angeschlossen hatten. Ich fühlte mich Beit Ummar stark verbunden, nicht nur wegen der Bande zwischen meiner Familie und der Abu Awads, sondern auch, weil ich Khaled und Ali und ihre Familie liebte und es mich physisch schmerzte, zu sehen, was ihnen angetan wurde. Also wollte ich ebenfalls protestieren.

Der Tag nach unserem Besuch in Nabi Saleh war ein windiger, fast stürmischer Samstag, und Khaled nahm mich mit zu einem Treffen mit Yunis, einem der Männer, die hinter der Widerstandsbewegung im Dorf standen. Yunis und ich gingen dann von seinem Haus aus zur Hauptstrasse, wobei wir versuchten, so ungezwungen wie möglich zu wirken, um nicht die Aufmerksamkeit der Soldaten auf uns zu ziehen, die den Kontrollpunkt am Eingang zu Stadt bewachten. Wir begaben uns in einen Obstgarten, wo wir etwa zwanzig weitere Demonstranten – Israelis, Palästinenser und Leute aus dem Ausland – trafen, von denen einige aus anderen Teilen des Landes hergekommen waren. Wir begannen nun, als Gruppe auf die Hauptstrasse nach Hebron zuzugehen, wobei einige Leute Fahnen dabei hatten und einer von uns ein Megaphon trug. Yunis erklärte allen auf Englisch, wir sollten am Strassenrand bleiben und keinesfalls den Verkehr stören. Der Protest sei absolut gewaltfrei, weshalb unter keinen Umständen Steine geworfen werden dürften.

Wir erreichten die Hauptstrasse und keine zwei Minuten, nachdem wir von dort losgelaufen waren, tauchte wie aus dem Nichts ein Meer bewaffneter Soldaten in Kampfmontur auf. »In Reih und Glied, marsch, marsch«, hörte ich einen Feldwebel seine Männer kommandieren. In Sekundenschnelle hatten sich zwei Reihen von Soldaten gebildet, die uns schubsten und drängelten, und einige Offiziere rannten herum, als befänden wir uns auf einem Schlachtfeld. Ich begann sofort, den Soldaten vor mir in ein Gespräch zu verwickeln, und verlangte, sie sollten aufhören, uns zu stossen, und uns in Ruhe lassen. Aber es nützte nichts. Ich erklärte ihnen, was sie taten, sei gesetzwidrig, und dann machte ich mich darüber lustig, dass sie hier in Kampfuniform erschienen waren, nur um ein paar Pazifisten mit einer Fahne herumzuschubsen. Meine Stimme wurde lauter und die Stösse wurden härter. »Schafft ihn hier weg«, hörte ich einen der Offiziere, einen grossen Armeemajor, mit aller Stimmkraft schreien, und schon packten zwei Soldaten mich am Hemd, zerrten mich vom Rest der Gruppe weg und bugsierten mich zu einem Militärjeep. Dort stand ich dann eine Weile und sah zu, wie die Soldaten die Demonstranten zuerst in die eine, dann in die andere Richtung drängten. Schliesslich schlenderte ich langsam wieder zu der Gruppe zurück, während diese über die verkehrsreiche Strasse und eine steile Terrasse hoch in die Richtung des Obstgartens getrieben wurde, wo wir uns ganz am Anfang versammelt hatten. Als ich wieder zu der Gruppe gestossen war, bemerkte ich einige Armee-Majore und in einiger Entfernung konnte ich den Brigadekommandeur, einen Oberstleutnant sehen. Er war ein auffällig kleiner Immigrant aus Äthiopien, und ich erinnerte mich, in einer israelischen Zeitung einen Bericht über ihn gelesen zu haben: Man betrachtete ihn als ›Erfolgsgeschichte‹, da er einer der wenigen Einwanderer aus Äthiopien war, der sich im brutalen Milieu der IDF hatte behaupten können. Ich begann, ihm Kommentare zuzurufen und schrie ihm zu, er sei ein Verbrecher und er und die anderen Offiziere seien eine Schande für ihr Land und für die Juden überall. Der

Major, der schon zuvor meine Entfernung angeordnet hatte, kam jetzt selbst zu mir, packte mich und schrie, »Er ist wegen Anstiftung zum Widerstand unter Arrest, schafft ihn sofort hier weg!« Und wieder schleiften mich zwei Offiziere zu dem Jeep, aber diesmal legten sie mir ausserdem auch noch Handschellen an. Nach einer Weile näherte sich ein junger, blonder Soldat, dessen Gesicht mit einer Skimütze bedeckt war, und blieb ganz in meiner Nähe stehen. »Feiglinge und Verbrecher halten immer ihr Gesicht bedeckt, wenn sie ihre Drecksarbeit machen«, sagte ich zu ihm. Er schrie mich an, ich solle den Mund halten, und ich wurde in den Jeep gesteckt, wobei man mir die Tür vor der Nase zuwarf; ich wurde von einem einzelnen jungen Soldaten bewacht. Einige Augenblicke später öffnete der Major die Tür und drohte, »Jetzt wirst du dafür bezahlen!« »Nein«, sagte ich. »Sie werden bezahlen, wenn Sie vor das Kriegsverbrechertribunal in Den Haag gestellt werden. Ihr seid keine Soldaten! Ihr seid eine traurige und jämmerliche Karikatur von Soldaten. Mein Vater war General und ich kann Ihnen sagen, dass Sie als Offizier einen wirklich traurigen Anblick abgeben.« Er warf die Tür wieder zu und wir fuhren los. Plötzlich kam der Jeep mit quietschenden Reifen zum Stehen. Die Tür wurde aufgemacht. »Welcher General ist Ihr Vater?« Es war der Major. Er war zu neugierig, um sich zu bremsen. »Er war ein echter Offizier, nicht wie Sie; tatsächlich warnte er davor, dass die IDF einmal so weit herunterkommen würde, dass Leute wie Sie die neuen Offiziere sein würden. Sie sind eine Schande für alle Juden auf der Welt. Ach ja, und mein Vater war Matti Peled.«

Er warf die Tür ein letztes Mal zu, und nun ging es weiter zur Polizeistation von Hebron in der Siedlung Kiryat Arba.

Kiryat Arba ist eine israelische Siedlung in Hebron, eine der ersten, die im Westjordanland gebaut wurden. Sie ist ein Ghetto, wenn auch eines, das die Juden dort sich selbst auferlegen, und die Polizeistation von Hebron ist ein kleines Ghetto innerhalb eines Ghettos. Um in die Siedlung zu kommen, mussten wir einen befestigten Kontrollpunkt passieren, uns um grosse Zementblöcke herumschlängeln und durch ein von Posten bewachtes elektronisches Tor hindurchfahren. Während wir durch diese äusserst merkwürdige Stadt fuhren, kamen wir auf dem Weg zur Polizeistation an Gruppen religiöser jüdischer Kinder und Mütter mit Kinderwagen vorbei, und am Ziel angekommen, mussten wir erneut an Wachen vorbei durch ein elektronisches Tor fahren.

»Diese Arschlöcher von Siedlern«, hörte ich einen Soldaten zu einem anderen sagen. »Die behandeln uns hier wie Dreck, und wir müssen sie beschützen.«

Als ich all das sah, dachte ich für mich: *Die Landschaft Palästinas ist von der Sorte, die einen verlockt, die Türen zu öffnen, und die Menschen dort sind gastfreundlich und heissen einen immer mit offenen Armen willkommen. Es ist ein Land der Gastfreundschaft und Güte.* Aber die Siedler und ihre Beschützer haben sich dafür entschieden, sich diesem Land und seinen Menschen aufzuzwingen – sich das Land mit Gewalt zu nehmen und sich selbst in befestigte Ghettos, die sie Siedlungen nennen, einzusperren. Genau wie die anderen Siedlungen im Westjordanland ist Kiryat Arba eine offene Wunde in einem ansonsten friedlichen und einladenden Land. Wie und warum Leute sich dafür entscheiden, so zu leben, ist mir unerfindlich.

Die Soldaten brachten mich in die Polizeistation, wo sie mich eigentlich der Polizei überstellen sollten. Doch der Kommandeur der Station, ein kleiner, athletisch aussehender Polizeibeamter mit kurz geschnittenem weissem Haar und einer Aura der Selbstgefälligkeit erklärte unzweideutig, er werde mich nicht in Gewahrsam nehmen.

»Ich kann diesen Mann nicht ohne die Anwesenheit des Beamten, der ihn festgenommen hat, in Haft nehmen. Er muss persönlich hier sein, um seine Aussage zu machen.«

»Man hat uns gesagt, sie würden ein Fax vom Brigadehauptquartier schicken«, antwortete einer der Soldaten, der sich jetzt auf einmal im Niemandsland zwischen Polizei und Armee wiederfand.

»Sagen Sie Ihrem Kommandeur, dass dies eine Demokratie ist«, sagte der Stationschef. »Dieser Mann hat Rechte. Wir müssen dem Buchstaben des Gesetzes folgen, oder ich bin gezwungen, ihn freizulassen.«

Die Soldaten waren verwirrt und ratlos. Das Hin und Her zwischen den beiden Autoritäten, das heisst, der Armee und der Polizei, ging stundenlang weiter und keine Seite wollte nachgeben, während ich mich genau in der Mitte befand und mir dieses unglaubliche Schauspiel in aller Ruhe ansah. Schliesslich kam der Stationskommandeur, mittlerweile ganz klar gereizt, aus seinem Büro und erklärte den Soldaten langsam und in einfachen Worten, »Sehen Sie, er ist ein israelischer Bürger und er hat Rechte. Er ist kein Palästinenser, den ich einfach verprügeln und ins Gefängnis stecken kann.«

Einer der Soldaten wendete sich mir zu. »Anscheinend ist das Gesetz auf Ihrer Seite«, sagte er.

Die Stunden verstrichen und ein Gefühl sagte mir, dass der zuständige Major nicht kommen würde. Und schliesslich war es vorbei. Einer der Soldaten sagte, sie würden mich freilassen, und er fragte mich, wo ich hingefahren werden wolle.

»Zurück nach Beit Ummar, wo Sie mich aufgelesen haben.«

»Das ist ein feindlicher Ort, und Sie werden dort nicht sicher sein«, meinte er. »Ich könnte Sie doch hier in der Siedlung in Kiryat Arba entlassen, und dann könnte jemand kommen und Sie von hier abholen.«

»Besten Dank«, sagte ich. »Aber meine Freunde in Beit Ummar werden dort sicher schon auf mich warten.«

Ich hatte nicht erwartet, dass er einverstanden sein würde, aber schon sassen wir wieder im Jeep, liessen dieses Ghetto von Fanatikern hinter uns und kehrten wieder nach Beit Ummar zurück. Von unterwegs rief ich Khaled an, und er sagte, er werde am Ortseingang von Beit Ummar am Kontrollpunkt auf mich warten. Dann rief ich, nur um mir einen Spass zu machen, auch Mazen an. Ich genoss es, in dieser Situation meine palästinensischen Freunde anzurufen – aus dieser Festung auf Rädern, denn genauso fühlte der Armeejeep sich an. Er sorgt dafür, dass die Soldaten nichts als

Drähte und ein Loch sehen, das gerade einmal gross genug ist, um ein Gewehr hindurchzustecken und zu schiessen. Die wunderschönen Hügel und Olivenbäume Hebrons dringen durch diese ›Fenster‹ nicht ein, und die Gesichter der Menschen natürlich erst recht nicht.

Als wir Beit Ummar erreichten, warnten die Soldaten mich ein weiteres Mal, »Das ist feindliches Gebiet und niemand kann hier mehr für Ihre Sicherheit garantieren.« Ich dankte ihnen erneut und ging unbehelligt nach Beit Ummar hinein. Die Überraschung auf den Gesichtern der Soldaten war ebenso gross wie die auf den Gesichtern der Palästinenser, die am Ortseingang der Stadt standen, während ich aus dem Unterleib der bewaffneten Bestie wiederauftauchte. Der stürmische Wind hatte sich inzwischen gelegt und es fühlte sich gut an, durch die kühle Luft zu laufen.

Im Sommer 2011 ging ich zurück nach Beit Ummar, um erneut zu demonstrieren, und wieder wurde ich festgenommen. Dieses Mal marschierten wir zu der Siedlung Karmei Tsur, die sich jahrelang immer mehr Land von Beit Ummar angeeignet hatte und jetzt dabei war, zu expandieren und dem Ort noch mehr Land wegzunehmen. Wir marschierten über mit Obstbäumen bebaute Terrassen und Feldwege. Die Soldaten waren jetzt noch brutaler, und nun führte ein neuer stellvertretender Brigadekommandeur, ein Armee-Major, das Kommando. Man befahl uns umzukehren, und schon nach wenigen Minuten begann das Geschubse. Noch während ich zurückwich, wurde ich von einem jungen Soldaten wirklich hart gestossen, und da es in diesem Gelände ohnehin schwer genug war, das Gleichgewicht zu halten, drehte ich mich zu ihm um und forderte ihn auf, das sein zu lassen. Binnen Sekunden stand der stellvertretende Brigadekommandeur direkt neben mir. Er nahm mich in den Schwitzkasten, griff sich meinen Arm und drehte ihn um, wobei er mir schwer den Daumen verstauchte und ihn erst losliess, als ich schon dachte, er würde ihn mir brechen. Dann verlangte er meinen Ausweis, beschuldigte mich des Angriffs auf einen Armeeoffizier und nahm mich fest. »Ich will, dass er von vier Mann bewacht wird; er hat einen Offizier angegriffen«, schrie er. Ein weiterer Kommandeur, ein Armee-Hauptmann, kam nun mit vier Soldaten an, mit denen er mich umringte. »Ihr befehlshabender Offizier ist ein Lügner; in Wirklichkeit sollten Sie über ihn einen Bericht machen und Ihren Dienst quittieren«, sagte ich dem Hauptmann und seinen Leuten, während sie da um mich herum standen. Ich zeigte ihm meinen geschwollenen Daumen: »Sehen Sie sich das an, was glauben Sie, wer hier wen angegriffen hat? Glauben Sie wirklich, dass ich einen bis an die Zähne bewaffneten Soldaten angegriffen habe, und dann auch noch einen Major in Uniform?«

»Halten Sie den Mund, wir haben gesehen, wie Sie ihn angegriffen haben«, antwortete der Hauptmann. »Und ihn«, fügte er hinzu, während er auf einen rothaarigen jungen Soldaten deutete. »He, er hat dich auch angegriffen, oder?« Der Soldat sah nur zu Boden und ging rasch weg.

»Euer Major und euer Hauptmann sind Lügner! Ihr solltet sie beide melden und mit dieser ekelhaften Arbeit hier aufhören!«, rief ich dem jungen, rothaarigen Soldaten hinterher. »Habt ihr euch etwa für das hier verpflichtet, als ihr einer Kampfeinheit beigetreten seid?«

Ich wurde ziemlich lange an ein und demselben Ort festgehalten, während die ungefähr zwanzig anderen Demonstranten sich zerstreuten. »Ich kann nicht glauben, dass man so viele voll bewaffnete IDF-Kampfsoldaten braucht, um zwanzig unbewaffnete Demonstranten zu überwältigen. Seit wann ist die israelische Armee bloss so schwach und feige?«, fragte ich so laut ich konnte. Dann prophezeite ich den Soldaten, sie würden alle eines Tages nach Beit Ummar zurückkehren, um sich bei den Bewohnern des Orts zu entschuldigen; an diesem Punkt bat einer der Soldaten seinen Offizier, ihm zu erlauben, mir »zu zeigen, dass man so nicht reden darf«.

Ich wurde zu einem Jeep gebracht, bei dem die Kommandeure, allesamt verschwitzt und dreckig, herumstanden.

»Wenn man all den Schweiss und Staub sieht, könnte man denken, Sie seien echte Soldaten und kämpften hier. Aber Sie wissen, dass das, was Sie heute hier abgeliefert haben, kein Kampf war«, sagte ich ihnen. »Es war traurig und armselig, und alles, was Sie vorzuweisen haben, bin ich. Das war nicht gerade eine heldenhafte Schlacht, und Sie sind ganz bestimmt keine Helden.« Dann liess der stellvertretende Kommandeur mich durchsuchen, nahm sich mein iPhone und löschte das Video und die Fotos, die ich gemacht hatte, durchwühlte meine Tasche und versuchte mit jeder seiner Handlungen zu demonstrieren, dass er das Heft in der Hand hatte. »Als Offiziere machen Sie sich jämmerlich«, sagte ich.

Und wieder wurde ich zur Polizeistation in Kiryat Arba gebracht – und dieses Mal war tatsächlich ein Offizier zur Stelle, um die Anklage einzureichen. Es war nicht der stellvertretende Kommandeur, der zu diesem Zeitpunkt meinen Pass hatte, sondern der Hauptmann. Er erzählte eine erfundene Geschichte, wie ich den stellvertretenden Kommandeur angegriffen, gegen meine Festnahme Widerstand geleistet und ihn gezwungen hätte, mit mir zu ringen und mit Gewalt meinen Pass aus meiner Hemdtasche zu nehmen. »Was für eine Tasche?«, fragte ich den Verhörer und zeigte ihm mein taschenloses Hemd. Der Hauptmann sagte ausserdem, ich hätte den Kommandeur als Nazi bezeichnet. »Schade, dass er nicht hier ist, um mir das ins Gesicht zu sagen«, erklärte ich dem Verhörer, der mir daraufhin sagte, die Soldaten würden die von ihnen festgenommenen Demonstranten immer beschuldigen, sie hätten sie Nazis genannt.

All diese lächerlichen Beschuldigungen waren leicht zu widerlegen, aber als ich dann endlich selbst befragt wurde, ging der Offizier, und ich konnte ihn nicht mit meinen Gegenaussagen konfrontieren. Einige meiner Wortwechsel mit den Soldaten waren auf Video aufgenommen und auf Youtube hochgeladen worden. Am Ende musste ich ein Dokument unterzeichnen, in dem ich versprach, für eine Zeit von 14 Tagen nicht in das Gebiet zurückzukehren. Da ich ohnehin einige Tage später heim nach Kalifornien fliegen wollte, war das kaum von Bedeutung und ich unterzeichnete das Dokument. Ich wurde freigelassen, aber dieses Mal lehnten die Soldaten es rundweg ab, mich zurück nach Beit Ummar zu bringen. Ich wurde ausserhalb von Kiryat Arba an der Hauptstrasse nach Hebron abgesetzt und wartete dort, bis Freunde aus Beit Ummar kamen, um mich aufzulesen.

Irgendwie gelang es mir, inmitten all dieses Irrsinns relativ ruhig zu bleiben – etwas, was ich schwer zu erklären finde. Vielleicht hat es doch etwas mit der besänftigenden palästinensischen Landschaft zu tun.

Teil 4
Hoffnung auf Frieden

14
Die nächste Generation

An einem sonnigen Wintermorgen ist die Aussicht vom Schlafzimmer meiner Kinderzeit in Motza atemberaubend. Jedes Blatt an jedem Baum und Busch scheint entzückt, nach einer langen, kalten Nacht wieder die Sonne zu spüren. Der Ausblick zeigt ein Geflecht von Schatten, die von gelb-grün bis zum tiefen Dunkel des Immergrüns reichen. Und innerhalb all dessen sieht man Blumen, korallenrosa und fuchsiafarben. Dazu noch der klare, blaue Mittelmeerhimmel. Es ist schwer, da nicht hinzusehen.

Leider kann ich nur drei bis vier Mal im Jahr und immer nur für ein paar Wochen an diesen Ort zurückkehren. Wenn ich nach Israel/Palästina komme, verbringe ich die meiste Zeit damit, Leute zu treffen und mich auf die palästinensische Seite der Trennmauer zu begeben, und es fühlt sich so an, als würde mich das ganz beanspruchen. Aber wenn ich dann dort im Haus meiner Mutter bin, dem Haus, in dem ich aufgewachsen bin, versuche ich, so viel wie möglich vom blossen Augenblick in mich aufzunehmen.

Es ist nicht leicht für mich, mein Leben in Coronado – meine Karateschule, Gila und unsere drei Kinder – auch nur für einige Wochen zu verlassen. Gila hat alle Hände voll damit zu tun, ihr eigenes Unternehmen, eine Akupunkturklinik, am Laufen zu halten. So bereite ich meine Reisen meist sorgfältig vor, damit zu Hause auch ja alles glatt weitergeht. Im Lauf der Jahre ist meinem Stab von Lehrern und Verwaltern klar geworden, dass das meine Realität ist: Ich lebe an dem einem Ort, während mein Herz oft an einem anderen ist.

Und während meine Reisen durchaus durch die aktivistischen Missionen motiviert sind, die ich plane, mache ich sie natürlich auch, weil ich meine Mutter und den Rest meiner Familie so oft wie möglich sehen und besuchen möchte.

Obwohl meine Mutter Zika nun in ihren Achtzigern ist, hat sie immer noch einen sehr geschäftigen Tagesablauf. Sie schläft gut und hält sich durch Schwimmen und Yoga in Form. Das wirkliche Geheimnis ihrer Gesundheit ist jedoch ihr Garten, die Erde, der sie ihr Herz schenkt und die ihr zum Dank an jedem Tag des Jahres, selbst an den heissesten und trockensten des Jerusalemer Sommers, die wunderbarste Blütenfülle schenkt. Dabei sammelt sie Wasser und recycelt jeden Tropfen, um ihn ihren Pflanzen zu geben. Sie ist jeden Morgen als allererstes in ihrem Garten und gräbt ihre Hände in die feinkörnige Erde, die ihr Haus umgibt. Und die Pflanzen und Vögel scheinen es ihr zu danken. In den frühen Stunden des Morgengrauens, in denen sich die Farbe des Himmels von Schwarz zu Purpur wandelt, kann man die Vögel ihre Morgenlieder singen hören, als ob sie die Schönheit preisen wollten, die Zika zu ihrer – und unser aller – Freude geschaffen hat. Es war meine Mutter, die in mir die Liebe zu Kindern geweckt hat, und es geht sehr stark auf ihr Vorbild zurück, dass ich später beschloss, mir mit der Arbeit mit ihnen meinen Lebensunterhalt zu verdienen. Nichts ist mit der Befriedigung zu vergleichen, die die Arbeit mit Kindern gibt. Doch viele Jahre lang hatte sich mein berufliches Leben weit abseits des Konflikts in Israel/Palästina entwickelt. Jetzt schien es mir an der Zeit, die beiden Teile meines Lebens zusammenzubringen – den Unterricht und meinen Aktivismus miteinander zu verbinden.

Kindern Karate beizubringen, bedeutet, ihnen Struktur, Disziplin und hohe Erwartungen zu vermitteln. Wenn es richtig gelehrt wird, stimuliert Karate zudem einen unabhängigen Geist. So gab es jetzt für mich eine neue Herausforderung: Ich würde palästinensischen Kindern Karate beibringen.

Ausserdem wollte ich herausfinden, wie sich die israelische Kontrolle über das palästinensische Leben auf die Kinder ausgewirkt hatte. Ich wollte Kinder im Westjordanland, an Orten wie dem Deheishe-Flüchtlingslager oder der Stadt Anata, wo es kaum Spielplätze und Parks gab, sehen und mit ihnen zusammen sein. Ich wollte palästinensischen Kindern lauschen und zuhören, um eine Vorstellung davon zu bekommen, wie sie ihr Leben und ihre Zukunft sahen. Und so sah ich mich nach Möglichkeiten um, an genau diesen Orten Karate zu unterrichten.

Es war Sommer 2007, als meine Schwester mir erstmals vorschlug, in Palästina zu unterrichten. Wael Salame, ein guter Freund, den wir durch die Kämpfer für den Frieden kannten, hatte Söhne, die im Tae-Kwon-Do-Club in Anata unmittelbar nördlich von Jerusalem trainierten. Nurit erzählte ihm von mir und schon organisierten die beiden das Ganze.

In Wirklichkeit hatte ich keine Ahnung, was ich zu erwarten hatte. Ich wusste natürlich, dass die palästinensischen Kinder eine viel grössere Last zu tragen hatten, als das bei Kindern der Fall sein sollte: Väter oder Brüder, die in israelischen Gefängnissen sassen und meist keinen Besuch empfangen durften, Familienmitglieder, die in dem Konflikt getötet worden waren, Nachbarn und Freunde, deren Häuser dem Bau von Siedlungen zum Opfer fielen oder von der Armee zerstört wurden – ganz zu schweigen von der unregelmässigen Versorgung mit Wasser und Strom, den schweren Einschränkungen der Bewegungsfreiheit, die sie bei ihrem morgendlichen Schulweg behinderten, und den nächtlichen Razzien israelischer Soldaten, die zu jeder beliebigen Uhrzeit ihre Häuser stürmten. Und die Liste liesse sich verlängern. Man konnte nur hoffen, dass die Menschen, die sie liebten und sich um sie sorgten, nämlich ihre Eltern und ihre Lehrer, ihnen die Mittel an die Hand gegeben hatten, irgendwie mit ihrer unmöglichen und abnormen Situation zurechtzukommen.

Ich nahm Eitan, der damals 13 Jahre alt war, Doron, der 11 war, und ihren Cousin Yigal, 14, mit nach Anata, damit sie dort am Training teilnahmen. Als wir beim Tae-Kwan-Do-Club ankamen, wurden wir von Wissam, dem Lehrer, herzlich begrüsst, und ausserdem waren mehr als fünfzig Kinder da, die alle schon aufgereiht dastanden und zum Training bereit waren. Es gab hier auch Jungen und Mädchen, die zusammen trainierten, und sie fühlten sich vollkommen unbefangen miteinander, etwas, worüber ich immer froh bin. Während Karate einem Stereotyp zufolge nur etwas für Jungen ist, gefällt es Mädchen meist wirklich sehr; sie sind gut darin, und ich ermutige Mädchen und Frauen immer, an gemeinsamen Klassen mit Jungen und Männern teilzunehmen. Die Schüler im Club in Anata waren ernsthaft, höflich und lernbegierig, alles Anzeichen einer guten Kampfkunst-Schule.

Das Training dauerte etwa eineinhalb Stunden. Danach entspannten wir uns alle eine Weile und redeten. Eitan begann sich mit einem der Jugendlichen zu unterhalten. Ich hörte ihn fragen, »Gehst du gerne an den Strand?« Da er aus einer Strandstadt in Südkalifornien kam, war die Frage für ihn ganz naheliegend.

Der Junge nahm Eitan mit zum Fenster und zeigte ihm die Trennmauer, die damals nur ein kleines Stück weit weg von dem Fitnessstudio, in dem das Training stattgefunden hatte, gebaut wurde. Obwohl Anata theoretisch Teil Jerusalems ist, können seine Bewohner sich wegen der Mauer und der Kontrollpunkte nicht frei bewegen. »Wir können nicht an den Strand«, sagte der Junge. »Sie erlauben es uns nicht.«

Nach dem Training assen wir im Haus Waels in Anata zu Abend, und als wir damit fertig waren, tranken die Erwachsenen Kaffee, während die Kinder auf dem kleinen, an das Haus angrenzenden Balkon Fussball spielten, weil es draussen nirgendwo einen Platz gab, wo sie das hätten tun können. Auf dem Heimweg sahen meine Söhne am Kontrollpunkt von Anata, wie ein palästinensischer Junge, der nicht viel älter war als sie selbst, von Soldaten abgeführt wurde.

Doron, erschrocken über das, was er gerade gesehen hatte, fragte: »Was hat er getan?«

»Ich weiss es nicht.« Ich konnte ihm seine Sorge leider nicht nehmen.

Jamal führte mich in einen Karate-Club in Ramallah ein, der von seinem Freund Nidal betrieben wird. Nidal praktiziert und unterrichtet seit vielen Jahren Karate und hat in dieser Zeit ein exzellentes Korps von Schülern und ein sehr schönes, traditionell-japanisches Dojo aufgebaut. Ich war inzwischen mehrere Male dort und habe Klassen unterrichtet, und Nidal, Jamal und ich verbringen dann immer eine gute Zeit. Im Sommer 2010 suchte ich gemeinsam mit Doron Nidals Karateschule auf und diesmal kam auch Nurit mit, um uns zuzusehen. Die Klasse war voll und es war extrem heiss. Je länger der Unterricht dauerte, desto unerträglicher wurde die Hitze, und mit ihr mein Durst. Ich dachte daran, Nurit um eine Wasserflasche zu bitten, aber da fiel mir ein, dass wir im Ramadan-Monat waren.

Während dieser Zeit nehmen Muslime von Sonnenaufgang bis Sonnenuntergang weder Nahrung noch Getränke zu sich. Es war etwa vier Uhr nachmittags und das Fasten würde nicht vor sieben Uhr zu Ende gehen. Ich schaute zu Doron hinüber und sah, dass auch er einen trockenen Mund hatte. Die anderen Schüler zeigten keinerlei Anzeichen von Schwäche; sie waren alle guter Laune und voll auf die Karate-

Doron, Dritter von links in der hinteren Reihe direkt neben mir, mit Sensei Nidal im Karateclub in Ramallah.

übungen konzentriert. Dennoch hatten sie rote Gesichter, und ihre Körper waren heiss und verschwitzt. So unterbrach ich die Klasse kurz und bat sie, sich hinzusetzen.

»Meen minkum sayyim?« fragte ich. Wer von euch fastet?

Ich konnte sehen, dass selbst Nidal überrascht war, als alle ihre Hand hoben.

»Wow! Ihr seid ja wirklich etwas ganz Besonderes. Es gibt nicht viele Orte auf der Welt, wo Jugendliche zur Karateklasse kommen und in seiner solchen Hitze so hart arbeiten, und das noch ohne Essen oder Wasser. Besonders ohne Wasser!«

Ich schaute wieder zu Doron hinüber und sah, dass er verstanden hatte, was es hiess, dass alle Jugendlichen die Hände gehoben hatten: Nämlich, dass auch wir bis zum Sonnenuntergang nichts trinken würden.

Während der Stunde hielt ich den Schülern dieselbe Ansprache wie die, die ich auch in meiner eigenen Karateschule in den Vereinigten Staaten immer gebe, fügte aber noch einige Dinge hinzu: Seid immer respektvoll, glaubt an euch selbst, benutzt euren Kopf. Ich erwähnte auch, dass ich nach Jerusalem und Tel Aviv und überall in diesem Land hingehen konnte, während ihnen das nicht möglich war.

»Das ist euer Land und eure Heimat, und ihr solltet die Möglichkeit haben, genauso frei darin herumzufahren wie ich und jedes israelische Kind. Karate lehrt uns, unüberwindliche Hindernisse zu besiegen, und ihr werdet einen Weg aus dem Unrecht finden, unter dem ihr lebt, einen Weg, bei dem ihr nicht euer junges Leben opfern müsst. Ihr werdet die Freiheit haben, zu studieren und zu arbeiten, wo ihr wollt, und wohin ihr wollt zu reisen. Denkt einfach immer daran, an eure Fähigkeiten zu glauben, und habt keine Angst.«

Wenn ich über diese Dinge spreche, tritt immer Stille ein. Das erste Mal, dass ich vor palästinensischen Kindern darüber sprach, war tatsächlich gar nicht in einer Karateklasse, sondern bei Jamal zu Hause. Seine ältere Tochter hatte erwähnt, sie wolle Zahnmedizinerin werden, und wir redeten über Sprachen. Ich erklärte ihr, meiner Meinung nach werde es für sie nützlich sein, sich fliessend auf Hebräisch und Englisch unterhalten zu können, damit sie Patienten im ganzen Land behandeln konnte. »Die Besatzung wird nicht ewig dauern und du wirst in Haifa und Tel Aviv praktizieren können, und daher würde dir Hebräisch nützlich sein, wenn du israelische Patienten behandelst.« Sie schien sehr überrascht über meine These, das Ende der Besatzung sei in Sicht. »Insha' Allah, Insha' Allah«, sagte sie. Wenn Gott will. Und ihre Mutter wiederholte, »Insha' Allah.«

Ich glaube tatsächlich, dass Israelis und Palästinenser eines Tages frei Seite an Seite leben werden. Und selbst wenn wir doch zwei getrennte Staaten haben sollten – warum sollte dann ein palästinensischer Arzt nicht in Israel praktizieren können und umgekehrt? Ich war der Meinung, es sei wichtig, das auch vor den Kindern der Palästinenser zu sagen. Ich wollte ihnen die Gewissheit geben, dass die Dinge sich zum Besseren wenden würden, und sie ermutigen, nach dieser Überzeugung zu handeln. Die überwältigende Macht der israelischen Armee kann jedem ein Gefühl der Hoffnungslosigkeit einflössen. Und dass die Welt so wenig für die Palästinenser tut, führt bei diesen leicht dazu, sich hilflos zu fühlen. Ich war schon immer der Meinung, dass die Veränderung von unten kommen wird – nicht von irgendwoher von aussen, sondern genau von diesen Kindern. Aber jemand muss ihnen die Vision vermitteln, und so tue ich das, wann immer ich kann.

Ende 2010 rief ich meinen Freund Mazen Farah von den USA aus an und erzählte ihm von meinem Plan, das Flüchtlingslager Deheische in der Nähe Bethlehems zu besuchen. Mazen ist in Deheishe geboren und aufgewachsen, und er lebt dort immer noch mit seiner Familie. Ich fragte ihn, ob er glaube, dass ich dort Karate unterrichten könne. Mazen stimmte der Idee gleich zu und machte sich sofort daran, die nötigen Arrangements zu treffen.

Und wieder einmal verliess ich meine bequeme Existenz in Coronado, um in mein problembeladenes Heimatland zu reisen. Dort angekommen, rief ich Mazen erneut von Jerusalem aus an und wir beschlossen, uns im Büro des palästinensischen Zweigs der Familien der Hinterbliebenen in der Nähe des Everest Hotels in Beit Jala zu treffen.

Es war ein sonniger Dezembernachmittag, und ich sass draussen auf dem Balkon und wartete auf Mazen. Das Büro liegt auf einem Hügel, und von dort aus hatte ich einen Panoramablick auf die Besatzung. Mit drahtverstärkten Schutzverkleidungen bedeckte israelische Militärfahrzeuge fuhren rasch und hektisch mit blinkenden Blaulichtern durch die Landschaft. Aus der Nähe konnte ich die Lautsprecher des Armeestützpunkts hören, während in der Ferne Polizeisirenen heulten. Und ich hörte den Lärm der Baustellen für die neuen Häuser, die in der israelischen Siedlung Har Gilo hochgezogen wurden.

Mazen traf einige Minuten nach mir ein. Ich verbrachte den grössten Teil des Nachmittags mit ihm auf der Veranda und redete mit ihm. Er hatte einen Besuch im Deheishe-Flüchtlingslager für mich arrangiert und ich sollte dort im Lauf der nächsten Tage Karate unterrichten. Mazen ist ein energischer Mann und weiss, wie man Dinge organisiert.

Auf der Veranda sitzend – wo er sich eine Zigarette an der anderen anzündete, während ich arabischen Kaffee trank – gingen wir von Alltagsgeplauder zur Politik und dann zu seiner und der Geschichte seiner Familie über. Seine älteren Brüder hatten an der ersten Intifada teilgenommen und sassen im Gefängnis; sie waren alle prinzipienfeste Männer, deren starke Überzeugungen einem Achtung abrangen. Mazen selbst gehörte der PFLP an und war aus diesem Grund von Israel verhaftet worden. Er berichtete mir von der Folter und den Schlägen, die er im Verlauf seiner Verhöre erdulden musste.

»Was mich während des Verhörs und der Folter davon abhielt, zusammenzubrechen, war das Wissen, dass die Leute, genau wie bei meinen Brüdern vor mir, erfahren würden, dass ich während der Verhöre nicht zusammengebrochen war und nicht geredet hatte.«

Er zündete sich eine weitere Zigarette an, fluchte auf Arabisch und sagte dann, »Es vergeht keine Nacht, in der ich nicht Albträume von der Folter habe, die die Israelis an mir verübt haben.«

Mazens Vater Ali Farah wurde im April 2002 im Alter von 62 Jahren während der zweiten Intifada getötet. Er war aus dem Haus gegangen, um für die Familie einzukaufen, und während er fort war, hatten die israelischen Behörden eine Ausgangssperre über das Lager verhängt. Da er zu diesem Zeitpunkt nicht dort war, wusste er nichts von der Ausgangssperre, und als er zurückkehrte, feuerte ein israelischer Panzer auf ihn und tötete ihn. Sofort danach nahmen die israelischen Behörden Mazen fest und hielten ihn mehrere Monate lang in Verwaltungshaft. Dabei fiel die Wahl auf ihn, weil er der jüngste der Brüder der Familie und als einziger noch nicht verheiratet war. Daher dachte man, er stelle eine Gefahr dar und würde vielleicht versuchen, sich zu rächen.

Es war bald Zeit fürs Mittagessen und so fuhren wir beide zu Mazens Haus in Deheishe. Das war mein allererster Besuch in einem Flüchtlingslager. In den Jahrzehnten seit seiner Gründung ist aus dem Lager Deheishe eine geschäftige, chaotische und überfüllte kleine Stadt geworden. Seine 13'000 Bewohner drängen sich auf einer Viertelquadratmeile zusammen. Sie stammen aus Dörfern rund um Jerusalem, die bei der Gründung Israels zerstört wurden, oder sie sind die Kinder und Enkel dieser Menschen.

Wir assen mit seiner Frau und seinen beiden Töchtern – die bei einem späteren Besuch auch Eitan kennenlernten – zu Mittag und tranken Kaffee, und dann nahm Mazen mich mit ins Phönix-Haus, oder *El-Feneiq*, ein geräumiges Gemeindezentrum, das den Kindern in Deheishe kostenlose Freizeitaktivitäten nach der Schule sowie Ferienlager anbietet. All das wird von jungen Studenten gemacht, die hier freiwillig arbeiten. Da es keine Parks oder Spielplätze und kein Schwimmbad gibt, erfordert die Organisierung von Beschäftigungen für Kinder viel Kreativität und Engagement. Die Freiwilligen beiderlei Geschlechts, die ich hier traf, hatten beides.

»Warum gibt es kein Schwimmbad?«, fragte ich einen der Freiwilligen, der mich im Zentrum herumführte.

Mein Freund Mazen Farah (rechts), mit Eitan im Flüchtlingslager Deheishe.

»Wir haben kein Wasser.« Ich verstand nicht.

»Die gesamte Wasserversorgung wird von Israel kontrolliert und manchmal stellen die Behörden sie einfach ab und das Lager hat tagelang kein Wasser. Man kann sich kein Schwimmbad leisten, wenn man nicht einmal genug Wasser zum Trinken und zum Waschen hat.« Dann lächelte er. »Aber wir haben eine wunderbare Turnhalle, wo wir die Karateklasse abhalten können.«

Damit Karate funktioniert, braucht man die richtige Umgebung, ein Dojo, einen Ort, der für die Übung von Geist und Körper da ist. In Deheishe gab es kein Dojo, und so musste ich kreativ sein und gründete einfach eins, nämlich in der Turnhalle von *El-Feneiq*. Unter Verwendung meines rudimentären Arabisch und unterstützt von einigen Helfern erklärte ich den Kindern, sie müssten ihre Schuhe und Strümpfe ausziehen, bevor die Stunde beginnen konnte. Das taten sie auch, aber wie Kinder es nun einmal tun, liessen sie sie überall in der Gegend liegen. Statt mit dem Unterricht zu beginnen, bat ich sie nun, erst einmal mit mir zu kommen. Ich zog mir selbst die Schuhe aus und stellte sie fein säuberlich an die Wand. Ich erklärte ihnen, es könne vielleicht unwichtig scheinen, wohin ich meine Schuhe stellte, aber genau das schaffe eine Atmosphäre der Aufmerksamkeit für Einzelheiten und die allgemeine Ordnung, und das bringe ein Gefühl von Geborgenheit und Ruhe in die Klasse.

Karatekampf in Deheishe.

»Und das Dojo aufgeräumt zu halten ist ein wichtiger Teil des Karate«, fügte ich hinzu.

Sobald alle Schuhe am richtigen Platz standen, versammelte ich die Kinder, stellte mich vor und fragte sie nach ihrem Namen und Alter. Dann erklärte ich ihnen, das Erste, was wir im Karate lernten, sei Respekt, *ihtiram*. Im Karate ist die Achtung vor anderen wie auch für uns selbst von grösster Bedeutung. Genau darum verbeugen wir uns, hören einander zu und gebrauchen Kopf und Worte, um Konflikte zu schlichten und Probleme zu lösen. Während ich all das sagte, musste ich unwillkürlich daran denken, wie ironisch es doch war, all das zu Menschen zu sagen, die unter einer Besatzungsmacht leben, die nichts von alledem respektiert.

Dann begannen wir mit der Stunde. Während die Kinder eine Reihe bildeten, erklärte ich ihnen, wie man steht, und noch während ich das tat, gab ein Mädchen, das schon Karatepraxis hatte, auf Japanisch die Bezeichnungen für die verschiedenen Positionen wider. *»Musubi-dachi«*, sagte sie leise, was zeigte, dass sie das Kommando für die Position kannte, bei der die Füsse zusammenstehen. Dann zeigte ich, wie man sich niederkniet. »Seiza«, sagte sie. Sie kannte die Bewegungsabläufe und die japanischen Kommandos für die verschiedenen Techniken. Es war gut, sie dabei zu haben, und sie war eine grossartige kleine Helferin für mich und die ganze Klasse. Schnell war eine Stunde verstrichen, aber es war schon spät und draussen wurde es dunkel, und daher musste ich aufhören. Ich versprach, dass wir am nächsten Tag früher anfangen würden.

Als ich am folgenden Nachmittag eintraf, sah ich eine lange Reihe sorgfältig aufgestellter Schuhe im Flur, der zu der Halle führte. Mehr als 35 Kinder sassen still auf ihren Knien in der Seiza-Position. Sie waren bereit und hatten das, was ich sie zuvor gelehrt hatte, schon in sich aufgenommen. Die freiwilligen Helfer waren sichtlich stolz auf die Kinder, und ich war es ebenfalls. Eine Hälfte der Klasse war schon am Tag zuvor dagewesen, doch die andere Hälfte war zum ersten Mal hier. Ich begrüsste alle neuen Schüler und bat die, die schon beim ersten Mal dabei gewesen waren, den anderen zu erklären, worüber wir geredet hatten.

»Du sollst auf keinen Fall rauchen, davon bekommt man Krebs«, war der erste Kommentar.

»Du sollst andere nicht schlagen, und dich auch selbst nicht schlagen lassen«, war der nächste. »Hab Achtung vor dir selbst und vor den Leuten um dich herum.«

»Gib dein Bestes und gib nicht auf, wenn es schwer wird.«

Und so ging es immer weiter und weiter. Ich war wie benommen. Diese kleinen Leute hatten meine Lektionen verinnerlicht und konnten sie sogar richtig wiedergeben.

Da sah ich auf einmal einen kleinen Stapel von Übungsmatten in einer Ecke der Halle, und nun wusste ich genau, wie wir den Unterricht an diesem Tag beenden würden. Kinder lieben nämlich kaum etwas so sehr wie Ringen. Ich liess sie also ausgiebig rennen und Staffelläufe machen, und dann bat ich sie, sich hinzusetzen, und ich erklärte ihnen, wie man im Karate überhaupt kämpft, besonders aber dann, wenn man ringt. Wir begannen mit ihtiram – Respekt, der im Karate durch die Verbeugung vor und nach jedem Kampf ausgedrückt wird. Dabei war es mir wichtig zu zeigen, wie selbst ein wesentlich kleinerer Schüler als ich mich auf die Matte legen kann. Um das zu zeigen, bat ich Kusai zu Hilfe, einen besonders talentierten und ernsthaften elfjährigen Schüler, der zu jeder Sitzung kam.

»Zu wissen, wie man seine Kraft gegen einen grösseren, scheinbar stärkeren Gegner einsetzt, ist ein wichtiger Bestandteil des Karatetrainings«, sagte ich ihnen. Das galt für mich natürlich auch dann, wenn man kämpft, um einer grösseren und mächtigeren Besatzungsmacht zu widerstehen, und ich sorgte dafür, dass die Schüler und Freiwilligen auch diesen Punkt gebührend würdigten. Während es im Karate auch einen Aspekt gibt, der viel mit Konformität zu tun hat, ist die Geschichte des Karate dennoch voller Widerborstigkeit und Rebellion. Der Kern des Karate ist die Überwindung von Hindernissen und die Entwicklung eines unabhängigen Geistes. Ich wollte diesen Impetus des Widerstandes mit diesen Kindern teilen. An sich brauchten sie dazu meine Hilfe nicht, denn sie hatten ganz von sich aus Aufsässigkeit genug – aber ich wollte ihnen helfen, diese Energie zu kanalisieren, und ihnen zeigen, dass die relative Normalität, in der sie lebten, in Wirklichkeit nicht normal war, und dass sie sich nicht fürchten sollten, auf verantwortliche, gewaltlose Art zu rebellieren.

Nach dem Unterricht holte Mazen mich ab und ich kehrte mit ihm zum Büro des Forums zurück. Von dort fuhr Khaled mich zu seinem Haus in Beit Ummar, wo ich die nächsten fünf Tage verbringen würde. Khaled, der wie immer einen dunklen Anzug trug und sehr ernst wirkte, hatte offensichtlich den ganzen Tag lang nichts gegessen, weil er von einer Million anderer Dinge abgelenkt war. Er fuhr durch Feldwege und enge Gässchen, weil der grösste Teil der breiten, asphaltierten Strassen nicht von Palästinensern benutzt werden darf. Ich beobachtete ihn, wie er geistesabwesend an einer Zigarette nach der anderen zog.

Mir war längst aufgefallen, dass Khaled seine Zigaretten nicht einfach nur raucht. Er kaut eine Weile auf dem Filter und inhaliert dann ganz tief, wie ein Mann, der um Luft ringt. Dann bläst er den Rauch, der inzwischen ganz dünn ist, weil er so viel davon in sich aufgenommen hat, heraus. Er raucht Kette, als ob er die Freiheit einsaugen würde, die ihm durch den israelischen Einfall in sein Leben, seine Familie und sein Land verwehrt wurde.

Während meiner Zeit unter palästinensischen Freunden im Westjordanland wurde mir immer klarer, dass das Leid der Palästinenser immer weitergeht, ganz gleich, wie sehr sie sich für Frieden und Versöhnung engagieren. Ihr Engagement für Versöhnung und die Bereitschaft, der andern Seite die Hand zu reichen, befreien diese Palästinenser keineswegs von den täglichen Kämpfen mit israelischen Soldaten, den täglichen Demütigungen oder der kalten, diskriminierenden Administration des israelischen Besatzungsregimes. Ohne grosses Glück oder die Gnade Gottes hätte Khaled am 22. November 2004 durch die Gewalttätigkeit Israels ein weiteres Familienmitglied verloren, nämlich seinen Sohn Mu'ayed.

Das Ganze trug sich zwei Tage nach dem Tod Yasser Arafats zu. Es war der Tag des Begräbnisses Arafats in Ramallah, an dem für alle, die nicht nach Ramallah kommen konnten, überall im Westjordanland kleinere Feierlichkeiten und Begräbniszeremonien abgehalten wurden. Für die Palästinenser und viele andere auf der Welt war das ein bedeutender Tag. Man erwartete von der israelischen Armee, dass sie sich zurückhielt und den Palästinensern die Möglichkeit gab, den Tod ihres Führers zu betrauern.

Doch in Beit Ummar beschloss die Mannschaft eines Armee-Jeeps, mit kreischenden Reifen die Stadt auf und ab zu rasen. Die Bewohner des Dorfs machten gerade eine friedliche Trauerprozession, die in einer symbolischen Beerdigung enden sollte, und so kann man sich vorstellen, wie die Anwesenheit des Jeeps die Atmosphäre aufheizte. Ein paar junge Leute warfen Steine nach dem Jeep und die Soldaten reagierten, indem sie mit scharfer Munition feuerten. Das Resultat waren zwei Opfer, Jameel Omar, ein 19jähriger Student, der sofort starb, und Mu'ayed Abu Awad, Khaleds 15jähriger Sohn, der von einer 5,58-Kaliber-Kugel in die Hüfte getroffen wurde. Mu'ayed lag auf dem Boden und blutete heftig, während die Soldaten um ihn herumstanden und eine Ambulanz daran hinderten, ihn abzutransportieren.

Genau zu diesem Zeitpunkt befand sich Khaled in Nordisrael in einem Raum voller israelischer Gymnasiasten. Er war zusammen mit einem israelischen Mitglied des Forums der Familien der Hinterbliebenen dorthin gegangen, um über das Thema der Versöhnung zu sprechen. Beide sprachen darüber, wie der Kreislauf der Gewalt bereits zu viele Leben gekostet habe und beendet werden müsse, und dass man stattdessen einen echten Dialog benötige. Plötzlich wurden sie aus dem Raum gerufen, und man erklärte ihnen, dass Soldaten auf Mu'ayed geschossen und ihn verwundet hatten.

So endete der Vortrag abrupt, doch noch während sie sich zum Gehen anschickten, hielt Khaled an der Tür inne. Er wendete sich den Schülern zu, die geschockt auf ihren Stühlen sitzen geblieben waren.

»Was immer geschieht, selbst wenn das Schlimmste eintritt, selbst wenn ich meinen Sohn verloren habe – wir dürfen die Hoffnung nicht verlieren. Wir müssen immer auf dem Weg der Versöhnung bleiben.«

Unterdessen musste man in Beit Ummar befürchten, dass Mu'ayed verbluten würde, und so beschlossen seine Freunde, ihn trotz der Blockade israelischer Soldaten abzutransportieren. Einige Leute lenkten sie ab, indem sie Steine warfen, und während die Soldaten sie daraufhin verfolgten, gelang es einigen anderen, Mu'ayed in die Ambulanz zu schaffen, von wo er ins zehn Meilen entfernte Krankenhaus in Hebron gebracht wurde. Als er dort ankam, war sein Zustand so schlimm, dass die Ärzte ihm nicht mehr helfen konnten.

Als sich die Nachricht verbreitete, dass Khaleds Sohn verwundet worden war, begann man im Büro des Forums der Familien der Hinterbliebenen in Israel, nach jemandem zu suchen, der das Leben des Jungen retten konnte. Am Ende wurde Mu'ayed in einer gemeinsamen israelisch-palästinensischen Rettungsaktion zu einer israelischen Ambulanz gebracht, die ihn danach ins Hadassah-Krankenhaus in Jerusalem brachte, wo es die nötigen Einrichtungen gab und er von qualifizierten Ärzten behandelt werden konnte. Auf dem Weg dahin taten israelische Armee-Sanitäter ihr Bestes, seinen Zustand zu stabilisieren, aber als sie das Krankenhaus endlich erreichten, war sein Blutdruck auf Null gefallen.

Mu'ayed wurde zu genau dem Zeitpunkt in den Operationssaal gebracht, zu dem auch Khaled, ausser Atem und krank vor Sorge, eintraf. Schliesslich kam der Arzt nach langen Stunden des Wartens kurz vor Mitternacht aus dem OP. »Wenn er zehn Minuten später angekommen wäre, wäre er gestorben. Gott sei Dank konnten wir ihn und auch sein Bein retten.«

Während der schwierigen Wochen von Mu'ayeds Genesung und Rehabilitation kamen viele israelische und palästinensische Freunde ins Krankenhaus, um Khaled und Mu'ayed beizustehen. Ich rief mehrere Male aus den USA an und sprach mit Khaled, und ich war froh, dass das Schlimmste nun vorüber war.

Aber nichts von alledem hat Khaled und seine Familie vor weiteren Drangsalierungen geschützt. Im Januar 2010 kamen israelische Soldaten um zwei Uhr morgens zu Khaleds Haus in Beit Ummar, hämmerten an die Tür und drohten, das Haus in die Luft zu sprengen, falls die Familie nicht sofort aufmachte. Dann warfen sie alle, einschliesslich der kleinen und verängstigten Kinder, aus dem Haus. Sie veranstalteten eine Razzia, bei der sie eine Spur der Zerstörung hinterliessen, und als sie wieder herauskamen, nahmen sie Mu'ayeds Zwillingsbruder Muhaned fest und nahmen ihn mit. Nachdem er zwölf Monate ohne Anklage im Gefängnis verbracht hatte, wurde Muhaned schliesslich vor Gericht gestellt und zu zwei Jahren Haft in einem israelischen Gefängnis verurteilt. Gleichzeitig erhielt Khaleds gesamte Familie ein Einreiseverbot nach Israel, was bedeutete, dass sie Muhaned nicht besuchen konnte.

Bassam Aramin, der Vater der zehnjährigen Abir, die von einem israelischen Soldaten erschossen worden war, ist im Lauf der Jahre für sein Engagement für Versöhnung und seinen unermüdlichen Einsatz für den palästinensischen Freiheitskampf bekannt geworden. Er hat den Begriff ›palästinensische Bar Mitzvah‹[45] geprägt, um den Horror zu charakterisieren, den die meisten jungen Palästinenser von Seiten der israelischen Soldaten erdulden müssen. Er schrieb einen Artikel, der diesen Titel trug, nachdem die israelische Armee seinen Sohn Arab einer albtraumartigen Behandlung unterzog. Diese Art Albtraum, schrieb Bassam später, der sich weniger als zwei Jahre nach dem Tod seiner Tochter Abir ereignete, sei das tägliche Brot jedes palästinensischen Jungen und damit eine Art Initiationsritus.

Das Ganze trug sich an einem Freitag im Juli 2008 zu, nachdem Bassams älterer Sohn Arab, der damals 14 Jahre alt war, ihn gebeten hatte, mit einigen Freunden einen Ausflug an das Galiläische Meer im Norden machen zu dürfen. Er hatte Bassam tagelang bekniet, ihn mitgehen zu lassen. Zuerst lehnte Bassam mit der Begründung ab, er sei noch zu jung, um ohne Eltern so weit von zu Hause unterwegs zu sein. Aber schliesslich gab er seine Erlaubnis, machte aber zur Bedingung, dass Arab den ganzen Tag lang telefonisch mit ihm Kontakt halten müsste.

Arab und seine Freunde fuhren mit etwa fünfunddreissig weiteren Leuten mit dem Bus. Die meisten Mitfahrer waren Familien mit Kindern, und es waren noch einige weitere Teenager dabei. Sie alle waren legale Bewohner Israels. Nachdem der Bus losgefahren war, rief Arab zu Hause an, und alles schien problemlos zu laufen.

Der Tag war ein Riesenerfolg, und gegen 23 Uhr rief Arab wieder an, um zu sagen, dass er in etwa einer halben Stunde zu Hause sein würde. Als er eine Stunde später immer noch nicht zurück war, begann Bassam sich Sorgen zu machen und sich zu fragen, warum die Jungen sich verspäteten.

»Hier sind massenhaft Soldaten«, flüsterte Arab ins Telefon. »Die Polizei hat den Bus angehalten, wir wissen nicht, wieso, und wir sind in Jerusalem – die Soldaten haben uns verboten, zu telefonieren; ich rufe später nochmal an.«

Bassam beschrieb die Situation in seinem Artikel so: »Im Jerusalemer Industrieviertel Wadi al-Joz befand sich an der Strasse, die der Bus von Tiberias zurück nach Hause nach

Anata nimmt, ein Posten, der mit Spezialeinheiten mit Motorrädern, Polizei und Armeesoldaten bemannt war. Als der Bus vorbeikam, verlangten die Soldaten vom Fahrer, anzuhalten.«

Arab sagte seinem Vater später, »In diesem Augenblick konnte ich an nichts anderes mehr denken als an Abir.«

»Wir sind von der Nationalen Sicherheit«, erklärten die Soldaten den Passagieren, und sie befahlen Arab und seinen Freunden, mitten im Bus und vor den Frauen und Mädchen ihre Kleider auszuziehen. Dann liessen sie die jungen Männer einen nach dem anderen aus dem Bus aussteigen und befahlen ihnen, sich auf den Boden zu legen, der mit Steinen und Glasscherben übersät war. Arab wusste weder ein noch aus und fragte später seinen Vater: »Wie können sie Männern befehlen, sich vor den Frauen auszuziehen? Das ist völlig unmoralisch!«

»Leute durch erzwungene Nacktheit zu demütigen ist nichts, was sie nur mit dir und deinen Freunden gemacht haben: Es ist eine Methode des israelischen Militärs. Als wir bei ihnen im Gefängnis waren und uns nicht verteidigen konnten, machten sich die Soldaten ein sadistisches Vergnügen daraus, uns nackt zu sehen und uns so zu demütigen«, erklärte ihm Bassam.

Arab, der kleiner und jünger als seine Freunde war, durfte mit den Frauen und Kindern im Bus bleiben. Dann kam eine Soldatin in den Bus und befahl, »Bringt den Hund.« Dann kam ein weiterer Soldat mit einem Kampfhund an Bord des Busses und begann, sämtliche Passagiere zu terrorisieren.

Arab konnte erst Stunden später wieder bei Bassam anrufen, der danach schrieb, »Es gibt keine Worte, um den Zustand zu beschreiben, in dem ich in diesen Stunden war, während ich auf seinen nächsten Anruf wartete und mir davor graute, das dieser gar nicht kommen würde. Um 2:30 klingelte es endlich.«

»Wir sind in der Moscobiyyeh«, berichtete Arab seinem Vater. Das war das grösste Untersuchungsgefängnis Jerusalems, das sich am Rand des Russischen Viertels befindet.

»Warum werdet ihr festgehalten?«

»Sie haben uns dazu nichts gesagt.«

»Geh zu dem Soldaten und sag ihm, ›Sie müssen mit meinen Vater sprechen, er weiss nicht, wo ich bin.‹«

Arab antwortete, er habe Angst davor; die Soldaten hätten bereits etliche Jugendliche geschlagen, weil sie gesprochen hatten und Reden verboten war. »Du bist ein mutiger Junge, du solltest keine Angst vor dem Soldaten haben. Rede auf Hebräisch mit ihm.« Übers Telefon konnte Bassam hören, wie Arab zu dem Soldaten ging und sagte: »Können Sie bitte mit meinem Vater sprechen?« Aber der Soldat befahl ihm, den Mund zu halten und das Telefonat zu beenden. »Wenn dein Vater dich sehen will, sag ihm, er soll herkommen«, meinte er.

Bassam war ausser sich und schrie, so laut er konnte, »Ihr Mörder! Wo ist mein Sohn? Wollt ihr ihn genauso töten wie seine Schwester?« Bassam sagte Arab, er solle seine Freisprechfunktion einschalten, damit der Soldat hören konnte, was er sagte.

»Papa, hab keine Angst. Mir geht's gut. Sie werden uns in einer Weile gehen lassen; das haben sie versprochen. Ich spreche bald wieder mit dir.«

Schliesslich liessen die Soldaten die Gruppe um 3:00 morgens endlich gehen. Arab kam noch einmal 40 Minuten später zu Hause an, erschöpft, aber lebend und unverletzt. Nachdem er seinem Vater die ganze Geschichte erzählt hatte, hatte Arab eine für Bassam sehr erstaunliche Bitte. »Ich möchte, dass du mich mitnimmst, wenn du wieder zu einem deiner Vorträge in Israel gehst, damit ich den Israelis erzählen kann, was ihre Soldaten heute Nacht gemacht haben.«

»Meinst du das im Ernst?«

Arab hatte der Bereitschaft Bassams, mit Israelis zu sprechen, immer skeptisch gegenübergestanden. Aber nun bestand er auf seinem Wunsch. »Sie sollen wissen, was passiert ist, damit die Eltern der Soldaten ihnen verbieten können, sich so gegenüber Frauen und Kindern zu verhalten.«

Als ich erfuhr, was Arab passiert war, hatte ich das Bedürfnis, auch Gila und den Kindern von der Geschichte zu erzählen. Ich konnte und wollte meine Kinder nicht in Unkenntnis über diese Art von Unrecht aufwachsen lassen. Also erzählte ich ihnen während des Abendessens, zu dem sich unsere Familie jeden Freitag versammelt, davon, und wir mussten alle weinen. Eitan und Doron, die Bassam sehr gern haben, waren sprachlos.

Israel hat Männer wie Khaled, Bassam, Mazen und Tausende andere auf eine harte Probe gestellt, doch sie widmen sich immer noch dem Werk der Versöhnung. Die bösen Erfahrungen, die sie durch Israel und die Israelis erlitten haben, sind nicht ungewöhnlich, sondern sind für die Palästinenser, denen ich begegnet bin, typisch. Trotzdem sind sie entschlossen, sich von solchen Aktionen des israelischen Militärs nicht von ihrer Arbeit abhalten zu lassen.

Ich bin noch öfters nach Anata, Ramallah und Deheishe zurückgekehrt, um dort Karate zu unterrichten, und jedes Mal, wenn ich mir die Kinder und Jugendlichen ansehe, die in meinen Unterricht kommen, wird mir deutlicher, wer sie sind und was sie durchmachen müssen, um zu überleben. Der Schmerz, den ich fühle, wenn ich sie verlasse und mich frei in diesem Land bewege, das mindestens ebenso sehr – wenn nicht noch mehr – das ihre ist, wird mit jedem Besuch stärker.

15
Abu Ali Shahin

»Wie kam es, dass Ihr Vater sich so verändert hat?«

Die Leute fragen mich immer, was genau es war, das dazu führte, dass Matti Peled sich aus einem General, der für seine kompromisslosen Auffassungen bekannt war und mehr als einmal unzweideutig Krieg forderte, in einen Menschen verwandelte, der entschlossen und engagiert für den Frieden eintrat. Sein Bestehen auf einem entschiedenen Vorgehen Israels gegen Ägypten 1967 und seine Forderung nach einem Präventivschlag waren Teil seines Erbes, und die harschen Worte, die er bei der Militär- und Kabinettssitzung direkt vor dem Krieg an den zögernden Ministerpräsidenten richtete, bleiben unvergessen. Andererseits machen sein Engagement für Frieden und Versöhnung und seine friedfertigen Auffassungen später in seinem Leben es nur schwer vorstellbar, dass er während seiner Zeit als Soldat beträchtlich zu Israels militärischer Aufrüstung beitrug und in diesen Jahren alles andere als eine liberale Taube war.

Mein Vater beantwortete diese Frage in Interviews und Artikeln auf seine eigene Art. »Wenn die strategischen Interessen Israels Krieg erforderlich machten, war ich für Krieg, und wenn Frieden möglich war, rief ich zum Frieden auf«, sagte er dann ruhig, um hinzuzufügen, »Hier gibt es überhaupt keinen Widerspruch.« Es war eine rationale Antwort, wie sie für ihn typisch war.

Ich kam nie auf die Idee und hatte nie einen Grund zu der Annahme, es habe einen entscheidenden Moment oder ein entscheidendes Ereignis gegeben, die ihn so stark beeinflussten, dass sie sein ganzes Denken veränderten. So war er nicht, er liess sich nicht von Gefühlen steuern. Oder zumindest dachte ich das immer. Was mich oder den Rest der Familie angeht, gab es keinen Grund, der Sache weiter nachzugehen oder tiefer nach seinen Motiven zu graben.

Am Wochenende nach meinem ersten Aufenthalt im Flüchtlingslager Deheische, wo ich Karate unterrichtet hatte, rief ich Jamal an, um ihn zu fragen, ob er in der Woche darauf Zeit hätte. Er antwortete, es gebe da jemanden, von dem er wolle, dass ich ihn persönlich träfe – einen Mann namens Abu Ali Shahin. »Er ist der Mann, der sich die Ordnung ausgedacht hat, die unser Leben im Gefängnis bestimmt hat, er war unser Führer, und er achtet deinen Vater sehr. Er hat sogar mehrmals sein Grab besucht und er möchte dich treffen.«

Der Name sagte mir nichts, aber ich war neugierig, mehr über diesen Mann zu erfahren. So nahm ich am folgenden Tag den Bus von Ost-Jerusalem nach Ramallah, wo ich mich mit Jamal traf. Wir fuhren zusammen los und holten auf dem Weg noch einige seiner Freunde ab, alles Männer, die viele Jahre in israelischen Gefängnissen verbracht und die alle eine Geschichte hinter sich hatten, mit der man Bände füllen könnte. Schliesslich kamen wir an einem grossen Wohngebäude in Ramallah an, wo uns ein bebrillter kleiner alter Mann mit weissem Haar und weissem Bart an der Tür mit Umarmungen und Küssen begrüsste und uns dann in sein Arbeitszimmer einlud. Ich fragte ihn, ob er einverstanden

Abu Ali Shahin, Kommandeur der Fatah und mehr als zwanzig Jahre lang Führer der palästinensischen politischen Gefangenen.

sei, wenn ich ihn filmte. Ich war mir seiner Antwort nicht sicher, aber ich hatte das Gefühl, das Treffen würde wichtig sein, und wollte es daher aufnehmen. Er meinte, das sei in Ordnung, und ging aus dem Raum. Als er zurückkam, hatte er eine schwarzweiss gemusterte *keffiyeh*, das Symbol der Fatah, über die Schulter geschlungen. Der Mann war Abu Ali Shahin, Fatah-Kommandeur und über zwanzig Jahre lang der Führer der palästinensischen politischen Gefangenen.

»Das ist das erste Mal seit 1982, dass ich Hebräisch spreche«, sagte er mit einem Lächeln. Und so begann die lange, fesselnde Geschichte eines Mannes, der einmal einer der engsten Mitarbeiter Yasser Arafats gewesen war und sich auf Israels Liste der meistgesuchten Personen befunden hatte. Aber darüber hinaus wusste er etwas über meinen Vater, was ich bis dahin noch nie gehört hatte.

»1948, während des Krieges, wurde mein Vater getötet«, begann er.

Ich erfuhr später, dass Abu Ali 1939 geboren und also noch keine zehn Jahre alt war, als sein Vater starb.

»Er kommandierte die Truppen, die unser Dorf, Beshshit,[46] verteidigten, und wurde in der Schlacht getötet. Danach wurde das Dorf zerstört, und wir landeten im Flüchtlingslager Rafah im Gazastreifen. Mein Vater wurde getötet – Krieg ist Krieg, es ist klar, dass ein Mann dabei sterben kann. Aber 1967, nur einige Tage nach dem Ende des Sechstagekriegs, massakrierten die Israelis alle männlichen Mitglieder meiner Familie; sie töteten einfache Bürger, keine Kämpfer.«

Abu Ali stand von seinem Stuhl auf und schenkte uns allen Kaffee ein.

Er hielt inne und sah mich an. »So habe ich von Ihrem Vater erfahren.«

Ich war verwirrt. Mein Vater hatte 1967 nichts mit dem Gazastreifen zu tun. »Welche Rolle hat mein Vater da gespielt?«

»Darauf komme ich gleich. Der Krieg war kaum eine Woche vorbei, als ein israelischer Armeeoffizier in unserem Viertel im Rafah-Flüchtlingslager im Gazastreifen auftauchte und einen Trupp Soldaten und eine Planierraupe mitbrachte. Die Soldaten befahlen allen Leuten, aus ihren Häusern zu kommen. Der Offizier sah sich die Leute an und schickte dann die Frauen und die Kinder unter 13 in die Häuser zurück. Die Männer und die Jungen über 13 liess er in einen anderen Teil des Lagers bringen, der so weit weg war, dass die Familien ihn nicht sehen konnten. Dann stellten die Soldaten sie alle an einer Mauer auf und erschossen sie. Als sie fertig waren, ging der Offizier zu einem nach dem anderen hin und schoss jedem in den Kopf.«

»Wie viele Leute waren das?«

»Mehr als dreissig, darunter ein 13jähriger Junge und ein 86 Jahre alter Mann. Nachdem er sie erschossen hatte, wurden ihre Leichen in einer Reihe auf den Boden gelegt und dort mit der Planierraupe überfahren, die immer wieder vor- und zurückrollte, bis man ihre Leichen nicht mehr erkennen konnte.«

»Wie haben Sie das herausgefunden?«

»Es geschah vor aller Augen, etliche Leute haben es gesehen, sie sahen die Planierraupe, und sie sahen, wie der Offizier herantrat und jedem Einzelnen in den Kopf schoss. Es gibt Augenzeugenberichte.«

»Meine Mutter rannte aus dem Haus, als sie davon erfuhr, und sie war die Erste, die die Männer und die Jungen sah, die getötet worden waren. Sie konnte die Leichen nur an den Kleidern erkennen, die sie trugen.«

Ich war kaum imstande, all das in mich aufzunehmen, und mir war noch immer nicht klar, was mein Vater mit alldem zu tun haben sollte.

»Waren Sie damals im Gazastreifen?«

»Nein, ich war im Westjordanland und arbeitete im Untergrund. Ein Freund kam eines Tages zu mir und überbrachte die schlimme Nachricht. Als mir bestätigt wurde, dass das wirklich geschehen war, spürte ich einen so intensiven Schmerz, dass ich dachte, mein Herz würde explodieren. Im gleichen Augenblick wusste ich, dass ich nie jemandem den gleichen Schmerz würde zufügen können. Es ist mir egal, ob jemand Israeli, Jude oder was auch immer ist – dieser Schmerz ist so gross, dass niemand ihn je sollte erleiden müssen.«

Die Atmosphäre im Raum war inzwischen sehr emotional. Abu Ali sass bequem auf seinem Stuhl hinter einem grossen, mit Büchern und Papieren beladenen Schreibtisch, während wir an den Rand unserer Stühle vorgerutscht waren. Jamal griff gelegentlich in die Erzählung ein, wenn Abu Ali ein hebräisches Wort nicht finden konnte, oder er übersetzte, wenn dieser ihn darum bat. Aber es war klar, dass die Geschichte für alle Anwesenden neu war.

»Abu Ali, ich verstehe immer noch nicht, was mein Vater damit zu tun hatte.«

»Darauf komme ich gleich. Später wurde ich gefangengenommen und fünf Monate lang verhört und gefoltert. Während meiner Befragung sagte ich zu meinem Verhörer, einem Mann namens Pinhas, »Wie kommt ihr dazu, zu sagen, wir seien Mörder? Ihr seid die Mörder, nicht wir. Wozu tötet ihr einen 86jährigen Mann? Was hätten er oder der 13jährige Junge euch denn tun können?«

»Was ich sagte, erweckte Pinhas' Interesse, und er fragte mich nach Details. Als er am folgenden Tag wiederkam, machte er eine Liste mit den Namen der Leute, die getötet worden waren. Eines Tages kam Pinhas in Begleitung eines anderen Offiziers an und sagte, »Sehen Sie den Mann hier, er wird dafür sorgen, dass jemand sich das Massaker an ihren Verwandten ansehen wird.«

»Verwendete er wirklich das Wort Massaker?«

Ich war skeptisch, und so unterstrich Ali, »Er sagte Mas-sa-ker!« »Erst viele Jahre später, 1979, erfuhr ich, dass dieser Offizier mit Ihrem Vater zusammenarbeitete, und ich erfuhr auch von den anderen Aktivitäten Ihres Vaters. Ich war damals im Shata-Gefängnis und sprach mit einem Offizier der Shabak [des israelischen nationalen Geheimdienstes]. Von ihm hörte ich zum ersten Mal, General Peled habe von der Ermordung meiner Familie in Rafah erfahren und sei selbst dort hingegangen, um Nachforschungen anzustellen. Später wurde mir dies von Leuten in Rafah bestätigt. Matti Peled kam persönlich zu ihnen ins Lager.«

Auch ich hörte das zum ersten Mal, und es bewegte mich zutiefst. Ich liess meinen Blick über die Bücherregale wandern, um meine Anspannung ein wenig zu lockern. Die Regale waren vollgestopft mit Büchern und Mappen, und ich weiss noch, wie ich dachte, dass sie mich an das Arbeitszimmer eines Universitätsprofessors erinnerten. Offensichtlich war Abu Ali auf seine eigene Art ein Intellektueller und hatte eine solide politische Ideologie, die auf festen Prinzipien basierte. Aber warum hatte mein Vater sich so für diese ganz spezielle Geschichte interessiert? Darauf fand ich keine Antwort, ausser, dass man ihm davon erzählt hatte und er mit eigenen Augen sehen wollte, was wirklich passiert war.

Aber es war noch mehr dahinter.

»Alle in Rafah sprachen darüber, dass Matti Peled, einer der grössten Offiziere der israelischen Armee, ein hoch geachteter, äusserst geradliniger General, der Mann, der Militärgouverneur des Gazastreifens war, persönlich ins Lager gekommen und sogar selbst dorthin gefahren war, um die Angehörigen der Opfer zu sprechen. Ihr Vater besuchte auch das Haus meiner Familie, und er sprach mit den Erwachsenen und tröstete die Kinder. Die Leute sprachen davon, wie erschüttert er war, als sie ihn mit zu dem Ort des Massakers nahmen. Ihr Vater schrieb auch einen Bericht an Yitzhak Rabin und Haim Bar-Lev, aber sie unternahmen nichts.«

Abu Ali machte eine Pause und nippte an seinem Kaffee. Er hatte sich und mit sich auch uns zurück in diese Zeit und an diesen Ort befördert. Was würde ich darum geben, bei meinem Vater im Büro gewesen zu sein, als er von diesem Vorfall hörte und beschloss, in den Gazastreifen zu fahren und selbst nachzusehen. An seiner Seite gewesen zu sein, als er im Gazastreifen ankam und begann, sich umzusehen. Er sprach damals schon fliessend Arabisch und war deswegen nicht auf die Hilfe eines Übersetzers angewiesen. Er war nicht naiv, und es überraschte ihn sicher nicht, dass Offiziere und Soldaten zu Gräueltaten imstande waren. Ich erinnere mich, wie er in dem Bericht, den er am Ende seiner Amtszeit als Militärgouverneur über den Gazastreifen verfasste, über die Gesetzlosigkeit der Soldaten schrieb, bevor er das Kommando übernahm.

»Es wurde unter uns bekannt, das dieser Vorfall ihn aus einem ›Militanten‹ in einen Mann verwandelte, der für den Frieden eintrat. Ich merkte, dass Ihr Vater auf unserer Seite war, und das schwemmte allen Zorn in meinem Herzen vollkommen weg. Vollkommen!«

Ich hatte gelernt, meine Gefühle gut genug im Zaum zu halten, um keine Emotionen zu zeigen, aber dieser Mann, dieser palästinensische Kommandeur und Held und Patriot sprach über meinen Vater, General Matti Peled, der doch eigentlich sein Feind gewesen war. Tatsächlich war er viele Jahre lang fast die Nummer eins unter den Feinden der Palästinenser gewesen. Was ich hier hörte, war das höchste Lob, das je jemand über meinen Vater ausgesprochen hatte, und eswurde mit solchem Respekt und solcher Achtung für ihn vorgebracht.

Dann sah Abu Ali Jamal und die anderen Palästinenser an und sprach auf Arabisch zu ihnen. Als er geendet hatte, sagte ich, »Direkt nach dem Krieg und immer noch in Uniform sagte mein Vater, Israel müsse die Rechte des palästinensischen Volkes anerkennen. Er sagte, wenn wir dies nicht täten, würde die israelische Armee zu einer Besatzungsarmee, die zu brutalen Mitteln greifen müsste, um dem palästinensischen Volk die Besatzung aufzuzwingen. All das sagte er, noch bevor er aus dem Dienst ausschied, und er hörte bis zu seinem Tod nie auf, darauf zu beharren und für die Rechte der Palästinenser einzutreten.«

Jamal und die anderen sahen mich an, und Jamal sagte, »Das ist genau das, was Abu Ali uns gerade auf Arabisch gesagt hat.«

Ich hatte die Erklärung meines Vaters, die ich hier zitiert habe, gelesen und wusste, dass er sie auf einer Stabssitzung der IDF direkt nach dem Krieg abgegeben hatte, aber jetzt fragte ich mich, ob das nach der Untersuchung gewesen war, die er in Rafah angestellt hatte oder nicht. Ich las wieder und wieder, was er gesagt hatte: »Wenn wir diese Gebiete behalten, wird es ganz sicher einen Volkswiderstand gegen die Besatzung geben, und die israelische Armee würde dann benutzt, um diesen Widerstand zu unterdrücken, und das Ergebnis wäre katastrophal und demoralisierend.« Im Lichte dessen, was Abu Ali mir nun berichtete, erscheinen die Worte meines Vaters fast prophetisch. Er war immer besorgt um die moralische Verfassung der israelischen Gesellschaft und der israelischen Soldaten. Hatte er bereits die ersten Anzeichen der von ihm erwähnten Brutalität gesehen? Ich hatte keine Möglichkeit, das herauszufinden.

Wir waren alle einige Minuten still, bis Umm Ali, Abu Alis Frau, uns zum Mittagessen rief. Nun kamen der Rest der Familie und weitere Freunde mit uns zusammen, und wir taten uns gemeinsam an einem hauptsächlich aus Lammfleisch bestehenden Festmahl gütlich, das Abu Ali uns, zusammen mit Reis und Jogurt, mit blossen Händen servierte. Wir assen und sassen danach mit Kaffee und Obst in seinem Wohnzimmer. Ich sah einen überlebensgrossen Bildteppich, der Yasser Arafat zeigte, an der Wand, flankiert von Porträts des Dichters Mahmoud Darwish und Che Guevaras.

Ich war müde, aber ich wollte noch mehr wissen. Besonders wollte ich mehr über Abu Alis Zeit im Gefängnis erfahren. Jamal hatte mir erzählt, das Leben der Gefangenen sowie ihre tägliche Routine vom Studium bis zur politischen Arbeit seien weitgehend von Abu Ali festgelegt worden. Wie gelingt es einem Mann, dem alles auf der Welt, was für andere selbstverständlich ist, verwehrt wird, nicht nur zu überleben und zu funktionieren, sondern auch die innere Kraft zu finden, um weiterzukämpfen und zum Wohlergehen anderer beizutragen? Er hatte eine ganze Bewegung aufgebaut, die das Leben Tausender von Menschen beeinflusste.

Was Jamal mir zuvor erzählt hatte, wird auch von der israelischen Soziologin Dr. Maya Rosenfeld bestätigt:

> »Der formative Charakter der ›Gefängnisjahre‹ im Hinblick auf die politische Bildung und Reifung des Einzelnen geht

> zurück auf den Prozess, durch den es den palästinensischen Gefangenen gelungen ist, sich innerhalb der israelischen Gefängnisse zu organisieren und etwas aufzubauen, was sie eine ›innere Ordnung‹ nennen (›*Nitham idakhili*‹).«[46]

Dr. Rosenfeld schreibt weiter: »Man findet im Westjordanland und im Gazastreifen kaum eine Familie, die nicht die Inhaftierung von mindestens einem männlichen Angehörigen erlebt hat.«

Das ist ein Thema, das die palästinensische Gesellschaft sehr viel stärker definiert, als Aussenstehende meist wissen und verstehen. Und dieser Mann, mit dem ich gerade fast den ganzen Tag verbrachte, stand hinter dieser Ordnung – der Ordnung, die die langen Gefängnisjahre, die so viele junge Palästinenser erdulden mussten, in eine sinnvolle und sogar bildende Erfahrung verwandelte. Also bat ich Abu Ali nach dem Mittagessen, weiter von seinem Leben und seiner Arbeit im Gefängnis zu erzählen.

Als Israel 1967 ein weiteres Mal den Gazastreifen einnahm, war Abu Ali Shahin Kommandeur des Süd-Kommandos der Fatah, zu dem der südliche Teil des Westjordanlandes – Bethlehem, Hebron und die umgebenden Städte – und der Gazastreifen gehörten.

»Nach dem Krieg fuhren Yasser Arafat und ich zusammen ins Westjordanland und den Gazastreifen, um den Zustand der Fatah-Zellen nach dem Krieg von 1967 zu inspizieren. Wir brachten Waffen und Kämpfer aus dem Gazastreifen, wo unsere Truppen gut ausgebildet waren, ins Westjordanland, wo die Kämpfer kaum eine Ausbildung hatten.«

Das war unglaublich. Zwei palästinensische Untergrundkämpfer, die auf der israelischen Liste der zehn meistgesuchten Personen waren, fuhren durch Gebiete, die von der IDF besetzt waren und in denen es von israelischen Soldaten wimmelte. Wenn sie sich vom Westjordanland in den Gazastreifen begaben, mussten sie sogar durch Israel selbst fahren. Das bedeutet, dass Yasser Arafat, der damals zwar der Welt, aber keineswegs dem israelischen Geheimdienst unbekannt war, geschafft hatte, sich irgendwie verkleidet von

Jordanien aus direkt unter der Nase der israelischen Truppen und Geheimdienste, die in den neu besetzten Gebieten massiv präsent waren, ins Westjordanland einzuschleichen. Des Weiteren brachte er es fertig, auch Israel zu passieren, um von dort aus noch ein besetztes Gebiet, den Gazastreifen zu betreten.

Abu Ali erzählte so schnell, dass ich ihm kaum folgen konnte. Ich hatte nicht gewusst, dass damals in den von Israel kontrollierten Gebieten militärische Zellen aktiv waren und ausgebildet wurden. Gleichzeitig musste ich mir klar machen, dass ich all dies gerade aus dem Mund eines Fatah-Kommandeurs erfuhr! Das waren ziemlich dramatische Geschichten, und ich hatte Tausende von Fragen.

»Wann wurden Sie gefangengenommen? Und wie?«

»Im September 1967. Ein Informant hat mich verraten. Ich sass im Bus von Gaza nach Jerusalem. Ich hatte meinen Kopf die ganze Zeit auf dem Sitz vor mir, damit man mein Gesicht nicht sah. Dann wurde der Bus etwa fünf Meilen vor Jerusalem angehalten. Ich hielt meinen Kopf weiter gesenkt, aber plötzlich schlug mich jemand mit solcher Wucht auf den Kopf, dass ich dachte, er würde auseinanderplatzen. Ich sah hoch und da waren Leute von der Magav, also der Grenzpolizei, und Soldaten. In der Nähe eines Armeejeeps sah ich den Typ stehen, der mich verraten hatte. Er wurde später in Frankfurt getötet. Jemand wurde hingeschickt, um das zu erledigen.«

»Während der Verhöre hätten sie mich fast umgebracht! Ich wurde fünf Monate lang allein in einer kleinen, dunklen Zelle gefangen gehalten, wo sie mich folterten und schlugen. Es gab keine Toilette, und so musste ich inmitten meiner eigenen Ausscheidungen leben. Aber ich kooperierte nicht mit ihnen und ich redete nicht.«

»Nach fast fünf Monaten Verhör holten sie mich heraus, spritzten mich mit einem Schlauch ab und sagten, ›Mach dich sauber, du dreckiger Araber.‹ Sie brachten mich nach Sarafend – das ist ein Militärstützpunkt in der Nähe von Tel Aviv –, wo sie mich allein in einen Raum sperrten. Dann kamen der Stabschef der Armee Rabin, der Stellvertretende Stabschef General Bar-Lav und der Chef des Armee-Geheimdienstes Yariv herein.«

Das waren damals die drei mächtigsten Männer in Israel.

»General Yariv sprach, während die anderen dabeistanden: ›Du willst also nicht sprechen. Was denkst du, wer du bist, vielleicht so eine Art Held? Weisst du nicht, dass wir Nasser und seine ganze Armee erledigt haben? Denkst du etwa, dass wir dich nicht auch erledigen werden?‹«

Einer von Jamals Freunden fragte, ob er sich eine Zigarette anzünden könne, was ein wenig ungewöhnlich war, weil in Palästina alle überall und ständig rauchen. Weder Jamal noch ich rauchen, und Abu Ali ebenfalls nicht. Jamal bat seinen Freund, darauf zu verzichten, aber Abu Ali hatte nichts dagegen, solange er das Fenster aufmachte. Ich konnte mir vorstellen, dass es für einen Raucher schwer war, die ganze Zeit dazusitzen, ohne sich eine Zigarette anzuzünden, und so erhob ich ebenfalls keinen Einwand. Er öffnete das Fenster und steckte sich die Zigarette an. Jamal wollte die Spannung ein wenig lösen und so legte er mir seine grosse Hand auf die Schulter und sagte:

»Ahlan Ya Miko« (Willkommen, Miko.) *»Ahlan fik«*, antwortete ich. Das war alles ziemlich surreal – ich war ein Israeli, der hier mitten unter diesen Palästinensern und ehemaligen Widerstandskämpfern sass, und wir verstanden uns bestens miteinander. Abu Ali erhob sich und goss uns allen noch mehr arabischen Kaffee in die winzigen Tassen. Dann fuhr er fort: »Ich dachte, sie würden mich sowieso bald umbringen, und dass das hier vielleicht die letzte Möglichkeit war, klar zu sagen, was ich dachte. So sah ich die drei Generäle an und sagte: Eines Tages, wenn wir Palästinenser Tel Aviv befreien und Sie gefangen nehmen, und wenn Sie dann meine Gefangenen sind und von uns verhört werden, werden Sie dann reden? Werden Sie dann Ihre Freunde und Waffengefährten verraten?«

»Sie haben also nicht geredet?«

»Niemals! Das wäre eine absolute Schande. Ich war ein

Kommandeur, und wenn ich während eines Verhörs geredet hätte, hätte ich mich nie wieder erhobenen Hauptes unter den anderen Gefangenen bewegen können. Ich habe sogar bis heute noch nicht über alles gesprochen, was ich getan habe. Und das war eine Menge. Ich habe alles aufgeschrieben, und das Manuskript wird irgendwo ausser Landes verwahrt. Nach meinem Tod können sie das, was ich geschrieben habe, veröffentlichen, und die Leute werden etwas über das erfahren, was wir getan haben.« Ich müsste lügen, wenn ich sagte, dass das nicht meine Neugier weckte, aber ich respektierte seine Entschlossenheit zu schweigen.

»Aber«, sagte er, und er hob seinen Finger und sah mich direkt an, »ich habe nie den Befehl gegeben, irgendeinem Zivilisten Schaden zuzufügen, und ich habe das auch selbst nie getan. Selbst der Ankläger in meinem Prozess sagte, ›Er ist der Feind der khaki‹, wobei khaki die Armee bedeutet. All meine Operationen, und das waren viele, waren gegen militärische Ziele gerichtet.«

Ich erinnere mich noch, wie für mich als Kind ›Fatah‹ das Wort war, das den Feind bezeichnete. In meiner Kindervorstellung von vor vielen Jahren waren das die bösartigsten, furchterregendsten und blutdurstigsten Judenmörder seit den Nazis. Ich war der Sohn eines israelischen Generals und hier sass ich mit einem Mann, der damals Fatah-Kommandeur war, und einigen anderen Fatah-Kämpfern zusammen, die mir im Alter näher standen. Wäre der Konflikt schon gelöst gewesen und hätte Frieden geherrscht, hätte es etwas Romantisches gehabt, sich in den Erinnerungen an damals zu ergehen. Aber der Konflikt ging weiter und daher auch der Widerstand. Und doch war ich hier, und sie waren hier – zueinander hingezogen, als befänden wir uns jetzt auf derselben Seite, in der Hoffnung auf eine bessere Zukunft.

»Wozu soll es gut sein, Zivilisten zu schädigen?«, fragte Abu Ali rhetorisch. »Wenn man dem Militär Schaden zufügt, fügt man dem Staat Schaden zu. Aber was erreicht man denn, wenn man das mit einem Zivilisten tut? Ich habe auch niemals Rache geübt.«

Jamal wollte sicherstellen, dass ich diesen Punkt verstand, und so fügte er hinzu: »Abu Ali hat sich nie für das Massaker an seiner Familie in Rafah gerächt.«

Das erinnerte mich an eine Stelle in dem Film *Die Dolmetscherin* mit Nicole Kidman, an der sie sagt, »Rache ist eine faule Form der Trauer.«

»Als meine Verhöre begannen, wog ich 75 Kilo. Ich war hervorragend in Form, wie ein Athlet. Ich lief in einer einzigen Nacht mit militärischer Ausrüstung auf dem Rücken 120 Kilometer weit. Als sie mich am Ende der fünf Monate, in denen sie mich verhörten, schliesslich ins Gefängnis ›entliessen‹, wog ich nur noch 39 Kilo.«

»Sie schickten mich ins Gefängnis in Ramle, aber der Gefängnisleiter wollte mich nicht aufnehmen. Ich war so geschwächt, dass er Angst hatte, ich würde ihm unter den Händen wegsterben.«

»Sie sperrten mich mit gewöhnlichen Kriminellen zusammen. Ich erinnere mich besonders an einen davon, Shmaya Angel.« Shmaya Angel war ein berüchtigter israelischer Gangsterboss und Serienmörder. »Sie dachten, die israelischen Verbrecher würden einen Araber wie mich töten, aber den Gefallen taten sie ihnen nicht. Stattdessen entwickelte ich gute Beziehungen zu allen Bandenchefs im Gefängnis. Wir hatten ein Abkommen darüber, wie wir die Beziehungen zwischen uns handhaben würden, weil wir einen gemeinsamen Kampf gegen die Gefängnisbehörden führten.«

»Unsere Kommunikation mit den anderen palästinensischen Gefangenen, denen, die in anderen Gefängnissen überall im Land festgehalten wurden,[48] war ein lebenswichtiger Teil unseres Kampfes.«

»Ich machte Aufzeichnungen für die anderen Fatah-Gefangenen überall im Land. Fragen der Politik, Vorträge über Geschichte und andere Themen, und die Kriminellen halfen mir, was ich geschrieben hatte in die anderen Gefängnisse zu bringen. Ich schrieb in winzigen Buchstaben auf kleine Stücke Papier, die ich zusammenfaltete. Dann nahmen wir ein dünnes Stück Plastikfolie und wickelten es fest um das Papier herum. Das Plastik versiegelten wir dann, indem wir es heiss machten, so dass es vollkommen wasserdicht war, und dann schluckte jemand, bevor er in ein anderes Gefängnis verlegt wurde, das Ganze hinunter oder schob es sich in den Anus und nahm es so dorthin mit. Sobald das Papier das andere Gefängnis erreicht hatte, wurde es an die Fatah-Gefangenen weitergegeben und die schrieben es dann auf grossem Papier ab und lasen es den anderen vor.«

All das wurde durch die Zusammenarbeit zwischen Abu Ali und kriminellen – nicht politischen – israelischen Gefangene organisiert.

»Wir hatten sogar eine Satzung«, flocht Jamal ein. Der ganzen Welt wird oft erzählt, die Palästinenser seien unfähig, sich selbst zu regieren, aber diese Männer investierten ihre Zeit und Mühe in die Erarbeitung einer Satzung, während sie unter Bedingungen im Gefängnis lebten, die so hart waren, dass sie die besten Männer in Tiere verwandeln konnten.

»Abu Ali, haben Sie diese Satzung geschrieben?«, fragte ich ihn.

»Nein. Über die Satzung und Politik der Gefangenen wurde in demokratischen Wahlen entschieden. Wir standen mit allen Gefangenen in allen Gefängnissen im Land in Kontakt.«

Abu Ali erkannte, wie wichtig demokratische Prozesse sind, und auch das wieder unter praktisch unmöglichen Bedingungen. Er mobilisierte seine Mitgefangenen und versetzte sie in die Lage, zu handeln und Veränderungen zu bewirken, damit ihre Stimmen gehört würden. In diesen frühen Tagen mussten die als ›Sicherheitsrisiko‹ betrachteten Gefangenen um die grundlegendsten Rechte wie das auf ein Bett und eine Bettdecke, geniessbares Essen und sauberes Wasser kämpfen und verhandeln. Sie bekamen nichts ohne Kampf, und er schuf die Ordnung, die diesen Kampf ermöglichte. Zugleich flösste er diesen jungen Männern, die übermannt, überwältigt und eingekerkert waren, ohne dass ein Gesetz oder eine Regierung sie geschützt oder sich um sie gekümmert hätte, demokratische Werte ein.

Warum dämonisierten wir diese Menschen, warum fürchten wir sie, wo wir sie doch mit offen Armen begrüssen sollten?

Viele Israelis sagen gern, wenn wir das Glück hätten, ein zivilisiertes Volk wie etwa die Schweizer zum Nachbarn zu haben, wäre alles ganz anders und wir könnten Frieden haben. Aber was ich hier auf Seiten der Palästinenser zu sehen bekam, war wahrhaft heroisch. Und ich sah keinen Grund, warum wir dieses Land – und vielleicht sogar einen Staat – nicht friedlich mit einer Nation teilen konnten, die unter den schlimmsten Bedingungen ein solch prinzipienfestes und mutiges Verhalten an den Tag legen kann.

Abu Ali fuhr fort: »So brachten wir auch unsere Geschichtslektionen unter die Gefangenen, um sie zu unterrichten. Ich schrieb Bücher über die Geschichte der Guerillabewegungen und Revolutionen wie die in Vietnam, Kuba und Kambodscha, die Geschichte des Zionismus und Amerikas, den algerischen Unabhängigkeitskampf und so weiter.«

Er fischte einen Zigarettenfilter aus dem Aschenbecher und zeigte ihn mir. »Ein ganzen Buch war nicht grösser als so.«

»Als ich im Shata-Gefängnis [ein Hochsicherheitsgefängnis in Nordisrael in der Nähe des Kibbuz Beit HaShita] war, war ich in der X-Abteilung 12 Jahre lang in Einzelhaft, aber mein Gehirn scheint immer noch zu funktionieren.« Er lachte. »Aber da war ich nun auf der einen Seite, und auf der anderen war ein Gefängniswärter. Auch er war ein Gefangener und sass ganz allein in einem kleinen Hof. Letztlich war auch er ein Mensch und auch er wünschte sich Gesellschaft. Also redeten wir, und wenn er sich Kaffee machte, machte er welchen für mich mit. Das Leben bringt uns in merkwürdige Situationen, aber am Ende müssen wir doch miteinander leben«

»Nachdem ich meine Gefängnisstrafe abgeleistet hatte, schickten sie mich für zwei Jahre nach Dahaniya im Gazastreifen.« Dahaniya war eine Stadt im Gazastreifen, die von Israel für Informanten und Kollaborateure gebaut worden war, die aus Angst vor Vergeltung nicht mehr nach Hause zurück konnten. »Das waren die ekelhaftesten Leute, der Abschaum der Menschheit, und ich musste dort zwei Jahre lang leben. Niemand durfte mit mir sprechen. Das war die Strafe dafür, dass ich nicht bereit war, zu reden. Es war viel schlimmer als jedes Gefängnis, und ich reichte eine Beschwerde beim Obersten Gericht ein, in der ich verlangte, zurück ins Gefängnis geschickt zu werden, aber meine Forderung wurde abgelehnt. Dein Vater, Uri Avnery und andere protestierten und sprachen sich gegen diese unmenschliche Bestrafung aus, aber es half nichts. Ich sah den Soldaten ins Gesicht und fluchte über sie und über die israelische Armee, aber ich bekam keine Antwort. Von Zeit zu Zeit kamen Vertreter der Behörden zu mir und sagten, ›Du kannst tun was du willst, niemand hier wird je mit dir sprechen.‹«

Er tat einen tiefen Seufzer. »Ich bin jetzt 72. In zehn Tagen werde ich 73 sein. Ich bezahle immer noch für das, was ich damals getan habe, aber ich bereue nichts davon. Nein, ich bin ein Kämpfer und Kommandeur, und ich habe mein Leben dem Kampf geweiht. Ich habe getan, was mein Gewissen mir diktiert hat, und ich war jedes Mal, wenn ich auf eine Mission ging, bereit, zu sterben.«

Dann machte er eine Pause, setzte sich auf und sagte ruhig, »Wir gehören alle zu diesem Land und müssen miteinander leben. Nicht in einem arabischen Staat und einem jüdischen Staat. Das Judentum ist eine Religion, und ich spreche von einem weltlichen Staat für all seine Bürger. Das ist die einzige Art, wie wir hier leben können. Ob man Jude oder Muslim oder Christ oder Atheist ist, ist eine persönliche Entscheidung, die ich niemandem aufzwingen und die niemand mir aufzwingen kann. Ich möchte nicht, dass ein Priester oder ein Rabbi oder ein Scheich über mein Leben bestimmt. Wir gehören alle in dieses Land, und wir müssen als Gleiche darin leben.«

Das war nicht das erste Mal, dass ich jemanden von dem ›einen weltlichen demokratischen Staat‹ als der richtigen Lösung sprechen hörte. Er war Teil des Fatah-Programms, eine weltliche Demokratie im gesamten Palästina zu schaffen. In der Vergangenheit hatte ich damit nichts zu tun haben wollen, aber je öfter ich so beeindruckende, kluge Menschen wie Abu Ali traf, Menschen, die sich von Prinzipien leiten liessen, desto mehr kam auch ich zu dem Schluss, dass es keinen Grund gab, die Menschen und das Land zu teilen – und dass darin keine Zukunft lag. Ganz zu schweigen von der Tatsache, dass die Siedlungen und die vor Ort geschaffenen Tatsachen das Westjordanland als lebensfähiges Gebiet, in dem ein palästinensischer Staat errichtet werden könnte, längst ausgelöscht hatten. In meiner Familie waren alle Zionisten, und zu Anfang war ich das auch gewesen, doch allmählich bildeten sich Risse in meiner Überzeugung, dass eine Notwendigkeit oder auch nur eine Rechtfertigung für einen jüdischen Staat bestand.

Dann fing Abu Ali wieder an, über meinen Vater zu sprechen. »Ich habe das Grab Ihres Vaters neun oder zehn Mal besucht, und jedes Mal brachte ich Blumen mit. Das letzte Mal war ich Ende 2003 dort. Dann entzogen sie mir die Einreiseerlaubnis nach Israel, so dass ich nicht mehr ausserhalb des Westjordanlandes reisen kann.«

An diesem Punkt fragte einer der anderen im Raum, »Abu Ali, warum hast du dieses Grab so oft besucht? War General Peled nicht auch schuld an unserem ganzen Leid? Schliesslich war er ja auch ein israelischer General.«

Abu Ali stand auf. Ich sah ihn an und dachte mir, dass seine geringe Körpergrösse sehr irreführend sein kann, denn wenn er spricht, hören wesentlich höher gewachsene Männer ihm schweigend zu. »General Peled war kein gewöhnlicher General«, sagte er in unmissverständlich tadelndem Ton. »Er veränderte sich, weil er etwas Bestimmtes gesehen hatte, und sah dann nie mehr zurück. Er war ein grosser Mann, und er hätte Kabinettsmitglied oder sogar Ministerpräsident werden können, wenn er seine alten Ansichten beibehalten und ›auf Linie‹ geblieben wäre. Aber nein! Er folgte seinem Gewissen und blieb ihm sein Leben lang treu. Ich bin ihm nie begegnet, aber ich empfand und empfinde eine echte Verwandtschaft mit ihm.«

Als ich an diesem Abend nach Hause kam, erzählte ich meiner Mutter diese Geschichte. Sie antwortete sofort, »Ja, ich erinnere mich daran. Dein Vater war so aufgewühlt, dass er wochenlang nicht schlafen konnte. Er schrieb darüber an Rabin und an Haim Bar-Lev, aber sie blieben untätig. Das hat ihn zu einem anderen Mann gemacht.«

16

Ein Staat, zwei Staaten, drei Staaten

Rami und ich haben über Politik gestritten, seit ich 12 war. Angesichts des Tons unserer Stimmen damals wie heute würde man denken, unsere Meinungsverschiedenheiten seien unüberbrückbar, tief und fundamental. Aber in Wirklichkeit stimmen wir in fast allem überein, und bei all unseren Streitigkeiten geht es nur um die feinen Details. Mit einer Ausnahme.

Mir ist nach langer Zeit klargeworden, dass die Schaffung einer weltlichen, pluralistischen Demokratie auf dem gesamten Gebiet von Israel/Palästina für die Israelis und Palästinenser das Beste ist und dass die Zweistaatenlösung in Wirklichkeit gar keine Lösung ist. Mein Schwager könnte kaum unterschiedlicherer Meinung sein, und als dieser Punkt im Sommer 2007 zum ersten Mal aufs Tapet kam, schrien wir uns ein weiteres Mal gegenseitig an. Es ist nicht so, dass wir nicht miteinander sprechen könnten, ohne zu schreien; es ist nur so, dass wir das nicht können, wenn wir über die Zukunft Israels und Palästinas reden.

Rami ist Grafikdesigner und zusammen mit seinem Geschäftspartner Jaki Besitzer und Betreiber des Studios Rami & Jaki in Jerusalem. Ich habe es immer geliebt, mit Rami in seinem Studio zu sitzen und Plakate für meine Karateschule zu entwerfen, und Jaki, der ebenfalls von den Kampfkünsten begeistert ist, hat sich uns von Zeit zu Zeit zugesellt und seine eigenen kreativen Ideen beigesteuert. Im Lauf der Jahre hatten wir das viele Male getan, und meine Schule in Coronado hängt voller Plakate, die sie für mich gemacht haben. Dabei ging ich meist nach Geschäftsschluss in das Studio, und Rami und ich sassen dann stundenlang da und arbeiteten an einem Plakat. Wenn wir fertig waren, zogen wir los, um irgendwo essen zu gehen. Das war immer eine meiner Lieblingsbeschäftigungen, wenn ich in Jerusalem war.

Genau so war es auch im Sommer 2007, und Rami und ich hatten gerade Stunden damit verbracht, an einem weiteren Plakat zu arbeiten. Nachdem wir fertig waren, beschlossen wir, ein trendiges kleines Restaurant im Jerusalemer Rehavia-Viertel auszuprobieren, eines der vielen Lokale, die exotische Salate und Nudelgerichte anbieten.

Wir hatten nicht vorgehabt, in Streit zu geraten, aber es war unvermeidlich. Denn wir sprechen ja immer, immer über ›die Lage‹, wenn wir zusammen sind. Sowohl er als auch ich denken ständig darüber nach und sprechen darüber und tun, was immer wir können, um sie zu verändern: Sie nimmt einen Grossteil unseres Lebens in Anspruch. Das war schon früher so und hat sich in den Jahren seit Smadars Tod noch verstärkt. Ramis Standpunkt war immer pessimistisch gewesen, aber seit er im Forum der Familien der Hinterbliebenen aktiv geworden war und begonnen hatte, sich mit Palästinensern zu treffen, hatte er eine weitaus positivere Sicht von der Welt entwickelt.

Als ich zu dem Schluss kam, dass ein Staat für Juden in einem Land, in dem die Hälfte der Bevölkerung nicht jüdisch ist, nicht funktionieren kann, änderten sich die Dinge für mich sehr radikal. Ich schrieb einen Artikel mit dem Titel ›Die Antworten haben sich verändert‹, der im Januar 2007 im OnlineMagazin *Electronic Intifada* erschien.[49] Ich

Rami und ich diskutieren aktuelle Ereignisse und geniessen unser Zusammensein.

entlehnte diesen Titel einer Geschichte, die man über Einstein erzählt. Der Geschichte zufolge war Einstein einmal auf dem Weg zur Prüfung einer Klasse, die genau dieselbe Prüfung schon einmal abgelegt hatte. Ein Assistent, der darüber höchst beunruhigt war und das Ganze der Zerstreutheit des Professors zuschrieb, warnte Einstein, die Prüfung sei schon einmal gemacht worden. Doch der Professor lächelte und sagte, »Das ist schon in Ordnung, die Antworten haben sich geändert.«

Meine Ansichten über die beste Lösung für Israel/Palästina haben sich vor allem aufgrund meiner Reisen überall im Westjordanland und aufgrund meiner Beobachtung geändert, wie Israel immense Investitionen in die Infrastruktur tätigt, um jüdische Siedler anzuziehen und damit die Palästinenser, denen das Land gehört, weiter auszuschliessen. Mir wurde klar, dass die Zionisten logen, wenn sie von einer Zweistaatenlösung redeten. Ich kam zu der Überzeugung, dass Freiheit für alle in einem gemeinsamen Heimatland das Beste für beide Völker ist. In den Jahren, in denen die Zionisten an der Macht waren, haben sie nicht zeigen können, dass sich die Dinge dadurch zum Guten entwickeln, und so kam ich zu dem Schluss, dass am Ende nur eine wirklich pluralistische Demokratie allen zuträglich sein würde.

Rami las meinen Artikel und sagte, es mache ihn traurig, dass ich die Hoffnung verloren habe. Er hatte insofern Recht, als ich tatsächlich die Hoffnung verloren hatte, die ich einmal in den jüdischen Staat und den Zionismus gesetzt hatte. Aber man könnte genauso gut sagen, ich sei hoffnungsvoller geworden, weil ich erkannt hatte, dass Israelis und Palästinenser in ihrem gemeinsamen Heimatland zusammenleben konnten. Ich hatte Hoffnung in unsere Fähigkeit, in Frieden miteinander zu leben, sobald wir alle eine gleiche Stimme bei der Festlegung unseres Schicksals hätten und sobald wir alle als gleichberechtigte Menschen behandelt würden.

»Rami«, sagte, ich, indem ich meinem Punkt Nachdruck verlieh, »du weisst so gut wie ich, dass keine zionistische Regierung je die Errichtung eines palästinensischen Staates im

Lande Israel erlauben wird. Kein Ministerpräsident wird je Ost-Jerusalem und das Jordantal aufgeben, die zusammen über ein Drittel des Westjordanlandes ausmachen. Und da man auch die grossen Siedlungsblöcke, die grosse Teile des Westjordanlandes einnehmen, nicht zurückgeben wird – wo genau soll es da einen palästinensischen Staat geben? Wir müssen das Paradigma der zionistischen Sicht, laut der die Juden ihren eigenen Staat haben müssen, hinter uns lassen und zu einem Paradigma kommen, das Juden und Palästinenser als Gleiche betrachtet, die in einem Staat zusammen leben, der weder jüdisch noch arabisch ist und von einer gewählten Regierung geführt wird, die die gesamte Bevölkerung vertritt.«

Mein Schwager verlor mit jeder Minute mehr die Beherrschung. »Du kapierst überhaupt nichts! Siehst du nicht, dass das zu einem Bürgerkrieg führen wird? Das wird ein weiteres Kosovo oder ein weiterer Libanon werden, und das Blutvergiessen wird nicht aufzuhalten sein.«

Aber ich konnte es dabei nicht bewenden lassen. »Oder eine Schweiz, oder Belgien. Wenn du uns mit anderen multinationalen Staaten vergleichst, ist unser Problem nicht sonderlich kompliziert. Wir sind zwei Nationen, die sich in Wirklichkeit sehr ähnlich sind.«

Die kulturellen Ähnlichkeiten zwischen Israelis und Palästinensern wurden auf schöne Art in einem auf Hebräisch geschriebenen Artikel von Yael Lerer illustriert, der den Titel »Ist es möglich, die kulturelle Trennmauer einzureissen?« trägt.[50] In dem Artikel beschreibt sie eine Frau aus dem Weltall, die plötzlich irgendwo in Israel landet.

> Diese Frau bemerkt, dass beinah die Hälfte der Bevölkerung palästinensische Araber sind und dass Arabisch ausserdem auch die Muttersprache von mehr als der Hälfte der Juden (oder zumindest der Eltern dieser Juden) ist, die dort leben … Der Besucherin fällt auf, dass die meisten Israelis aus einer arabischen Kultur kommen und dass Israel mitten in der arabischen Welt liegt und von arabischen Ländern umringt ist. Da sie mehr über das Land und seine Kultur wissen möchte, beschliesst diese Besucherin, die Buchläden aufzusuchen, wo

> sie erwartet, Bücher auf Arabisch und auf Hebräisch, also in den beiden Sprachen des Landes zu finden. In der ersten Buchhandlung findet sie nur Bücher auf Hebräisch, im zweiten findet sie auch ein paar Regale mit englischen Büchern, und die dritte ist eine russische Buchhandlung. »Es gibt keine Araber hier«, sagt man ihr, »wir sprechen hier kein Arabisch, das hier ist Tel Aviv.« […] Die Besucherin ist verwirrt. »Eine Stadt ohne Araber und ohne Arabisch, mitten in einem arabischen Land?«

»Auf lange Sicht«, erklärte ich Rami, »ist der zionistische Staat für die Juden genauso ein Desaster wie für die Palästinenser. Er hat sowohl die europäische als auch die nahöstliche jüdische Kultur und Tradition total untergraben, wenn nicht sogar zerstört.«

Die Generation meines Vaters hatte auf die ›alten‹, europäischen Juden mit Verachtung herabgesehen. Sie wurden als schwach betrachtet, und mit ihrer jiddischen Sprache und Kultur erschienen sie verglichen mit den zionistischen Pionieren blass und unterwürfig. Indem sie die Kultur der Diaspora eliminierte und versuchte, sich möglichst stark von den alten europäischen ›Diasporajuden‹ abzuheben, glaubte die Generation meines Vaters, den Juden und der Welt einen Gefallen zu tun. Tatsächlich hat das zionistische Israel die jiddische Kultur so gut wie vollständig zerstört.

Meine Eltern hatten beide grosse Achtung für arabische Juden und die reiche Kultur, die sie mit sich brachten, als sie in Israel einwanderten. Aber in Israel wurde diese Kultur als minderwertig betrachtet, und die Juden, die aus arabischen Ländern kamen, wurden als sephardische oder orientalische statt als arabische Juden bezeichnet und waren gezwungen, ihre Identität und Kultur aufzugeben, da sie Angst hatten, sonst als ›Araber‹ angesehen zu werden. Tatsächlich war es ein Bestandteil der israelischen Kampagne der ethischen Säuberung, die gesamte arabische Kultur einschliesslich derjenigen der jüdischen Araber zu zerstören, verächtlich zu machen oder in ihrer Existenz zu negieren. Palästina hat eine reiche arabische und muslimische Geschichte, aber in den israelischen Schulen erfährt man kaum etwas davon. Sehr wenig arabische Literatur und Dichtung wird ins Hebräische übersetzt oder gelehrt, und die arabischen und muslimischen Denkmäler, die nicht absichtlich zerstört wurden, wurden nie gepflegt, sondern durch Vernachlässigung dem Verfall preisgegeben. Beispiele hierfür finden sich in sämtlichen älteren Städten wie Jaffa, Ramla, Tiberias und Jerusalem, aber auch sonst so gut wie überall. Der Wortbestandteil ›arab-‹ wird oft an Adjektive wie ›dreckig‹ angeheftet oder als Synonym für dumm, nutzlos oder faul gebraucht.

»Du bist ja von Sinnen!« erwiderte Rami heftig.

Auf seiner Facebook-Seite insistiert Rami, »Ich bin Zionist.« Er möchte sich gern als Zionisten sehen, obwohl er für das, was die Zionisten den Palästinensern angetan haben, nichts als Abscheu übrig hat. Nur wenige Menschen haben eine derartige Wertschätzung für Palästinenser, und nur wenige haben echte, tiefe Freundschaften entwickelt, die alle Trennlinien überwinden, wie er es getan hat. Aber doch hält er daran fest, dass wir den Zionismus nicht aufgeben dürfen.

»Sieht du nicht, dass dein naiver Plan niemals aufgehen kann?« Er sagte das laut genug, dass alle um uns herum es hören konnten. »Trennung ist die einzige Lösung! Es ist wie eine Scheidung, die einfach notwendig ist, weil die Partner sich sonst gegenseitig töten. Und in der Zwischenzeit müssen wir kämpfen, wir müssen die Leute in Israel und im Ausland überzeugen, im Rahmen zweier Staaten die Veränderung herbeizuführen. Was du vorschlägst, ist vollkommen irre und unrealistisch. Die Zweistaatenlösung ist die einzige, bei der eine winzige Chance besteht, dass sie funktioniert.«

Inzwischen starrten die meisten Leute im Restaurant und einige Passanten davor uns immer wieder an. Doch wir ignorierten sie, und Rami hielt mir weiter seinen Vortrag, wie er es schon immer getan hatte, seit ich 12 war.

»Eines Tages wird die israelische Regierung gezwungen sein, zu verhandeln und den Palästinensern einen Staat an der Seite Israels zuzugestehen, und die Siedler werden die Siedlungen verlassen und in ihre Häuser in Israel zurückkehren.«

»Aber du weisst doch so gut wie ich, dass wir alle Siedler sind und dass ganz Israel aus besetztem palästinensischem Gebiet besteht. Das Westjordanland ist nur ein kleiner Teil des Problems. Was ist mit den Flüchtlingen? Und was ist mit dem Recht auf Rückkehr? Und was ist mit der grauenhaften Vernachlässigung der palästinensischen Gemeinden, die heute Teil Israels sind und deren Bewohner israelische Bürger sind? Was glaubst du, wie lange man diese Fragen weiter ignorieren kann?«

Das half mir allerdings bei Rami gar nicht und ich kam bei ihm nicht weiter. Ich muss ganz ehrlich sagen, dass Ramis Widerstand mich überraschte, schienen mir meine Argumente zugunsten eines einzigen demokratischen Staates für alle Israelis und Palästinenser doch so einleuchtend. Dazu kam, dass ich meine gefühlsmässigen Bindungen an den Zionismus abgeschüttelt hatte – und ein rationales Argument gegen eine einheitliche Demokratie konnte ich einfach nicht erkennen. Ramis Argument dagegen kam aus dem Bauch; es kam von einem Ort, der zutiefst emotional war. »Mein Vater ist ein ›Absolvent‹ von Auschwitz«, sagt er in seinen Vorträgen, womit er sein Publikum daran erinnert, dass sein Vater ein Überlebender des Todeslagers von Auschwitz ist und dass für viele Juden die Wunden des Holocaust bis heute nicht verheilt sind.

»Aber Miko, begreifst du das denn nicht? Eine Lösung, die absolute Gerechtigkeit verlangt, muss scheitern! Sowohl den Juden als auch den Palästinensern stehen ein eigener Staat, eine eigene Flagge und eine eigene nationale Identität zu. Und wir haben nicht das Recht, ihnen all das zu verweigern.«

»Ja, sie verdienen all diese Dinge, aber dieser Zug ist längst abgefahren. Unsere Flagge wird keiner anderen Flagge erlauben, in diesem Land gehisst zu werden, und du weisst das genauso gut wie ich, wenn nicht besser.«

Ramis Punkt war, es sei besser, unsere Argumente und unseren Kampf auf die Durchsetzung einer »freundschaftlichen Trennung« zu richten, als uns traumtänzerischen Ideen von

Gleichheit hinzugeben. Ich hatte gehört, wie Uri Avnery, der langjährige Journalist und Friedensaktivist, den ich ebenfalls sehr achte, ein ganz ähnliches Argument vorbrachte: »Werden sie (Palästinenser und Israelis) Seite an Seite in derselben Armee, derselben Polizei dienen, und werden sie dieselben Steuern bezahlen?«

Nachdem unser Wortgefecht sich ein wenig beruhigt hatte, kam Rami mit einem Punkt, den er seitdem viele Male wiederholt hat: »Ein Staat, zwei Staaten oder drei Staaten ist nicht das Thema.« Was bedeutete: Für was wir auch eintreten, wir haben einen langen Weg vor uns, und so sollten wir uns für den Augenblick an die dringlicheren Fragen halten.

»Ich bin der Meinung, das ist das Thema«, sagte ich. »Solange Israel sich nicht verändert und die Debatte sich um die Schaffung eines palästinensischen Staates in irgendeiner nicht einmal definierten Region dreht, wird sich nichts ändern. Israel behauptet seit Jahren, es sei bereit, den Palästinensern ein paar Stückchen Land zu geben, auf denen sie eine Art Mini-Staat errichten können, und aus irgendeinem Grund funktioniert es dann nie. Dabei wissen die Schauspieler genau, dass all das Theater ist. Die israelischen Siedlungen im Westjordanland expandieren, und die Palästinenser werden weiter jeden Tag von den Grässlichkeiten der ethnischen Säuberungskampagne Israels terrorisiert.«

Israel hat immer darauf bestanden, selbst zu bestimmen, wie die Lösung aussieht, während es von den Palästinensern erwartet, dass sie damit zufrieden sind, entweder diese ›Lösung‹ zu akzeptieren oder die Konsequenzen weiterer Unterdrückung zu erdulden. Israel wird den Palästinensern ein gewisses Mass an Unabhängigkeit zugestehen, das von Israel auf der Basis seines Urteils über das palästinensische Wohlverhalten gegenüber den Interessen Israels festgelegt wird. Das Beste, was die Palästinenser erwarten können, ist, dass Israel ihnen irgendwann eine begrenzte Autonomie in ausgewählten Gebieten des historischen Palästina zugestehen wird – Gebieten, die von Israel bestimmt werden. Der Gedanke, dass die beiden Parteien eine Lösung als gleichberechtigte Partner erreichen müssen, ist für den zionistischen Staat unvorstellbar.

Ausserdem hat die israelische Regierung immer die Auffassung vertreten, sie habe das Recht, festzulegen, wer die Palästinenser als Israels Verhandlungspartner vertreten wird, wobei sie ›Sicherheits‹-Erwägungen zum ultimativen Kriterium macht. Israel hat noch jeden palästinensischen Führer systematisch delegitimiert, der nicht bereit war, Israels ›Recht‹ auf die totale Beherrschung des Landes und des Diskurses zu akzeptieren. Das ist der hauptsächliche Grund, aus dem so viele Palästinenser inhaftiert, exiliert oder ermordet worden sind, und es ist der Grund, aus dem Yasser Arafat seine letzten Tage umringt von israelischen Panzern verbringen musste: die Weigerung, die israelische Oberherrschaft und die exklusive Gültigkeit der israelischen Narrative zu akzeptieren.

»Die Siedlungen werden eines Tages beseitigt werden und wir werden einen Frieden durch Teilung bekommen«, beharrte Rami.

»Rami, das ist genau wie bei den Juden, die auf den Messias warten und dabei ganz genau wissen, dass er in Wirklichkeit nie kommen wird. Jeder so genannte ›Friedensplan‹ hat für die Palästinenser alles nur noch schlimmer gemacht, und jetzt haben wir zwei Völker, die in einem Staat leben, aber von ganz verschiedenen Gesetzen regiert werden.« Es war eben so, wie es mir der Polizeichef in der Polizeistation von Kiryat Arba gesagt hatte, nachdem ich das erste Mal in Beit Ummar festgenommen worden war: »Er ist ein israelischer Bürger und er hat Rechte; er ist kein Palästinenser, den ich einfach ins Gefängnis stecken kann.« Kein Argument, das ich mir selbst ausdenken könnte, demonstriert besser als die Worte dieses Polizeistationschefs, dass es tatsächlich verschiedene Gesetze für verschiedene Menschen gibt.

Israel hat eine ganze Bürokratie geschaffen, deren einziger Zweck darin besteht, das Leben der Palästinenser unerträglich zu machen, damit sie am Ende nur noch die Wahl haben, zu gehen. Der israelische Menschenrechtsanwalt

Michael Sfard beschreibt das als »Berge von Bewegungseinschränkungen und ein Meer von Mauern«.[51]

Aber wie Einstein sagte: Die Antworten haben sich geändert. Die als Zweistaatenlösung bekannte Antwort gehört einer Realität an, die nicht mehr existiert. Das Westjordanland ist übersät von Städten, Einkaufszentren, Industriebetrieben und Schnellstrassen, die ausschliesslich Juden vorbehalten sind, und den Palästinensern im Westjordanland und im Gazastreifen bleibt es verwehrt, in den Genuss irgendeiner der Entwicklungen zu kommen, die auf ihrem Land stattgefunden haben. Es gibt keinen politischen Willen in Israel, den Palästinensern ihre Freiheit zu geben – und all das bedeutet eben klar, dass die Antworten sich verändert haben.

Die Antwort auf die schwierige Frage des israelisch-palästinensischen Konflikts könnte aus der Realität gezogen werden, die Israel geschaffen hat. Indem es über zwei Nationen herrscht, hat Israel sich dafür entschieden, ein binationaler Staat zu sein. Alles, was jetzt bleibt, ist, das gegenwärtige System, in dem nur die israelischen Juden die Freiheiten und Rechte voller Staatsbürger geniessen, durch ein System zu ersetzen, in dem auch die Palästinenser diese Rechte geniessen.

Rami war nicht der Einzige, den meine Ansichten und meine Handlungen verletzten. Als immer mehr meiner israelischen Freunde und Bekannten mitbekamen, dass ich die Sanktions- und Boykottforderungen gegen Israel unterstützte, konnte ich die Trauer und den Schmerz in ihren Gesichtern lesen. Israelis, die in den Vereinigten Staaten leben, sind begeistert, wenn sie irgendwo Kaffee oder Essiggurken oder Olivenöl finden, die in Israel hergestellt sind, und sie geniessen den Geschmack der Heimat, wie es alle Einwanderer tun. Ich erinnere mich noch, wie ich das selbst gespürt habe, wenn ich in einem Supermarkt auf ein Stück Heimat stiess. Aber auch eher liberal eingestellte junge Israelis, die die Behandlung der Palästinenser durch Israel entsetzlich finden, diskutieren heftig mit mir, besonders, wenn ich ihnen sage, sie sollten sich weigern, in den IDF zu dienen – einer

Organisation, die ich seit einiger Zeit als Terrororganisation bezeichne. »Wollen Sie damit sagen, wir sollten uns weigern, in derselben Armee zu dienen, die Ihr Vater mit aufgebaut hat? Der ersten jüdischen Streitmacht zum Schutz der Juden seit zweitausend Jahren?«

»Das ist sehr schwer für mich«, sagte Gila mir immer wieder. Wenn andere Israelis und jüdische Freunde sie fragten, worüber ich spreche und schreibe, ist sie genau so peinlich berührt wie sie, wenn sie ihnen von meinen Ansichten und Aktivitäten berichtet.

Meine Antwort darauf ist: »Wenn ihr wüsstet, was ich weiss, und wenn ihr gesehen hättet, was ich gesehen habe, würdet ihr dasselbe tun. Der Schmerz, das zu wissen, was ich weiss, ist derart heftig, dass ich schon seit langem nicht einfach herumsitzen und nichts tun kann.« Dennoch betrachten mich die Israelis und meine meisten jüdischen Freunde mit einer Mischung aus Trauer und Beklommenheit, die sie kaum verbergen können.

Rami und ich sprachen noch stundenlang weiter; wir bemerkten nicht, wie die Zeit verging, bis meine Mutter anrief und fragte, wo wir steckten. »Der utopische Traum«, sagte ich am Ende zu Rami, »ist nicht die eine weltliche Demokratie, in der wir alle zusammen als Gleiche leben. Was in Wirklichkeit naiv ist, ist der Glaube, der hartnäckige Glaube, Israel könne sich verändern und wir könnten eine jüdische Demokratie in einem Land haben, das von einer anderen Nation bewohnt wird. Das ist utopisch. Der Kampf zur Beendigung der Segregation und für die Schaffung einer weltlichen Demokratie, in der zwei Nationen gleichberechtigt miteinander leben, ist zwar schwierig, aber er ist nicht naiv und auch nicht utopisch. Freiheit und Gleichheit für unsere Freunde in Anata und Bil'in und für die Kinder in Deheishe zu fordern und sogar zu erwarten, ist eine harte Aufgabe, aber realistisch.«

Eine Frage, die immer in der Luft hängt und nie beantwortet werden kann, ist: Was hätte mein Vater gesagt? Meiner Meinung nach würde er, der seiner Zeit immer voraus war und nie gezögert hat, selbst heilige Kühe zu schlachten, heute ebenfalls für eine einzige Demokratie mit gleichen Rechten für alle eintreten. Ich bin der Meinung, dass er dies dem Israel von heute vorziehen würde, in dem Rassismus und Gewalt gegenüber den Palästinensern herrschen. Auch meine Mutter hat inzwischen schon mehrmals gesagt, der Zionismus habe versagt; es gebe keinen Grund, warum wir nicht alle zusammen als Gleiche in einem einzigen demokratischen Staat leben können.

Wie dem auch sei, ich glaube nicht, dass ich Rami überzeugen konnte. Ich denke, er und ich werden immer etwas finden, worüber wir streiten und laut werden können.

Genau das passiert, wenn einem Dinge so wichtig sind, dass es schmerzt.

Epilog

Ich fühle echte Dankbarkeit gegenüber allen Rezensenten, die sich die Zeit genommen haben, dieses Buch zu lesen und ihre Gedanken dazu mitzuteilen. Es ist jedoch interessant, dass gerade Susan Abulhawas im November 2012 auf der Website Electronic Intifada publizierte Besprechung meinem heutigen Verhältnis zu diesem Buch am nächsten kommt. Mein Verlag hatte Susan, eine palästinensische Schriftstellerin und Dichterin, gebeten, in einer kleinen Kirche in New York eine Diskussion zwischen meiner Schwester Nurit und mir zu moderieren. Nurits Buch *›Palestine in Israeli Schoolbooks‹* (›Das Palästinabild der israelischen Schulbücher‹) kam einige Monate nach *Der Sohn des Generals* heraus. Beide Bücher lösten rund um die Welt eine starke Reaktion aus, und da wir zufällig für dieselbe Zeit planten, in New York zu sein, konnten wir dort ein Podium teilen, was wir dann auch sehr genossen.

Susan, die seitdem eine Freundin geworden ist, kam eigens für dieses Ereignis mit dem Auto aus Philadelphia. In ihrer Besprechung, die sie etliche Zeit später schrieb, gibt sie zu: »Nachdem ich mehr als hundert Seiten des Buches gelesen hatte, war ich so verärgert, dass ich meine Zusage, ein Interview mit Peled zu machen, zurückziehen wollte.«[52] Zum Glück konnte meine Verlegerin Susan überzeugen, weiterzulesen.

In ihrer Besprechung zitiert Susan einige der Stellen, die sie am meisten geärgert hatten, darunter besonders Passagen, die sich auf die militärische Geschichte Israels bezogen, wie etwa »Wiederbelebung der jüdischen nationalen Heimstätte«, »Seine Generation hatte gekämpft, damit unsere in einer Demokratie leben konnte« und »heroische Missionen«. Auch ich finde diese Passagen inzwischen schwer zu lesen. Auch ich selbst habe nichts mehr für Darstellungen übrig, die die zionistische Perspektive im Gegensatz zur Perspektive derer, die eigentlich aus Palästina zu verschwinden haben, als ›legitime‹ Seite betrachten. Dennoch bleibt dieses Buch ein Bericht über meine Reise und über meine Gefühle und mein Denken zur jeweiligen Zeit.

Natürlich ist meine Reise weitergegangen. Das Leben ist weitergegangen. In den vier Jahren seit der Veröffentlichung von *Der Sohn des Generals* sind meine Söhne zu College-Studenten geworden, während mein kleines Mädchen jetzt ein Teenager ist. In derselben Zeit habe ich berufliche Veränderungen durchgemacht, und nach 29 Jahren ging auch meine Ehe zu Ende. Sein bisheriges Leben zurückzulassen und etwas ganz Neues anzufangen ist nie leicht, selbst wenn man sich sicher ist, dass man das Richtige tut. Ich werde daran jedes Mal erinnert, wenn ich an meine Entscheidung zurückdenke, an den Treffen der Jüdisch-Palästinensischen Gesprächsgruppe in San Diego teilzunehmen, wo ich zum ersten Mal die palästinensische Version der Geschichte hörte und wo meine eigenen Überzeugungen im Hinblick auf Israel zutiefst erschüttert wurden.

Die erste Autogrammstunde für *Der Sohn des Generals* fand an einem glühend heissen Tag an der McMasters University im nicht weit von Toronto entfernten Hamilton in der kanadischen Provinz Ontario statt, und ich war begeistert von dem Gedanken, meine Bücher zu signieren. Das war die erste von mehreren Lesereisen in Kanada, Reisen, zu denen es aufgrund der positiven Reaktion der Kanadier auf mein Buch kam. Etwa einen Monat später fand die Vorstellung des Buches in Jerusalem statt. Nach Jerusalem zu kommen, um das Buch vorzustellen, war für mich von grosser Bedeutung, besonders, da das Ereignis im American Colony Hotel, einem der eindrucksvollen Wahrzeichen Ost-Jerusalems stattfinden sollte. Die Veranstaltung war von Munzer Fahmi, bekannt als der ›Buchhändler von Jerusalem‹, organisiert worden. Meine gesamte Familie war da, angefangen mit meiner 85 Jahre alten Mutter Zika bis zu meiner Tochter Tali, die erst neun war. Mein Freund, der israelische Historiker Ilan

Pappé, war ebenfalls da, und neben vielen anderen war auch der ›Whistleblower‹ Mordechai Vanunu[53] gekommen. Diese Versammlung war für mich ein Höhepunkt; es war eine wunderbare Erfahrung, die mich zugleich auch Demut lehrte

Sowie das Buch veröffentlicht war, vervielfachte sich die Zahl meiner Einladungen zu Vorträgen. In rascher Folge kamen Einladungen nach Australien und Neuseeland, Malaysia und Südafrika. Anfang 2014 sah ich mir im Flugzeug nach Südafrika den Film *Invictus – Unbezwungen* über Nelson Mandela und die Rugby-Mannschaft Südafrikas an. Ich bin mit den Liedern der südafrikanischen Sängerin Miriam Makeba und Geschichten über die grossen Opfer Nelson Mandelas, Steve Bikos und anderer mutiger Freiheitskämpfer aufgewachsen. Obwohl ich damals praktisch noch ein Kind war, erinnere ich mich an den Besuch des südafrikanischen Ministerpräsidenten John Vorster in Israel 1976. Er war der Führer einer rassistischen Regierung und hatte früher die Nazis unterstützt, aber dennoch wurde er von Ministerpräsident Yitzhak Rabin mit allen Ehren eines Staatsoberhauptes einschliesslich einer Ehrengarde begrüsst.

In meiner Kritik am zionistischen Regime verweise ich oft auf Südafrika als Beispiel für den erfolgreichen Widerstand gegen einen rassistischen Staat. Und jetzt war ich als Gast der Veranstaltungen der dortigen ›Israelischen Apartheidwoche‹ auf dem Weg nach Südafrika. Es war eine bemerkenswerte Tour, die mit einer warmen Begrüssung mit Liedern und Tänzen und ›Amandla‹-Rufen an der Universität Johannesburg begann – Amandla bedeutet ›Macht‹ und war einer der Schlachtrufe der Bewegung während des Widerstands gegen die Apartheid.

Alle Südafrikaner, die ich traf, schwarze, weisse und die mit asiatischen Wurzeln, sagten dasselbe: dass das Apartheidregime durch eine Boykott-, Desinvestitions- und Sanktions- (oder BDS-) Bewegung zu Fall gebracht worden war, und dass sie, um denen, die ihnen damals halfen, ihre Dankbarkeit zu zeigen, heute den Kampf zur Befreiung Palästinas unterstützten. Ich wünschte, ich hätte länger bleiben können.

Es ist ein Land von so grosser Schönheit und Grossmut, dass man es kaum in Worte fassen kann.

Im Rückblick weiss ich, dass ich auf viele dieser Ereignisse nicht angemessen vorbereitet war. Aber dennoch wurde mir allmählich klar, dass das, was ich zu sagen hatte, für viele Leute wichtig war, und so beschloss ich nach langen Überlegungen, meine Karriere als Lehrer für die Kampfkünste nach 23 Jahren zu beenden. Es war weder leicht für mich, das Dojo zu verkaufen, noch meine Rolle als ›Sensei‹, für die ich so hart gearbeitet hatte, aufzugeben. Aber die Zeit war reif für etwas Neues. Ich hatte mein gesamtes Erwachsenenleben damit verbracht, Kampfkunst zu trainieren und zu unterrichten, und jetzt hatte ich das Gefühl, dass ich Teil von etwas noch Grösserem und Wichtigerem werden konnte.

David, ein junger Lehrer, mit dem ich schon seit 19 Jahren gearbeitet hatte, hatte ohnehin schon einen Grossteil des Unterrichts und der Verwaltung des Dojo übernommen, als ich ihn fragte, ob er das Studio kaufen wolle. Er war damals 27 und er sagte ja, kaum dass ich die Frage ausgesprochen hatte. Wir wurden uns schnell über alles einig, und seit dem 2. Oktober 2012 gehört das Dojo ihm.

Vermisse ich es? Nein, obwohl ich die Kampfeskünste immer noch liebe. Schon bald, nachdem ich all meine Aufgaben im Dojo abgegeben hatte, trat ich einer Tai-Chi-Schule in San Diego bei. Das ›Taoist Sanctuary‹, wo Tai Chi Chuan im Chen-Stil gelehrt wird, gab es in San Diego, solange ich zurückdenken kann. Ich bin schon seit langem der Meinung, dass Tai Chi die entwickeltste und anspruchsvollste Kampfsportart ist, und so hatte ich das Gefühl, hier einen Schritt nach vorn zu machen, obwohl ich auf einmal wieder ein Anfänger war. Das soll allerdings nicht heissen, dass der Übergang leicht war; das überdimensionierte Ego eines ›Schwarzen Gürtels‹ des sechsten Grades verträgt sich schlecht damit, immer wieder korrigiert zu werden.

Ich sehe auch heute noch gerne zu, wie Kinder sich für die Karateklasse bereit machen und für einige Momente in stiller Meditation dasitzen, bevor der Unterricht beginnt.

Und es erfreut mein Herz, die Reihen von Schülern in weissen Anzügen und schwarzen Gürteln zu betrachten, wie sie ihre Bewegungen ausführen – besonders draussen, an einem Strand oder in einem Park mit grünem Gras.

Heute sehe ich meine wichtigste Rolle darin, für den Widerstand gegen das zionistische Regime in Palästina zu schreiben und zu sprechen – und aktiv daran teilzunehmen. Frieden zwischen den Israelis und den Palästinensern ist möglich, sobald wir uns ausserhalb des Paradigmas des zionistischen Staates begeben, eines Staates, der zu Unrecht als der ›jüdische Staat‹ bezeichnet wird. Obwohl die Israelis, die nicht im Westjordanland leben, sich selbst nicht gern als Siedler sehen, sind wir Israelis doch nichts anderes als die Weissen in Südafrika, nämlich Kolonisatoren und Siedler, und das Land, in dem wir leben, ist – ob wir es nun so nennen wollen oder nicht – Palästina. Das gilt für das Westjordanland, aber genau dasselbe gilt auch für Jerusalem, El-Jaheel, die Naqab-Wüste, Asqalan, Isdud und Beer Sab'a, Haifa und Jaffa. Die Palästinenser, die ursprünglichen Bewohner, die zu Opfern eines kolonialistischen Siedlerstaates gemacht wurden, sind die rechtmässigen Besitzer des Landes. Anzuerkennen, dass dies die Lage ist und dass sowohl die Palästinenser als auch die Israelis frei und in Frieden in einem Staat leben können müssen, der sie beide repräsentiert und in dem dieselben Gesetze für alle gelten, ist meiner Überzeugung nach der erste Schritt. Bevor das durchgesetzt ist, haben wir keines der Probleme in Palästina gelöst. Erst nachdem ein demokratischer Staat geschaffen und eine Regierung an der Macht ist, die die gesamte Bevölkerung vertritt, werden wir in der Lage sein, die Krise im Gazastreifen zu lösen, die Rückkehr der Flüchtlinge zu begrüssen, die Höhe der Reparationszahlungen zu berechnen, Fragen der Wasserversorgung und der Staatsbürgerschaft zu lösen, die Mauer und die Kontrollpunkte wieder abzubauen und unser Leben so zu leben, wie Menschen es eigentlich tun sollten.

Meine Entscheidung, ein weiteres Buch zu schreiben, kam

rascher, als ich selbst erwartet hatte. Zufälligerweise stiess ich auf den Fall der Holy Land Foundation Five (oder HLF-5) und machte es mir gleich zur Aufgabe, ihn gründlich zu studieren. Es geht dabei um fünf muslimische Palästinenser, die in die Vereinigten Staaten einwanderten, dort für sich und ihre Familien ein neues Leben aufbauten und dann zu der Meinung kamen, sie müssten nun auch anderen etwas geben. Einige der Männer hatten organisatorische Funktionen in der Holy Land Foundation,[54] während andere sich nur gelegentlich an deren Aktivitäten beteiligten. Doch alle fünf wurden der materiellen Unterstützung einer terroristischen Organisation – nämlich der Hamas – angeklagt und für schuldig befunden. Sie wurden zu langen Gefängnisstrafen zwischen 15 und 65 Jahren verurteilt. In vielerlei Hinsicht erinnerte mich dieser Fall an den berühmten Prozess gegen Sacco und Vanzetti in den 1920er Jahren, bei dem zwei italienische Einwanderer, die als Gewerkschaftsmitglieder und Anarchisten politisch aktiv waren, fälschlich des Mordes angeklagt wurden. In ihrem Fall erhoben sich Menschen auf der ganzen Welt zur Verteidigung der Angeklagten, aber am Ende wurden sie dennoch hingerichtet.

Um die Geschichte der HLF-5 erzählen zu können, musste ich mich, wie mir schien, zu einer weiteren Reise aufmachen. Ich wollte verstehen, warum arabischstämmige und muslimische Amerikaner, darunter besonders die aus Palästina, in den USA einer solchen Verfolgung ausgesetzt sind. Also traf ich mich mit den Familien der Verurteilten. Wo ein Besuchsrecht bestand, besuchte ich die Männer im Gefängnis, und ich traf mich mit Leuten in Palästina, die mit den Männern zusammengearbeitet hatten, und sprach mit ihnen. Dabei stiess ich auf die Geschichte eines fürchterlichen Justizirrtums, die ich in sehr naher Zukunft zu erzählen hoffe.

Wenn ich nicht an diesem neuen Projekt arbeite, reise ich weiterhin oft in Palästina umher, wobei ich in beide Richtungen Grenzen überschreite, die eigentlich dafür sorgen sollten, dass ich auf einer der Seiten bleibe. In seinem monumentalen Werk *The Great War for Civilisation* schreibt der Journalist Robert Fisk, »Es ist ein merkwürdiges, entnervendes Gefühl, wenn man versucht, ohne Zustimmung der Behörden eine Grenze zu überschreiten.«[55] Er hat Recht. Ich werde häufig dazu eingeladen, Leute zu sprechen, zu treffen oder zu besuchen, die ich gar nicht kenne, und meistens nehme ich die Einladung an, obwohl meine Freunde und meine Familie oft bestürzt sind. »Bist du verrückt geworden?«, ist eine Frage, die mir öfter gestellt wird, als mir lieb ist.

Etwa ein Jahr nach Veröffentlichung des vorliegenden Buchs erhielt ich von einem palästinensischen Facebook-Freund, dem ich noch nie persönlich begegnet war, eine Botschaft, in der er mich fragte, ob ich bereit sei, über die ›U-Bahn‹ in den Gazastreifen einzureisen. Da Israel und Ägypten den Gazastreifen immer noch unter strenger Belagerung halten, gibt es oft gar keine andere Möglichkeit, hineinzukommen, als durch die zahlreichen Tunnels, oder die ›U-Bahn‹, wie mein Freund sich ausdrückte. Die Palästinenser haben unter der schmalen, fünfundzwanzig Meilen langen Grenze zwischen dem Gazastreifen und Ägypten Hunderte von Tunnels gegraben. Diese Tunnels dienen der Bevölkerung des Gazastreifens als unentbehrliche Lebensadern, während sie für die israelischen und ägyptischen Behörden natürlich ›illegal‹ sind. Doch dieselben Behörden auferlegen dem Transit von Menschen und notwendigen Gütern wie Nahrung, Wasser und Medizin scharfe Beschränkungen. Hinzu kommt, dass es Bürgern Israels gesetzlich verboten ist, den Gazastreifen überhaupt zu betreten. Mein Freund sagte jedoch, es werde für alles gesorgt sein, und ich müsse lediglich zuvor ein Foto meines Passes schicken, damit die palästinensischen Behörden in Gaza meinem Besuch zustimmen könnten.

Wenn ich vom Haus meiner Mutter bei Jerusalem direkt nach Gaza fahren würde, würde ich dafür etwa 90 Minuten brauchen. Aber meine Route sah natürlich ganz anders aus. So nahm ich im Januar 2013 einen Bus von Jerusalem nach Tel Aviv. Dann flog ich von dort nach Eilat ganz im Süden

Israels, von wo ich ein Taxi nach Taba, zum Grenzübergang nach Ägypten nahm. Der höchst gesprächige Taxifahrer meinte, ich sei nicht ganz bei Trost, nach Sinai zu fahren. Ich erklärte ihm, ich wolle dort ganz alleine Ferien machen und die Beschaulichkeit geniessen, die die Sinai-Wüste dem Besucher bietet. Worauf er antwortete: »Sie vertrauen diesen Arabern? Was ist denn mit Ihnen los, lesen Sie keine Zeitung?«

Ich müsste lügen, wenn ich behauptete, ich hätte mir nicht ebenfalls Sorgen gemacht. Ich hatte dasselbe schon einmal probiert, und es hatte nicht geklappt. Das war 2009, ein Auto sollte mich abholen und mit nach Rafah nehmen, das der offizielle ägyptische Grenzübergang war; dort sollte ich eine Delegation treffen und mit ihr zusammen in den Gazastreifen eingeschleust werden. Damals wurde der Fahrer, noch bevor ich eintraf, von den ägyptischen Behörden verhaftet, und als ich es endlich bis Rafah geschafft hatte, wartete dort niemand mehr auf mich. Als die ägyptischen Sicherheitsbeamten begannen, mir bohrende Fragen zu stellen, wurde mir klar, dass ich umkehren musste.

Aber diesmal lief es anders. Mein Facebook-Freund begrüsste mich noch innerhalb des Terminals, und so bestand für mich Grund zu der Hoffnung, dass unser Vorhaben nach Plan verlaufen würde. Aber an dem Kontrollpunkt ausserhalb des Terminals erklärte uns ein ägyptischer Sicherheitsbeamter, wir dürften nicht nach Norden fahren, wo unser Zielort Rafah lag, sondern nur nach Süden, das heisst, in Richtung der Touristenorte entlang der Küste des Roten Meeres. Der Beamte war gross und hatte breite Schultern und ein breitflächiges Gesicht. Obwohl er in Zivil gekleidet war, trug er am Gürtel eine grosse Pistole. Dabei schrie er unseren jungen palästinensischen Fahrer, der selbst in Rafah wohnte, erst zwei Stunden lang an und schikanierte ihn – nur um ihn dann nicht dort hinfahren zu lassen. Aber für Palästinenser sind Schikanen, Drangsalierung und sogar Festnahmen durch den ägyptischen Sicherheitsapparat nichts Besonderes oder Neues.

Da uns nichts anderes übrig blieb, fuhren wir also vom

Kontrollpunkt aus in die falsche, südliche Richtung los. Nach mehreren Telefonanrufen fand unser Fahrer heraus, dass wir nur weit genug nach Süden fuhren mussten, um schliesslich auf eine andere, nach Westen führende Strasse zu stossen, über die wir dann hoffentlich auf die Strasse nach Norden kommen würden, die nach Rafah führt. Eine Fahrt, für die wir etwa drei Stunden veranschlagt hatten, verwandelte sich in eine quälende, neunstündige Reise.

Auch sonst war diese Fahrt trotz aller Schönheit der Wüste alles andere als angenehm. Immer wieder und ohne erkennbaren Grund verschwand die asphaltierte Strasse plötzlich, und wir hatten nur noch Sand unter uns. Dann manövrierte unser zum Glück höchst fähiger junger Fahrer seinen Hyundai Sedan durch die Dünen, in der Hoffnung, bald wieder auf die asphaltierte Strasse zu stossen, die zu unserem Ziel führte.

Den grössten Teil des Weges war die Wüste menschenleer, doch der Fahrer riet uns, unsere verdunkelten Fenster geschlossen zu halten, damit die Soldaten in vorbeifahrenden Militärfahrzeugen oder die Bewohner der verstreuten Beduinendörfer entlang des Wegs nicht neugierig würden und Fragen über die Ausländer in unserem Wagen stellten. So, wie die Dinge lagen, durften wir ja nicht einmal auf der Strasse nach Rafah sein. Die Genehmigung, die wir hatten, erlaubte uns nur die Fahrt an der Küste des Roten Meers, und von dort waren wir sehr, sehr weit entfernt.

Als wir uns endlich dem nördlichen Teil des Sinai näherten, war es bereits dunkel. Dort ist die Wüste dichter bevölkert und es war nicht ungewöhnlich, mit AK-47-Gewehren bewaffnete Leute – örtliche Beduinen – die Strasse entlanggehen zu sehen. Und natürlich wurden wir irgendwann von gerade einer solchen Gruppe angehalten, die wissen wollte, wer wir waren, warum wir uns in ihrem Gebiet aufhielten, und ob wir irgendetwas besassen, was für sie von Wert war. Unser Fahrer war zwar jung, kam aber selbst aus der Region und konnte daher mit ihnen verhandeln, und so konnten wir weiterfahren. »Sie hätten gern den Wagen, aber sie kennen mich und deswegen ist alles in Ordnung; es gibt keinen

Grund zur Sorge«, meinte er. Ich war fassungslos über die Anarchie, die dort herrschte, vor allem verglichen mit den strengen Sicherheitsmassnahmen, die die ägyptischen Behörden im Südteil des Sinai um die Ferienorte der Touristen herum durchsetzen.

Der ägyptische Teil der Stadt Rafah ist arm, überfüllt und sieht nicht viel anders aus als ein Flüchtlingslager. Nun sass ich dort in der bescheidenen Wohnung unseres Fahrers auf dem Boden und trank Tee, sah auf die Uhr und realisierte, dass meine Reise schon 14 Stunden gedauert hatte – und ich war noch nicht einmal im Gazastreifen angekommen. Jetzt warteten wir darauf, dass jemand uns das ›OK‹ für die Passage durch den Tunnel gab. Man hatte uns dort etliche Stunden vorher erwartet, und es mussten besondere Vorkehrungen getroffen werden, damit wir so spät noch die Grenze überschreiten konnten. Wir sassen da und warteten. Es war mein dritter Versuch, in den Gazastreifen zu kommen, und auch wenn es so aussah, als würde ich es diesmal schaffen, konnte immer noch etwas schief gehen. Schliesslich war ich illegal hierher geschmuggelt worden und brach damit die Gesetze mindestens zweier Länder. Doch das tat meiner Entschlossenheit keinen Abbruch. Ich weigere mich, mich damit abzufinden, dass Israel oder Ägypten das Recht haben sollen, mich daran zu hindern, Menschen zu besuchen, die mich zu sich eingeladen haben und mit mir sprechen wollen. Ausserdem bin ich der Meinung, dass Widerstand gegen Unrecht auch die Bereitschaft einschliessen muss, gegen Gesetze zu verstossen, die dieses Unrecht aufrechterhalten. Was mich betrifft, sollten die israelischen und ägyptischen Gesetze in Palästina keine Gültigkeit haben.

Es dauerte etwa eine Stunde, bis der Anruf kam. Dann erschienen zwei Leute, die ich nicht kannte, und führten uns rasch zu einem sehr alten, heruntergekommenen gelben Mercedes. Man fuhr uns durch dunkle, unbefestigte schmale Gässchen bis zu einem Haus. Dort öffnete sich ein grosses Metalltor und wir wurden nach unten in einen Tunnel geführt. Er war gut beleuchtet, mit Holz ausgekleidet und hoch genug, um darin stehen zu können. Im Boden gab es Schienen, weshalb ich annahm, dass der Tunnel auch zum Gütertransport genutzt wurde. Wir liefen los und nach vier oder fünf Minuten waren wir auf der anderen Seite, wo ein Mann, der auf einem Barhocker sass, unsere Pässe sehen wollte. Da es ein Ministerium gibt, das für diese Tunnel verantwortlich ist, vermutete ich, dass dieser Mann ein palästinensischer Staatsbeamter war. Wenigstens war ich jetzt nach all den langen Stunden im Gazastreifen, obwohl ich mich immer noch nicht weiter als 90 Auto-Minuten von Jerusalem entfernt befand. Auf der anderen Seite wurden wir vom Cousin meines Freundes erwartet, der uns in den Norden und nach Gaza fuhr. Auf dem Weg dorthin hielt der Wagen an, um Yousef Aljamal mitzunehmen, den ich zum ersten Mal traf. Er war damals Anfang Zwanzig, und wie sich herausstellte, ist er ein brillanter junger Mann mit einem grossen Sinn für Humor. Sein Lächeln ist entwaffnend, auch wenn er es nur zögernd zeigt. Yousef fungierte als Reiseführer und Organisator meines Aufenthalts im Gazastreifen. Wir wurden gute Freunde; ein Jahr später trafen wir uns in Malaysia wieder, um nach Neuseeland zu fliegen, wo wir gemeinsam Vorträge hielten.

Ich blieb vier Tage lang im Gazastreifen und wurde dort überall herumgereicht, damit ich in dieser kurzen Zeit so

Im Tunnel zum Gazastreifen.

Mit Yousef Aljamal während seines Besuchs in den Vereinigten Staaten.

viel wie möglich sehen konnte. Ich wohnte im Haus Dr. Mahmoud Ajramis, das einen schönen Garten mit zahllosen Obstbäumen hatte, aber selbst von Kugel- und Raketeneinschlägen beschädigt war. Dr. Ajrami war ein liebenswürdiger Gastgeber, und zum Glück hatten wir auch einmal die Gelegenheit, uns zu unterhalten. Ich war beeindruckt von der optimistischen Atmosphäre unter den Menschen im Gazastreifen, die unter keinen Umständen zur Unterwerfung bereit waren, obwohl fast jeder von ihnen Geschichten über getötete Familienangehörige zu erzählen hatte. Während ich dort umherfuhr, sah ich alte und neue Autos direkt neben Eselkarren, und Grafittis für Hamas oder den Islamischen Jihad direkt neben genauso gekonnt gemalten Wandsprüchen, die für eine Autowerkstatt oder den Verkauf eines Grundstücks warben.

Am schockierendsten für mich an der Realität im Gazastreifen ist seine unmittelbare Nähe zu Israel. Moderne Städte mit medizinischen Einrichtungen, sauberem fliessendem Wasser und Geschäften voller Nahrung und Kleidung sind nur einige Minuten vom Gazastreifen entfernt. Doch wenn man sich im Gazastreifen befindet, ist das völlig unwichtig; der Gazastreifen ist ein Gefängnis für zwei Millionen Menschen, die für die blosse Tatsache bestraft werden, dass sie dort leben.

Während meiner Zeit im Gazastreifen konnte ich auch Dr. Mahmoud Alhirthani treffen. Als der libanesische Verlag Arab Scientific Publishers (el-Dar el-Arabiya lil-Ulum Nashrun) beschloss, eine arabische Übersetzung von *Der Sohn des Generals* zu veröffentlichen, war es Dr. Mahmoud, der die Übersetzung besorgte. Dann ging mein Aufenthalt zu Ende, und ich war ein weiteres Mal darüber erschüttert, dass ich als Israeli, als Mitglied einer privilegierten kolonialen Klasse, meine palästinensischen Freunde in ihrem Ghetto zurückliess, um selbst zu den Bequemlichkeiten und der Sicherheit des Lebens zurückzukehren, das für meine Klasse geschaffen worden ist und von dem sie ausgeschlossen sind.

Obwohl ich immer viel reise und mein Herz in Jerusalem bleibt, ist San Diego jetzt meine Heimat. Meine Tochter Tali verbringt die Hälfte ihrer Zeit mit mir, wodurch wir viel miteinander tun können – eine Show sehen, zu einem Konzert gehen oder einfach gemeinsam zu Hause Abendessen kochen. So oft ich kann, fahre ich zu Eitan und Doron, die mittlerweile an hervorragenden Universitäten in Südkalifornien studieren.

Etwa zwei Jahre bevor *Der Sohn des Generals* erschien, kam ich immer häufiger nach Washington, um dort Leute zu treffen, Interviews zu geben und Veranstaltungen zu besuchen. Ich begann, die Konferenzen des American-Arab Anti Discrimination Committee (AAADC) zu besuchen, die dort jedes Jahr im Juni stattfanden. Dort traf ich jedes Mal Leute, die bereits zur Palästinafrage arbeiteten oder sich sehr für sie interessierten. Ich traf Leute, die meinen Vater gekannt hatten, und Journalisten, die sich wegen meines familiären Hintergrunds und meiner jetzigen Überzeugungen mit mir unterhalten wollten.

Schliesslich wurde ich gebeten, auf der AAADC-Konferenz von 2011 selbst zu sprechen. Dabei sollte ich an einem Podium zur Diskussion von ›BDS‹ teilnehmen, einer Bewegung, die für den Kampf zur Befreiung Palästinas von entscheidender Bedeutung ist. Damals wusste noch kaum jemand von dieser Bewegung, aber sie machte offensichtlich Fortschritte und kam allmählich in die Schlagzeilen.

Am Abend vor meinem Vortrag gab es ein Bankett, und eine Bekannte bat mich, mich zu ihr an ihren Tisch zu setzen, weil sie mich »einer israelischen Freundin« vorstellen wolle. Ich fand es zwar sehr eigenartig, dass ausser mir noch jemand aus Israel da sein sollte, war aber auch neugierig, wer das sein könnte. Wir gingen zu ihrem Tisch und nachdem wir einander vorgestellt worden waren, fragte ich die Freundin meiner Bekannten, woher in Israel sie komme.

»Qalansawe«, antwortete sie kaum hörbar.

Als ich fragte, wo das sei, erklärte sie, es sei Teil des *›Mehuslash›,* des Dreiecks – der Name, den man den drei palästinensischen Städten Taviye, Tira und Qalansawe gegeben hatte, die im Norden des Zentrums Israels eine geografische Einheit bildeten. Ich kannte die Namen der beiden anderen Orte, aber nicht den von Qalansawe.

»Oh, dann sind Sie Palästinenserin«, sagte ich.

Viele US-Bürger haben keine Ahnung, dass es Palästinenser mit israelischer Staatsangehörigkeit gibt, und gehen daher immer davon aus, dass jede Person, die einen israelischen Pass hat, auch ›Israeli‹ sein muss. Aber Israeli zu sein ist keine Nationalität, es ist eine *Identität.* Der Staat Israel unterteilt seine Bürger in ›Juden‹ oder ›Araber‹. So nennen die Israelis, obwohl es Palästinenser mit israelischer Staatsbürgerschaft gibt, diese die ›Araber Israels‹. Die anderen sind die Juden. Aber das ist eine reine Formalität, und was die Identität angeht, ist man entweder Israeli oder Palästinenser.

Das war das erste Mal, dass ich Fadwa traf.

Es dauerte nicht lange, bis Fadwa und ich begannen, über Politik zu sprechen. Es war seit vielen Jahren die erste Veranstaltung, die sie besuchte – sie hatte erst kurz zuvor beschlossen, wieder aktiver zu werden und sich besser zu informieren. Sie fand meinen Standpunkt interessant, nach dem die Lösung für den Konflikt in Palästina nur in der Schaffung einer einzigen Demokratie mit gleichen Rechten für alle und nicht in der ›Zweistaaten-Lösung‹ bestehen konnte, die im

Allgemeinen als die einzig vernünftige Lösung bezeichnet wird. Nach dem Abendessen gingen Fadwa und ich noch in die Bar, wo wir noch mehrere Stunden lang zusammensassen. Sie fragte mich rigoros über meine ›Einstaaten-Lösung‹ aus.

Damals sagte Fadwa genau wie heute oft, »Ich kümmere mich nicht um Politik; ich will mein Land zurück. Und wenn mein Vater eines Tages stirbt, dann will ich, dass er dabei die würdigen Umstände hat, die er verdient.«

Fadwa reist sehr gern, und so ergab es sich, dass sie während meiner späteren Australienreise zusammen mit einer Freundin ebenfalls dort war. Wir trafen uns erst in Brisbane und dann in Sidney, und dort kam sie auch zu meinem Vortrag. Wir trafen uns öfters, wenn ich an der Ostküste der USA, in Kanada oder in New York war.

Als Fadwa allmählich zu der Meinung kam, dass unsere Völker sich in Zukunft Palästina/Israel – *il balad* (oder das Land), wie sie Palästina nennt – teilen würden, bestand sie darauf, dass ich ihre Familie in Qalansawe besuchte. Also fuhr ich am ausgemachten Datum von Jerusalem in Richtung Norden los, wobei ich gedachte, so ganz einfach in das ›Dreieck‹ zu kommen. Erst da wurde mir klar, weshalb ich noch nie von Qalansawe gehört hatte: Es gibt an der Autobahn kein einziges Schild, das auf seine Existenz hinweisen würde. Und in Qalansawe selbst gibt es keine Strassennamen, wodurch die Stadt, die ihre Bewohner immer noch als Dorf bezeichnen, sich für jeden, der den Weg nicht kennt, als totales Chaos darstellt.

Fadwa und Miko in Portugal.

Fadwa hatte mir gesagt, ich solle einfach in die Stadt fahren und an einer von ihr genannten Kreuzung warten, bis jemand käme, um mich abzuholen. Schliesslich kam ein kleiner und gedrungener alter Herr mit kurzgeschnittenem weissem Haar und einer markanten Nase auf meinen Wagen zu und streckte den Kopf durchs Fenster.

»Matti Peled, Motza Elit?«, fragte er.

Das bezog sich natürlich auf meinen Vater und den Ort, an dem meine Familie lebt. Als ich mit »Ja« antwortete, stieg er ein, nahm neben mir Platz und zeigte mir die Richtung, in die ich fahren sollte. So traf ich zum ersten Mal Fadwas Vater, Asri Natour, der damals 82 war. Das Haus der Familie Natour befindet sich in der Nähe der Moschee. Es ist geräumig; zur Strasse hin hat es eine makellos saubere Veranda, die von Blumen gesäumt und gross genug ist, um eine Hochzeitsgesellschaft zu beherbergen. Als ich eintrat, hatte Fatwa ein bequemes Hauskleid an, und ich weiss noch, wie ich dachte, dass ich noch nie jemanden so glücklich und behaglich gesehen hatte wie sie in diesem Augenblick. Bald traf die gesamte Familie ein – Brüder und Schwestern, Nichten und Neffen. Das Ganze wurde immer mehr zu einem Fest.

Fadwa hat drei Schwestern und vier Brüder, und sie ist vom Alter her in der Mitte. Sie leitet in Bethesda bei Washington ein Krankenhaus und ausser ihr lebt auch einer der Brüder im Ausland; die anderen Geschwister befinden sich alle in Palästina. Einige Tage nach meinem ersten Besuch in Qalansawe kam ich wieder und machte mit Fadwa und ihrer Familie einen Ausflug nach Tulkarem, das im Westjordanland und auf der anderen Seite der Trennmauer liegt. Tulkarem, das von den Leuten vor Ort Tultscharim ausgesprochen wird, und Qalansawe sind nur einige Autominuten voneinander entfernt und sind auch verwandtschaftlich eng miteinander verbunden. Nach der Gründung Israels fand sich Tulkarem plötzlich auf der anderen Seite der Grenze im Westjordanland wieder. Als dann Israel auch das Westjordanland besetzte, wurden die Verbindungen wiederhergestellt, doch heute schneidet die Trennmauer die beiden Städte wieder voneinander ab.

Die Bewohner Qalansawes müssen durch einen Kontrollpunkt der israelischen Armee gehen, um nach Tulkarem zu kommen, während die israelischen Behörden den Bewohnern Tulkarems nicht erlauben, nach Qalansawe zu gehen.

Wir gingen über den Markt, und Fadwas Vater zeigte auf die barfüssigen Kinder, die den Leuten für einen Shekel anboten, ihre Einkäufe heimzutragen. Er hatte Tränen in den Augen, als er zu mir sagte, »Das war einmal eine reiche Stadt, und jetzt sieh dir diese Kinder an.«

Tulkarem macht tatsächlich den Eindruck einer ehemals blühenden Stadt, und einige Teile der Stadt sind bis heute schön. Grosse Bäume und Steinhäuser säumen die weiten Boulevards, die an Jerusalem und Ramallah erinnern. Wir gingen in ein Café im dritten Stock eines Geschäftshauses, um uns ein wenig auszuruhen. Asri zog mich hinüber zum Fenster. Von dort hatte man eine Aussicht bis zum Mittelmeer. Und man konnte die hässliche Mauer sehen, die Israel gebaut hatte. Er sagte, »Das ganze Land hier gehörte früher zu Tulkarem – das war Farmland von hier bis zum Meer.« Jetzt befinden sich dort hauptsächlich israelische Städte und israelische Industrie.

Später gingen wir in eine Metzgerei, in der Asri heftig mit dem Besitzer feilschte und Fadwa und ihr Bruder an sich halten mussten, um nicht in Gelächter auszubrechen, während der alte Mann sich mit dem Metzger stritt, der das noch ganz frische Fleisch schnitt. Dieses Fleisch brachten wir dann zu einem *mashawi*, einem Mann in einem kleinen Laden, der das Fleisch an Ort und Stelle grillt. Wir assen es heiss und frisch vom Feuer, eine ein wenig schmuddelige, aber unvergessliche Delikatesse für Fleischliebhaber.

Fadwa ist neun Jahre jünger als ich, und wenn ich mir ihre Geschichten über das Leben in Qalansawe anhöre, denke ich unwillkürlich daran, wie verschieden ihr Leben von meinem und dem aller anderen Israelis gewesen war, selbst wenn letztere in einem Dorf oder auf einer Farm aufgewachsen waren. Wir lebten in vollkommen verschiedenen Welten.

»Ich war immer nur barfuss, bis ich 17 war«, erzählte sie mir. »Als ich klein war, hatten wir noch Felder, und manchmal spannten meine Grossmutter und ich den Eselskarren an, um auf die Felder zu fahren. Wir liessen die Felder von Beduinen bebauen und dafür überliessen wir ihnen einen Teil der Ernte.« Es gab in Qalansawe nie einen Park oder ein Schwimmbad oder irgendwelche sportlichen oder ausserschulischen Aktivitäten. »Das Einzige, was wir zum Spielen hatten, waren Steine«, sagte Fadwa. Ausserdem sagte sie, »Wir wussten, dass wir nie über die Juden, die Yahud, sprechen durften, obwohl sie uns unser Land weggenommen und unsere Leute getötet hatten. Wir wussten, dass wir ihnen aus dem Weg gehen mussten und uns nie in irgendeine Form von Politik hineinziehen lassen durften, weil das für unsere Familie sehr böse enden konnte.«

Im September 1982 verübten christlich-libanesische Milizen mit Unterstützung der israelischen Armee, die den Süd-Libanon besetzt hatte, in den südlich Beiruts gelegenen palästinensischen Flüchtlingslagern Sabra und Shatila ein unbeschreibliches Massaker. Die Palästinenser auf der ganzen Welt hielten damals Totenwachen für die Ermordeten ab, und Fadwa, die damals erst 12 war, schloss sich der Prozession in Qalansawe an.

»Plötzlich spürte ich, wie jemand mich trat und wegzerrte«, berichtete sie mir später: es war ihr älterer Bruder. Es sollte dreissig Jahre dauern, bis sie wieder, und dann mit mir zusammen, an Protesten in Palästina teilnahm.

Die Diskussionen über Palästina befassen sich leider selten mit dem Leben und den Nöten der Palästinenser, die Staatsbürger Israels und unter anderem als die ›Palästinenser von 1948‹ bekannt sind. Durch Fadwa habe ich erfahren, wie das Leben für diese ›minderwertigen‹ Bürger Israels aussieht. Ihr wie mir liegt Palästina sehr am Herzen, aber für sie ist der Schmerz noch schärfer und tiefer.

Am Ende meiner Ehe war Fadwa für mich als Freundin und Vertraute da und war mir in dieser ganzen qualvollen Zeit eine grosse Stütze. Im Lauf der Zeit trafen auch meine

Kinder oft mit Fadwa zusammen, und schliesslich wurden wir auf ganz natürliche Weise ein Paar.

»Elhob e'emal!« erinnert sie mich gern, »Liebe ist blind«. Das sagt sie für gewöhnlich, wenn ich ihr sage, dass ich sie liebe. Und manchmal, wenn sie über ihre eigene Liebe zu mir spricht. Wenn Leute über ›gemischte Paare‹ sprechen, kann ich nur lachen. Obwohl Fadwa, eine muslimische Palästinenserin, und ich, ein israelischer Jude, dieser Definition sicherlich entsprechen, habe ich noch nie eine Person getroffen, zu der ich solche Nähe empfinde und mit der ich so viel gemeinsam habe.

Als meine Ehe mit Gila endete, war meine grösste Sorge, wie wir das den Kindern sagen sollten. Meine zweite Sorge war, wie ich es meiner Mutter, Zika, beibringen sollte, die immer noch in ihrem wunderbaren Haus lebt und sich immer noch um ihre Blumen und Pflanzen sorgt. Sie war damals 87. Wir sassen zusammen in ihrer Küche, wo all unsere wichtigen Gespräche stattfinden, und ich erklärte ihr, dass meine Ehe vorbei sei. Sie sah mir in die Augen und sagte, »Ich habe dich zur Welt gebracht, damit du glücklich bist. Es gibt nur diese eine Zeit; du musst tun, was du tun musst, um in diesem Leben Glück zu finden.« Sie stand ruhig und absolut klar hinter mir, und ich denke, sie hatte Recht. Glück ist ein Gut, nach dem man kompromisslos jagen muss. Während

Zika.

ich dies schreibe, hat meine Mutter schon zwei Urenkel (einen Jungen und ein Mädchen), und ein dritter ist unterwegs. Ihre Urenkelin lebt nur ein paar Meter weit von uns entfernt, und meine Mutter geniesst das tägliche Zusammensein mit ihr. Wir reden immer noch sehr gern über die Vergangenheit und die Politik, aber das hat seine Grenzen. In dem früheren Arbeitszimmer meines Vaters hängt immer noch ein handsigniertes Bild von David Ben-Gurion, der für meinen Vater eine persönliche Widmung dafür schrieb.

In ihrer Besprechung meines Buches sprach Susan Abulhaw auch das komplexe Verhältnis der Palästinenser zu meinem Vater an. Sie schrieb, »Peled liefert uns die persönliche Sichtweise auf einen Mann, von dem viele von uns Palästinensern nicht wussten, ob sie ihn lieben oder hassen sollten.«

Es stimmt natürlich, dass das Thema Matti Peled für mich sehr persönlich ist, aber darüber hinaus ist es Teil eines grösseren Themas und Problems. Alle Israelis, die auch nur das kleinste bisschen Mitgefühl für die Palästinenser zeigen, werden schnell zu Helden stilisiert und als mutige Friedensstifter gefeiert. Was meinen Vater betrifft, habe ich jedoch allen Grund zu glauben, dass er es ernst meinte. Er war überzeugt, dass unter den vorherrschenden Umständen die Zweistaaten-Lösung das Beste für beide Völker sei. Inzwischen meine ich, dass er damit Unrecht hatte. Er versuchte, die Bestie im Zaum zu halten, zu deren Erschaffung er beigetragen hatte, aber Israel wird vor nichts haltmachen, weil, wie Frantz Fanon so schonungslos schrieb, »der Kolonialismus keine Maschine ist, die des Denkens fähig ist, ein Körper, der Vernunft besitzt. Er ist nackte Gewalt und gibt nur auf, wenn er mit einer noch grösseren Gewalt konfrontiert ist.«[56] Die neue BDS- (Boykott-, Desinvestitions- und Sanktions-) Bewegung hat starke Argumente dafür vorgebracht, dass Kolonialismus und Unterdrückung manchmal durch gewaltlose Mittel wie politische Isolation und wirtschaftlichen Druck besiegt werden können. Aber die Kapitulation der Palästinenser vor dem Druck zur Anerkennung Israels und der Zustimmung zur Zweistaaten-Lösung hat sich als verheerender Fehler erwiesen.

Mein Vater war während der ersten Hälfte seines erwachsenen Lebens ein Mann des Militärs. Nach seinem Rückzug blieben ihm noch weitere 26 Jahre. Obwohl er Israel und die Politik Israels später heftig kritisierte, verteidigte er sein eigenes Handeln als Soldat bis zu seinem Tod. Er verbrachte die letzten 26 Jahre seines Lebens mit Aktivitäten, von denen er glaubte, sie seien das Beste für Israel, den Staat, für dessen Schaffung und Stärkung er immer gekämpft hatte.

Seine Biografie weist einige unbestreitbare Fakten auf. Der Staat Israel wurde 1948 nach einigen Vorgängen gegründet, die man nur als eine Kampagne des Terrors und der ethnischen Säuberung bezeichnen kann. Mein Vater war einer der Befehlshaber der zionistischen Miliz, die für diese Vorgänge verantwortlich war. 1967 eroberte Israel, nachdem es endlich den opportunen Moment gefunden hatte, auch das, was von Palästina noch übrig war, nämlich das Westjordanland und den Gazastreifen. Auch dabei spielte mein Vater eine wichtige Rolle.

Während seiner militärischen Karriere beteiligte sich mein Vater auch an der Ausbildung Mobutu Sese Sekos, des brutalen Diktators des Kongos, der an die Macht gehievt wurde, nachdem die CIA unter Mitarbeit der Regierung Belgiens den gewählten Präsidenten des Kongo, Patrice Lumumba, ermordet hatte.

Ich habe noch Erinnerungen an meinen Vater, wie er, damals noch in Uniform, in den Kongo flog und mit allen möglichen Mitbringseln aus Afrika zurückkam. Mein Vater hatte ausserdem auch offizielle Kontakte mit dem Iran. Der Schah von Persien, ein weiterer gnadenloser Diktator, war ein grosser Freund Israels. Auch er wurde von den USA massiv unterstützt, nachdem die CIA dabei geholfen hatte, den demokratisch gewählten Präsidenten des Iran, Mohammed Mosadegh, zu ermorden. Danach hatte Israel einen erheblichen Beitrag zur Ausbildung und Ausrüstung von Militär und Geheimpolizei des Schahs geleistet.

Nach 1967 kam mein Vater zu der Ansicht, zur Erhaltung des Staates Israel sei ein Kompromiss mit den Palästinensern nötig. Er meinte, dazu müsse Israel das Recht der Palästinenser auf Selbstbestimmung anerkennen, und deswegen trat er für die Schaffung eines kleinen palästinensischen Staates in zwei kleinen Gebieten ein, die von Israel bestimmt wurden: nämlich im Westjordanland und im Gazastreifen. Er sprach sich gegen den Bau und Ausbau von jüdischen Siedlungen in diesen Gebieten aus; auch meinte er, es sei im Interesse Israels, den palästinensischen Staatsbürgern innerhalb seiner Grenzen mehr Rechte zuzugestehen.

Kurz, Matti Peled spielte eine wichtige Rolle bei der Etablierung eines rassistischen, kolonialistischen Unternehmens in Palästina durch einen gewaltsamen Prozess der ethnischen Säuberung. Danach kämpfte er für die Aufrechterhaltung dieses Staates, indem dieser einen Kompromiss mit seinen Opfern, den Palästinensern schloss. Heute bleiben vom ehemaligen Palästina nur noch die kleinen Bruchstücke, in denen die Palästinenser kaum noch Rechte geniessen und gleichzeitig der Gnade des Militärs und der Geheimpolizei Israels ausgeliefert sind, zwei Institutionen, die sie bisher gnadenlos unterdrückt haben. Für mich ergibt sich somit ein sehr ironisches Bild: Das Volk, das mein Vater retten wollte und dem er sein ganzes Leben widmete, nämlich die Israelis, verachtete ihn, während die Palästinenser, für deren Beraubung und Enteignung er gekämpft hatte und denen er erst später und zum Teil aus Opportunität einige begrenzte Rechte zugestehen wollte, ihn als Helden feiern.

Eines Tages bat ich meine Mutter, das Bild Ben-Gurions abzuhängen. »Er war ein grausamer Mensch und war für schreckliche Verbrechen verantwortlich«, beharrte ich.

»Das kommt gar nicht in Frage, dein Vater hat ihn bewundert«, sagte sie ohne Zögern. Das Foto hängt immer noch dort.

Miko Peled, Oktober 2015

Danksagung

Ich habe beim Schreiben dieses Buches eine Menge gelernt, und ich bin nicht nur dankbar für alles, was ich gelernt habe, sondern möchte auch denen danken, die mir auf diesem Weg geholfen haben: Iris Keltz, die den Samen dazu legte, Heidi Schulmann, die mir liebevoll dabei half, meinen Schreibprozess in Gang zu bringen, Landrum Bolling für seine unermüdliche Arbeit für den Frieden und dafür, dass er mich mit Helena Cobban von Just World Books in Kontakt brachte, und Helena Cobban dafür, dass sie dieses Projekt mit mir zusammen verwirklicht hat. Mein Dank gilt Pamela Olsen für ihre hervorragende, unermüdliche Zusammenarbeit mit mir an diesem Manuskript, und ausserdem auch Mike Sarota, der mir ebenfalls mit dem Manuskript geholfen hat, obwohl das für ihn nicht leicht gewesen sein kann. Und schliesslich muss ich Samar Fitzgerald für ihre ausgezeichnete Editionsarbeit danken – und dafür, dass sie mehr aus mir herausgeholt hat, als ich glaubte bieten zu können.

Vielen Dank an die Foundation for Middle East Peace für ihr grosszügiges Stipendium, ohne das dieses Buch nicht möglich gewesen wäre.

Und am Ende möchte ich mich bei meiner Familie und bei meinen Freunden für ihre Inspiration und Unterstützung bedanken.

Kartenmaterial zum israelisch-palästinensischen Konflikt

Zusammengestellt von Just World Books

Das Amt der Vereinten Nationen für die Koordinierung humanitärer Angelegenheiten für die besetzten palästinensischen Territorien hat auf seiner Website eine hervorragende Sammlung von Karten, die regelmässig aktualisiert wird. Der Link zu diesen ›Referenzkarten‹ ist http://bit.ly/P86uUD.

Zwei israelische Organisationen haben Kartierungszentren, die den israelischen Siedlungsbau und andere Verletzungen der Rechte der Palästinenser dokumentieren: Peace Now kartiert die Lage im Westjordanland (http://bit.ly/MV3w9z, und B'Tselem hat eine interaktive Karte mit vielen wichtigen Informationen zum Westjordanland und zum Gazastreifen (http://bit.ly/NPArLC).

Die palästinensische Organisation Applied Research Institute Jerusalem (ARIJ) bietet viele Karten, die die Lage der Palästinenser im Lauf der Zeit beschreiben, nicht nur in den besetzten Gebieten und innerhalb Israels, sondern auch in der grossen palästinensischen Diaspora. Hier die Website: http://bit.ly/Q2kXpx.

Eine informative Abbildung zum Transfer der Kontrolle über Land und Ressourcen seit 1946 ist die auf der nachfolgenden Seite, die über mapcardsl23@gmail.com erhältlich ist:

Palästinensische Landverluste seit 1947

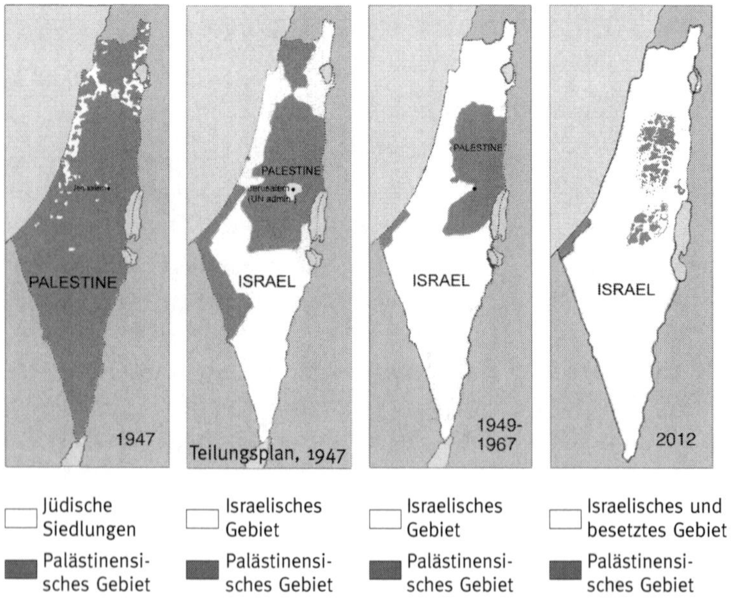

Karte von Peter Hermes Furian.

Anmerkungen

1 Dieses Massaker fand offenbar am 30. Juni 1967, keine drei Wochen nach dem Ende des israelischen ›Sechstagekriegs‹ von Anfang Juni 1967 statt. Angaben über die Zahl der Getöteten schwanken zwischen 23 und 30. (A.d.Ü.)
2 Eine landwirtschaftliche Kommune, die nach strikt sozialistischen Regeln geführt wird.
3 Auf Hebräisch heisst *Savta* ›Grossmutter‹ und *Saba* ›Grossvater‹.
4 Matti Peled, ›The Palestinian Problem‹, *Ma'ariv*, 27. Juni 1969.
5 Israeli Defense Forces, *The History of the IDF Logistics Command*, Ma'achorot, Publikationsagentur der Israeli Defense Forces.
6 Mitschrift des Treffens zwischen dem IDF-Generalstab und dem israelischen Kabinett im Hauptquartier der IDF am 2. Juni 1967, The Israel Defense Forces and Defense Establishment Archives (IDFA), Militärstützpunkt Tel-Hashomer.
7 Haim Hanegbi, ›Peled, His Mouth and His Heart‹, *Ma'ariv*, 7. April 1995.
8 Matti Peled: ›The Beauty Has Not Faded‹, *Ma'ariv*, 15. Juni 1973.
9 Der Nahostkrieg von 1973, auch der Yom-Kippur-Krieg genannt, begann am jüdischen Feiertag Yom Kippur am 6. Oktober 1973. Ägyptische und syrische Streitkräfte griffen Israel an und überrumpelten die IDF, was bei dieser zu Panik und zahlreichen Opfern führte. Nach dem Krieg wurde ein Sonderausschuss, die Agranat-Kommission, eingesetzt, die mit der Untersuchung der Versäumnisse der IDF beauftragt war. Sie kam zu dem Schluss, die obersten Offiziere der IDF trügen die Verantwortung für die Geschehnisse, und mehrere Generäle einschliesslich des Stabschefs der IDF mussten zurücktreten. Auch Ministerpräsidentin Golda Meir, die von der Kommission nicht kritisiert wurde, musste aufgrund breiter Proteste in der Bevölkerung zurücktreten.
10 Matti Peled, ›The Palestinian Problem‹, *Ma'ariv*, 27. Juni 1969.
11 Matti Peled, ›Thoughts at Beginning of the Fourth Year‹, *Ma'ariv*, 5. Juni 1970.
12 Matti Peled, ›Who Heard of the Palestinians?‹, *Ma'ariv*, 23. März 1973.
13 Fedayeen sind Menschen, die sich freiwillig melden, um für eine Sache zu kämpfen. Sie waren palästinensische Freiheitskämpfer, aber für uns bedeutete dieses Wort ›Terrorist‹.
14 Henri Curiel, ein jüdisch-ägyptischer Kommunist, der im Exil in Paris lebte, spielte eine Schlüsselrolle bei der Ermöglichung dieser Kon-

takte. Er wurde 1978 ermordet. Es bleibt bis heute ein Geheimnis, wer ihn getötet hat.

15 Matti Peled, ›My Meetings with PLO Representatives‹, *Ma'ariv*, 1. Juli 1977.

16 Palästinensische Israelis sind Palästinenser, die innerhalb Israels leben und die israelische Staatsangehörigkeit haben. Die anderen Israelis bezeichnen sie im Allgemeinen als ›Araber-Israelis‹. Etwa 1,5 Millionen von ihnen leben als Israelis in Israel.

17 Sima Kadmon, ›Rabin Does Not Want Peace‹, *Ma'ariv*, 16. August 1993.

18 Matti Peled, ›A Requiem to Oslo‹, *The Other Israel 65* (Februar–März 1995).

19 Walid Khalidi, ›Converging Tracks‹, *The Other Israel*, April 1995, Cambridge, MA, http://israelipalestinianpeace.org/issues/66toi.htm#Converging

20 Uri Avnery, ›I Shall Not See His Like Again‹, *Ma'ariv*, 3. März 1995. Siehe http://ww.israelipalestinianpeace.org/issues/66toi.htm#I.

21 Israel hatte in den 1967 besetzten Gebieten – auf der Sinai-Halbinsel und den Golanhöhen sowie im Westjordanland und im Gazastreifen – in Widerspruch zum Völkerrecht Siedlungen gebaut und diese mit Zivilisten bevölkert. Dafür gab es zahlreiche Gründe, die von religiösem Messianismus über Sicherheitserwägungen bis zu der Tatsache reichen, dass das für viele Unternehmen ein profitables Geschäftsmodell war.

22 Okinawa-Goju-Ryu ist eine der ursprünglichen Formen des Karate und insofern einzigartig, als es seine Form und seine traditionellen Ausbildungsmethoden ebenso wie seine prinzipienfeste moralische Grundlage beibehalten hat.

23 Kinneret ist der hebräische Name für das Galiläische Meer.

24 Untersuchungskommission zu den Ereignissen in den Flüchtlingslagern in Beirut; sie wurde am 28. September 1982 von der israelischen Regierung eingerichtet, um das Massaker von Sabra und Shatila zu untersuchen. Die Kahan-Kommission stand unter dem Vorsitz des Präsidenten des Obersten Gerichts, Richter Yitzhak Kahan.

25 Die Stufen des schwarzen Gürtels werden im Japanischen ›Dan‹ genannt, was einfach ›Ebene‹ heisst. Nidan ist der schwarze Gürtel des zweiten Dan – der schwarze Gürtel zweiten Grades.

26 In Israel reden wir Leute mit dem gebräuchlichsten Namen und wenn möglich in Verkleinerungsform an. Ehud wird zu Udi, Avraham zu Avi, Rami, oder wie in meinem Fall, Miko. Und zu Benjamin sagt man Beni oder Bibi, selbst wenn die betreffende Person Ministerpräsident ist.

27 Am 26. Juni 1976 entführten zwei Palästinenser von der Volksfront

für die Befreiung Palästinas (PFLP) und zwei Deutsche ein Flugzeug der Air France, das auf dem Weg von Tel Aviv nach Paris war, und leiteten es nach Entebbe in Uganda um. Sie verlangten die Freilassung von 40 in Israel gefangenen Palästinensern sowie von 13 Häftlingen in Kenia, Frankreich, der Schweiz und Westdeutschland. Sie drohten, falls diese Forderungen nicht erfüllt würden, würden sie damit beginnen, Geiseln zu töten. Die Geiseln wurden dann eine Woche lang in der Transithalle des Flughafens von Entebbe festgehalten. Daraufhin flogen vier israelische Flugzeuge im Schutz der Nacht heimlich zum Flughafen Entebbe, drangen unerkannt ins Terminal ein, töteten die Entführer (wobei im Kreuzfeuer auch drei Geiseln umkamen) und evakuierten die Geiseln unter dem Feuer des ugandischen Militärs. Bei ihrem Rückzug töteten sie 45 ugandische Soldaten. Yonatan (Yoni) Netanyahu war der einzige israelische Soldat, der bei der Operation getötet wurde.

28 Serge Schmemann, ›Netanyahu's Hard Line Faces Rising Israeli Dissent‹, *The New York Times*, 9. September 1997.

29 Rebecca Trounson, ›Mother Blames Israelis Policies for Child's Death‹, *The Los Angeles Times*, 11. September 1997.

30 Jane Perlez, ›Impasse at Camp David: The Overview; Clinton Ends Deadlocked Peace Talks‹, *The New York Times*, July 26, 2000, http://nyti.ms/zxvZGv.

31 Die Einheit 101 der IDF wurde im August 1953 auf Befehl von Ministerpräsident David Ben-Gurion von Ariel Sharon gegründet und auch von ihm befehligt. Sie wurde geschaffen, um sich mit den palästinensischen Flüchtlingen auseinanderzusetzen, die immer wieder Israel infiltrierten. Die Einheit wurde 1954 in das reguläre IDF-Bataillon 890 eingegliedert, vor allem deshalb, weil sie während einer Operation, die dann als Qibya-Massaker bekannt wurde, Dutzende von unbewaffneten Zivilisten umgebracht hatte.

32 Die Sinai-Kampagne, auch ›Suez-Krise‹ genannt, begann am 5. November 1956.

33 Matti Peled, ›Premature Retirement‹, *Ma'ariv*, 20. Juli 1973.

34 Ständige Zusammenstösse zwischen jordanischen Truppen und palästinensischen *Fedayeen* führten im September 1970 zu einem heftigen Bürgerkrieg, der mit der Vertreibung der PLO aus Jordanien endete. Die meisten Palästinenser, die in der jordanischen Armee dienten, weigerten sich, gegen ihre palästinensischen Brüder zu kämpfen, und wurden aus der Armee entlassen.

35 *The San Diego Union-Tribune* heisst jetzt *U-T San Diego.*

36 Hezbollah ist eine schiitisch-islamische Gruppe im Libanon. Ihrer Miliz wird das Verdienst zugeschrieben, das israelische Militär gezwungen zu haben, seine Besetzung des Südlibanon aufzugeben.

37 Am 9. Juli 2004 befand der Internationale Gerichtshof, der Verlauf der Mauer verletze das Völkerrecht, weil sie auf besetztem palästinensischem Land statt auf der international anerkannten Grenze, der so genannten Grünen Linie, gebaut worden war. Tatsächlich befindet sich der weitaus grösste Teil innerhalb des Westjordanlandes und nicht an der Grenze.

38 Palästina und Israel sind ein und derselbe Ort, und mit der Zeit merkte ich, dass ich auch selbst begann, beide Namen zu verwenden, wenn ich von unserem gemeinsamen Heimatland sprach.

39 Charles Glass, *The Tribes Triumphant: Return Journey to the Middle East*, London 2006, S. 216.

40 ›Ansar‹ war der Name, den die palästinensischen Gefangenen dem Gefängnis Ktsiot in der Negev-Wüste gaben.

41 ›Barghouti‹ ist ein sehr verbreiteter palästinensischer Familienname; die hier erwähnten Männer sind nicht näher miteinander verwandt.

42 Maya Rosenfeld, ›The Centrality of the Prisoners' Movement‹, in Abeer Baker und Anat Matar (Hg.), *Threat: Palestinian Political Prisoners in Israel*, London 2011, S. 11.

43 Ben Hubbard, ›Separate roads push West Bank Arabs to the byways‹, *The Guardian*, 13. Juni 2010. Siehe
http://www.guardian.co.uk/world/feedarticle/9215464.

44 Magav ist das Kurzwort für *Mishmar HaGvul*, was auf Hebräisch ›Grenzpatrouille‹ bedeutet.

45 Bassam Aramin, ›The Palestinian Bar Mitzvah‹, *Electronic Intifada*, 21. Juli 2008,
http://electronicintifada.net/content/palestinian-bar-mitzvah/7624.

46 Auch bekannt unter dem Namen Beit Seit, oder Haus des Seth (eines bedeutenden Propheten in der muslimischen Tradition und der jüdischen Tradition zufolge der dritte Sohn von Adam und Eva). Beshshit war ein Dorf mit etwa 20'000 Einwohnern zwischen den Städten Yibna und Isdud, den heutigen Orten Yavne und Aschdod. Es hatte eine reiche Geschichte, die bis ins zwölfte Jahrhundert zurückging. Das Dorf wurde 1948 von der Givati-Brigade zerstört. Seine Einwohner wurden deportiert, und die meisten von ihnen wurden ins Exil im Gazastreifen getrieben, wo sie seither als Flüchtlinge leben.

47 Maya Rosenfeld, ›The Centrality of the Prisoners' Movement‹, in Abeer Baker und Anat Matar (Hg.), *Threat: Palestinian Political Prisoners in Israel*, London 2011, S. 11.

48 Die palästinensischen Gefangenen werden in Verletzung des Völker-rechts in verschiedenen Gefängnissen innerhalb Israels, das heisst, ausserhalb des besetzten Westjordanlandes und des Gazastreifens, festgehalten.

49 http://electronicintifada.net/people/miko-peled?page=1.
50 Yael Lerer, ›Is it Possible to Crack the Cultural Separation Wall?‹, *Kedma*, 2. Juli, 2006, http://www.kedma.co.il/index.php?id=1061&t=pages.
51 Michael Sfard, ›Devil's Island: The Transfer of Palestinian Detainees into Prisons within Israel‹, in Abeer Baker und Anat Matar (Hg.), *Threat: Palestinian Political Prisoners in Israel*, London 2011, S. 188.
52 https://electronicintifada.net/content/book-review-miko-peled-sets-record-straight-palestines-dispossession/11950.
53 Mordechai Vanunu ist ein israelischer ›Whistleblower‹, der Informationen über die Atomwaffenprogramme Israels öffentlich machte. Er wurde vom Mossad, Israels nationalem Geheimdienst, aus Rom nach Israel entführt und verbrachte 18 Jahre in Einzelhaft. Auch heute noch bleiben seine Rede- und Reisefreiheit beschränkt, und die israelischen Behörden haben ihm verboten, Israel zu verlassen.
54 Die Holy Land Foundation for Relief and Development (Hilfs- und Entwicklungsstiftung des Heiligen Landes) wurde 1989 in Richardson, Texas gegründet und im Dezember 2001 auf Verfügung Präsident George W. Bushs geschlossen. Die Stiftung und ihre Vertreter, Spender und freiwilligen Helfer wurden der materiellen Unterstützung einer terroristischen Organisation beschuldigt.
55 Robert Fisk, ›*The Great War for Civilisation: The Conquest of the Middle East*‹, London 2005.
56 Frantz Fanon, ›*Die Verdammten dieser Erde*‹, Frankfurt 1981.